本书是国家社科基金艺术学西部项目（批准号1

林明华 ◎ 著

供给侧结构性改革背景下区域特色文化产业发展研究

基于制度结构视角

中国财经出版传媒集团

经济科学出版社

Economic Science Press

·北 京·

图书在版编目（CIP）数据

供给侧结构性改革背景下区域特色文化产业发展研究：
基于制度结构视角/林明华著 . —北京：经济科学出
版社，2023. 12
ISBN 978 - 7 - 5218 - 5438 - 1

Ⅰ. ①供…　Ⅱ. ①林…　Ⅲ. ①地方文化 - 文化产业 -
发展 - 研究 - 中国　Ⅳ. ①G127

中国国家版本馆 CIP 数据核字（2023）第 247919 号

责任编辑：谭志军
责任校对：郑淑艳
责任印制：范　艳

供给侧结构性改革背景下
区域特色文化产业发展研究：基于制度结构视角

林明华　著
经济科学出版社出版、发行　新华书店经销
社址：北京市海淀区阜成路甲 28 号　邮编：100142
总编部电话：010 - 88191217　发行部电话：010 - 88191522
网址：www. esp. com. cn
电子邮箱：esp@ esp. com. cn
天猫网店：经济科学出版社旗舰店
网址：http://jjkxcbs. tmall. com
北京季蜂印刷有限公司印装
710 × 1000　16 开　22. 25 印张　380000 字
2023 年 12 月第 1 版　2023 年 12 月第 1 次印刷
ISBN 978 - 7 - 5218 - 5438 - 1　定价：88. 00 元
（图书出现印装问题，本社负责调换。电话：010 - 88191545）
（版权所有　侵权必究　打击盗版　举报热线：010 - 88191661
QQ：2242791300　营销中心电话：010 - 88191537
电子邮箱：dbts@ esp. com. cn）

/ 前 言 /

近年来，在文化产业政策推动下，我国以文化旅游为龙头的区域特色文化产业发展迅速，特色文化产业在拉动地方经济增长、安民富民及维护社会稳定方面发挥越来越重要的作用。但我们也注意到，区域特色文化产业供给端和需求端不匹配问题日益显现，如何解决这一问题关系到区域特色文化产业的可持续发展。

在界定特色文化资源、特色文化产业以及区域特色文化产业结构后，本书从理论上探讨了区域特色文化产业发展的基础条件、生产要素、内外制度结构关系、制度结构对区域特色文化产业发展的影响机理，以及制度结构下区域特色文化产业发展模式。在此基础上，依次全面探讨了我国北部沿海地区、东北地区、长江三角洲地区、南部沿海地区、黄河金三角地区、长江中游地区、西南地区及西北地区八大区域特色文化产业发展的基础条件、制度结构、生产要素结构（主要侧重特色文化资源、创意阶层以及生产技术/工艺）、产业供给与需求端，最后提出了差异性的、包含产业发展模式在内的地区特色文化产业供给侧结构性改革的基本思路。

本书是在国家社科基金艺术学西部项目（批准号16EH196）研究报告的基础上修改而形成的，是集体智慧的结晶。除充分利用网络资料和网上调查外，我们在全国较具代表性的特色文化产业园区、文化企业及政府相关部门进行了调研，通过问卷、深访、座谈会、观察法等方式获得很多有价值的第一手资料，同时得到了实践界和理论界专家学者的支持、启发和帮助。在此，我除了要感谢课题组全体同仁，硕士研究生唐印龙、罗环、邓鑫、叶泸键、王芳萍外，还要感谢北京大学向勇教授、中国人民大学金元浦教授、对外经济贸易大学吴承忠教授、同济大学解学芳教授、深圳大学张振鹏教授、广东金融学院陈柏福教授、四川师范大学安高乐研究员、广州体育学院谭雅静博士、嘉应学院周云水副研究员、莆田学院罗丹副教授，以及参与访问、深访、座谈会的特色文化产业实践界热心人士、服务特色文化产业的政府工作人员和园区管理者、文化消费者。另外，我还要感谢经济科学出版社的大力支持，以及家人一直以来对我工作的支持和理解。感谢四川轻化工大学和湘潭大学宽松包容的科研环境。

　　受行业数据可得性和研究水平等因素的制约，本书仍存在诸多不足。例如，仅探讨了特色工艺品产业、特色表演艺术产业、特色文化旅游产业及特色节庆产业尤其是前三类产业，没有研究特色文化产业其他亚类；各地区有效样本量仅达到了实证分析的最低要求，故未能对各类群体行为进行分析和比较。这些问题有待今后进一步解决。此外，本书借鉴和引用了很多前人研究成果，在此表示感谢。本书研究不当之处敬请各位同仁批评指正。

林明华

2023 年 5 月于碧泉书院

/ 目 录 /

第一章

导　　论

第一节　特色文化资源和特色文化产业的界定

一、特色文化资源界定

目前，国内外对特色文化资源没有明确的界定。从经济学角度来讲，"特色文化资源"是指存在明显差异性，并且这种差异具有在一定条件下可以转化为竞争优势的文化资源①。也就是说，某地区的文化资源与其他地区的文化资源之间有明显不同，虽然不一定显示特别出色，但只要在一定条件下有可能转化为竞争优势，这种差异性的文化资源就可以称为"特色文化资源"。特色文化资源难以用定量指标进行量化，是一个相对的概念，是比较的结果。实践中，一般都是在具体的情景下，通过考量某个文化资源的相对差别、开发利用程度、市场潜力和经济价值等因素，特别是考量对当地产业发展和经济增长的贡献程度，然后对这个文化资源进行定性处理，认定该文化资源在当地是否享有"特色"的地位②。

---

① 林明华，杨永忠.创意产品开发模式：以文化创意助推中国创造［M］.北京：经济管理出版社，2004.

② 时岩.中西部欠发达区域特色资源产业化模式研究［D］.南昌：江西财经大学，2009.

总之，特色文化资源是文化资源之间进行比较而得到的具有相对特色的文化资源，有时是独一无二的，最为重要的是，这种文化资源能为当地带来经济效益和社会效益。进一步，本书将区域特色文化资源划分为有形特色文化资源和无形特色文化资源。

二、特色文化产业界定

特色文化产业是指其文化产品与服务以区域特色文化资源为创作源泉，在风格、品相、品种和工艺等方面具有鲜明区域特点的文化产业形态。在理论界，齐勇锋和吴莉认为，特色文化产业包括特色文化旅游、工艺美术、戏剧演艺、体育健身和节庆会展，以及基于本土文化遗产资源题材的影视产业、动漫产业、出版产业，同时还包括与此关联的特色文化饮食产业、特色酒文化产业、特色茶文化产业和中医药文化产业等[①]。在《2009 年联合国教科文组织文化统计框架》的基础上，杭敏和李唯嘉结合我国国情，将区域特色文化产业细分为文化和自然遗产，表演和庆祝活动，服饰、手工艺和建筑设计，特色文化主题园区、街区、小镇（聚焦于某一特色文化产品或服务）以及书籍、报刊、音像和交互媒体五类子产业，其中前五项是特色文化产业的主体，属于核心层，最后一项是区域特色文化产业的补充，是外围层[②]。实践层面，2014 年原文化部、财政部联合颁布的《关于推动特色文化产业发展的指导意见》提出各地区应重点发展"工艺品、演艺娱乐、文化旅游、特色节庆、特色展览"等特色文化产业。

本书中，区域特色文化产业主要包括特色工艺品产业、特色表演艺术产业、特色文化旅游产业、特色节庆产业、特色文化展览产业及其他特色文化产业。我们侧重探讨特色工艺品产业、特色表演艺术产业、特色文化旅游产业和特色节庆产业。

[①]　齐勇锋，吴莉. 加快发展特色文化产业研究报告 [C] //齐勇锋. 中国文化的根基：特色文化产业研究（第 1 辑）. 北京：光明日报出版社，2014：2 – 36.

[②]　杭敏，李唯嘉. 区域特色文化产业发展研究 [M]. 北京：社会科学文献出版社，2019：22 – 25.

第二节　区域特色文化产业结构

在经济领域，产业结构始于 20 世纪 40 年代，指的是区域经济中各类产业的构成和产业间量的比例、质的联系等关系总和[①]。产业间的数量关系反映各类生产要素在各产业之间的分布情况及国民经济总产出在各产业间的分布情况，产业间质的联系主要反映产业间相互依赖、相互制约的程度和方式。沿着这一思路，特色文化产业结构是区域各类特色文化产业的构成和产业间量的比例及质的联系等关系。特色文化产业间数量比例关系包括两个方面：一是各类型特色文化产业间总产值、总产量的分布；二是五类生产要素在各产业间的分布。特色文化产业间质的联系可以从各类特色文化产业间的相互融合的程度来反映。

区域特色文化产业结构具有以下基本特征：

一是资源禀赋的制约性。特色文化产业的发展离不开当地特色文化资源以及创意阶层特别是艺术家、手工艺人。这些创意阶层绝大多数采用"学徒制"获得技艺和训练创意思维以及对文化资源的理解不同，从而影响特色文化产业结构。

二是独特性。有的特色文化产业往往是某一区域所独有的产业。其原因在于它的发展与该地区特有的文化密切相关，只有这个地区才有其生存的文化土壤，离开这一地区难以持续发展。

三是多样性。不同地区文化、文化资源有所差异，从而决定了区域特色文化产业结构的多样性，即其产业结构类型和发展层次总是呈现多样性特点。例如，同样是红色文化产业，由于红色文化资源存在差异性，不同地区红色文化产业发展过程中呈现了多样性。其中，以韶山、井冈山和瑞金为中心的湘赣闽地区红色文化产业定位于"革命摇篮，领袖故里"，以遵义为中心的黔北黔西地区红色文化产业则定位于"历史转折、出奇制胜"。

四是动态性。区域特色文化产业结构会受到区域内部和外部环境的影响，与区内外进行物质、技术、信息、创意人才和资金的交流，从而发生时间和空间变化。

---

① 丁生喜. 区域经济学通论 [M]. 北京：中国经济出版社，2018.

第三节　中国特色文化产业的区域划分

在王恩涌等区域文化划分原则①及国家统计局八大经济区域分类的基础上，本书将我国（除港澳台外）划分为北部沿海地区、东北地区、长江三角洲地区、南部沿海地区、黄河金三角地区、长江中游地区、西南地区、西北地区等八大区域。其中，北部沿海地区由北京、天津、河北和山东组成，东北地区由吉林、辽宁和黑龙江组成，长江三角洲地区由上海、江苏、浙江和安徽组成，南部沿海地区由福建、广东和海南组成，黄河金三角地区由山西、河南和陕西组成，长江中游地区由江西、湖北和湖南组成，西南地区由广西、重庆、四川、贵州、云南和西藏组成，西北地区由甘肃、青海、宁夏、新疆和内蒙古组成。

---

① 王恩涌等. 中国文化地理［M］. 北京：科学出版社，2018.

第二章

区域特色文化产业发展的基础条件及生产要素理论分析

第一节　区域特色文化产业发展的基础条件

一个地区的区域人口状况、经济发展水平、基础设施水平及开放水平构成这一地区区域特色文化产业发展的基础条件，影响这一地区区域特色文化产业发展。

一、区域人口状况

区域特色文化产业具有明显的区域性特点，其消费市场是区域性市场。从需求而言，一方面，区域人口规模越大，特色文化产品需求量越大；另一方面，地区人口结构决定地区消费结构，从而直接影响这个地区特色文化产品需求结构并引发特色文化产品供给结构。从供给而言，区域人口规模和结构直接决定这一地区劳动力市场供给规模和供给结构进而影响本地区特色产品供给量和可持续性。因此，区域人口规模和结构为该区域特色文化产业发展提供了市场基础。

二、经济发展水平

当经济发展到一定水平时，人们才开始追求满足精神需求的文化产品，进而特色文化产业也才得以发展。经济发展水平为文化产品的生产与消费提供了经济基础。有学者研究发现，经济发展水平对文化产业发展具有正向影响，且其影响程度一直处于持续平衡状态①。因此可以推断，经济越发达的地方，其特色文化产业也越发达。我们可用地区生产总值、人均可支配收入等指标来测量经济发展水平。一般而言，地区生产总值越高、人均可支配收入越高，这个地区经济发展水平越高。

三、基础设施水平

创意阶层是区域特色文化产业发展的关键要素。而创意阶层喜欢那些基础设施水平较高、生活便利的地区②。因此，区域特色文化产业发展离不开区域基础设施。基础设施可进一步分为城市公共设施、交通设施和文化设施等。创意阶层更倾向在城市交通便利的城市聚集。因此，城市公共设施水平越高，越能够吸引和留住更多的创意阶层，从而为特色文化产业发展提供充足的人力储备。交通设施水平越高，能够为特色文化企业节约交易成本和物流成本，从而吸引和留住更多的特色文化企业，并最终促进区域特色文化产业的发展。文化设施是特色文化企业创作素材和产品展销，以及消费者接触特色文化资源和产品的重要场所，是培育文化消费氛围的重要场所。因此，高水平文化设施有利于促进区域特色文化产业发展。

根据指标选取时科学性、完整性和可得性原则，城市公共设施水平用人均城市道路面积、每万人拥有公共交通车辆、每万人拥有公共厕所、城市运营线路网密度、建成区绿化覆盖率、人均公园绿地面积、城市污水日处理能力、城市排水管网密度、道路清扫保洁密度来综合测量，交通设施水平用铁路营业网密度、公路网密度、高速等级公路网密度、人均公路营运汽车拥有量等指标来综合测量，文化设施水平用百万人拥有艺术表演场馆机构数、百万人拥有博物馆机构数、万人拥有文物藏品数、每万人拥有公共图书馆建筑面积、人均拥有公共图书馆藏书等指标来综合测量。我们采用层次分析法，利用算术平均法最终计算各个地区不同年份的城市公共设施水平综合指数、交通设施水平综合指数及文化设施水平综合指数。

---

① 林秀梅，张亚丽. 我国文化产业发展影响因素的动态分析 [J]. 税务与经济，2014 (2)：50 – 55.
② 易华. 创意阶层理论研究评述 [J]. 外国经济与管理，2013 (3)：63 – 67.

四、开放水平

一般而言，一个地区越开放就越具包容性，人们越容易接受新鲜事物。这样，一方面越能够吸引天性不喜欢约束、追求新鲜事物的创意阶层，并吸引更多的文化企业入驻；另一方面将促进地区产品市场竞争，使文化企业不得不持续对特色文化产品进行改良、升级或全新产品开发。因此，地区开放水平越高越有利于地区特色文化产业的发展。我们选取进出口商品总值占 GDP 比重、外资（港澳台和外商）固定资产投资占全社会固定资产投资比重来测量地区开放水平，并采用层次分析法计算各个地区历年开放水平综合指数。

第二节　区域特色文化产业发展的生产要素分析

区域特色文化产业的生产要素主要由特色文化资源、创意阶层、文化企业家、资金资本及生产技术/工艺等构成。

一、生产要素单个维度分析

（一）特色文化资源

特色文化资源是区域特色文化产业持续发展的源泉，对区域特色文化产业持续、健康发展至关重要。离开特色文化资源，区域特色文化产业将成为无源之水。内嵌当地特色文化资源对提升特色文化产品文化价值有显著的影响。当消费者认同这一特色文化资源时，该产品的文化价值将倍增，进而显著地增加产品的总价值，并促进购买者的购买意愿；而当消费者不认同甚至厌恶这一特色文化资源时，该产品文化价值将倍减进而显著地减少产品的总价值，并降低购买者的购买意愿。

不同消费者群体对相同特色文化资源的认同水平并非一致。被某一消费者群体认同的特色文化资源可能不会被另一消费者群体认同。例如，大多数老年人喜欢本地区传统戏剧中的故事传说，但很多年轻人并不喜欢它。因此，特色文化资源具有群分性，具竞争优势是相对的。此外，单个消费者在不同时间对特色文化资源的认同感可能会发生变化，即从原来的认同到现在的不认同或者从原来的不认同到现在的认同。这为特色文化产业特别是地方特色工艺品产业和地方传统戏剧的复兴提供了理论支撑。

（二）创意阶层

创意阶层是区域特色文化产品内容创意的创造者，是影响区域特色文化产业持续发展的关键核心生产要素。创意阶层是从事"创造有意义的新形式"的工作阶层，可划分为"核心群体"和"创新专家"两类型。其中，前者由科学家、工程师、大学教授、小说家与诗人、艺术家、演员、设计师与建筑师等构成的"超级创意核心群体"及由非小说作家、编辑、文化人士、智囊机构成员、分析专家等构成的现代社会的"思想急先锋"组成；后者主要由高科技、金融、法律等知识密集型行业的从业人员构成[1]。学者蒋三庚等根据产业链不同环节将创意阶层分成三类，即创意生产者、创意策划者及创意成果经营管理者[2]。

在本书中，区域特色文化产业发展中的创意阶层是创造文化创意的从业人员，主要包括艺术家，手工艺人、表演艺术家等专业技术人员。

（三）文化企业家

区域特色文化产业发展离不开热衷于地方文化且具有管理经验的文化企业家。文化企业家是指"具有创新精神并从事创造性文化产业活动的企业经营者"[3]。文化企业家行为同时受到文化价值和经济价值的激励，两种价值的激励效果受到文化企业家自身价值偏好的调节[4]。

本书中，文化企业家是特色文化产业中文化产品的经营管理者。区域特色文化产业领域中的文化企业家是实现特色文化企业资源合理配置的关键人物，是内容创意市场化的最终决策者。需要指出的是，很多创意阶层本身也是文化

---

[1]　理查德·佛罗里达. 创意阶层的崛起 [M]. 司徒爱勤，译. 北京：中信出版社，2010.

[2]　蒋三庚，王晓红等. 创意经济概论 [M]. 北京：首都经济贸易大学出版社，2009.

[3]　罗贵权. 深化对文化企业家的研究 [N]. 人民日报，2012-02-29（007）.

[4]　杨永忠，蔡大海. 文化企业家的文化价值偏好：决策模型与影响因素 [J]. 财经问题研究，2013（12）.

企业家。文化企业家一般掌握了多种技能，文化素养较高并且对市场信息敏感，具有强烈的创新意识，愿意承担更高的市场风险，具有较高的资源整合能力，并且在追求经济益的同时也注重社会效益的实现，总是为创意阶层营造一个开放性和包容性的工作环境。

（四）资金资本

区域特色文化产业的发展和壮大离不开资金资本的投入。特色文化产业属于高风险产业，并且大多数区域特色文化企业属于小微企业，资金不足现象普遍存在。目前，除自有资金外，传统融资渠道难以满足区域特色文化产业发展的需要，需要融资创新，推动区域特色文化产业资金资本的供给侧结构性改革。

（五）生产技术/工艺

生产技术/工艺是特色文化产业持续发展的关键因素之一。在区域特色文化产业领域中，传统生产工艺是区分区域特色文化产品的重要参考指标之一，有助于从技术层面实现区域特色文化产品的差异化。例如，同样是年画产品，四川绵竹、天津杨柳青、山东杨家埠及苏州桃花坞采用的生产工艺具有明显差别。传统杨柳青年画采用木版套印和手工彩绘相结合方法；桃花坞年画以木版雕刻，用一版一色传统水印法印制；绵竹年画多以木版印出轮廓后由人工填色；杨家埠年画源自四川但工艺上与四川年画有所区别，它是先刻线条版，再刻色版，之后再套色印刷。

除传统工艺外，区域特色文化产业发展也离不开现代生产技术及应用现代技术实现特色文化产品的推广与销售。并且，现代生产技术也能够提高特色文化企业的生产效率及实现产品的多样化。但需要注意的是，在提升生产效率方面，文化企业家要权衡特色文化产品的机械化或半机械化生产的利弊。

二、生产要素各维度权重测量

特色文化资源、创意阶层、文化企业家、资金资本及技术/工艺是区域特色文化产业发展过程中的生产要素，这些生产要素的重要性程度需要进一步探讨。本书采用专家法，利用两两比较权重获得上述五类主要生产要素的最终权重。

两两比较法具体方法是：当以上一层次某个因素 C 作为比较准则时，可用一个比较标度 a_{ij} 表示下一层次中第 i 个因素与第 j 因素的相对重要性（或偏好优劣）的认识。a_{ij} 的取值一般取正整数 1~9（称为标度）及其倒数。见表 2-2-1。由 a_{ij} 构成的矩阵称为比较判断矩阵 $A = (a_{ij})$。

表 2-2-1　　　　　　　　　　　　　　元素 a_{ij} 取值的规则

元素	重要性标度	规则
a_{ij}	1	以上一层某个因素为准则，本层次因素 i 与因素 j 相比，具有同样重要
	3	以上一层某个因素为准则，本层次因素 i 与因素 j 相比，i 比 j 稍微重要
	5	以上一层某个因素为准则，本层次因素 i 与因素 j 相比，i 比 j 明显重要
	7	以上一层某个因素为准则，本层次因素 i 与因素 j 相比，i 比 j 强烈重要
	9	以上一层某个因素为准则，本层次因素 i 与因素 j 相比，i 比 j 极端重要
	2，4，6，8	表示上述判断的中间值
	a_{ji}	$a_{ji} = 1/a_{ij}$

第一步：将判断矩阵 A 的列向量归一化：$\widetilde{A_{ij}} = \dfrac{a_{ij}}{\sum\limits_{i=1}^{n} a_{ij}}$；

第二步：将 $\widetilde{A_{ij}}$ 按行得：$\widetilde{W} = \left(\sum\limits_{j=1}^{n} \dfrac{a_{1j}}{\sum\limits_{i=1}^{n} a_{ij}}, \sum\limits_{j=1}^{n} \dfrac{a_{2j}}{\sum\limits_{i=1}^{n} a_{ij}}, \cdots, \sum\limits_{j=1}^{n} \dfrac{a_{nj}}{\sum\limits_{i=1}^{n} a_{ij}} \right)^{T}$

第三步：将 $\widetilde{W}$ 归一化后得权重：$W = (W_1, W_2, \cdots, W_n)^{T}$

第四步：$\lambda_{\max} = \dfrac{1}{n} \sum\limits_{i=1}^{n} \dfrac{(AW)_i}{w_i}$ 为 A 的最大特征值。

第五步：进行一致性检验，一致性指标：$CI = \dfrac{\lambda_{\max} - n}{n - 1}$

平均随机一致性指标（RI 值）如表 2-2-2 所示。

表 2-2-2　　　　　　　　　　　　平均随机一致性指标

N	1	2	3	4	5	6	7	8	9
RI	0	0	0.58	0.94	1.12	1.24	1.32	1.41	1.45

表 2 - 2 - 2 中，N = 1，2 时，RI = 0，因为 1、2 阶判断矩阵总是一致的。

当 N ≥ 3 时，令 CR = CI/RI，称为一致性比例。当 CR < 0.1 时，认为判断矩阵的一致性可以接受，否则应对判断矩阵适当地修正。

我们利用问卷对四位专家（其中，理论界二位，实践界一位，既有丰富理论知又有实践经验一位）就上述五个生产要素的重要性程度进行调查分别得到四个判断矩阵，并依据上述步骤计算出不同专家视角下这五个生产要素的权重，最后采用算术平均法得到这五个生产要素的最终权重。

经计算，文化资源、创意阶层、文化企业家、资金资本及生产技术/工艺的权重分别为 0.07494、0.332746、0.264203、0.193939 和 0.134173。从中可以看出，创意阶层是特色文化产业发展最重要的生产要素，其次是文化企业家，再次是资金资本，然后依次是生产技术/工艺及文化资源；和其他四要素相比，文化资源的权重最低，这与文化资源具有公共产品属性有关。也即是说，文化资源具有共享性，文化企业可以利用所有区域的特色文化资源。

第三章

制度结构与区域特色文化产业发展关系

第一节　区域特色文化产业制度结构

一、区域特色文化产业制度结构框架的提出

依据制度形成的来源将制度划分为内在制度和外在制度[①]。其中，内在制度是"一种渐进式反馈和调整的演化过程而发展起来"的规则。它是一种群体内部对群内个体的行为实施约束的、内化于人的心理的潜规则，主要包括习惯、内化规则、习俗和礼貌及正式化的内在规则等类型。而外在制度是"被清晰地制定在法规和条例之中，并要由一个诸如政府那样的、高踞于社会之上的权威机构来正式执行"的规则，它是一种外在的设计出来并靠政治行动由上而下强加于社会的正式规则，主要包括外在行为规则、具有特殊目的的指令和程序性规则等三种类型。

借鉴创意产业制度构成理论[②]，结合区域特色文化产业的特点，本书将区域特色文化产业制度分为外在制度和内在制度，见表 3 – 1 – 1。

---

① 柯武刚，史漫飞. 制度经济学：社会秩序与公共政策 [M]. 北京：商务印书馆，2004：36.
② 杨永忠. 创意产业经济学 [M]. 福州：福建人民出版社，2009：271 – 276.

表 3 – 1 – 1　　　　　　　　区域特色文化产业制度结构框架

外在制度	内在制度
外在行为规则：地方政府特色文化产业知识产权保护体系	习惯： 企业层面：从业人员"圈"文化 消费者层面：消费者群体"圈"文化
特殊目的指令：地方政府特色文化产业促进政策	内化规则： 企业层面：区域传统文化 消费者层面：区域传统文化
程序性规则：地方政府特色文化产业规制制度	习俗： 企业层面：文化创意氛围 消费者层面：文化消费氛围
	正式化内在规则： 行业协会制度

（一）区域特色文化产业外在制度分析

1. 外在行为规则：地方政府特色文化产业知识产权保护体系

内容创意产品化的成果即特色文化产品是产品研发人员创造性的产物，具有知识产权属性，理应受到知识产权的保护。显然，若地方政府制定完善的特色文化产业知识产权保护体系特别是加大实施特色文化产业知识产权的保护力度，必然有助于激励创意阶层更多内容创意的生成以及企业内容创意的产品化，进而最终推进地方特色文化产业的健康成长。

2. 特殊目的指令：地方政府特色文化产业促进政策

特色文化产业的发展不仅能够促进地方经济的发展，解决就业特别是农村劳动力就业，还有利于我国优秀传统文化的传承保护和创新发展。从这一层面看，特色文化产品具有准公共产品的属性，特色文化企业的生产具有典型的外部经济特点。因此，地方政府有必要制定和实施有效的地方特色文化资源的保护与宣传政策、特色文化产业人才政策、特色文化产品创新政策、特色文化产品推广政策及特色文化产品消费促进政策等以支持本地特色文化产业的发展。

3. 程序性规则：地方政府特色文化产业规制制度

特色文化企业在发展过程中由于可能盲目地追求自身利益而导致产业无序

发展及产生负社会效益，进而危及社会和经济的稳定。因此，为了尽可能地推动特色文化产业有序发展以及促进特色文化企业兼顾社会效益，政府在一定程度需要实施产业规制制度。也即是说，在市场经济条件下，政府要对特色文化企业进行的对经济和社会造成负面影响的行为活动进行干预。在我国，地方党委宣传部负责本地区特色文化产业发展战略、发展规划的制定，对文化体制改革和特色文化产业发展及相关政策提出建议等。

基于政府规制的特点①，特色文化产业规制制度可以进一步分为经济性规制和社会性规制。经济性规制是政府通过价格、产量、进入与退出等方面而对企业决策实施的各种强制性约束②。根据特色文化产业的特点，政府对特色文化企业实施的经济性规制主要包括价格规制、投资规制和质量规制。价格规制主要表现在对博物馆、遗址遗迹、景区等构成特色文化产业发展的文化资源进行价格干预。投资规制主要表现鼓励特色文化企业融资的多元化，引导社会资金流入特色文化产业，解决当地特色文化企业发展过程中普遍面临的资金短缺困境。质量规制主要表现在对当地特色文化产品的品质进行监控，使当地特色文化产品质量达到生产标准。社会性规制是"以保障劳动者和消费者安全、健康、卫生、环境保护、防止灾害为目的的，对物品和服务的质量和伴随着提供它们而产生的各种活动制定一定标准并禁止、限制特定行为的规制"③。特色文化产业社会规制是政府主要要求文化企业提供的特色文化产品不能背离我国社会主义主流价值观，意识形态要端正，弘扬中华民族优秀传统文化。

（二）区域特色文化产业内在制度分析

1. 习惯：从业人员和消费群体的"圈"文化

和其他行业群体一样，特色文化产业从业人员也会出于自利动机而自觉地逐渐形成群体内的文化，比如专业术语、行业准则等，即"圈"文化。"圈"文化的形成能够为行业内从业人员之间的交流提供便利，从而显著地降低文化

---

① 王俊豪. 政府管制经济学导论 ［M］. 北京：商务印书馆，2008：31.

② Viscusi, W. K., J. M. Vernon, J. E. Harrington, Economics of Regulation and Antitrust, the TMT Press, 1995：295.

③ 植草益. 微观规制经济 ［M］. 北京：中国发展出版社，1992：19.

企业员工特别是创意人才雇用、企业间创意合作、产品开发、市场开发、市场推广等方面的交易成本，提升特色文化产业整体效率。

与之对应的，不同的特色文化产品消费者群体内的个体间交流语言、方式等也逐渐形成了自身特色，由此同样形成了各自不同的"圈"文化。群体内的专业术语、行为方式为圈内人员的各种信息交流和沟通提供了便利性。

2. 内化规则：区域特色文化的反映

生活在区域内的人们通过习惯、教育和经验习得了该区域特有的规则，并达到在正常情况下自发地服从这些规则的程度。人们所服从的这些规则会成为个人偏好，并会运用这些规则。区域内人们遵守的习惯、受到的教育及获得的经验是区域特色文化的外在表现，这些规则是区域特色文化的反映。

企业层面，从业人员即使从事相同行业，因其从属群体的内化规则有所差异，将导致其供给的特色文化产品存在一定的差异。以京剧为例，不同旦角流派表演艺术家的唱腔艺术各具特色，他们的旋律、"咬字、吐字"、音色、气息收放、伴奏等都有自己流派特点。例如，梅派气息舒展，程派气息委婉，张派气息张扬[①]。

消费者层面，不同区域内甚至同一区域不同消费者群体都有其特有的内化规则，从而影响其特色文化产品的选择。消费者层面内化规则为不同细分市场上的特色文化产品供给者持续发展提供了生存土壤。

3. 习俗：文化创意和文化消费氛围

区域内浓厚的文化创意氛围是内容创意产生的环境，是区域特色文化产业发展的动力。当一个区域的某种文化创意氛围越浓厚，会吸引更多的创意阶层并促进更多的内容创意产生，从而为最终产品化提供更多可能性，并直接促进这一地区特色文化产业的发展；反之则相反。

区域文化消费氛围同样会影响这一地区特色文化产业发展。当这一地区人们很喜欢某一类特色文化产品时，他们会更倾向消费这一特色文化产品，并带动其他人也参与进来，从而又进一步强化了这一文化消费氛围，并带来了更多对这一类特色文化产品的需求，刺激供给者提供更多的特色文化产品，从而间接促进了这一地区该类型特色文化产业的发展。相反，若一个区域对某类特色

①　栗培敏. 京剧旦角的演唱和伴奏［J］. 上海戏剧，2004（Z2）：56–58.

文化产品不喜欢甚至厌恶，那么这类产业在本地就无法成长起来。这也是为什么有的特色文化产业在一个区域可以发展壮大但在另一个区域却很难得到成长的原因。

在本书中，文化消费氛围综合指数选择人均文化娱乐消费支出、博物馆参观人次、公共图书馆总流通人次、艺术表演场馆观众人次等指标进行测量。其计算步骤和方法与基础设施水平综合指数一致。

4. 正式化内在规则：行业协会制度

行业协会是由涉足这一行业的企业组成的。行业协会显然具有完善的圈内知识，比政府更了解本行业企业以及目标消费者市场，了解本行业发展规律。因此，政府完全可以将有些职能下放给行业协会，由行业协会制定本行业内的正式化内在规则，达到行业的自我管理。从这一层面看，特色文化产业协会制度显然对特色文化产业发展具有促进作用。

一是，行业协会作为本行业企业代表，可以向政府反映本行业企业的制度需求，参与政府特色文化产业发展规划、政策、行政法规的制定，使这些规则能够真正成为特色文化产业发展的助推器。

二是，行业协会通过实施行业自我监督，确保行业企业产品品质得到保证、促进企业合法经营，提升本行业形象和信誉，维护市场有序竞争机制和秩序。

三是，行业协会能够为本行业会员企业提供特色文化市场信息、技术咨询及员工培训等服务，组织会员企业参加各类会展、开展交流与合作等。

二、区域特色文化产业制度关系分析

在区域特色文化产业实践中，内在制度和外在制度往往相互交织在一起，共同约束处于制度环境中的行为主体。一方面，特色文化企业会时刻受到外在制度的约束。比如，文化企业要遵守知识产权法，违法者将会受到法律制裁。另一方面，特色文化企业也会受到内在制度的约束。比如，侵权的文化企业在同行交流中会受到排斥。从中可以看出，内在制度和外在制度对侵权行为进行双重约束。另外，内在制度替代不了外在制度，同样外在制度也难以替代内在制度。比如，只有内在制度存在而没有知识产权保护这一外在制度，当侵权行为带来的收益大于成本时，有些行为主体可能会铤而走险；同样，若只有知识权产权法存在，但缺乏内在制度的约束，当维权的成本大于收益时，受到侵权的理性行为主体显然没有意愿去应用外在制度保护自己，但侵权行为显然会挫伤特色文化企业产品创新的积极性，从而阻碍特色文化产业发展。

外在制度和内在制度在区域特色文化产业发展过程中同时扮演着不同角色，并且缺一不可。外在制度更多的是规定特色文化产业中的行为主体的行为的合法性，而内在制度则支配其行动的方向性和如何行动。现实中，区域特色文化产业制度关系主要表现为互补关系或冲突关系。

（一）区域特色文化产业制度互补关系分析

1. 区域特色文化产业制度互补的形成机制

在我国区域特色文化产业供给侧结构性改革背景下，地方政府积极推动产业外在制度的变革，以适应特色文化产业结构性调整的需求；同时，特色文化企业通过内在制度积极响应国家及地方政府的支持政策以及消费者群体内在制度的变迁，以寻求自身发展。这一区域特色文化产业内在制度与外在制度互补关系将共同推动我国区域特色文化产业良性发展。区域特色文化产业外在制度与内在制度互补关系有两种形成机制。一是，内在制度先导下内外制度互补关系；二是，外在制度先导下内外制度互补关系。

很多区域特色文化产业历史悠久，比如传统手工艺。有些特色文化产业至今仍没有被历史淘汰，必然是行业内在制度在起作用，比如学徒制度、行业内的"圈"文化及文化消费氛围的存在等。在没有认识到特色文化产业对地方社会、经济有着重要作用之前，地方政府并没有对经营这些特色文化产品的经营单位进行干预，而是任其自生自灭，即针对特色文化产业发展的外在制度此时并没有出现。然而，随着地方政府意识到地方特色文化产业不但可以提高人们的收入，丰富人们的精神生活，而且可以解决本地劳动力就业的时候，地方政府为促进这些特色文化产业的发展就会颁布一系列法令法规、政策措施等，从而令这些特色文化企业所处的外在制度环境发生了根本性变化。有些对政策敏感的特色文化企业、个体商户就会开始参照这些制度信息，出于自利动机就会重新审视自己的决策规则，当这些变动决策规则的行为主体数量达到一定临界点时，行业内原来的内在制度就会发生变化，使新的内在制度与现有的外在制度互为补充，共同约束行业内特色文化机构的市场行为。与此同时，行业内新的内在制度又会反馈于政治域内的外在制度，从而进一步推动外在制度的更新，形成内在制度和外在制度不断演化并共同作用于特色文化产业发展的态势。可见，区域特色文化产业在一定条件下会引发特色文化产业外在制度的出现，外在制度的出现又会作用于原来的内在制度从而引发原有内在制度的变迁，并通过反馈机制更新外在制度，进而推动区域特色文化产业制度的整体性变化，共同促进区域特色文化产业发展。见图3-1-1。

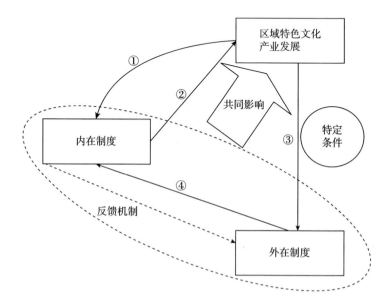

图3-1-1　内在制度先导下内外制度互补关系与区域特色文化产业发展示意

有的区域特色文化产业是在外在制度引导下逐渐发展起来的，此时行业内在制度还没有形成。随着区域特色文化产业不断成长，为了降低行业内企业交易成本，促进行业有序竞争，并抱团向政府诉求行业政策需求，内在制度在外在制度框架下逐渐产生并随外在制度的变迁而发生演化，与外在制度共同推动该区域特色文化产业的发展。见图3-1-2。典型的如近年来蓬勃发展的地方红色文化产业，在地方政府政策引导下，拥有红色文化资源的地区逐渐引起企业或个人的重视，成为推动红色文化产业发展的主力，但此时红色文化产业内在制度并没有形成，而随着企业的不断涌入，红色文化产业的内在制度将逐渐形成且随着外在制度的变迁而进行演化，并和外在制度共同推动红色文化产业不断壮大。

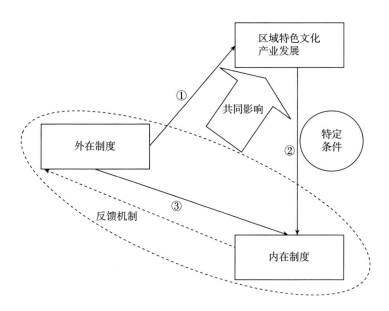

图 3 - 1 - 2　外在制度先导下内外制度互补关系与区域特色文化产业发展示意

2. 区域特色文化产业制度互补的维度

区域特色文化产业实践过程中，地方政府颁布实施的外在制度与产业本身渐进形成的内在制度相互补充，构成了区域特色文化产业的新制度安排，将一起促进我国区域特色文化产业的快速发展。

（1）互补型知识产权保护制度。

区域特色文化产业持续发展是创意阶层持续创造出文化创意进而生产特色文化产品的结果。若特色文化产品被他人模仿，其知识产权的原创性就遭到了侵害，将挫伤企业产品开发积极性。因此，知识产权保护对区域特色文化产业健康发展十分重要。正因为如此，国家层面围绕知识产权保护颁布并实施了系列法律法规，地方政府制定了相应的配套政策措施积极响应知识产权保护制度，打击各类侵权违法行为，引导区域内特色文化企业重视知识产权保护和尊重知识产权。

在知识产权这一外在制度保护框架下，区域特色文化产业内也形成了一些与之补充的内在制度。比如，通过行业协会对侵犯他人知识产权的企业或个人进行谴责甚至封杀；同行排斥侵权的企业或个人，使之难以在行业内立足。这样，在政府层面知识产权保护的外在制度庇护下，与产业内在制度一起共同推动了特色文化产业的有序、健康发展。

（2）互补型产业规制制度。

区域特色文化产业规制制度主要针对特色文化产品的文化属性。这一属性决定了政府有必要采取一些监管措施对特色文化产品进行规制，禁止特色文化企业开发、生产、传播和销售违反我国法律法规以及社会主义主流价值观的特色文化产品，鼓励开发、生产、传播和销售具有本地特色文化元素的文化产品。

区域特色文化企业也意识到其产品要符合正确的价值观，体现当地文化元素特色的重要性。众多文化企业出于自利考虑，行业内逐渐形成与政府产业规制这一外在制度相补充的内在制度。

（3）互补型特色文化产业促进政策。

除国家层面制定了诸如《关于推动特色文化产业发展的指导意见》（文产发〔2014〕28号）等促进特色文化产业发展的政策外，有些地方政府根据本地区区情专门制定和实施本地区特色文化产业政策以推动本地特色文化产业快速发展。

在政府特色文化产业促进政策框架下，产业内原有的内在制度也将随之改变，以配合外在制度的实施，从而获取行业的最大利益。比如，若政府政策支持鼓励文化企业在开发产品过程围绕本地优秀文化做文章，行业内企业会随之形成挖掘本地文化元素的"圈"规则。

（二）区域特色文化产业制度冲突关系分析

1. 区域特色文化产业制度冲突的形成机制

区域特色文化产业外在制度与内在制度之间存在目标性和时滞性冲突。目标性冲突是政府实施的政策措施等外在制度的目标与产业内在制度的目标不一致而导致的制度性冲突。比如，政府从区域整体文化产业发展角度制定"一县一特色"的发展规划，从而在不同县重点扶持某一特定特色文化产业类别，若这一县域有多个特色文化产业，这一外在制度安排显然得不到该县其他特色文化产业内在制度的响应，从而构成目标性制度冲突，制约了这些特色文化产业发展。时滞性则是由于内外制度产生及变迁的不同步而造成的冲突。外在制度是政治权力机构自上而下设计出来的并强制执行的，其往往是激进的，而内在制度是渐进式的，只有当群体内认同某一规则的个体数量达到一定界限时才得以形成并实施。因此，当新的外在制度出现时，内在制度有时很难跟进，从而造成现有的内在制度和新的外在制度发生矛盾的可能。另外，当内在制度已然发生了变迁，但受政府决策效率的影响而来不及适时调整外在制度，从而导致新的内在制度和原有的外在制度发生冲突。这两种情况均对区域特色文化产业发展产生不利影响。

2. 区域特色文化产业制度冲突的维度分析

区域特色文化产业发展过程中，内在制度和外在制度的冲突性关系最终会制约区域特色文化产业的持续发展。常见的冲突性制度类型有三种。

（1）冲突型产业进入制度。

政府政策目标的短期性是导致出现冲突型产业进入制度的原因之一。例如，出于提升本地区形象的需要，政府盲目规划、推动特色文化产业园区建立，短期内因为政策红利会聚集部分特色文化企业，然而若目前当地特色文化企业及相关配套企业还不足以支撑园区的发展，将导致园区的创意氛围难以形成，特色文化企业并没有获得聚集效应带来的利益，最终可能因为政策红利不足以弥补所带来的损失而造成进入园区的特色文化企业最终撤离。又如，在"一县一特色文化产业"的规划下，当该县的创意人才不足及区域文化消费氛围不足支持这一特色文化产业发展时，政府所规划的特色文化产业将最终难以持续。

政府制度落后性是导致出现冲突型产业进入制度的另一原因。外在制度落后性表现在现有的制度难以跟上地方特色文化产业发展从而使得这一产业不能进一步壮大。例如，笔者在探访某地区根雕传承人时，该传承人称，为了申报根雕传习所，他跑了多个政府部门，但各管理部门之间相互推诿，使得申报人无所适从，最后只能不了了之。

（2）冲突型知识产权保护制度。

冲突型知识产权保护制度是政府的知识产权保护的外在制度与文化消费内在制度目标的冲突而引发的，冲突的结果导致部分特色文化企业铤而走险仿冒他人产品，从而最终危害本地特色文化产业发展。知识产权保护制度为特色文化企业产品创新提供了法律保障，然而当文化消费者为了获得特色文化产品又无力购买或者知识产权保护意识淡薄而购买仿冒特色文化产品时，逐利的本性可能会使有些特色文化企业走向模仿之路，从而使得知识产权制度与产业内在制度产生冲突。

（3）冲突型特色文化产业支持政策。

冲突型特色文化产业支持政策是由于政策的实施得不到产业内在制度的响应而引发的。例如，为促进本地特色文化产业快速发展及解决劳动就业问题，地方政府会制定特色文化产业人才培训支持政策，但若得不到产业协会、创意人员普遍的响应及培训对象的响应，政府人才培训支持政策将难以落实。

三、制度结构影响区域特色文化产业发展的机理分析

地区外在制度和内在制度会随着社会经济的发展而变迁，制度的变迁又会反作用于社会经济进而对社会经济发展产生影响。因此，区域特色文化产业制度的变迁势必最终会影响区域特色文化产业发展。见图3-1-3。

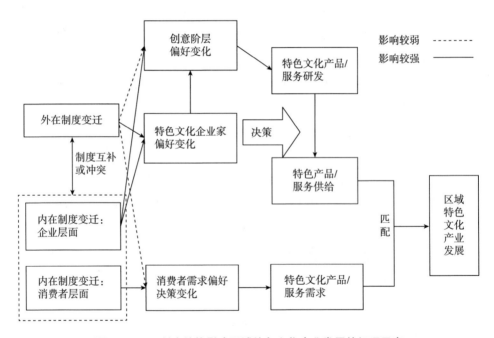

图3-1-3　制度结构影响区域特色文化产业发展的机理示意

外在制度变迁主要是指新的法律、规章、政策、规划或意见等正式实施。外在制度变迁对文化企业影响较强，因为文化企业的生存和发展不能脱离企业所在产业外在制度而存在。文化企业受外在制度的约束，违反外在制度将会受到正式惩罚。因此，理性的特色文化企业家面对外在制度变化显然会改变自己偏好迎合或者至少不违反外在制度从而尽可能为自己管理的特色文化企业获得

更多的制度（政策）红利。特色文化企业家偏好主要包括文化资源决策偏好、内容创意决策偏好、特色文化产品/服务决策偏好、目标消费者市场偏好及生产要素分配偏好等。特色文化企业家偏好的变化对创意阶层偏好产生影响。这是因为，创意阶层作为特色文化企业中的一员，其创意行为要服从企业产品开发策略，而策略的制定主要依赖特色文化企业管理者特别是企业家并受其偏好的影响。

企业层面内在制度变迁即产业从业人员"圈"文化、文化创意氛围等变化会影响特色文化企业家偏好变化和创意阶层偏好变化。创意阶层偏好变化影响特色文化产品/服务开发，比如创意阶层通过教育培训学习了新的技术并认为这种技术有很大市场潜力从而将这技术应用到产品开发中，之后，特色文化企业家将基于其决策偏好在备选的特色文化产品库中选择符合其偏好期望的产品/服务推向消费者市场，即特色产品供给发生了变化。需要注意的是，若特色文化企业家偏好没有发生改变，其供给的产品将维持不变，即使特色文化产品库增添了新的种类。

消费者层面内在制度变迁将对消费者需求偏好决策产生至关重要的影响，这一影响将使特色文化产品需求发生变化，即某些产品的需求量变大或变小或产品需求类型发生变化。比如，在 20 世纪 80 年代以前，由于缺乏娱乐项目，娱乐产业消费群体内在制度几乎没有发生变化，然而从 90 年开始，随着电视的普及，人们特别是年轻人群体娱乐内在制度发生了变化，使人们娱乐需求偏好决策发生了变化，从而最终影响了娱乐需求的改变，比如地方传统戏剧演出场次和单次观众人数萎缩而电视剧人群规模迅速扩大。此外，消费者需求偏好决策也会受外在制度的影响特别是知识产权保护制度的影响，但影响程度较弱。

由此，外在制度变迁和内在制度变迁最终会引发特色文化产品供给变化与特色文化产品需求变化。当两者能够匹配时，将推动区域特色文化产业发展，否则会制约其发展。

需要注意的是，特色文化产业制度变迁实施或产生的新制度主要有互补或冲突关系，但两者的关系是否促进特色文化产业发展并不确定，仍取决于这一环境下特色文化产品的供需是否匹配，若两者匹配则推动特色文化产业发展，否则阻碍其进一步发展。

第二节　制度结构下区域特色文化产业发展模式

从前节分析可知，外在制度和内在制度变迁最终会促进或制约区域特色文化产业发展。根据内在制度和外在制度影响区域特色文化产业发展的强弱程度，本书将区域特色文化产业发展模式划分为内在制度主导型、外在制度主导型及内外制度合作主导型三种模式。

需要引起注意的是，区域特色文化产业发展过程中，外在制度主导型、内在制度主导型、内外制度合作主导型发展模式并不是一成不变的。也即是说，在不同发展时期，同一区域特色文化产业的发展模式会发生改变，比如从内在制度主导型变成内外制度合作主导型，或者内外制度合作主导型变成外在制度主导型，等等。

一、区域特色文化产业发展模式——内在制度主导型

（一）内在制度主导型发展模式的提出

内在制度主导型区域特色文化产业发展模式是指这一区域产业外在制度仅仅是规范特色文化企业日常经营行为，它们并非仅针对具体的特色文化产业因而作用并不明显；内在制度是影响区域特色文化产业发展的主导制度，并由此形成的区域特色文化产业发展模式。内在制度主导型区域特色文化产业发展模式主要包括创意阶层导向型和消费者导向型两种类型。

在创意阶层导向型特色文化产业发展模式中，创意阶层在文化资源、内容创意、生产制造等特色文化产业价值链关键环节以及产品市场定位、原材料采购等均有决策权并影响文化企业家的决策，从而最终影响特色文化产品的供给。若特色文化产品供给结构和消费需求结构相匹配，区域特色文化产业将获得持续发展，否则会阻碍其发展。影响创意阶层决策的关键和主导要素是区域特色文化产业从业人员"圈"文化、从业人员创意氛围、行业协会制度，特别是创意阶层文化偏好以及技术偏好等内在制度。

在消费者导向型特色文化产业发展模式中，特色文化企业以满足消费者需

求为产品供给导向。当消费者市场需求发生了变化，特色文化企业的产品供给也随之发生变化。因此，特色文化企业在确定目标消费者市场后，从文化资源、内容创意、生产制造及市场推广等各个环节均以消费者利益为出发点，从而使其产品匹配目标消费者需求，推动特色文化产业持续发展。目标消费者区域传统文化、目标消费者群体"圈"文化及文化消费氛围的变化是影响特色文化产业中的创意阶层和文化企业家决策的关键因素，起主导作用。

在目前我国区域特色文化产业实践中，内在制度主导型发展模式下，绝大多数特色文化产品机构面临生存困境。比如，在外在制度没有介入之前，在内在制度主导下，绝大多数专业演出团体陷入经营困境而外在制度介入之后以公益演出和惠民演出为主。

（二）案例：以江西赣南采茶戏为例

江西赣南采茶戏历史悠久，分布在原赣南 18 县，每个县都有专业采茶戏团以及较多业余剧团。赣南采茶戏在表演时载歌载舞，内容欢快诙谐，虽然各县采用当地方言进行表演，但由于该地区属于客家语系，因此本地采茶戏团的演出不仅仅限于本县，邻县同样也是他们的目标市场。赣南采茶戏经典剧目有《睄妹子》《补皮鞋》《钓拐子》等。这些生命力极强、耳熟能详的传统剧目多为表达男女之情，从反面揭露和讽刺现实生活，深受当地群众喜爱。

赣南地区多山，交通极不便利。在电视时代来临之前，当地居民特别是农村居民日常娱乐活动普遍缺乏。每逢重要节日或重要事件邀请采茶戏团演出的传统习俗、观众浓厚的观戏氛围为赣南采茶戏的发展提供了良好的内在制度环境。在这一行业适宜的消费群体内在制度环境庇护下，赣南采茶戏获得了长足的发展。为满足观众的需求，赣南采茶戏团往往排演人们喜闻乐见、贴近人们日常生活的传统剧目，在一定程度上阻碍了采茶戏团原创剧目的开发。

随着电视的普及及赣南 20 世纪 90 年代初期外出珠三角打工潮的出现，赣南地区人们的娱乐方式呈现多样化，加之绝大多数村民长年在外即使春节前后停留时间也不过一星期，造成观众规模逐渐萎缩，观戏氛围变淡。此时，消费群体内在制度已经发生了变化，从而导致赣南采茶戏演出市场陷入低迷。并且，当时属事业单位的采茶戏团没有及时转变为消费者导向型发展模式，从而进一步造成演出市场的萎缩。和其他地方传统剧种一样，赣南采茶戏从此陷入长期低迷的发展期。

近年来，赣南职业采茶戏团进行了改制，企业化运作使得赣南职业采茶戏演出戏团内在制度环境发生了变迁。为迎合消费者市场需求的变化，从创意阶层导向型向消费者导向型内在制度主导发展模式转变。在消费者导向型内在制度主导发展模式下，赣南采茶戏市场有所回暖。以赣南采茶歌舞剧院为例，以消费者需求为导向，在剧目创作上，剧院在改编、复排传统经典剧目的同时，深入挖掘当地文化资源特别是红色文化资源，创作了《山歌情》《八子参军》等具有社会影响力的剧目。在演出方面，通过云展演惠及更多观众；对演出服装、道具、伴奏乐器等创新，在突出客家文化元素的同时，使其更符合现代审美要求。在宣传推广上，一方面，除送戏下乡，送戏进社区、送戏进校园外，还向居民免费派送剧票，营造观戏氛围；另一方面，通过现代媒体如微信公众号推送赣南采茶戏知识以及活动动态。在衍生产品开发上，除和国内知名乐队、录制团队合作灌制采茶戏音频、音像作品外，正在与他人合作开发与采茶戏有关的其他衍生产品如摆件、首饰等。同时，剧院对演出机制进行了改革，引入了演出竞争机制，即演员自由组合，至少两组同时排演同一节目，通过专家打分方式最终确定剧目演出最终人选，从而有利发挥不同演员的长处，又促进了相互合作和竞争，推动了赣南采茶戏演出的高质量发展。

二、区域特色文化产业发展模式——外在制度主导型

（一）外在制度主导型发展模式的提出

外在制度主导型区域特色文化产业发展模式是指在区域特色文化产业发展过程中，尽管内在制度仍旧发挥作用但其作用不显著或者甚至起阻碍作用，外在制度尤其是特色文化产业专项政策、措施或实施意见等特殊目的指令起主导作用，成为推动区域特色文化产业发展的主导力量，并由此形成的特色文化产业发展模式。在我国特色文化产业发展实践中，外在制度主导型区域特色文化产业发展模式主要有文化资源导向型和传统工艺导向型。

在文化资源导向型特色文化产业发展模式中，地方政府主要通过颁布和实施与本地特色文化资源有关的专项政策、措施、实施意见等特殊目的指令推进以这一特色文化资源为源头的文化产业发展，包括为特色文化产业发展提供活

动场所、以政府名义宣传推广特色文化资源以提升其知名度等。最为典型的案例是江西省于都红色文化旅游产业。于都交通便利，曾是中央苏区全红核心县之一，长征精神的发源地，境内有丰富的红色文化资源，主要包括毛泽东旧居特别是长征第一渡等有形红色文化资源，以及红军精神、苏区革命故事、长征精神等无形红色文化资源。在 2019 年 5 月前，于都红色文化旅游产业一直不温不火，没有获得当地政府足够重视。2019 年 5 月 20 日习近平总书记考察于都并向中央红军长征出发纪念碑敬献花篮。以此为契机，于都市政府成立了红色旅游发展领导小组，制定了《关于促进全域旅游发展的若干扶持政策规定（试行）》《于都县红色旅游高质量跨越式发展三年行动方案（2019 – 2021)》等政策，为其红色旅游产业发展提供了政策保障。在外在制度主导下，于都在各类媒体投放高质量的红色旅游广告，扶持和发展旅游服务配套设施，以及举办各类活动营造红色旅游氛围，有力地推动了包括红色文化教育培训在内的红色文化旅游产业发展。

在传统工艺导向型特色文化产业发展模式中，地方政府通过颁布和实施与本地传统工艺为生产技术手段的特色文化产业支持政策、措施和实施意见等外在制度从而推动这一特色文化产业发展，即通过政府扶持传统技艺，让这一产业重新焕发生机，使其在产生经济效益（如非物质文化遗产传承人、从业人员获得收入）的同时兼顾社会效益，如促进当地就业、解决地区贫困、提升社会综合文化素养等。具体而言，从特色文化产业价值链角度看，增进特色文化企业或个人利用传统技艺的认同感以及消费市场的认同感，以此为基础，挖掘各类文化资源特别是当地特色文化资源，并融入目标消费者文化价值偏好升级改良或创造新的特色文化产品，创造机会并鼓励特色文化企业"走出去"，推动特色文化产业的纵深发展如衍生产品开发。

（二）案例：以湖北武汉国际杂技艺术节为例

武汉国际杂技艺术节是世界四大马戏赛场之一，我国"七大对外文化交流项目"之一。1992 年，武汉举办了首届国际杂技节，之后逢双年固定在武汉举办。源自国家级非物质文化遗产武汉杂技的武汉国际杂技节由原文化部等多个单位联合主办，是典型的文化资源导向型外在制度主导发展模式。

在外在制度主导下，武汉历届政府都把它作为武汉城市文化建设的一个载体，作为提升武汉城市形象的重要窗口，作为建设"文化武汉"的重大工程。武汉市人民政府新闻办公室每年都会为杂技节的召开举行专门新闻发布会。至2023 年，武汉国际杂技节成功举办了 14 届。为期七天的杂技节的内容相对比较固定，主要包括比赛演出、获奖节目展演、杂技表演艺术研讨会、系列群众文化活动等。比赛演出是其重要头戏，主要邀请国内外国际专业杂技表演团队同台竞技，表演门类涵盖地面、空中、驯兽、魔术、滑稽等类别，这些表演节目具有很高的艺术水准。通过比赛演出和杂技表演艺术研讨会，促进杂技艺术的交流和创新。为充分发挥节庆的社会效益，群众文化活动是历届国际杂技节的固定内容，这些节庆活动主要包括四个方面：杂技艺术"四进"活动，即进社会、进广场、进企业、进学校。比如，第七届杂技节期间，中外杂技团体在汉口江滩、解放公园、部分社区和农村进行表演，吸引了大批不同年龄层观众；组织部分国内外获奖节目到省外巡演；组织其他专业文艺团体举办新人新作展演，以及邀请重点人群免费观看演出。对艺术节票价实现价格管制，杂技节坚持低价惠民政策。比如，第十三届杂技节推出了最低 20 元、50 元的门票；音乐节剧场项目平均票价至少降价 30%；市民通过"武汉文惠通"购票能够享受国家和政府文化消费补贴；参与武汉市文化局官方微信公众号互动，市民可免费获得门票。

三、区域特色文化产业发展模式——内外制度合作主导型

（一）内外在制度主导型发展模式的提出

内外制度合作主导型是当前区域特色文化产业发展的主流类型。原因在于目前大多数特色文化产业不仅受内在制度制约，外在制度不同程度也介入其中。内外制度合作主导型区域特色文化产业发展模式是指在区域特色文化产业发展过程中，内在制度和外在制度充分发挥各自作用，共同推动特色文化产业发展。其中，内在制度一方面对消费者需求起主导作用，内在制度的变迁会通过影响消费者需求结构改变迫使特色文化产品供给结构被动地调整（优化、升级或创新）；另一方面影响供给者偏好促使特色文化企业主动创新，比如融入现代元素、引入现代科技、调整产品供给结构、改变产品提供模式等。外在制度一方面使政府相关部门主动参与特色文化产业价值链环节之中，如以政府名义进行

市场推广；另一方面主要制定倾斜性产业政策、措施扶持符合条件的特色文化企业或个人及与之相配套产业的发展。

（二）案例：以湖南（南山）六月六山歌节为例

湖南（南山）六月六山歌节源自湖南城步长安营镇，其缘起有多种说法，其中之一是，六月六是苗族祭祀祖先的节日，苗族人在这一天会云集将军山吹唢呐、唱苗歌、跳鼓舞以祭奠苗族英雄天灵，祈祷吉祥和幸福，自此后这一传统传承了下来，并逐渐发展成每年这一天当地及相邻省份的苗、汉、侗、瑶等各民族人民聚集在一起举办山歌盛会的习俗。

从中可以看出，历史悠久的湖南（南山）六月六山歌节是内在制度主导下发展起来的，有着良好的内在制度环境。20 世纪末特别是 2014 年，在政府主动介入举全县之力打造这一节日开始，在湖南省宣传部支持下，这一节庆演变成内外制度合作主导型发展模式。在此模式主导下，六月六山歌节对城步苗族自治县社会经济特别是旅游产业产生了巨大的推动作用。数据表明，2021 年城步累计接待游客 253.85 万人次，实现旅游综合收入 27.48 亿元，同比增长 21.81%。

在这一模式下，由原来自发形成的、民间自娱自乐的单一山歌比赛转变为官方主导下的"节庆搭桥、文化搭台、经贸唱戏"综合性节庆活动。显然，六月六山歌节的功能已经发生了改变，并且活动内容更加丰富。以 2019 年山歌节为例，这次节庆共有六大活动：一是开幕式文艺晚会；二是全国少数民族地区山歌网络大赛；三是山歌全民赛；四是"海峡两岸手牵手"商贸合作行；五是书画作品展；六是苗族民俗文化周。这些活动无疑在推动本地山歌创作和促进山歌交流、传播苗族文化以及促进当地社会经济发展起重要作用，并且也提升了城步的知名度和美誉度，最终实现了经济效益和社会效益的双丰收。

第四章

北部沿海地区区域特色文化产业

　　本章首先探讨北部沿海地区即北京、天津、河北、山东区域特色文化产业发展基础条件，分析其制度结构和生产要素结构现状，接着讨论其产业结构和需求结构，以此为基础，提出北部沿海区域特色文化产业供给侧结构性改革路径的基本思路。

第一节　北部沿海地区区域特色文化产业发展的基础条件

一、区域人口状况

　　北部沿海地区土地面积共计 37.52 万平方公里，城镇化率为 53.90%，均属于环渤海地区；除北京地区具有独有的北京官话外，冀鲁官话是天津、河北、山东三地区一些地方的共同语言。

　　2017~2021 年，北部沿海地区人口规模有所增长，年末常住人口从 2017 年的 21046 万人增长到 2021 年的 21180 万人，年均增长率为 0.44%[①]；北部沿海地区劳动力规模逐年萎缩，但略高于全国水平，从 2017 年的 73.41% 下降到 2021 年的 69%[②]；分地区看，北京市 15~64 岁人口占比在 2019~2021 年均高

---

　　① 资料来源：除特殊说明外，本书涉及各地区特色文化产业发展的基础条件的原始数据均来源于国家统计局或各地区统计局官方网站。

　　② 2020 年各地区 15~64 岁人口数据缺失，本书各地区 15~64 岁人口 2020 年占比为 2021 年和 2019 年占比之平均值。

于其他地区，山东 15～64 岁人口占比各年均低于其他地区。见表 4－1－1。

表 4－1－1　　　　**2017～2021 年北部沿海地区 15～64 岁人口占比**　　　单位：%

地区	2017 年	2018 年	2019 年	2020 年	2021 年
全国平均	71. 81	71. 20	70. 64	69. 47	68. 29
北部沿海地区	73. 41	73. 19	72. 57	70. 78	69. 00
北京	76. 59	78. 28	78. 12	75. 89	73. 66
天津	77. 42	78. 81	77. 64	74. 23	70. 81
河北	70. 24	68. 83	68. 03	66. 94	65. 86
山东	69. 38	66. 83	66. 49	66. 08	65. 66

北部沿海地区人口老年化问题日趋严重。2017～2021 年，64 岁以上人口占比历年均高于全国水平，从 2017 年的 12.13% 上升到 2021 年的 15.25%①。

分地区看，北京 2018～2021 年 64 岁以上人口比重低于全国水平和北部沿海地区平均水平但呈逐渐恶化趋势，2021 年比重为 14.23%；天津 64 岁以上人口在 2017 年和 2018 年的比重比其他地区要低且低于全国产均水平，2021 年要高于全国平均水平，为 15.92%；河北老龄化呈逐年恶化趋势，2021 年 64 岁人口占比为 14.92%；山东老龄化水平明显要高于全国水平，并且呈现恶化趋势，从 2017 年的 12.94% 上升到 2021 年的 15.92%。见表 4－1－2。

表 4－1－2　　　　**2017～2021 年北部沿海地区 64 岁以上人口占比**　　　单位：%

地区	2017 年	2018 年	2019 年	2020 年	2021 年
全国平均	11. 39	11. 94	12. 57	13. 40	14. 22
北部沿海地区	12. 13	12. 51	13. 13	14. 19	15. 25
北京	12. 50	11. 25	11. 45	12. 84	14. 23
天津	11. 29	10. 92	12. 08	14. 00	15. 92
河北	11. 80	12. 69	13. 15	14. 03	14. 92
山东	12. 94	15. 16	15. 84	15. 88	15. 92

---

① 2020 年各地区 64 岁以上人口数据缺失，本书各地区 2020 年 64 岁以上人口占比为 2021 年和 2019 年占比之平均值。

二、经济发展水平

2013～2022 年，北部沿海地区生产总值持续增长，从 102683.9 亿元增加到 187727.8 亿元，年均增长率为 6.93%，但低于全国年均增长水平（8.08%）。分地区看，山东地区生产总值历年最高；北京地区生产总值年均增长率最高（7.82%），然后依次是山东（7.05%）、河北（6.39%）和天津（5.65%）。

2013～2021 年，北部沿海地区居民人均可支配收入从 25346.75 元增加到 46884.75 元，年均增长率为 7.07%，但低于全国平均水平（7.47%）。分地区看，北京历年人均可支配收入明显远高于其他地区，2021 年突破 75000 元；河北人均可支配收入年均增长率最高（7.61%），山东、北京和天津分别为 7.26%、6.99% 和 6.75%。

三、基础设施水平

2015～2021 年，北部沿海地区文化设施水平指数呈 N 型增长趋势，且高于全国平均水平，2021 年文化设施水平为 37.48。从各地区看，天津历年文化设施水平高于北部沿海其他地区，其文化设施水平呈 W 型增长，从 2015 年 49.34 上升至 2021 年 68.26；北京文化设施水平高于北部沿海平均水平，呈 N 型增长趋势，2021 年指数为 45.34；河北文化设施水平呈 U 型趋势，其历年指数值远低于全国平均水平；山东文化设施水平呈 N 型增长趋势，2021 年指数值为 29.43，略高于全国平均水平。见表 4－1－3。

表 4－1－3　　　2015～2021 年北部沿海地区文化设施水平综合指数

地区	2015 年	2016 年	2017 年	2018 年	2019 年	2020 年	2021 年
全国平均	25.12	25.92	27.88	26.93	26.40	26.94	27.59
北部沿海地区	28.06	29.48	33.46	35.58	34.19	35.59	37.48
北京	38.86	42.52	43.98	48.25	44.47	43.37	45.34
天津	49.34	47.84	56.80	63.18	61.79	65.79	68.26
河北	7.72	7.46	5.28	4.28	4.88	5.23	6.91
山东	16.32	20.09	27.76	26.63	25.60	27.97	29.43

2015～2021 年，北部沿海地区历年城市公共设施水平高于全国平均水平，并呈 M 型增长变化。分地区看，河北城市公共设施水平均呈波浪式增长态势，其他地区城市公共设施水平呈 M 型增长；除 2017 年外，山东历年城市公共设施水平均高于其他地区，2021 年指数为 44.55；北京和天津 2021 年城市公共设施水平低于同年全国平均水平，而河北则相反。见表 4－1－4。

表 4－1－4　　　2015～2021 年北部沿海地区城市公共设施水平综合指数

地区	2015 年	2016 年	2017 年	2018 年	2019 年	2020 年	2021 年
全国平均	32.17	35.77	35.32	36.58	37.70	38.51	38.85
北部沿海地区	35.87	38.93	39.80	38.13	36.64	38.20	37.52
北京	30.49	32.27	32.64	31.56	32.13	32.63	31.42
天津	37.28	41.15	47.48	32.88	30.65	36.72	35.08
河北	35.67	38.20	36.42	42.50	38.74	40.13	39.05
山东	40.06	44.11	42.64	45.60	45.02	43.34	44.55

2015～2021 年，北部沿海地区交通设施水平呈 M 型下降趋势，但历年交通设施水平明显高于全国平均水平。分地区看，北京和天津历年交通设施水平明显高于河北和山东。见表 4－1－5。

表 4－1－5　　　2015～2021 年北部沿海地区交通设施水平综合指数

地区	2015 年	2016 年	2017 年	2018 年	2019 年	2020 年	2021 年
全国平均	34.41	33.89	35.46	34.40	35.34	35.23	34.32
北部沿海地区	57.35	57.88	59.39	50.70	49.98	50.54	49.31
北京	61.04	59.02	60.78	53.43	53.04	49.02	49.39
天津	71.27	75.01	75.83	68.31	61.70	62.99	60.34
河北	54.09	53.44	53.91	46.18	46.83	46.99	43.34
山东	43.01	44.05	47.03	34.85	38.35	43.17	44.17

四、开放水平

2010 ~ 2017 年①，北部沿海地区历年开放水平均高于全国水平；分地区看，北京开放水平最高，明显高于全国水平；天津开放水平其次；河北开放水平最低，历年开放水平都明显低于全国平均水平，与其他三个省份存在较大差距。见表 4 - 1 - 6。

表 4 - 1 - 6　　　　　2010 ~ 2017 年北部沿海开放水平综合指数

地区	2010 年	2011 年	2012 年	2013 年	2014 年	2015 年	2016 年	2017 年
全国平均	26.63	25.88	24.64	23.63	21.84	19.03	20.73	23.14
北部沿海地区	38.74	39.03	36.05	37.85	34.41	28.30	31.14	38.03
北京	73.30	79.55	75.04	84.23	72.22	56.91	57.94	74.68
天津	43.12	40.20	36.98	36.72	37.01	32.75	34.47	40.11
河北	10.69	11.44	9.64	10.51	9.29	7.37	9.93	12.65
山东	27.85	24.92	22.53	19.94	19.13	16.15	22.23	24.68

第二节　北部沿海地区区域特色文化产业的制度结构分析

北部沿海各区域特色文化产业发展主要依靠长期以来自发形成的内在制度，但这种内在制度日益脆弱，远不足支撑各地区特色文化产业持续发展特别是地方特色表演艺术产业的发展。外在制度特别是与特色文化产业发展有关的政策在一定程度弥补了内在制度环境的恶化，并刺激了内在制度向良性发展。

一、内在制度方面

2015 ~ 2021 年，北部沿海地区历年文化消费氛围指数呈波浪式发展态势且远高于全国平均水平；分地区看，除 2021 年外，北京历年文化消费氛围最浓且远高

---

① 因 2018 年后各地区全社会固定资产投资、外资（港澳台和外商）固定资产投资数据没有公布，故本书仅分析 2010 ~ 2017 年数据。

于全国平均水平；天津文化消费氛围指数呈波浪式增长态势且高于全国平均水平；河北文化消费氛围最淡，其指数远低于其他地区同期水平；山东文化消费氛围呈波浪式变浓趋势，其指数最近两年高于全国平均水平。见表4-2-1。

表4-2-1　　　2015~2021年北部沿海地区文化消费氛围综合指数

地区	2015 年	2016 年	2017 年	2018 年	2019 年	2020 年	2021 年
全国平均	21.93	20.55	21.70	20.80	21.57	23.17	23.18
北部沿海地区	30.34	27.26	29.76	29.19	31.43	29.31	30.01
北京	53.30	50.96	52.46	51.42	57.16	46.33	39.44
天津	38.23	30.64	37.98	37.74	39.17	34.33	49.05
河北	12.17	10.60	11.46	10.56	11.46	9.34	7.11
山东	17.64	16.85	17.14	17.03	17.93	27.23	24.42

和其他地区一样，北部沿海地区均成立了各地区各类文化产业协会。这些行业协会的正常运行对推动本地区本领域创作及其品质的提升、宣传推广、人才培养等起重要的推动作用；对形成本领域从业人员"圈"文化、文化创意氛围等内在制度起至关重要的影响。

二、外在制度方面

2010~2022年，北部沿海各地区特色文化产业外在制度结构具有以下特点：（1）没有颁布实施专门针对文化产业特别是特色文化产业的知识产权保护制度。（2）除为贯彻落实国家层面政策而制定了本地区文物保护、非物质文化遗产、戏曲及传统工艺等相应政策外，较少制定实施其他特色文化产业促进专项政策。2010~2022年，北部沿海地区与特色文化产业有关的政策共计60多项。（3）没有专门特色文化产业规制制度，特色文化产业规制制度散落在文化产业发展政策中。

从产业价值链各环节看，涉及消费者的政策最少，内容主要是惠民政策。

涉及文化资源的政策内容主要是对本省份文化资源特别是历史文物及遗址遗迹等有形文化资源进行挖掘、调查、保护和利用、共享及鼓励开发本省份特色文化资源等。

涉及内容创意的政策内容主要聚焦创意人才激励政策、人才培养政策等。

涉及生产制造的政策相对较多，其内容主要为促进生产制造环节与电子商务平台结合，推进数字化建设，采用新技术、新工艺、新材料等提升产品研发制作水平。

涉及市场推广的政策也较多，其内容主要聚焦在地方传统文化和工艺的宣传和展示，传统工艺品的展览展示与销售，节庆、文化展览的宣传推广，曲艺的宣传与普及，积极创新传播渠道，积极搭建宣传平台。

第三节　北部沿海地区特色文化产业的生产要素结构分析

本节侧重探讨特色文化资源、创意阶层及生产技艺/工艺这三种主要的生产要素。

一、特色文化资源

北部沿海地区特色文化资源比较丰富，较有代表性的特色文化资源主要包括长城文化资源、红色文化资源和古代历史文化资源。

（一）长城文化资源

北部沿海地区长城文化资源十分丰富，分布广泛，是明长城中保存较好、较完整的地区。有形长城文化资源主要有北京八达岭长城、慕田峪长城和黄花城长城、司马台长城、卧虎山长城及烽火台、挡马墙、窑址、采石场等遗址遗迹，天津黄崖关长城，河北金山岭长城、山海关长城和唐山古长城以及"长城之父"山东境内齐长城遗址。

无形长城文化资源主要有知名历史人物（如抗倭名将戚继光）及望京石、六郎影、弹琴峡、孟姜女哭长城等长城神话传说及长城所承载的团结统一、众志成城的爱国精神，坚韧不屈、自强不息的民族精神和守望和平、开放包容的时代精神。

（二）红色文化资源

北部沿海地区红色文化资源异常丰富。有形红色文化资源主要有革命旧址、革命历史纪念馆、伟人故里等。其中，北京主要有平西情报联络站纪念馆、毛主席纪念堂、一二九运动纪念亭等。天津主要有回族群众爱国集会旧址、张太雷和于方舟等革命活动旧址、平津战役纪念馆、周恩来邓颖超纪念馆等。河北有西柏坡中共中央旧址、八路军一二九师司令部旧址、晋察冀军区司令部旧址、狼牙山风景区、白洋淀景区，地道战遗址、察哈尔省民主政府旧址等。山东主要有枣庄台儿庄纪念馆、八路军抱犊崮抗日纪念园、铁道游击队纪念公园等，菏泽冀鲁豫边区革命纪念馆、鲁西南战役指挥部旧址纪念馆等，济南鲁中抗日战争展览馆、莱东抗日纪念馆等，临沂孟良崮战役纪念地、八路军 115 师司令部旧址等，淄博马鞍山抗日遗址等。

从无形文化资源来看，北部沿海地区有众多革命历史人物（如李大钊、张太雷、于方舟、毛泽东、朱德、周恩来、邓颖超、白求恩等）故事及革命精神。

（三）古代历史文化资源

北部沿海地区古代历史文化资源非常丰富。从有形资源看，北京作为历史文化名城，现存名胜古迹极为丰富，较有代表性的有故宫、天坛、北海、景山、颐和园、明十三陵、八达岭长城、周口店古人类遗址等。天津因为隋唐大运河而诞生，如今也因大运河而闻名。河北有形历史文化资源分布较广泛。其中，承德市拥有世界最大的皇家园林、皇家寺庙群、皇家狩猎场、木制佛及世界独一无二的石柱等；保定市主要有清西陵、西汉靖王满城汉墓、涿州双塔、北岳庙、安国药王庙、腰山王氏庄园、古莲花池、燕下都遗址、定窑遗址、冉庄地道战遗址等；邯郸市曾经作为赵国国都长达 158 年之久，是河北最古老的城市；山海关主要有总兵府、先师庙、儒学堂、大悲阁、尚书坊等文物古迹和牌楼牌坊。山东主要有北辛文化、大汶口文化以及龙山文化遗址，最早的城邦"城子崖龙山古城"。

无形古代历史文化资源主要有帝王将相及历史知名人物故事、事迹、传说和史实及成语典故。例如，保定市历史知名人物有壮士荆轲、燕大夫郭隗、汉昭烈帝刘备、宋太祖赵匡胤、地理学家郦道元、数学家祖冲之等，成语典故主要有"胡服骑射""邯郸学步""完璧归赵""负荆请罪""黄粱美梦""毛遂自荐"等。

二、创意阶层

2015～2021年，北部沿海地区创意阶层人数呈N型增加趋势，年均增长率3.51%。分地区看，山东各年创意阶层人数明显高于其他地区并呈W型增长趋势，年均增长率为7.12%；河北创意阶层人数呈波浪发展态势，2021年人数略低于2015年；北京和天津历年创意阶层人数波动不大，2021年人数略高于2015年，年均增长率分别是1.58%和2.21%。见表4-3-1。

表4-3-1　　　　　2015～2021年北部沿海地区创意阶层人数变化　　　单位：人,%

地区	2015年	2016年	2017年	2018年	2019年	2020年	2021年	年均增长率
北京	7491	7902	7741	6803	6944	6671	8229	1.58
天津	3349	3372	3308	4065	3564	3524	3819	2.21
河北	12002	13308	13020	9063	12450	11195	11622	-0.53
山东	15758	15544	17193	16544	19555	19609	23805	7.12
合计	38600	40126	41262	36475	42513	40999	47475	3.51

注：因数据获取性，创意阶层由群众文化机构、艺术表演团体机构、博物馆、艺术科研机构、艺术展览创作机构、美术馆专业技术人员构成以及动漫企业大专以上学历人员组成，数据均来源于《中国文化文物和旅游统计年鉴》（2016～2022年）。

2015～2021年，北部沿海地区艺术表演人才呈波浪式增长态势，年均增长率为5.23%。分地区看，除2016年外，山东历年艺术表演人数均高于其他地区，并呈V型增加态势，年均增长率为11.52%；河北艺术表演人才数量呈波浪式发展态势，年均增长率为-2.08%；北京和天津艺术表演人数分别呈N型和W型增长态势，年均增长率分别为4.19%和2.01%。见表4-3-2。

表4-3-2　　　　　2015~2021年北部沿海地区艺术表演人数变化　　　单位：人，%

地区	2015年	2016年	2017年	2018年	2019年	2020年	2021年	年均增长率
北京	4290	4661	4617	4213	3733	4003	5487	4.19
天津	1981	1957	1772	1863	2044	1908	2232	2.01
河北	7530	8779	8577	4612	7989	6490	6636	-2.08
山东	7739	7438	8611	8839	10711	10727	14884	11.52
合计	21540	22835	23577	19527	24477	23128	29239	5.23

从非物质文化遗产代表性传承人看①，这一地区国家级传承人累计398人，其中，北京105人，天津42人，河北149，山东102人；省/市级传承人累计2028人，其中，北京326人，天津372人，河北829人，山东501人。

三、生产技术/工艺

和其他特色文化产业不同，特色工艺品产业采用的生产技术/工艺具有显著性的差异，并且有众多不同类型的生产工艺。北部沿海地区有41项传统手工艺入选首批国家传统工艺振兴目录②。其中，剪纸刻绘最多（9项），其次是陶瓷烧造（8项）。从各地区看，河北最多（16项），山东其次（12项），北京和天津分别为10项和3项。见表4-3-3。

---

① 2007年、2008年、2009年、2012年、2018年，国家文化主管部门先后命名了五批国家级非物质文化遗产代表性项目代表性传承人，共计3068人。在非物质文化遗产代表性项目传承人动态管理和退出机制下，先后有11人失去国家级代表性传承人资格。截至2022年11月，国家级非物质文化遗产代表性传承人共3057人。国家级非物质文化遗产传承人数据来自中国非物质文化遗产网。截至2023年4月，绝大多数地区命名了五批省级非物质文化遗产代表性传承人，有的地区甚至命名了六批省级非物质文化遗产代表性传承人，但本书中只统计前五批人数。另外本书不以年为单位统计数据主要是因为各地区批次不是同一年命名的；另外，因为数据缺失，本书没有删除失去非物质文化遗产代表性传承人资格的人数（占比约0.36%）。

② 目前，我国特色文化产业企业所采用的生产技术/工艺没有公开数据，因此本书以我国《第一批国家传统工艺振兴目录》中涉及地方特色工艺品的传统工艺名单为样本，讨论各区域特色工艺品产业的生产工艺，作为入选我国传统工艺振兴目录的生产工艺，在一定程度上可以代表当地特色文化产品的生产技术/工艺。当然在实践中，我国特色文化产业企业所采用的生产工艺/技术种类远远高于这一名单上的生产工艺种类。

表4-3-3　　　　　北部沿海地区国家重点扶持传统工艺分布　　　　单位：项

地区	编织扎制	雕刻塑造	纺染织绣	服饰制作	金属加工	剪纸刻绘	漆器髹饰	陶瓷烧造	文房制作	器具制作	合计
北京	1	1	1	1	2	0	1	1	1	1	10
天津	1	1	0	0	0	1	0	0	0	0	3
河北	2	1	3	0	2	4	0	3	1	0	16
山东	2	0	1	0	0	4	1	4	0	0	12
合计	6	3	5	1	4	9	2	8	2	1	41

第四节　北部沿海地区特色文化产业供给与需求结构分析

一、产业结构分析

（一）产业结构整体分析

和其他地区一样，北部沿海地区特色文化旅游产业一枝独大。特色文化旅游产业已是这一地区特色文化产业的主导产业和支柱产业，成为拉动地方经济发展的重要力量，引起了地方政府高度关注。北部沿海地区均制定和实施了本省（市）旅游产业发展规划以及其他系列支持政策。这些政策的制定和实施以及文化旅游氛围的提升推动了各地区特色文化旅游产业市场规模日益扩大。2014～2019年，山东旅游总收入和游客总数远超过北部沿海其他地区，河北旅游总收入和游客总数年均增速均远高于北部沿海其他区。

和其他地区相比，北部沿海地区工艺美术产品产业竞争力较强，主营业务收入占全国同类产业收入的23.7%，特色工艺品企业以中小型企业特别是小微企业居多，规模以上企业数量极少。

为贯彻落实国务院《关于支持戏曲传承发展的若干政策》要求，各省（市）均制定和实施了本省（市）相应的政策。随着外在制度介入，和2013年相比，2017年北部沿海地区特色表演艺术演出机构、演出总场次及国内演出观众总人数显著上升，但特色表演机构国内平均演出场次、单场国内观众人数及特色表演机构总收入和平均演出收入均下降较快。

北部沿海地区绝大多数特色节庆创办于 20 世纪末或 21 世纪初，几乎都是每年举办一次，地点相对固定；内容主要涉及各类表演和比赛、特色产品展销及商务洽谈等①。

（二）特色工艺品产业②

我国第三次经济普查统计表明，北部沿海地区工艺美术产品产业生产大类企业营业收入和主营业务收入分别为 2991.41 亿元和 2983.46 亿元，均占全国的 23.70%；分地区看，山东工艺美术产品产业生产大类企业营业收入和主营业务收入分别为 1489.40 亿元和 1485.44 亿元，均高于北京、天津和河北，河北产出最少。见表 4-4-1。

表 4-4-1　　　　　　第三次经济普查北部沿海地区工艺美术产品

生产大类企业收入情况　　　　　　单位：亿元，%

地区	营业收入		主营业务收入	
	绝对值	占全国比重	绝对值	占全国比重
北京	1085.49	8.60	1082.61	8.60
天津	252.44	2.00	251.77	2.00
河北	164.09	1.30	163.65	1.30
山东	1489.40	11.80	1485.44	11.80
合计	2991.41	23.70	2983.46	23.70

从不同规模企业看，北部沿海地区工艺美术产品生产大类规模以上企业的营业收入和主营业务收入分别为 2991.41 亿元和 2984.46 亿元，规模以下企业营业收入和主营业务收入分别是 558.79 亿元和 543.729 亿元；分地区看，山东无论规模以上还是规模以下企业产出量均为第一，其次是北京，然后依次是天津和河北。见表 4-4-2。

---

① 由于绝大多数各特色节庆游客人数、总收入等信息网络没有公布，故本书无法对各地区每年节庆人数、总收入进行分析。

② 统计口径看，工艺美术品产业包含特色工艺品产业；目前还没有各地区特色工艺品产业公开数据，本书各地区特色工艺品产业数据均来源于谢叙祎等著《第三次经济普查专题研究：中国文化产业的区域结构研究》（社会科学文献出版社 2016 版）。

表4-4-2　　　　第三次经济普查北部沿海地区工艺美术产品

生产大类不同规模企业收入情况　　　　单位：亿元

地区	营业收入		主营业务收入	
	规模以下	规模以上	规模以下	规模以上
北京	1085.49	65.92	1082.61	61.34
天津	252.44	67.40	251.77	65.99
河北	164.09	91.78	163.65	90.56
山东	1489.40	333.68	1485.44	325.82
合计	2991.41	558.79	2983.46	543.72

（三）特色表演艺术产业①

就特色表演艺术机构数而言，北部沿海地区特色表演艺术机构数量呈增长态势，从2013年的396家增加到2017年的740家，年均增长率为16.92%。其中，曲艺类表演艺术机构数增长最快，从2013年的29家增加到2017年的117家，年均增长率为41.73%，其次是杂技、魔术、马戏类，年均增长率为16.08%。从不同剧种比重看，地方戏剧类所占比重较大，2013年和2017年其比重分别为62.12%和58.65%。分地区看，山东特色表演艺术机构数量增长最快，从2013年的147家增加到2017年的313家，年均增长率为20.80%；其次是河北，从2013年的192家增加到2017年的344家，年均增长率为18.92%。见表4-4-3。

表4-4-3　　　　2013年/2017年北部沿海地区不同剧种机构数量变化　　　　单位：家,%

地区	京剧、昆曲类		地方戏曲类		杂技、魔术、马戏类		曲艺类		合计		
	2013年	2017年	2013年	2017年	2013年	2017年	2013年	2017年	2013年	2017年	年均增速
北京	4	9	18	23	6	6	7	12	35	50	9.33
天津	4	4	11	15	2	3	5	11	22	33	10.67

---

①　因从2018年起各类统计年鉴没有各地区艺术表演团体分剧种国内演出场次、演出观众人数和演出收入数据，故地方特色表演艺术产业最新数据为2017年数据。本书特色表演艺术产业数据来自《中国文化文物统计年鉴》（2014年，2017年）。

续表

地区	京剧、昆曲类		地方戏曲类		杂技、魔术、马戏类		曲艺类		合计		
	2013 年	2017 年	2013 年	2017 年	2013 年	2017 年	2013 年	2017 年	2013 年	2017 年	年均增速
河北	9	14	123	192	53	97	7	41	192	344	15.69
山东	28	24	94	204	15	32	10	53	147	313	20.80
合计	45	51	246	434	76	138	29	117	396	740	16.92
年均增速	3.18		15.25		16.08		41.73		16.92		

　　就特色表演艺术机构演出场次而言，和 2013 年相比，2017 年北部沿海地区特色表演机构国内演出场次增加较多。从 2013 年的 7.65 万场次增加到 2017 年的 13.11 万场次，年均增长率为 14.42%，但低于机构数量的年均增长率（16.92%）。说明这一地区特色表演机构平均演出场次有所减少。分剧种看，除京剧、昆曲类年均增长率为负外，其他剧种国内演出场次年均增长率超过 12%，但和其机构数量的年均增长率相比可以看出，这一地区各种剧种平均演出场次有所减少。分地区看，2013～2017 年，除北京（年均增长率为 -2%）外，其他各地区特色表演机构演出场次年均增长率超过 10%，和其机构数量年均增长率相比较可以看出，天津和山东特色表演机构平均演出场次有所增加，北京和河北特色表演机构平均演出场次有所减少。见表 4 - 4 - 4。

表 4 - 4 - 4　　　　　　　2013 年/2017 年北部沿海地区不同剧种
国内演出场次变化　　　　　　单位：万场次，%

地区	京剧、昆曲类		地方戏曲类		杂技、魔术、马戏类		曲艺类		合计		
	2013 年	2017 年	2013 年	2017 年	2013 年	2017 年	2013 年	2017 年	2013 年	2017 年	年均增速
北京	0.13	0.18	0.11	0.19	0.24	0.15	0.42	0.31	0.9	0.83	-2.00
天津	0.05	0.04	0.14	0.19	0.01	0.04	0.1	0.32	0.3	0.59	18.42
河北	0.13	0.12	2.03	2.89	1.55	2.33	0.06	0.32	3.77	5.66	10.69
山东	0.41	0.35	1.64	3.4	0.47	1.15	0.16	1.13	2.68	6.03	22.47
合计	0.72	0.69	3.92	6.67	2.27	3.67	0.74	2.08	7.65	13.11	14.42
年均增速	-1.06		14.21		12.76		29.48		14.42		

就特色表演艺术机构国内演出观众人数而言，和2013年相比，2017年北部沿海地区国内演出观众人数增长较快，从2013年的5458万人次增加至2017年的7822.3万人次，年均增速为9.41%，和其演出场次年均增长率（14.42%）对比可以发现，单场国内演出观众人数有所减少；分剧种看，京剧、昆曲类国内演出观众人数年均增长率为负数，其他剧种国内演出观众人数年均增长率为正且曲艺类增长最快，和其演出场次年均增长率对比可以发现，京剧、昆曲类和地方戏曲单场国内观众人数有所减少、其他剧种单场国内演出观众人数增加较快，特别是曲艺类。分地区看，北部沿海各个地区国内演出观众人数年均增长率均为正数，和其演出场次年均增长率对比可以发现，除北京外，其他地区单场国内演出观众人数均有所减少。见表4－4－5。

表4－4－5　　　　　　2013年/2017年北部沿海地区各剧种国内

演出观众人数变化　　　　　　单位：万人次,%

地区	京剧、昆曲类		地方戏曲类		杂技、魔术、马戏类		曲艺类		合计		
	2013年	2017年	2013年	2017年	2013年	2017年	2013年	2017年	2013年	2017年	年均增速
北京	55	75.4	76	176.4	89	84.29	112	65.26	332	401.35	4.86
天津	41	43.56	90	149.44	6	49.08	8	31.39	145	273.47	17.19
河北	76	47.29	1906	2058.1	835	1446.07	10	249.12	2827	3800.6	7.68
山东	343	277.69	1597	2182.1	183	592.96	31	294.21	2154	3347.1	11.65
合计	515	443.94	3669	4566.0	1113	2172.4	161	639.98	5458	7822.3	9.41
年均增速	－3.64		5.62		18.20		41.20		9.41		

从特色表演艺术机构演出收入看，和2013年相比，2017年北部沿海地区特色表演艺术产业机构演出收入急剧减少，从2013年的625576万元下降到54126万元，年均下降幅度达到45.76%，和其机构数量年均增长率（16.92%）相比可以看出，特色表演机构平均演出收入下降幅度比较大；分剧种看，各剧种的演出收入均下降比较大，其中曲艺类和杂技、魔术、马戏类下降幅度超过50%，和其机构数量年均增长率比较可以看出，各剧种平均演出收入均下降比较快。分地区看，北部沿海各个地区特色表演机构演出收入均下降较快，北京

特色表演机构演出收入下降幅度更是达到 57.06%，和其机构数量年均增长率比较可以看出，各个地区特色表演机构平均演出收入减少特别多。见表 4 – 4 – 6。

表 4 – 4 – 6　　　　2013 年/2017 年北部沿海地区各剧种演出收入变化　　　单位：万元,%

地区	京剧、昆曲类		地方戏曲类		杂技、魔术、马戏类		曲艺类		合计		
	2013 年	2017 年	2013 年	2017 年	2013 年	2017 年	2013 年	2017 年	2013 年	2017 年	年均增速
北京	36657	5087	22178	4651	268488	2506	162869	4414	490192	16658	– 57.06
天津	4118	913	8392	1129	1528	443	1610	557	15648	3042	– 33.60
河北	3303	342	38861	8649	13195	10554	646	815	56005	20360	– 22.35
山东	11146	767	34009	5490	16586	5154	1990	2655	63731	14066	– 31.46
合计	55224	7109	103440	19919	299797	18657	167115	8441	625576	54126	– 45.76
年均增速	– 40.10		– 33.76		– 50.05		– 52.59		– 45.76		

（四）特色文化旅游产业①

分地区看，2014~2019 年，河北旅游总收入、国内和入境旅游收入均增长最快，年均增长率分别为 29.42%、29.61% 和 11.87%；山东旅游总收入和国内收入历年最高，年均增速分别为 12.34% 和 13.70%；天津旅游总收入和国内收入均呈逐年增长态势，但入境收入逐年增长至 2017 年的 37.52 亿美元后出现严重下降，虽然 2019 年有所回升但仍远低于 2014 年的水平；北京旅游总收入和国内收入逐年增加，但入境旅游收入逐年增加至 2018 年的 55.16 亿美元后有所下降，年均增速为 7.98%。见表 4 – 4 – 7。

---

① 各地官方网站和各类统计年鉴没有单独列出特色文化旅游产业数据，然而近年来各地区掀起了文化旅游的热潮，文化旅游产业越来越成为地区旅游的支柱产业，因此本书通过分析各地旅游产业基本情况从中也可以窥探其特色文化旅游产业的基本发展情况。另外，2020~2022 年我国实行新冠疫情管控导致各地旅游业激剧萎缩，因此这期间数据没有可比性，故选取 2014~2019 年数据进行分析；各地这类数据均来源于该地区"统计年鉴"或"国民经济和社会发展统计公报"。

表 4 - 4 - 7　　　　　　　　　2014~2019 年北部沿海地区

旅游收入情况　　　　单位：亿元，亿美元，%

地区		2014 年	2015 年	2016 年	2017 年	2018 年	2019 年	年均增速
北京	总收入	4307.10	4629.92	5024.14	5467.65	5927.40	6215.49	7.61
	国内	3997.00	4320.00	4683.00	5122.40	5556.17	5866.20	7.98
	入境	46.08	46.05	50.69	51.30	55.16	51.90	2.41
天津	总收入	2512.78	2810.94	3170.29	3543.74	3915.58	4314.80	11.42
	国内	2305.41	2588.98	2917.78	3291.25	3840.89	4235.22	12.93
	入境	29.92	32.98	37.52	37.52	11.10	11.83	-16.94
河北	总收入	2564.64	3437.42	4655.13	6140.76	7637.37	9311.67	29.42
	国内	2528.70	3395.60	4610.13	6089.60	7580.21	9248.69	29.61
	入境	5.34	6.21	6.69	7.60	8.49	9.36	11.87
山东	总收入	6192.50	7062.50	8030.70	9200.30	9887.63	11080.79	12.34
	国内	5711.20	6505.10	7399.60	8491.50	9661.50	10851.30	13.70
	入境	27.10	29.00	30.60	31.70	33.60	34.10	4.70

2014~2019 年，北部沿海地区各省份游客总数和国内游客人数均呈逐年增加态势。其中，河北年均增速最高，刚好超过 20%。从入境游客数看，河北和山东游客人数呈逐年增加，年均增长率分别为 7.18% 和 3.18%；北京和天津游客数呈倒 N 型和倒 V 型发展态势，年均增长率分别为 -2.49% 和 8.52%。见表 4 - 4 - 8。

表 4 - 4 - 8　　　　　2014~2019 年北部沿海地区游客人数情况　　　　单位：万人次，%

地区		2014 年	2015 年	2016 年	2017 年	2018 年	2019 年	年均增速
北京	总人数	26149.70	27279.00	28531.50	29746.20	31093.58	32209.90	4.26
	国内	25722.20	26859.00	28115.00	29353.60	30693.17	31833.00	4.36
	入境	427.50	420.00	416.50	392.60	400.41	376.90	-2.49
天津	总人数	15661.85	17413.01	19120.01	21152.06	22849.31	24686.77	9.53
	国内	15365.68	17086.63	18764.99	20806.60	22700.00	24497.00	9.78
	入境	296.17	326.01	355.01	345.06	198.31	189.77	-8.52

续表

地区		2014 年	2015 年	2016 年	2017 年	2018 年	2019 年	年均增速
河北	总人数	31400.00	37198.14	46679.27	57234.13	67786.50	78266.80	20.04
	国内	31267.14	37059.96	46531.68	57073.88	67610.73	78078.89	20.09
	入境	132.86	138.18	147.59	160.25	175.77	187.91	7.18
山东	总人数	60023.10	65506.30	71201.80	78461.60	86513.10	93809.30	9.34
	国内	59577.40	65045.40	70716.50	77966.20	86000.00	93288.00	9.38
	入境	445.70	461.00	485.50	494.40	513.10	521.30	3.18

注：河北 2014 年游客总人数来自河北省政府信息公开专栏，入境游客人数来自其统计年鉴，国内游客人数为两者之差。

（五）特色节庆产业

北部沿海地区代表性特色节庆至少有 18 个，有一半以上节庆创办于 21 世纪初。这些特色节庆举办时间几乎都是每年一次，举办地点相对固定，主要吸引举办地群众以及省内观众；绝大多数节庆活动是建立在本地区文化资源基础之上；大多数特色节庆的活动内容主要是地方特色品展销、文艺表演、商务洽谈、其他与名称密切相关的活动主题。见表 4 - 4 - 9。目前，特色节庆活动已是北部沿海地区提升举办地知名度的重要窗口，是展现当地特色文化的重要窗口，是当地招商引资重要的平台。

表 4 - 4 - 9　　　　　　　北部沿海地区代表性特色节庆（部分）

名称	起源/创办时间	举办时间	地点	主办	活动内容
白云观庙会	1987 年	每年正月初一至十九	北京西城区白云观	北京西城区人民政府	宗教相关活动、民俗表演、地方特色产品展销、各类游艺项目等
延庆冰雪旅游节	1996 年	每年 12 月 10 日到次年 2 月底	北京延庆县	北京市延庆县人民政府	开幕式、文艺表演、冰灯展、冰上烟火、龙庆峡冰灯艺术节、八达岭夜长城莲花湖冰上庙会、垂钓、闭幕式等。2018 年游客 540 多万人

续表

名称	起源/创办时间	举办时间	地点	主办	活动内容
北京国际音乐节	1998 年	每年秋节	北京	原文化部、北京市人民政府、中国国际友好联络会	不同类型音乐演出、儿童音乐会、大学生音乐会、大师讲座等
北京厂甸文化庙会	2001 年	每年农历正月初一至十五	北京西城区	西城区委、区政府等	文艺演出、民俗表演、古玩字画、民族工艺品展销，手工艺品制作表演等
中国天津妈祖文化旅游节	2001 年	每年 4 月 19 日～4 月 22 日	天津南开区	天津市人民政府	民间艺术表演、妈祖祭典活动、皇会表演、海河灯会、民俗庙会、学术研讨会、商贸洽谈会等
吴桥国际杂技艺术节	1987 年	单年 10 月最后一周或者 1 月第一周	河北石家庄	原文化部、河北省政府	杂技比赛、经贸洽谈会等
沧州武术节	1989 年	每年 10 月份	河北沧州	沧州党委、人民政府	武术表演与比赛、经贸洽谈等
中国(廊坊)国际热气球节	2007 年	每年 8～10 月择日举办	河北廊坊	廊坊市政府	现代时尚节庆活动
中国剪纸艺术节	2010 年	每年 7～9 月	张家口市蔚县	中国文学艺术界联合会等	剪纸作品展览、剪纸大赛等
河北省民俗文化节	2008 年	每年 6 月第二个星期六	石家庄	河北省原文化厅等	民俗文化现代旅游节庆活动。2019 年游客 10 万人
泰山东岳庙会	宋代	每年 3 月 31 日至 5 月 7 日	山东泰安市	泰山市政府	传统民俗及民间宗教文化活动
潍坊国际风筝节	1984 年	每年 4 月 20 日至 25 日	山东潍坊	山东省原旅游局	风筝展、放风筝表演、风筝制作比赛、放风筝大赛、经贸洽谈等
中国(曲阜)国际孔子文化节	1989 年	每年 9 月 28 日	山东曲阜	原文化部、教育部、山东省人民政府	祭拜孔子、专场文艺晚会、民间艺术表演、各类专项旅游活动、经贸洽谈等

续表

名称	起源/创办时间	举办时间	地点	主办	活动内容
淄博国际聊斋文化旅游节	2002 年	每年 5 月初	山东淄博	淄博市政府、淄川区政府	夜游聊斋、动漫聊斋、民俗表演、地方风味小吃展等
临沂诸葛亮文化旅游节	2005 年	每年 5 月 29～31 日	临沂市沂南县	山东省委宣传部、原文化厅、原旅游局、临沂市委、市政府	祭拜活动、艺术表演与展览、文化旅游、论坛研讨、产业博览交易等
中国广饶·孙子国际文化节	2005 年	9 月份	山东广饶	山东省委宣传部、原文化厅、原旅游局等	孙子论坛、书画展、民间艺术展、民间美食节、经贸洽谈等
好客山东贺年会	2009 年	每年 1 月 1 日至 2 月 28 日	山东各地区	山东省原旅游局	围绕贺年游、贺年乐、贺年福、贺年宴、贺年礼等开展各类活动。2018 年游客 234 万余人
蒙山庙会	传统节庆（2013 年设定）	每年正月初一至初七	沂蒙山旅游区龟蒙景区	山东临沂蒙山旅游区管理委员会	皇帝巡游、非遗物质文化遗产展演、猜灯谜、地方戏曲演出、沂蒙美食汇等。2019 年游客 26.07 万人

注：笔者根据网上公开资料整理而得。以下各章涉及特色节庆产业的原始资料均来自网上公开资料。

二、需求结构分析

笔者通过问卷星、问卷网和线下问卷调查获取北部沿海地区消费者的消费行为偏好。在剔除无效问卷后，北部沿海地区最终有效问卷 195 份，其中，北京 50 份、天津 48 份、河北 47 份、山东 50 份。各地区的样本特征如表 4－4－10 所示。

表4-4-10　　　　　　　北部沿海地区样本量及其样本特征　　　　　单位：份

样本量		北京	天津	河北	山东
		50	48	47	50
性别	男	22	18	16	27
	女	28	30	31	23
学历	初中及以下	1	0	0	1
	高中/中专/技校	1	0	3	4
	大专	5	9	19	13
	本科	40	33	25	29
	研究生	3	6	0	3
年龄	18 岁以下	0	0	0	0
	18~25 岁	3	7	14	10
	26~30 岁	9	20	8	13
	31~40 岁	30	13	19	21
	41~50 岁	6	8	2	3
	51~60 岁	1	0	2	3
	60 岁以上	1	0	2	0
个人平均月收入	2000 元以下	2	1	3	4
	2001~3000 元	1	1	4	1
	3001~5000 元	3	7	14	8
	5001~8000 元	22	21	21	18
	8001~10000 元	14	11	5	13
	1 万元以上	8	7	0	6

（一）北部沿海地区特色文化产业结构消费者偏好

调查发现，北部沿海地区被访者都更偏好地方特色文化旅游。除此之外，北京和山东被访者依次更喜欢地方特色节庆、地方特色工艺品和地方特色表演艺术；天津被访者则更喜欢特色表演艺术，地方特色节庆排在最后。河北更喜欢地方特色工艺品，地方特色节庆也是排在最后。见表4-4-11。

表 4 - 4 - 11　　　　　　北部沿海地区特色文化产品/服务消费偏好排序

地区	样本量（N）	地方特色工艺品	地方特色表演艺术	地方特色文化旅游	地方特色节庆
北京	50	第3（2.82）	第4（2.30）	第1（3.70）	第2（2.90）
天津	48	第3（3.00）	第2（3.13）	第1（3.50）	第4（2.42）
河北	47	第2（3.32）	第3（2.72）	第1（4.02）	第4（2.68）
山东	50	第3（2.82）	第4（2.60）	第1（3.86）	第2（3.02）

注：本表排序规则：根据问卷调查结果，被访者越喜欢的赋值越高，算出各自分值的平均数后再根据值的大小排序。

（二）北部沿海地区特色工艺品产业需求分析

从消费群体规模看，天津特色工艺品消费者群体规模最大，93.75%的被访者表示"最近一年购买过地方特色工艺品"；其次是河北，93.62%的被访者购买过；北京和山东分别有88%和86%的被访者最近一年购买过地方特色工艺品。

从产品价格偏好看，北部沿海四个地区的被访者对特色工艺品价格偏好较为一致，最多消费者购买200～299元的地方特色工艺品，其次是购买价格300～399元的特色工艺品；这一地区极少被访者会购买1000元以上的特色工艺品。见表4-4-12。

表 4 - 4 - 12　　　　北部沿海地区消费者特色工艺品价格偏好　　　　单位：%

价格	北京（N=50）	天津（N=48）	河北（N=47）	山东（N=50）
0～99元	16.0	18.8	34.0	28.0
100～199元	28.0	29.2	31.9	44.0
200～299元	36.0	43.8	57.4	40.0
300～499元	32.0	35.4	40.4	34.0
500～799元	24.0	31.3	14.9	30.0
800～999元	10.0	18.8	6.4	8.0
1000～1499元	4.0	6.3	0.00	4.0
1500～1999元	2.0	0.00	0.00	2.0
合计	152.0	183.3	185.1	190.0

从购买动机看，北京消费者主要是为了送给朋友、家人或者自己使用而购买特色工艺品，天津消费者主要是为了送给朋友、自己收藏或者自己使用，河北和山东的消费者主要是考虑送给朋友、家人和自己使用而购买特色工艺品，见表4-4-13。

表4-4-13　　　　北部沿海地区消费者特色工艺品购买动机　　　　单位：%

购买动机	北京（N=50）	天津（N=48）	河北（N=47）	山东（N=50）
送给朋友	50.0	64.6	46.8	72.0
送给家人	54.0	39.6	46.8	50.0
送给同事	18.0	18.8	19.1	24.0
送给上司/长辈	16.0	22.9	21.3	26.0
送给下属/晚辈	2.0	6.3	2.1	10.0
自己收藏	46.0	50.0	36.2	36.0
自己使用	48.0	52.1	42.6	44.0
投资	4.0	2.1	2.1	0.00
支持传统文化	24.0	33.3	31.9	38.0
合计	262.0	289.6	248.9	300.0

从购买渠道偏好看，北部沿海地区更多消费者最喜欢在旅游景区内商店购买特色工艺品。除此之外，北京和天津消费者还比较喜欢在官方实体店、品牌专卖店购买特色工艺产品，河北消费者还比较喜欢在商场专柜及通过淘宝/天猫购买特色工艺产品，山东消费者还比较喜欢在品牌专卖店和官方实体店购买特色工艺产品，见表4-4-14。

表4-4-14　　　　北部沿海地区消费者特色工艺品购买渠道偏好　　　　单位：%

购买渠道	北京（N=50）	天津（N=48）	河北（N=47）	山东（N=50）
淘宝/天猫	34.0	33.3	29.8	22.0
京东	24.0	20.8	21.3	8.0
团购平台	6.0	6.3	2.1	4.0
官方网站	26.0	31.3	23.4	12.0

续表

购买渠道	北京（N=50）	天津（N=48）	河北（N=47）	山东（N=50）
官方实体店	42.0	35.4	27.7	38.0
微商	0.00	4.2	6.4	4.0
超市	18.0	6.3	21.3	16.0
品牌专卖店	36.0	39.6	21.3	52.0
商场专柜	26.0	29.2	36.2	24.0
旅游景区内商店	62.0	68.8	66.0	76.0
合计	274.0	275.0	255.3	256.0

（三）北部沿海地区特色表演艺术产业需求分析

调查发现，北部沿海各地区90%或以上被访者看过至少一种地方特色表演艺术（没看过的被访者比重在2%～10%之间）。北京观众看过最多的依次是相声（54%）、小品（44%）、京剧（33.3%）和特色舞蹈表演（33.3%）等，天津观众看过最多的依次是相声（66.7%）、杂技（33.3%）、地方传统戏剧（33.3%）、特色舞蹈表演（33.3%）等，河北观众看过最多的依次是地方传统戏曲（48.90%）、特色舞蹈表演（37.1%）、杂技（44.7%）等，山东观众看过最多的依次是地方传统戏曲（58.0%）、特色舞蹈表演（48%）、民乐（32%）等，见表4-4-15。

从中可以看出，和其他特色表演艺术相比，北京和天津更多消费者喜欢相声，河北和山东更多消费者则更喜欢地方传统戏曲。

表4-4-15　　　　　北部沿海地区地方特色表演艺术消费偏好　　　　单位：%

艺术种类	北京（N=50）	天津（N=48）	河北（N=47）	山东（N=50）
相声	54.0	66.7	14.9	16.0
小品	44.0	22.9	14.9	22.0
杂技	30.0	33.3	44.7	18.0
京剧	34.0	20.8	4.3	12.0
地方传统戏曲	28.0	33.3	48.9	58.0

续表

艺术种类	北京（N=50）	天津（N=48）	河北（N=47）	山东（N=50）
特色舞蹈表演	34.0	33.3	44.7	48.0
话剧	20.0	22.9	14.9	16.0
民乐	14.0	22.9	29.8	32.0
山水实景演出	32.0	14.6	29.8	30.0
没有看过	10.0	2.1	6.4	8.0
合计	300.0	272.9	253.2	260.0

从观看途径看，北京更多被访者是在电视上看过地方特色表演艺术，其他地区观众最主要是在演出现场观看特色表演艺术。除此之外，北京更多观众在演出现场（46%）、爱奇艺（44%）、抖音（40%）看过地方特色表演艺术，天津更多观众在抖音（43.8%）、电视（35.4%）、快手（29.2%）等观看特色表演艺术，河北观众还通过电视（34.0%）、抖音（34%）、爱奇艺（25.5%）等观看特色表演艺术，山东观众则比较喜欢在电视（42%）、抖音（40%）、爱奇艺（30%）等观看特色表演艺术，见表4-4-16。

从中可以看出，演出现场是观看特色表演艺术最重要的场所，电视仍然是部分观众选择观看特色表演艺术的重要途径，部分观众也开始通过新媒介如腾讯视频、爱奇艺、抖音等观看特色表演艺术。

表4-4-16　　　　　　北部沿海地区特色表演艺术观看途径偏好　　　　单位：%

观看途径	北京（N=50）	天津（N=48）	河北（N=47）	山东（N=50）
演出现场	46.0	79.2	72.3	74.0
电视	56.0	35.4	34.0	42.0
优酷	26.0	16.7	12.8	10.0
爱奇艺	44.0	27.1	25.5	30.0
土豆	8.0	12.5	4.3	4.0
抖音	40.0	43.8	34.0	40.0
快手	28.0	29.2	23.4	22.0
腾讯视频	32.0	33.3	21.3	18.0
其他	2.0	2.1	0.00	2.0
合计	282.0	279.2	227.7	242.0

从特色表演艺术衍生产品类型偏好看，北京消费者喜欢的表演艺术衍生产品依次是服装和生活用品、服饰产品、首饰、茶具及画饰等，天津消费者喜欢的依次是服饰产品、服装、生活用品、画饰及首饰等，河北消费者喜欢的依次是生活用品、服饰产品、画饰、首饰及服装等，山东消费者喜欢的依次是生活用品、服饰产品、茶具、首饰及服装，见表4-4-17。

从中可以看，北部沿海地区在衍生产品潜在需求量方面有所差异，但生活用品在北京、河北和山东的潜在市场需求量最大；其次是服饰产品，在这三个省份的潜在需求量中排在前三名。

表4-4-17　　　　　　北部沿海地区特色表演艺术衍生产品消费偏好排序

衍生产品类型	北京（N=50）	天津（N=48）	河北（N=47）	山东（N=50）
服装	第1	第2	第5	第5
生活用品	第1	第3	第1	第1
服饰产品	第2	第1	第2	第2
首饰	第3	第5	第4	第4
茶具	第4	第7	第6	第3
画饰	第5	第4	第3	第6
书籍	第5	第6	第8	第7
儿童玩具	第6	第8	第7	第8
动画	第7	第9	第11	第11
游戏	第8	第11	第10	第11
刻录光盘	第9	第9	第12	第10
香具	第10	第10	第9	第9

从衍生产品价格偏好看，北部沿海地区消费者最偏爱购买799元以下的表演艺术衍生产品。相对而言，山东消费者更偏爱低价格的表演艺术衍生产品，分别有48%和38%的被访者偏爱100~299元和0~99元的产品；北京、天津和河北消费者对价格的承受相对较高些，其中北京46%、天津50%和河北51.1%的被访者偏爱200~299元的产品。见表4-4-18。

表 4 - 4 - 18　　　　北部沿海地区地方特色表演艺术消费价格偏好占比　　　　单位：%

价格	北京（N＝50）	天津（N＝48）	河北（N＝47）	山东（N＝50）
0～99 元	16.0	22.9	29.8	38.0
100～199 元	28.0	37.5	48.9	48.0
200～299 元	46.0	50.0	51.1	48.0
300～499 元	36.0	50.0	48.9	34.0
500～799 元	30.0	33.3	23.4	20.0
800～999 元	10.0	12.5	2.1	14.0
1000～1499 元	6.0	6.3	2.1	6.0
1500～1999 元	0.00	2.1	2.1	0.00
2000 元及以上	0.00	2.1	0.00	0.00
合计	172.0	216.7	208.5	208.0

（四）北部沿海地区特色文化旅游产业需求分析

调查表明，绝大多数北部沿海地区被访者在过去一年去过当地特色文化旅游景区（没有去过的被访者比重最多占 6%）。

从游玩景区类型看，80% 以上的北京被访者在最近一年游玩过历史遗迹/遗址，72% 的被访者游玩过特色古镇；81.3% 的天津被访者在最近一年游玩过特色街区，70.8% 以上的被访者在最近一年参观过当地博物馆/博物院；74.5% 的河北被访者在最近一年游玩过特色古镇；山东有 72% 的被访者游玩过特色古镇。见表 4 - 4 - 19。

表 4 - 4 - 19　　　北部沿海地区地方特色文化旅游景区类型游玩偏好　　　单位：%

景区类型	北京（N＝50）	天津（N＝48）	河北（N＝47）	山东（N＝50）
当地博物馆/博物院	62.0	70.8	36.2	44.0
历史遗迹/遗址	80.0	54.2	63.8	64.0
宗教景点	26.0	25.0	23.4	28.0
特色古镇	72.0	66.7	74.5	72.0
特色街区	70.0	81.3	63.8	68.0
没有去过	6.0	2.1	2.1	6.0
合计	316.0	300.0	263.8	282.0

从特色文化旅游衍生产品类型偏好看，北部沿海四个地区消费者最喜欢摆件类产品。除此之外，北京消费者喜欢的衍生产品依次是生活用品、藏品仿真件、首饰及服饰产品等；天津消费者喜欢的衍生产品依次是生活用品、服饰产品、藏品仿真件及首饰等；河北消费者喜欢的衍生产品类型依次是首饰、画饰、服装及茶具等；山东消费喜欢的衍生产品类型依次是生活用品、服饰产品、首饰及藏品仿真件等。见表4-4-20。

从中可以看出，摆件、生活用品是北部沿海地区特色文化旅游衍生产品开发的首选。

表4-4-20　　　北部沿海地区特色文化旅游衍生产品消费偏好排序

衍生产品类型	北京（N=50）	天津（N=48）	河北（N=47）	山东（N=50）
摆件	第1	第1	第2	第1
生活用品	第2	第2	第1	第2
藏品仿真件	第3	第4	第7	第5
首饰	第4	第5	第3	第4
服饰产品	第5	第3	第6	第3
画饰	第6	第8	第3	第9
服装	第7	第6	第4	第6
茶具	第8	第7	第5	第8
儿童玩具	第9	第9	第9	第10
主题儿童娱乐场	第10	第10	第8	第7
书籍	第11	第11	第10	第10
刻录光盘	第12	第12	第13	第13
游戏	第13	第13	第12	第12
动画	第14	第13	第11	第11

从特色文化旅游衍生产品价格偏好看，北京更多消费者会选择200~299元，其次是100~199元和300~499元的衍生产品；天津更多消费者会选择200~299元，其次是300~399元和500~599元的衍生产品；河北和山东更多消费者会选择200~299元以及300~399元的衍生产品。见表4-4-21。

表 4 - 4 - 21　　　　北部沿海地区特色文化旅游衍生产品价格偏好占比　　　单位：%

价格	北京（N = 50）	天津（N = 48）	河北（N = 47）	山东（N = 50）
0 ~ 99 元	24.0	22.9	27.7	42.0
100 ~ 199 元	32.0	33.3	40.4	50.0
200 ~ 299 元	52.0	56.3	53.2	48.0
300 ~ 499 元	32.0	54.2	51.1	48.0
500 ~ 799 元	24.0	37.5	34.0	20.0
800 ~ 999 元	14.0	18.8	12.8	16.0
1000 ~ 1499 元	6.0	4.2	2.1	6.0
1500 ~ 1999 元	0.00	2.1	0.00	0.00
2000 元及以上	2.0	2.1	0.00	0.00
合计	186.0	231.3	221.3	230.0

（五）北部沿海地区特色节庆产业需求分析

从特色节庆消费群体规模看，天津特色节庆消费群体规模最大，85.42%的被访者表示最近一年参加过地方特色节庆活动；河北特色节庆消费群体规模其次，85.16%的被访者参加过；72%的北京被访者和70%的山东被访者参加过地方特色节庆活动。

最近一年没有参加过特色节庆活动的最主要原因是特色节庆活动与被访者时间有冲突和路途远，而住宿几乎没有成为北部沿海地区被访者参加特色节庆活动的影响因素。见表 4 - 4 - 22。

表 4 - 4 - 22　　　　　　　未参加特色节庆活动的原因占比　　　　　　单位：%

项目	北京	天津	河北	山东
没听过	14.3	0.0	28.6	13.3
路途远	28.6	42.9	57.1	40.0
门票贵	35.7	14.3	0.0	13.3
停车不便	7.1	14.3	28.6	20.0
住宿	0.0	0.0	14.3	0.0

续表

项目	北京	天津	河北	山东
时间冲突	28.6	14.3	57.1	66.7
不感兴趣	7.1	28.6	14.3	6.7
之前去过，不想再去	35.7	14.3	14.3	20.0
没有同伴	7.1	42.9	14.3	6.7
合计	164.3	171.4	228.6	186.7

注：各地区样本量未超过30，数值没有统计意义，仅供参考。

第五节　北部沿海地区特色文化产业供给侧结构性改革之思路

基于北部沿海地区特色文化产品市场需求结构分析，结合北部沿海地区产业结构现状及文化资源优势，在完善北部沿海地区制度的基础上，除天津发展曲艺产业外，北部沿海其他省份可考虑走差异化特色文化旅游产业之道路，以当地最具代表性、最知名的特色文化旅游产业为龙头带动其他文化旅游产业发展，促进这一特色文化旅游产业与特色工艺品产业、特色表演艺术产业、特色节庆产业的融合发展，以及北部沿海地区同类特色文化旅游产业协同发展。

一、北京市

北京市特色文化产业发展的基础条件远高于全国平均水平，其内在制度环境在北部沿海区域中处于中等水平，比全国平均水平好些，且针对特色文化产业的专项政策比较少。结合其生产要素现状、产业发展现状特别是北京市消费者消费需求偏好，在推动北京市特色文化产业供给侧结构性改革过程中，北京市有必要制定并实施更多的特色文化产业专项政策并进一步提升消费者文化消费氛围，在此基础上，优化和升级历史文化旅游产业尤其是长城景区，以历史文化旅游产业为龙头带动其他旅游产业尤其是红色文化旅游产业发展，并依次促进历史文化旅游产业与特色节庆产业、特色工艺品产业及特色表演艺术产业有序融合发展。具体而言：

优化和升级历史文化旅游产业。制度层面，制定北京市历史文化旅游产业发展规划，保护有形历史文化资源，挖掘历史文化资源尤其是无形文化资源，引导各地区历史文化旅游产业差异化发展及巩固历史文化旅游氛围。产业发展模式方面，可考虑采用以消费者导向型内在制度主导发展模式为主。优化和升级方面，提升以故宫、天坛、北海、景山、颐和园、明十三陵、八达岭长城、周口店古人类遗址及展览馆等为代表的历史文化旅游景区的服务品质，如景区内外基础设施、景区数字服务化等。推动历史文化旅游景区（尤其是历史遗迹/遗址）差异化和联动发展。各地区应充分挖掘本地区历史文化资源尤其是无形文化资源并以此差异化开发新的旅游景观；在此基础上进一步考虑推动历史文化旅游各景区联动发展，形成历史文化旅游景区共赢的协同效应。鼓励历史文化旅游景区运营机构或文化企业差异化重点开发价格 200～299 元的摆件和生活用品类的文化旅游衍生产品。以历史文化旅游产业为龙头带动北京其他文化旅游产业特别是红色文化旅游产业的发展。

推动历史文化旅游产业与特色节庆产业融合，从而带动特色节庆产业发展。制度层面，制定地方特色节庆品牌培育计划，推动地方特色节庆品牌建设，并大力加强现有特色节庆活动宣传推广以扩大品牌影响力，加大培育特色节庆活动观光氛围的力度。产业发展模式方面，可考虑采用以内外制度合作主导型发展模式为主。融合发展方面，一是，特色节庆活动和历史文化旅游景区尤其是故宫等景区宣传推广的双向融合，从而扩大特色节庆的知名度；二是，引导特色节庆游客和历史文化旅游景区特别是历史遗迹/遗址游客双向观光；三是，将历史文化旅游衍生产品展销融入以白云观庙会文化旅游节等为代表的特色节庆活动中，从而拓展历史文化旅游衍生产品的销售渠道；四是，鼓励以北京特有的历史文化资源为源头开发新的特色节庆活动，丰富现有节庆活动内容和形式，同时适时降低门票价格，调整特色节庆活动举办的时间。

推动历史文化旅游产业与特色工艺品产业融合，从而带动特色工艺品产业发展。制度层面，制定北京市特色工艺品产业发展规划，重点支持以金属加工、漆器髹饰等传统工艺为生产手段的特色工艺品的发展，引导特色工艺品产业与历史文化旅游产业融合；严格实施非物质文化遗产传承人考核机制以及特色工艺品市场培育扶持政策等；提升特色工艺品消费氛围。产业发展模式方面，可考虑采用以内外制度合作主导型发展模式为主。融合发展层面，一是，推动历史文化旅游景区运营机构或文化企业将具有市场潜力的特色工艺融入历史文化旅游衍生产品开发中；二是，特色工艺品企业可考虑将以故宫为代表的历史文化资源融入特色工艺品开发中，应侧重聚焦 200～499 元特色工艺品开发；三是，除以旅游景区内商店、官方实体店以及淘宝/天猫、京东作为重点销售渠道外，特色工艺品企业可考虑在历史文化旅游景区尤其是故宫等为代表的旅游景区增加体验式消费活动，吸引游客参与产品制作过程，提升游客的产品文化认同感，扩大特色工艺知名度。

推动历史文化旅游产业与特色表演艺术产业融合，从而带动特色表演艺术产业发展。制度层面，制定并实施地方特色表演艺术产业发展规划和专项扶持政策，引导特色表演艺术机构以历史文化资源尤其是无形文化资源为源头开发原创现代剧目；继续支持京剧等特色表演开展惠民演出和公益演出，加大力度培育人们的观看氛围。产业发展模式方面，可考虑采用以内外制度合作主导型发展模式为主。融合发展方面，一是，特色表演艺术机构团体应充分挖掘并利用好历史文化在内的无形文化资源，迎合消费者目标市场需求，拓展表演剧目类型；二是，有条件的特色表演艺术机构可考虑开发衍生产品，侧重考虑开发 200～299 元特色表演艺术衍生产品特别是服装和生活用品，并将其衍生产品销售渠道拓展至以颐和园等为代表的历史文化旅游景区。

推动北京历史文化旅游景区与北部沿海其他地区历史文化旅游景区的协同发展。建立北部沿海地区历史文化旅游产业协同机制，以各地区知名历史文化景区为点，旅游路线为线，带动其他历史文化旅游景区发展。

二、天津市

天津市特色文化产业发展的基础条件略好于全国平均水平，其内在制度环境在北部沿海地区中最差且低于全国平均水平，且针对特色文化产业的专项政策比较少。结合其生产要素现状、产业发展现状特别是天津市消费者消费需求偏好，在推动天津市特色文化产业供给侧结构性改革过程中，天津市有必要制定并实施更多的特色文化产业专项政策并加大力度提升消费者文化消费氛围。天津文化资源特色并不明显，特色文化旅游产业并不突出；从需求层面看，天津文化旅游和特色表演艺术的偏好平均值相差不大。但天津有"北方曲艺之乡"之称，人们几乎是听曲艺尤其是相声长大。由此，天津可考虑优化和升级以相声为代表的曲艺产业，并依次促进曲艺产业与特色文化旅游产业，特色工艺品产业及特色节庆产业有序融合发展。具体而言：

优化和升级曲艺产业。制度层面，制定天津市曲艺产业发展规划，鼓励开发以红色文化和无形长城文化资源为代表的曲艺原创曲目，引导各地区曲艺产业差异化发展；巩固曲艺表演艺术氛围。产业发展模式方面，可考虑采用以消费者导向型内在制度主导发展模式为主。优化和升级方面，优化曲艺产品结构，在复演经典剧目的同时，创造切合时代脉络的剧目，从本地特色文化资源中寻找灵感；优化演出曲艺类型组合，以相声为主打。表演场所多元化，除茶楼外，曲艺节目组合要有市场定位观念，锁定目标市场人群活动场所，主动贴近市场。推动曲艺产业衍生产品开发，充分融入天津以及相邻地区传统工艺技艺，着重开发价格 200～299 元和 300～499 元的服饰产品、服装及生活用品等衍生产品。

推动曲艺产业与特色文化旅游产业融合，从而带动特色文化旅游产业发展。制度层面，制定天津市特色文化旅游产业发展规划，重点支持曲艺产业与平津战役为代表的红色文化旅游产业和大运河旅游产业融合发展，重点培育红色文化旅游和大运河旅游氛围。产业发展模式方面，可考虑采用以消费者导向型内在制度主导发展模式为主。融合发展层面，一是，让曲艺艺术机构走进以天津大运河和平津战役纪念馆为代表的特色文化旅游景区。二是，在特色文化旅游景区中开发出以相声表演为主的各种类型的茶馆场所等方便旅游者观看。三是，鼓励以名流茶馆、众友相声艺术团等较具市场影响力的曲艺机构开发各种曲艺衍生产品，丰富特色工艺品文化内涵，将特色工艺品产业和曲艺文化资源相融合，着重开发 200～299 元和 300～499 元特色工艺品，在开发时要注重体现出产品美感，对产品的材料品质严格把关，通过曲艺产业发展带动特色工艺品的销售和消费者认同。

推动曲艺产业与特色工艺品产业融合，从而带动特色工艺品产业发展。制度层面，制定天津特色工艺品产业发展规划，重点支持以编织扎制、雕刻塑造、剪纸刻绘等传统工艺为生产手段的特色工艺品的发展，引导特色工艺品产业与曲艺产业融合；制定非物质文化遗产传承人考核、退出机制以及特色工艺品市场培育扶持政策等；巩固特色工艺品消费氛围。产业发展模式方面，可考虑采用以内外制度合作主导型发展模式为主。融合发展层面，一是，推动德云社等曲艺表演艺术机构或文化企业将具有市场潜力的特色工艺融入曲艺产业衍生产品开发之中；二是，特色工艺品企业可考虑将红色和大运河文化资源融入特色工艺品开发之中，应侧重开发 100～299 元的工艺品；三是，除品牌专卖店、淘宝/天猫外，特色工艺品企业可考虑在茶馆等为代表的曲艺表演场所开设体验性销售门店，吸引观众参与产品制作过程，提升观众的产品文化认同感，扩大特色工艺知名度和销售量。

推动曲艺产业与特色节庆产业融合，从而带动特色节庆产业发展。制度层面，制定地方特色节庆品牌培育计划，推动地方特色节庆品牌建设；巩固并进一步提升特色节庆活动观光氛围。产业发展模式方面，可考虑采用以内外制度合作主导型发展模式为主。融合发展方面，一是，注重特色节庆活动和茶馆等曲艺表演场所宣传推广的双向融合，从而扩大特色节庆的知名度；二是，引导特色节庆游客和茶馆等曲艺表演场所观众双向观光；三是，鼓励茶馆等曲艺表演场所挖掘并举办具有本地鲜明特色的节庆活动。

推动天津曲艺产业与北部沿海其他地区特色表演艺术产业的协同发展。建立北部沿海地区特色表演艺术产业协同机制，推动北部沿海地区曲艺产业协同发展，以相声为突破口，促进北部沿海跨地区曲艺类型组合的巡回演出，带动其他曲艺产业发展。

三、河北省

除文化设施水平、开放水平外，河北省特色文化产业发展的基础条件略好于全国平均水平，其内在制度环境相对较差，且针对特色文化产业的专项政策比较少；结合其生产要素现状、产业发展现状特别是河北省消费者消费需求偏好，在推动河北省特色文化产业供给侧结构性改革过程中，河北省有必要制定并实施更多的特色文化产业专项政策并进一步提升消费者文化消费氛围，在此基础上，优化和升级红色文化旅游产业尤其是西柏坡红色文化旅游产业，以红色文化旅游产业为龙头带动其他旅游产业尤其是燕赵文化旅游产业发展，并依次促进红色文化旅游产业与特色工艺品产业，特色表演艺术产业及特色节庆产业有序融合发展。具体而言：

优化和升级红色文化旅游产业。制度层面，制定河北省红色文化旅游产业发展规划，挖掘并保护有形红色文化资源，开发红色文化资源尤其是无形文化资源，引导各地区红色文化旅游产业差异化发展；巩固红色文化旅游氛围。产业发展模式方面，可考虑采用以消费者导向型内在制度主导发展模式为主。优化和升级方面，提升以西柏坡为代表的红色文化旅游景区的服务品质，基于目前河北省红色文化旅游景区之间、景区与周边潜在目标消费者之间，以及景区内及周边之间的基础设施特别是交通设施并不发达，需要从省级层面全局规划，完善旅游基础设施特别是交通设施。推动红色文化旅游景区差异化和联动发展。各地区应充分挖掘并结合本地区红色文化资源显著特征，差异化开发本地区红色文化资源尤其是无形文化资源并以此开发新的旅游景观；由此可以进一步考虑推动红色文化旅游景区之间的联动发展，形成红色文化旅游景区共赢的协同效应。鼓励红色文化旅游景区运营机构或文化企业差异化侧重开发价格 200~499 元的红色文化旅游衍生产品特别是摆件、首饰、画饰、服装等类型衍生产品。以红色文化旅游产业带动河北省其他文化旅游产业特别是燕赵文化旅游产业的发展。

推动红色文化旅游产业与特色工艺品产业融合，从而带动特色工艺品产业发展。制度层面，制定河北省特色工艺品产业发展规划，重点支持以编织扎制、纺染织绣、剪纸刻绘以及陶瓷烧制等传统工艺为生产手段的特色工艺品的发展，引导特色工艺品产业与红色文化旅游产业融合；制定非物质文化遗产传承人考核机制以及特色工艺品市场培育扶持政策等；巩固特色工艺品消费氛围。产业发展模式方面，可考虑采用以内外制度合作主导型发展模式为主。融合发展层面，一是，推动红色旅游景区运营机构或文化企业将具有市场潜力的特色工艺融入红色文化旅游衍生产品开发中；二是，特色工艺品企业可考虑将红色文化资源嵌入特色工艺品研发中，特色工艺品开发应侧重聚焦于 200~499 元的工艺品；三是，除商场专柜、淘宝/天猫以及官方实体店外，特色工艺品企业可考虑与旅游景区形成战略合作，在西柏坡等知名红色旅游景点提供参与式体验活动，提升游客的产品文化认同感，扩大特色工艺知名度和开拓消费者市场。

推动红色文化旅游产业与特色表演艺术产业融合，从而带动特色表演艺术产业发展。制度层面，制定并实施地方特色表演艺术产业发展规划和专项扶持政策，引导特色表演艺术机构以红色文化资源开发原创现代剧目；继续支持特色表演艺术团体特别是河北梆子等地方传统戏曲开展系列惠民和公益演出，巩固人们的观看氛围。产业发展模式方面，可考虑采用以消费者导向型内在制度主导发展模式为主。融合发展方面，一是，推动特色表演艺术机构将红色文化嵌入特色表演艺术特别是地方传统戏、杂技以及特色舞蹈表演的开发中，走进西北坡等知名红色文化旅游景区，从而扩大特色表演艺术的知名度和提升人们的地方传统表演艺术文化认同感；二是，特色表演艺术机构应充分挖掘本地包括红色文化在内的无形文化资源，以消费者喜好程度为导向，提高特色表演艺术产业发展的亲民程度，引导特色表演艺术机构与消费者市场的零距离接触；三是，具有一定市场规模的特色表演艺术机构可考虑开发衍生产品，侧重考虑开发 100～499 元的生活用品、服饰产品、画饰、首饰、服装等特色表演艺术衍生产品，并将这些衍生产品的销售渠道扩大至红色文化旅游景区。

推动红色文化旅游产业与特色节庆产业融合，从而带动特色节庆产业发展。制度层面，制定地方特色节庆品牌培育计划，进一步提升地方特色节庆品牌（如吴桥国际杂技艺术节）的影响力；巩固并进一步提升特色节庆活动观光氛围。产业发展模式方面，可考虑采用以消费者导向型内在制度主导发展模式为主。融合发展方面，一是，利用特色节庆如吴桥国际杂技艺术节、沧州武术节宣传推广红色文化旅游产业，从而扩大红色文化旅游的知名度；二是，利用红色文化旅游丰富特色节庆内容，以红色文化资源为源头挖掘并举办具有本地鲜明特色的节庆活动；三是，将红色文化旅游衍生产品展销融入以吴桥国际杂技艺术节、沧州武术节为代表的特色节庆活动中，从而拓展红色旅游文化衍生产品的销售渠道。

推动河北红色文化旅游景区与北部沿海其他地区红色文化旅游景区的协同发展。建立北部沿海地区红色文化旅游产业协同机制，以西柏坡红色文化旅游产业为点，通过规划以西柏坡为中心点的旅游路线，带动其他地区红色文化旅游产业发展。

四、山东省

除文化设施水平、开放水平外，山东省特色文化产业发展的基础条件略好于全国平均水平，其内在制度环境在北部沿海区域中最好，但针对特色文化产业的专项政策比较少。结合其生产要素现状、产业发展现状特别是山东省消费者消费需求偏好，在推动山东省特色文化产业供给侧结构性改革过程中，山东省有必要制定并实施更多的特色文化产业专项政策并巩固消费者文化消费氛围。

山东海洋文化资源非常丰富，青岛、日照、烟台、威海等海洋旅游每年吸引了众多省内外游客。由此，山东省可考虑优化和升级海洋文化旅游产业，以海洋文化旅游产业为龙头带动其他旅游产业尤其是齐鲁文化旅游产业发展，并依次促进海洋文化旅游产业与特色节庆产业，特色工艺品产业及特色表演艺术产业有序融合发展。具体而言：

优化和升级海洋文化旅游产业。目前，山东海洋文化旅游产业是海洋文化资源产业化最成功的产业①。制度层面，制定山东省海洋文化旅游产业发展规划，保护有形海洋文化资源，挖掘海洋文化资源尤其是无形文化资源，引导各地区海洋文化旅游产业差异化发展；巩固海洋文化旅游氛围。产业发展模式方面，可考虑采用以消费者导向型内在制度主导发展模式为主。优化和升级方面，提升以青岛、日照、烟台、威海等海洋文化旅游景区的服务品质，推动山东沿海城市交通设施一体化，促进山东海洋文化旅游由"点"到"面"发展，推动沿海城市海洋文化旅游特别是特色古镇的差异化发展，通过错位、互补文化旅游的供给吸引更多游客。各地区应充分挖掘本地区海洋文化资源尤其是无形文化资源并以此开发新的旅游景观，凸显本地海洋文化独特性从而形成差异化开发；由此可以进一步考虑推动海洋文化旅游各景区联动发展，形成海洋文化旅游景区共赢的协同效应。结合本地特色文化资源以及特色技艺，促进沿海城市海洋衍生文化产品差异化开发，重点开发499元以下的摆件、生活用品、服饰产品、首饰以及藏品仿真件等类型的文化旅游衍生产品。以海洋文化旅游产业为龙头带动其他文化旅游产业特别是齐鲁文化旅游产业的发展。

推动海洋文化旅游产业与特色节庆产业融合，从而带动特色节庆产业发展。制度层面，制定地方特色节庆品牌培育计划，推动地方特色节庆品牌建设［如潍坊国际风筝节、中国（曲阜）国际孔子文化节］；着力提升特色节庆活动观光氛围。产业发展模式方面，可考虑采用以内外制度合作主导型发展模式为主。融合发展方面，一是，特色节庆活动和海洋文化旅游景区宣传推广的双向融合，从而扩大特色节庆的知名度；二是，引导特色节庆游客和海洋文化旅游景区游客双向观光；三是，将海洋文化旅游衍生产品展销融入以潍坊国际风筝会、曲

---

① 郑贵斌，刘娟，牟艳芳. 山东海洋文化资源转化为海洋文化产业现状与对策思考［J］. 海洋开发与管理，2011（3）：94－98.

阜孔子文化节、淄博聊斋文化节、临沂诸葛亮文化旅游节等为代表的特色节庆活动中，从而拓展海洋文化旅游衍生产品的销售渠道；四是，考虑海洋文化旅游淡、旺季特点，可考虑将山东省非沿海地区地方特色节庆产业举办时间调整至旺季，从而吸引部分海洋旅游游客，而沿海地区节庆举办时间可调整至淡季，从而再吸引特色节庆游客游玩海洋景区。

推动海洋文化旅游产业与特色工艺品产业融合，从而带动特色工艺品产业发展。制度层面，制定山东省特色工艺品产业发展规划，重点支持以编织扎制、纺染织绣、剪纸刻绘、陶瓷烧造等传统工艺为生产手段的特色工艺品的发展，引导特色工艺品产业与海洋文化旅游产业融合；制定非物质文化遗产传承人考核机制以及特色工艺品市场培育扶持政策等；进一步提升特色工艺品消费氛围。产业发展模式方面，可考虑采用内外制度合作主导型发展模式为主。融合发展层面，一是，推动海洋文化旅游景区运营机构或文化企业将具有市场潜力的特色工艺融入海洋文化旅游衍生产品开发中；二是，特色工艺品企业可考虑将海洋文化资源融入特色工艺品开发中，应侧重开发 100~499 元的工艺品；三是，将特色工艺品销售渠道拓展至海洋旅游景区内酒店、景区商店或景区官方实体店。

推动海洋文化旅游产业与特色表演艺术产业融合，从而带动特色表演艺术产业发展。制度层面，制定并实施地方特色表演艺术产业发展规划和专项扶持政策，引导特色表演艺术机构以海洋文化资源为源头，以消费者市场需求为导向开发原创现代剧目；继续支持特色表演艺术团体特别是吕剧、西河大鼓、琴书等地方传统剧团开展惠民演出和公益演出，从而大幅提升人们的观看氛围。产业发展模式方面，可考虑采用内外制度合作主导型发展模式为主。融合发展方面，一是，推动特色表演艺术机构入驻海洋文化旅游景区，扩大特色表演艺术的知名度和提升人们对地方传统表演艺术文化认同感；二是，特色表演艺术机构应充分挖掘本地包括海洋文化在内的无形文化资源，开发符合大众消费观念的原创现代剧目；三是，有一定市场规模的特色表演艺术机构可考虑侧重开发 299 元以下生活用品、服饰产品、茶具、首饰及服装等衍生产品，并将其衍生产品销售渠道拓展至海洋文化旅游景区。

推动山东省海洋文化旅游景区与北部沿海其他地区海洋文化旅游景区的协同发展。建立北部沿海地区海洋文化旅游产业协同机制，以各地区知名海洋文化景区为点，旅游路线为线，带动其他海洋文化旅游景区发展。

第五章

东北地区区域特色文化产业

本章在分析东北地区即黑龙江、吉林、辽宁三省区域特色文化产业发展的基础条件之后，探讨其特色文化产业的制度结构和生产要素结构，然后分析这些地区特色文化产业的供给现状和需求情况，在上述分析基础上提出推动东北地区特色文化产业供给侧结构性改革的基本思路。

第一节　东北地区区域特色文化产业发展的基础条件

一、区域人口状况

东北地区土地面积共计 80.84 万平方公里，地处温带季风气候地区①，城镇化率为 61.96%；东北地区主要有东北官话、胶辽官话、蒙古语及朝鲜语，东北官话是东三省通用的语言。

2017～2021 年，东北地区人口规模缓慢减少，年末常住人口从 2017 年的 10237 万人下降到 2021 年的 9729 万人，年均减幅为 1.26%。东北地区劳动力规模高于全国水平但呈逐年萎缩态势，从 2017 年的 76.35% 下降到 2021 年的 71.99%；分地区看，黑龙江 15～64 岁人口占比历年均高于辽宁和吉林。见表 5－1－1。

---

① 原始数据来源于国家统计局官网，http：//www.stats.gov.cn/，下同。

表 5 - 1 - 1　　　　　2017 ~ 2021 年东北地区 15 ~ 64 岁人口占比　　　　单位：%

地区	2017 年	2018 年	2019 年	2020 年	2021 年
全国平均	71.82	71.20	70.64	69.47	68.29
东北地区	76.35	75.81	75.02	73.51	71.99
辽宁	75.78	74.87	73.88	72.15	70.43
吉林	75.37	75.34	74.94	73.52	72.09
黑龙江	77.92	77.23	76.25	74.85	73.45

2017 ~ 2021 年，东北地区人口老龄化问题日趋严峻，64 岁人口以上占比从 2017 年的 12.80% 上升到 2021 年的 17.43%，高于全国平均水平；分地区看，辽宁历年 64 岁以上人口比重高于其他两省，明显高于全国平均水平。见表 5 - 1 - 2。

表 5 - 1 - 2　　　　　2017 ~ 2021 年东北地区 64 岁以上人口占比　　　　单位：%

地区	2017 年	2018 年	2019 年	2020 年	2021 年
全国平均	11.39	11.94	12.57	13.40	14.22
东北地区	12.80	13.19	14.33	15.88	17.43
辽宁	14.08	14.98	15.92	17.36	18.80
吉林	12.20	12.37	13.29	15.00	16.71
黑龙江	12.14	12.21	13.78	15.28	16.78

二、经济条件

2013 ~ 2022 年，东北三省生产总值持续增长，从 2013 年的 37493.45 亿元增加到 2022 年的 57946.3 亿元，年均增长率为 4.06%，但远低于全国增长水平（8.08%）；分地区看，辽宁历年地区生产总值均要高于其他两省，且其年均增长率也高（4.67%），吉林和黑龙江地区生产总值年均增长率分别为 3.70% 和 3.32%。

2013 ~ 2021 年，东北地区居民人均可支配收入从 2013 年的 17573 元增加到 2021 年的 30013.67 元，年均增长率为 6.13%，低于全国平均水平（7.47%）；分地区看，辽宁居民人均可支配收入均高于吉林和黑龙江，2021 年为 35112 元，辽宁、吉林和黑龙江人均可支配收入年均增长率分别为 5.98%、6.32% 和 6.13%。

三、基础设施水平

2015～2021 年，东北地区历年文化设施水平低于全国平均水平，呈 M 型增长趋势。从各地区看，辽宁文化设施水平逐年下降，其指数从 2015 年的 28.36 下降至 2021 年的 15.34；吉林文化设施水平整体呈上升趋势，从 2015 年的 22.86 增加到 2021 年的 30.76；黑龙江文化设施水平呈 M 型增长态势，从 2015 年的 18.20 增加至 2021 年的 25.28。见表 5-1-3。

表 5-1-3 　　　　　2015～2021 年东北地区文化设施水平综合指数

地区	2015 年	2016 年	2017 年	2018 年	2019 年	2020 年	2021 年
全国平均	25.12	25.92	27.88	26.93	26.40	26.94	27.59
东北地区	23.14	23.64	26.33	25.52	23.80	25.46	23.79
辽宁	28.36	28.28	24.86	23.03	18.63	18.00	15.34
吉林	22.86	22.63	27.19	27.08	27.03	30.49	30.76
黑龙江	18.20	20.01	26.95	26.47	25.75	27.88	25.28

2015～2021 年，东北地区城市公共设施水平整体呈波浪式增长态势，从 2011 年的 33.00 增加到 2021 年的 35.32；除 2015 年外，东北地区历年城市公共设施水平均略低于全国平均水平。分地区看，黑龙江历年城市公共设施水平显著地高于吉林和辽宁且远高于全国平均水平；辽宁城市公共设施水平呈 M 型增长态势；吉林城市公共设施水平呈波浪式逐慢增长态势。见表 5-1-4。

表 5-1-4 　　　　　2015～2021 年东北地区城市公共设施水平综合指数

地区	2015 年	2016 年	2017 年	2018 年	2019 年	2020 年	2021 年
全国平均	32.17	35.77	35.32	36.58	37.70	38.51	38.85
东北地区	33.00	35.04	31.91	34.26	34.02	35.63	35.32
辽宁	22.73	26.52	27.09	30.80	28.88	33.38	32.71
吉林	27.06	27.56	25.47	26.71	25.85	25.67	28.07
黑龙江	49.20	51.03	43.17	45.26	47.32	47.85	45.18

2015～2021 年，东北地区交通设施水平呈波浪式增长态势，除 2016 年和 2017 年外，其他年份其指数均高于全国平均水平。分地区看，辽宁交通设施水平明显高于吉林和黑龙江且远高于全国平均水平；吉林交通设施水平呈波浪式增长态势；黑龙江交通设施水平呈倒 V 型发展态势，2018 年达到最高值（23.82），2021 年其指数下降至 28.98 但仍高于 2015 年。见表 5 - 1 - 5。

表 5 - 1 - 5　　　　2015～2021 年东北地区交通设施水平综合指数

地区	2015 年	2016 年	2017 年	2018 年	2019 年	2020 年	2021 年
全国平均	34.41	33.89	35.46	34.40	35.34	35.23	34.32
东北地区	35.28	33.81	34.69	44.31	38.96	40.51	38.98
辽宁	50.35	46.54	48.34	54.21	46.66	47.86	45.92
吉林	31.17	29.56	29.97	44.39	39.32	43.69	42.04
黑龙江	24.33	25.35	25.77	34.32	30.91	29.97	28.98

四、开放水平

2011～2017 年，东北地区历年开放水平均低于全国平均水平，其中，黑龙江开放水平最低，辽宁开放水平最高且远高于全国平均水平，见表 5 - 1 - 6。

表 5 - 1 - 6　　　　2011～2017 年东北地区开放水平综合指数

地区	2011 年	2012 年	2013 年	2014 年	2015 年	2016 年	2017 年
全国平均	25.88	24.64	23.63	21.84	19.03	20.73	23.14
东北地区	21.90	18.40	16.42	13.74	10.83	18.06	21.73
辽宁	41.14	35.89	33.96	25.99	23.74	42.71	52.12
吉林	14.03	11.19	8.06	6.88	4.47	6.99	7.05
黑龙江	10.53	8.12	7.24	8.35	4.27	4.50	6.02

第二节　东北地区特色文化产业的制度结构分析

东北地区各省特色文化产业发展主要依靠长期以来自发形成的内在制度，但有些特色文化产业内在制度随着社会变迁已发生变化，远不足支撑各地区特色文化产业持续发展特别是地方特色文化旅游产业的发展；目前东北地区只有极少数特色文化产业专项外在制度的情况下，除东北二人转外，东北地区其他特色文化产业同样陷入发展困境。

一、内在制度方面

2015～2021年，东北地区历年文化消费氛围均淡于全国平均水平。分地区看，辽宁文化消费氛围最浓，且历年文化消费氛围综合指数呈现 N 型递增发展态势；黑龙江文化消费氛围综合指数整体呈波浪式减少态势（2020年值异常）；吉林历年文化消费氛围最淡，其指数呈波浪式减少态势。见表 5 - 2 - 1。

表 5 - 2 - 1　　　　2015～2021年东北地区文化消费氛围综合指数

地区	2015年	2016年	2017年	2018年	2019年	2020年	2021年
全国平均	21.93	20.55	21.70	20.80	21.57	23.17	23.18
东北地区	16.25	16.35	17.46	17.45	16.07	19.17	12.91
辽宁	16.48	18.41	19.96	25.84	20.01	16.40	19.27
吉林	15.85	14.93	15.52	12.13	13.59	10.36	9.33
黑龙江	16.43	15.71	16.89	14.39	14.62	30.75	10.12

和其他地区一样，东北三个省均成立了戏剧家协会、摄影家协会、电影家协会、书法家协会、音乐家协会、杂技家协会、美术家协会、电视艺术家协会、曲艺家协会、作家协会、舞蹈家协会、演出行业协会、文艺评论家协会、民间文艺家协会等行业协会。这些行业协会的正常运行对推动本地区本领域创作及其品质的提升、宣传推广、人才培养等起重要的推动作用；对形成本领域从业

人员"圈"文化、文化创意氛围等内在制度起至关重要的影响。

二、外在制度方面

2010～2022 年，东北地区特色文化产业外在制度结构具有以下特点：（1）没有颁布特色文化产品消费者权益保护制度。旅游园区规范管理有待提升，违规收费现象层出不穷，严重侵害了消费者消费权益。（2）除冰雪文化产业政策，为贯彻落实国家层面政策而制定了本地区文物保护、非物质文化遗产、戏曲及传统工艺等相应政策外，有较少其他特色文化产业促进专项政策。2010～2022 年，东北地区与特色文化产业发展的相关的政策共计 40 多项。（3）特色文化产业资金投入、奖励力度不足。

从特色文化产业价值链看，涉及文化资源的政策和其他环节政策数量基本相当。政策内容主要涉及对本省文化资源特别是历史文物、遗址遗迹等有形文化资源进行调查、挖掘、保护和利用与共享以及鼓励开发本省特色文化资源等。

涉及内容创意的政策内容主要有引导和鼓励文化企业在开发特色文化产品时要以本地特色文化资源为创作源头、在创作过程中考虑现代生活需求以及注重创意阶层特别是地方戏曲人才的培养以及非物质文化遗产传承与保护等。

涉及生产制造的政策内容主要聚焦在鼓励将科技融入生产过程中、倡导"工匠精神"、支持地方戏曲生产和演出等。

涉及市场推广的政策内容主要聚焦在地方传统文化和工艺的宣传和展示，传统工艺品的展览展示与销售，节庆、文化展览的宣传推广，地方戏剧的宣传与普及，特色文化产品的网络营销，以及开展地方文化国际交流等。

涉及消费者的政策数量远高于我国其他区域。其政策内容是各地区为游客或者消费人群提供的一系列刺激消费的措施及办法。

第三节　东北地区特色文化产业的生产要素结构分析

本节侧重探讨特色文化资源、创意阶层及生产技艺/工艺这三种主要的生产要素。

一、特色文化资源

东北三省拥有丰富的冰雪文化资源和红色文化资源等，这些特色文化资源遍及整个东北地区，为东北文化产业发展提供源源不断的创作素材。

（一）冰雪文化资源

冰雪文化资源是东北三省最具代表性的特色文化资源，是东北三省得天独厚的、知名度最高的文化资源。冰雪文化的独特魅力，为东北三省冰雪文化旅游产业发展提供天然的条件。冰雪有形文化资源主要包括冰和雪本身以及由此形成的林海、雪原、雾凇、冰瀑、雪山、雪谷、封江、开江等自然景观；无形冰雪文化资源主要是与冰雪有关的传统习俗和民间项目/活动，民间传说、故事以及冰雪精神等。

（二）红色文化资源

东北三省红色文化资源特别丰富。以抗日遗址为例，东北三省国家级和省级文物保护单位抗日遗址就多达319处（见表5-3-1），更是三大战役之一辽沈战役的发生地。

表5-3-1　　东北三省抗日遗址国家级和省级文物保护单位分布统计　　单位：处,%

地区	国家级和省级文物保护单位抗日遗址	占比
吉林	70	21.9
辽宁	98	30.7
黑龙江	151	47.3
合计	319	100

有形红色文化资源主要有：以黑龙江李兆麟将军纪念馆、尚志碑林、东北抗日联军第四军纪念馆、吉林杨靖宇将军殉难地、红石砬子抗日遗址、大荒沟抗日根据地遗址、东北抗日联军诞生地、辽宁张学良旧居、中共满洲省委旧址、审判日本战犯特别军事法庭旧址、沈阳二战盟军战俘营等为代表的抗日战争文化资源，以黑龙江第四野战军前线指挥部旧址、吉林四保临江战役纪念馆、四

平战役纪念馆、辽宁辽沈战役纪念馆、黑山阻击战纪念馆、塔山阻击战纪念馆
等为代表的解放战争文化资源。

无形红色文化资源主要有抗日战争时期以及解放战争时期在这些地方发生
过的历史史实、著名历史人物及其事迹、传说故事、抗战和革命乐观主义精神
及东北地区人民支持解放战争的事迹等。

二、创意阶层

2015~2021年，东北地区创意阶层呈波浪式发展态势，年均增长率为-0.55%。
从各地区看，从2017年开始，黑龙江历年创意阶层人数超过其他两省，但2021年人
数少于2015年；辽宁创意阶层人数呈W型发展趋势，2021年人数仍少于2015年；
吉林创意阶层人数呈波浪增长态势，年均增长率为2.35%。见表5-3-2。

表5-3-2　　　　　　　　2015~2022年东北地区创意阶层人数变化　　　　单位：人，%

地区	2015年	2016年	2017年	2018年	2019年	2020年	2021年	年均增长率
辽宁	7890	7181	6910	6252	6675	5908	6763	-2.54
吉林	6011	8117	6283	7006	6403	6480	6909	2.35
黑龙江	7397	7113	7316	7897	6922	6715	6930	-1.08
合计	21298	22411	20509	21155	20000	19103	20602	-0.55

从艺术表演人数看，2015~2021年东北地区艺术表演人才数量呈W型增长
态势，年均增长率为2.99%。分地区看，辽宁和吉林表演艺术人才数量呈W型
增加态势，年均增长率分别是0.90%和8.14%；黑龙江艺术表演人数呈N型增
长趋势，年均增长率为1.39%。见表5-3-3。

表5-3-3　　　　　　　　2015~2021年东北地区艺术表演人数变化　　　　单位：人，%

地区	2015年	2016年	2017年	2018年	2019年	2020年	2021年	年均增长率
辽宁	3405	2925	2836	2785	3319	2647	3593	0.90
吉林	1867	1952	2306	2634	2387	2450	2985	8.14
黑龙江	2703	2730	2944	3175	2858	2700	2937	1.39
合计	7975	7607	8086	8594	8564	7797	9515	2.99

从非物质文化遗产代表性传承人看，这一地区国家级传承人累计 109 人，其中，辽宁 58 人，吉林 21 人，黑龙江 30 人，辽宁明显多于其他两省；省级传承人累计 681 人，其中，黑龙江 319 人，辽宁 99 人，吉林 263 人。

三、生产技术/工艺

东北地区三省入选国家重点扶持的传统工艺共有 21 项。其中，从省域看，黑龙江 6 项，吉林 4 项，辽宁 11 项。从传统工艺类别看，剪纸刻绘工艺最多，共 7 项；其次是雕刻塑造，共 4 项；再次是纺染织绣和服饰制作工艺，均是 3 项；器具制作工艺 2 项，文房制作工艺 1 项，编织扎制 1 项，服饰制作 3 项。见表 5-3-4。

表 5-3-4　　　　　　东北地区国家重点扶持的传统工艺分布　　　　　单位：项

地区	编织扎制	雕刻塑造	纺染织绣	服饰制作	金属加工	剪纸刻绘	器具制作	陶瓷烧造	文房制作	合计
黑龙江	1	0	1	2	0	1	1	0	0	6
吉林	0	0	1	1	0	1	1	0	0	4
辽宁	0	4	1	0	0	5	0	0	1	11
合计	1	4	3	3	0	7	2	0	1	21

第四节　东北地区区域特色文化产业供给与需求结构分析

一、产业结构分析

（一）产业结构整体分析

东北地区各省均制定并实施了本省旅游产业发展规划以及其他系列支持政策，这些政策的制定和实施以及文化旅游氛围的提升推动了各地区特色文化旅游产业市场日益壮大。2014～2019 年，辽宁旅游总收入和游客人数均位居东北地区第一，吉林旅游总收入和游客人数年均增速则居东北地区第一。

为贯彻落实《中国传统工艺振兴计划》（国办发〔2017〕25号），近年来各省均制定和实施了促进地方传统工艺品传承、保护和振兴的扶持条例、实施意见或计划等政策。和其他地区相比，东北地区工艺美术产品产业竞争力较弱，主营业务收入占全国同类产业收入的2.2%，特色工艺品企业以中小型企业特别是小微企业居多，规模以上企业数量极少。

为贯彻落实国务院《关于支持戏曲传承发展的若干政策》（国办发〔2015〕52号）要求，各省均制定和实施了本省相应的政策。在外在制度和内在制度的共同作用下，和2013年相比，2017年东北地区特色表演机构数量、国内演出总场次、国内演出观众总人数均出现了不同程度的增加，而演出总收入下滑幅度较大；特色表演机构平均国内演出场次和平均演出收入均出现较大幅度的下降，特色表演机构单场国内演出观众人数有所增加。

东北地区特色节庆绝大多数创办于20世纪80~90年代，大多数为区域性品牌，每年举办一次，特色节庆建立在本地特色文化资源尤其是冰雪文化资源基础上。

（二）特色工艺品产业

从工艺美术品生产大类企业收入来看，东北地区工艺美术产品产业生产大类企业营业收入和主营业务收入分别为351.82亿元和349.54亿元；东北地区工艺美术产品产业产出量相对较低，营业收入仅占全国的2.20%，和全国其他地区相比较，三省产出量居下游；从各地区看，辽宁工艺美术产品产业生产大类企业营业收入和主营业务收入均高于吉林和黑龙江，分别为271.86亿元和270.10亿元，吉林收入相对最少。见表5-4-1。

表5-4-1　　　　　　第三次经济普查东北地区工艺美术产品
生产大类企业收入情况　　　　　单位：亿元，%

地区	营业收入		主营业务收入	
	绝对值	占全国比重	绝对值	占全国比重
辽宁	271.86	1.7	270.10	1.7
吉林	31.98	0.2	31.78	0.2
黑龙江	47.98	0.3	47.66	0.3
合计	351.82	2.2	349.54	2.2

从不同规模企业而言，东北地区工艺美术产品生产大类规模以上企业的营业收入和主营业务收入分别为 277.68 亿元和 276.95 亿元，规模以下企业营业收入和主营业务收入分别是 74.14 亿元和 72.59 亿元。从各地区看，辽宁无论规模以上还是规模以下企业收入均高于吉林和黑龙江，吉林和黑龙江在生产规模以上企业的营业收入和主营业务收入均是 25.24 亿元，黑龙江规模以下企业产出量高于吉林。见表 5 - 4 - 2。

表 5 - 4 - 2　　　　　　　第三次经济普查东北地区工艺美术产品
生产大类不同规模企业收入情况　　　　　单位：亿元

地区	营业收入		主营业务收入	
	规模以上	规模以下	规模以上	规模以下
辽宁	227.20	44.67	226.59	43.51
吉林	25.24	6.74	25.18	6.6
黑龙江	25.24	22.73	25.18	22.49
合计	277.68	74.14	276.95	72.59

(三) 特色表演艺术产业

就特色表演机构数量而言，和 2013 年相比，2017 年东北三省特色表演艺术机构数量增加较多，从 2013 年的 43 家增加到 2017 年的 69 家，年平均增长率为 12.55%。其中，地方戏曲类一枝独大，2013 年和 2017 年地方戏曲类分别为 26 家和 37 家，比重分别是 60.47% 和 53.62%；除吉林外，其他两省至少有 1 家京剧院。分剧种看，除京剧、昆曲类外，虽然其他剧种数量都有所增加，但曲艺类的增长速度最快，从 2013 年的 4 家增加到 2017 年的 16 家，年平均增长率为 41.42%。分地区看，和 2013 年相比，2017 年黑龙江特色表演艺术机构数量增长最快，从 2013 年的 8 家增加到 2017 年的 25 家，年平均增长率为 32.96%；辽宁机构数量从 2013 年的 22 家增加到 2017 年的 27 家，年平均增长率为 5.25%；吉林机构数量从 2013 年的 13 家增加到 2017 年的 17 家，年增长率为 6.94%。见表 5 - 4 - 3。

表 5 – 4 – 3　　　　　2013 年/2017 年东北地区各剧种机构数量变化　　　单位：家,%

地区	京剧、昆曲类		地方戏曲类		杂技、魔术、马戏类		曲艺类		合计		
	2013 年	2017 年	2013 年	2017 年	2013 年	2017 年	2013 年	2017 年	2013 年	2017 年	年均增速
辽宁	4	5	9	10	6	4	3	8	22	27	5.25
吉林	0	0	13	15	0	0	0	1	13	17	6.94
黑龙江	2	1	4	12	1	5	1	7	8	25	32.96
合计	6	6	26	37	7	10	4	16	43	69	12.55
年均增速	0.00		9.22		9.33		41.42		12.55		

就特色表演机构国内演出场次而言，和 2013 年相比，2017 年东北地区特色表演机构国内演出场次有所增加，从 2013 年的 0.63 万场次增加到 2017 年的 0.71 万场次，年平均增长率为 3.03%，对比其机构数量年均增长率（12.55%）可以看出，这一地区特色表演机构平均国内演出场次减少较多。分剧种看，京剧、昆曲类国内演出场次下降幅度较大（ – 19.66%），而曲艺类国内演出场次增幅较大（35.79%），对比各剧种机构数量年均增长率，所有剧种平均国内演出场次均减少较多。分地区看，辽宁特色表演艺术机构国内演出场次从 0.29 万次减少至 0.17 万次，减幅达 12.50%；吉林特色表演机构国内演出场次有所增加（3.56%）；黑龙江特色表演机构国内演出场次增幅较大（21.99%），对比它们的特色表演机构数量年均增长率可以看出，这三个地区特色表演机构平均演出场次减少较多，尤其是辽宁。见表 5 – 4 – 4。

表 5 – 4 – 4　　　　2013 年/2017 年东北地区各剧种国内演出场次变化　　单位：万场次,%

地区	京剧、昆曲类		地方戏曲类		杂技、魔术、马戏类		曲艺类		合计		
	2013 年	2017 年	2013 年	2017 年	2013 年	2017 年	2013 年	2017 年	2013 年	2017 年	年均增速
辽宁	0.06	0.03	0.07	0.06	0.14	0.04	0.02	0.04	0.29	0.17	– 12.50
吉林	0	0	0.2	0.2	0	0	0	0.03	0.2	0.23	3.56
黑龙江	0.06	0.02	0.04	0.1	0.01	0.09	0.03	0.1	0.14	0.31	21.99
合计	0.12	0.05	0.31	0.36	0.15	0.13	0.05	0.17	0.63	0.71	3.03
年均增速	– 19.66		3.81		– 3.51		35.79		3.03		

　　就特色表演机构国内演出观众人数看，东北地区特色表演机构国内演出观众人数从 2013 年的 345 万人次增加至 408.31 万人次，年均增速为 4.30%，对比其国内演出场次年均增长率（3.03%）可以看出，这一地区特色表演机构单场观众人数有所增加。见表 5-4-4 和表 5-4-5。分剧种看，京剧、昆曲类国内观众人数从 2013 年的 55 万人次减少至 2017 年的 34.29 万人次，减幅达 11.14%；其他剧种国内观众人数年均增速为正，尤其是杂技、魔术、马戏类，对比其国内演出场次年均增长率可以看出，除曲艺类单场观众人数减少较多外，其他剧种单场观众人数均有所增加，特别是杂技、魔术、马戏类。见表 5-4-4 和表 5-4-5。分地区看，和 2013 年相比较，2017 年各地区特色表演机构国内演出观众人数均有所增加，特别是黑龙江，其特色表演机构国内演出观众人数从 102 万人次增加至 160.55 万人次，增幅为 12.01%，对比它们的国内演出场次年均增长率可以看出，辽宁特色表演机构单场观众人数增加较多，其他两地区单场人数则出现减少。见表 5-4-5。

表 5-4-5　　　　　　2013 年/2017 年东北地区各剧种国内演出

观众人数变化　　　　　　　　单位：万人次,%

地区	京剧、昆曲类		地方戏曲类		杂技、魔术、马戏类		曲艺类		合计		
	2013 年	2017 年	2013 年	2017 年	2013 年	2017 年	2013 年	2017 年	2013 年	2017 年	年均增速
辽宁	23	17.19	32	30.99	22	33.35	6	5.42	83	86.95	1.17
吉林	0	0	160	140.81	0	0	0	20	160	160.81	0.13
黑龙江	32	17.1	42	75.43	3	57.53	25	10.49	102	160.55	12.01
合计	55	34.29	234	247.23	25	90.88	31	35.91	345	408.31	4.30
年均增速	-11.14		1.38		38.08		3.74		4.30		

　　从特色表演机构演出收入看，和 2013 年相比，2017 年东北地区特色表演艺术产业机构演出收入急剧减少，从 2013 年的 125682 万元减少到 2017 年的 4868 万元，年平均下降幅度达到 55.64%，对比其机构数量年均增长率（12.55%）可以看出，这一地区特色表演机构平均演出收入下降较多。分剧

种看，除曲艺类演出收入（年均增幅为74.54%）外，其他剧种的演出收入均呈迅速减少的趋势，幅度最大的是杂技、魔术、马戏类，为 - 68.01%；其次是地方戏曲类和京剧、昆曲类，分别为 - 53.47% 和 - 44.28%，对比各剧种机构数量年均增长率可以看出，除曲艺类平均演出收入大幅增加外，其他各剧种机构平均演出收入降幅较大。分地区看，东北三个地区特色表演机构演出收入出现下降，特别是辽宁（ - 69.40%）和吉林（ - 50.35%），对比各地区特色表演机构数量年均增速可以看出，各个地区特色表演机构平均演出收入减少较多。见表5 - 4 - 6。

表5 - 4 - 6　　　　2013 年/2017 年东北地区各剧种演出收入变化　　单位：万元,%

地区	京剧、昆曲类		地方戏曲类		杂技、魔术、马戏类		曲艺类		合计		
	2013 年	2017 年	2013 年	2017 年	2013 年	2017 年	2013 年	2017 年	2013 年	2017 年	年均增速
辽宁	2305	250	1386	219	91716	303	216	66	95623	838	- 69.40
吉林	0	0	27543	1074	0	0	0	600	27543	1674	- 50.35
黑龙江	569	27	238	74	1683	675	26	1580	2516	2356	- 1.63
合计	2874	277	29167	1367	93399	978	242	2246	125682	4868	- 55.64
年均增速	- 44.28		- 53.47		- 68.01		74.54		- 55.64		

（四）特色文化旅游产业

2014 ~ 2019 年，黑龙江旅游总收入和国内收入逐年稳步增长，年均增长率分别是20.20% 和20.68%，入境旅游收入呈 V 型增长，年均增长率为2.38%；吉林旅游总收入和国内收入增长最快，年均增长率分别为22.11% 和22.52%，入境旅游收入呈倒 V 型发展态势，年均增长率为 - 1.84%；辽宁旅游总收入和国内收入呈 V 型增长，年均增长率分别为3.26% 和3.29%，入境旅游收入增长至2016 年的17.4 亿美元后基本保持不变。见表5 - 4 - 7。

表 5 - 4 - 7　　　　　2014～2019 年东北地区旅游收入情况　　　单位：亿元，亿美元，%

地区		2014 年	2015 年	2016 年	2017 年	2018 年	2019 年	年均增速
黑龙江	总收入	1069.19	1363.27	1603.86	1908.90	2244.14	2682.40	20.20
	国内	1031.50	1337.02	1572.90	1876.60	2207.80	2640.00	20.68
	入境	5.60	3.90	4.60	4.80	5.40	6.30	2.38
吉林	总收入	1811.98	2318.28	2899.17	3508.05	4211.77	4919.28	22.11
	国内	1766.55	2269.55	2845.94	3456.50	4165.60	4877.89	22.52
	入境	6.75	7.24	7.91	7.66	6.86	6.15	-1.84
辽宁	总收入	5299.23	3733.07	4229.30	4740.49	5371.90	6219.80	3.26
	国内	5190.20	3622.70	4112.20	4620.70	5254.80	6102.70	3.29
	入境	16.20	16.40	17.40	17.80	17.40	17.40	1.44

　　2014～2019 年，黑龙江和吉林游客总人数和国内人数均逐年增长，并且年均增长率均在 15% 以上，两省入境游客人数分别呈 V 型和倒 V 型发展态势，年均增长率分别为 -4.82% 和 -0.16%；辽宁游客总人数和国内人数呈 V 型增长，年均增长率分别为 6.80% 和 6.82%，入境游客人数逐年增长，年均增长率为 2.44%。见表 5 - 4 - 8。实地调查发现，东北地区旅游客源地域结构以"外省开放型"占主导，其次是邻省及经济发达地区游客；在游客年龄结构方面，年轻游客占据主导地位；中等消费群体为主，高端消费游客呈增长趋势，游客对旅游品质的要求越来越高。

表 5 - 4 - 8　　　　　2014～2019 年东北地区游客人数情况　　　单位：万人次，%

地区		2014 年	2015 年	2016 年	2017 年	2018 年	2019 年	年均增速
黑龙江	总人数	10672.60	13009.50	14476.10	16408.10	18209.20	21665.70	15.21
	国内	10530.90	12926.00	14380.40	16304.20	18100.00	21555.00	15.40
	入境	141.70	83.50	95.70	103.90	109.20	110.70	-4.82
吉林	总人数	12141.24	14130.90	16578.77	19241.33	22156.39	24832.98	15.39
	国内	12003.55	13982.80	16416.82	19092.90	22012.64	24696.40	15.52
	入境	137.69	148.10	161.95	148.43	143.75	136.58	-0.16
辽宁	总人数	46186.00	39974.70	45146.60	50597.20	56499.10	64170.10	6.80
	国内	45925.30	39710.70	44872.90	50318.40	56211.40	63876.00	6.82
	入境	260.70	264.00	273.70	278.80	287.70	294.10	2.44

（五）特色节庆产业

东北地区绝大多数特色节庆活动创办于 20 世纪 80～90 年代，大多数为区域性品牌；举办时间为每年一次，举办地点相对固定，主要吸引举办地群众以及省内观众；绝大多数节庆活动是建立在本地区文化资源尤其是冰雪文化资源基础上，活动内容是与冰雪有关的各类表演、娱乐活动、比赛，以及地方特色产品展销、商贸洽谈等。见表 5－4－9。

表 5－4－9　　　　　　　东北地区代表性特色节庆（部分）

名称	起源/创办时间	举办时间	地点	主办	活动内容
哈尔滨冰雪节	1985 年	每年 1 月 5 日～2 月 5 日	哈尔滨	原文化部外联局、艺术司等	冰灯游园会、群众冰雕比赛、冰雪运动表演、冰雪运动赛事、综合经贸博览会、地方特色表演、商贸洽谈等
哈尔滨太阳岛旅游文化节	1999 年	每年一次，6 月 2～29 日	哈尔滨	哈尔滨市政局、市文化局、市文学艺术界联合会等	开幕式、"不眠狂欢夜"万人迪士高篝火晚会、综合文艺晚会、书画笔会、青少年现场书画大赛、获奖书画作品展、夏季冰雪艺术精品展等
吉林国际雾凇冰雪节	1991 年	每年 1 月，持续 1 个月	吉林市	吉林市人民政府	赏雾凇，滑雪、溜冰等娱乐活动，冰灯彩灯游园，冰上运动比赛以及经贸洽谈等
白山·江源松花石文化旅游节	2008 年	每年 7 月底或 8 月初	白山市江源区	白山市人民政府、白山市文化广播电视和旅游局、白山市江源区人民政府	松花石及其艺术品的展销、其他地区艺术品展销、经贸、旅游、体育等
沈阳冰雪旅游节	1997 年	每年 12 月至次年 2 月	沈阳	沈阳市人民政府	与冰雪文化有关的各种文化活动
锦州国际民间文化节	不详	每年一次，9 月 10～12 日	锦州	自发形成，后官方介入	节庆活动内容不固定，主要是地方特色表演艺术展演、特色工艺品展销、特色小吃展以及商务洽谈等

续表

名称	起源/创办时间	举办时间	地点	主办	活动内容
沈阳清文化国际旅游节	1998 年	每年 9～10 月	沈阳	辽宁省人民政府、沈阳市人民政府	宫廷礼仪展演、盛京文化庙会、萨满中秋祭舞蹈、满族服饰展以及商务洽谈等
长春冰雪旅游节	1998 年	每年 12 月 1 日至次年 2 月 26 日	长春	原国家旅游局、吉林省人民政府	冰上项目，民族服饰展示会、商品展销、经贸洽谈会等。2011 年共吸引游客 6800 万人次
大连赏槐会	1989 年	每年 5 月 25 日	大连	大连市人民政府	赏槐游、文创交流、经贸研讨等。2012 年共吸引游客 10 万人次
锦州古玩节	2005 年	4～5 月	锦州	锦州市人民政府	工艺品展销和展览、古玩艺术品交易、古玩藏品展和公益性"大众书画"专项拍卖等。2018 年共吸引游客 50 万人次

二、需求结构分析

为了了解东北地区特色文化产业需要现状，针对地方特色工艺品、地方特色表演艺术、地方文化旅游、地方特色节庆等具有代表性的地方特色文化或服务，通过网上调查共收回有效问卷 137 份，其中黑龙江 45 份，吉林 46 份，辽宁 46 份。本次调查的被访者主要特征如表 5 - 4 - 10 所示。

表 5 - 4 - 10　　　　东北地区三地区样本量及其样本特征　　　单位：份

样本量		黑龙江	吉林	辽宁
		45	46	46
性别	男	25	19	21
	女	20	27	25

续表

样本量		黑龙江	吉林	辽宁
		45	46	46
学历	初中及以下	1	0	2
	高中/中专/技校	4	4	4
	大专	12	16	13
	本科	25	24	25
	研究生	3	2	2
年龄	18 岁以下	0	0	0
	18～25 岁	7	5	5
	26～30 岁	6	14	8
	31～40 岁	24	22	24
	41～50 岁	6	3	8
	51～60 岁	1	2	1
	60 岁及以上	1	0	0
个人平均月收入	2000 元以下	4	3	2
	2001～3000 元	1	7	3
	3001～5000 元	10	9	5
	5001～8000 元	19	13	21
	8001～10000 元	7	10	7
	1 万元及以上	4	4	8

（一）东北地区特色文化产业结构消费者偏好

调查发现，东北地区消费者最喜欢地方特色文化旅游。除此之外，黑龙江消费者还喜欢地方特色节庆、地方特色工艺品等，吉林消费者还喜欢地方特色工艺品、地方特色节庆等，辽宁消费者还喜欢地方特色表演艺术、地方特色节庆等，见表 5 - 4 - 11。

表 5 – 4 – 11   东北地区特色文化产品/服务消费偏好排序

地区	地方特色工艺品	地方特色表演艺术	地方特色文化旅游	地方特色节庆
黑龙江（N = 45）	第 3（3.0）	第 4（2.7）	第 1（3.7）	第 2（3.2）
吉林（N = 46）	第 2（3.2）	第 4（2.8）	第 1（3.3）	第 3（3.0）
辽宁（N = 46）	第 4（2.7）	第 2（3.1）	第 1（3.7）	第 3（3.0）

注：本表排序规则是，根据问卷调查结果，被访者越喜欢的赋值越高，算出各自分值的平均数后再根据值的大小排序。

（二）东北地区特色工艺品产业需求分析

从消费群体规模来看，辽宁特色工艺品消费者群体规模最大，91.3%的被访者表示"最近一年购买过地方特色工艺品"；89.13%吉林被访者和86.67%黑龙江被访者表示在最近一年购买过地方特色工艺品。

从地方特色工艺品消费价格偏好看，黑龙江、吉林被访者均相对更加偏好价格100～199元的产品，辽宁被访者则相对更加偏好价格100～299元的产品，见表5 – 4 – 12。

表 5 – 4 – 12   东北地区特色工艺品消费价格偏好占比   单位：%

价格	黑龙江（N = 45）	吉林（N = 46）	辽宁（N = 46）
0～99 元	24.4	30.4	23.9
100～199 元	40.0	47.8	52.2
200～299 元	33.3	41.3	52.2
300～499 元	26.7	32.6	30.4
500～799 元	26.7	26.1	15.2
800～999 元	11.1	10.9	8.7
1000～1499 元	11.1	4.3	6.5
2000 元及以上	2.2	0.00	0.00
合计	175.6	193.5	189.1

从购买动机看，黑龙江消费者主要是为了送给朋友（64.4%）、自己收藏（62.2%）或者送给家人（44.4%）而购买特色工艺品，吉林消费者主要是为了送朋友（60.9%）、自己使用或/家人（58.7%）或自己收藏（54.3%）而购买特色工艺品，辽宁消费者主要是为了送朋友（56.5%）、自己收藏（52.2%）、自己使用（45.7%）而购买特色工艺品，见表5-4-13。

表5-4-13　　　　东北地区消费者特色工艺品消费群体购买动机占比　　　　单位：%

购买动机	黑龙江（N=45）	吉林（N=46）	辽宁（N=46）
送给朋友	64.4	60.9	56.5
送给家人	44.4	58.7	34.8
送给同事	31.1	23.9	26.1
送给上司/长辈	24.4	30.4	26.1
送给下属/晚辈	11.1	19.6	8.7
自己收藏	62.2	54.3	52.2
自己使用	26.7	58.7	45.7
投资	4.4	6.5	6.5
支持传统文化	26.7	45.7	30.4
合计	295.6	358.7	287.0

从购买渠道偏好看，旅游景区内商店是东北三省消费者在购买特色工艺品最偏爱的购买渠道。除此之外，黑龙江消费者还比较喜欢在官方实体店、商场专柜以及品牌专卖店购买特色工艺产品，吉林消费者还比较喜欢在商场专柜以及品牌专卖店购买特色工艺产品，辽宁消费者还比较喜欢在淘宝/天猫购买特色工艺产品，见表5-4-14。

表5-4-14　　　　东北地区消费者特色工艺品购买渠道偏好占比　　　　单位：%

购买渠道	黑龙江（N=45）	吉林（N=46）	辽宁（N=46）
淘宝/天猫	26.7	39.1	32.6
京东	6.7	23.9	19.6
团购平台	6.7	13.0	6.5

续表

购买渠道	黑龙江（N＝45）	吉林（N＝46）	辽宁（N＝46）
官方网站	17.8	26.1	19.6
官方实体店	44.4	37.0	30.4
微商	4.4	10.9	4.3
超市	15.6	17.4	13.0
品牌专卖店	33.3	41.3	28.3
商场专柜	35.6	41.3	21.7
旅游景区内商店	64.4	69.6	71.7
合计	255.6	319.6	247.8

（三）东北地区特色表演艺术产业需求分析

从消费群体规模看，辽宁和吉林观看特色表演艺术的观众明显多于黑龙江，因为调查数据表明，分别有15.6%、4.3%和6.5%的黑龙江、辽宁和吉林被访者最近一年没有看过特色表演艺术。

在看过的观众群中，辽宁观众看过最多的依次是地方传统戏曲（56.5%）、特色舞蹈表演（41.3%）、小品（37%）、杂技（26.1%）等；黑龙江观众看过最多的依次是地方传统戏曲（46.7%）、特色舞蹈表演（46.7%）、山水实景演出（35.6%）等；吉林观众看过最多的依次是特色舞蹈表演（63.0%）、小品（50.0%）、地方传统戏曲（50.0%）、相声（34.8%）等。见表5－4－15。

从中可以看出，东北地区观众对地方特色表演艺术消费偏好高度相似，相对其他特色表演艺术而言，特色舞蹈表演、地方传统戏曲是他们的最爱。

表5－4－15   东北地区地方特色表演艺术消费偏好   单位：%

艺术种类	黑龙江（N＝45）	吉林（N＝46）	辽宁（N＝46）
相声	24.4	34.8	23.9
小品	28.9	50.0	37.0
杂技	31.1	30.4	26.1
京剧	6.7	4.3	0.00

续表

艺术种类	黑龙江（N＝45）	吉林（N＝46）	辽宁（N＝46）
地方传统戏曲	46.7	50.0	56.5
特色舞蹈表演	46.7	63.0	41.3
话剧	22.2	17.4	13.0
民乐	20.0	26.1	26.1
山水实景演出	35.6	28.3	10.9
没有看过	15.6	6.5	4.3
合计	277.8	310.9	239.1

从观看途径看，观众最主要是在演出现场观看特色表演艺术。其中，66.7%黑龙江被访者在现场观看特色表演艺术，76.1%的吉林被访者和80.0%的辽宁被访者在现场观看特色表演艺术。此外，电视（42.2%）、抖音（51.1%）、爱奇艺（35.6%）、优酷（24.4%）也是黑龙江观众观看特色表演艺术的重要途径；吉林观众还通过抖音（45.7%）、电视（39.1%）、快手（32.6%）等观看特色表演艺术；辽宁观众还通过腾讯视频（15.6%）、爱奇艺（20.0%）、电视（42.2%）等观看特色表演艺术。见表5-4-16。

从中可以看出，演出现场是东北三省观看特色表演艺术最重要的场所，电视仍然是部分观众观看特色表演艺术的重要途径，而部分观众也通过新媒介如腾讯视频、爱奇艺、抖音等观看特色表演艺术。

表5-4-16　　　　　东北地区观众特色表演艺术观看途径偏好占比　　　　单位：%

观看途径	黑龙江（N＝45）	吉林（N＝46）	辽宁（N＝46）
演出现场	66.7	76.1	80.0
电视	42.2	39.1	42.2
优酷	24.4	32.6	26.7
爱奇艺	35.6	34.8	20.0
土豆	6.7	6.5	4.4
抖音	51.1	45.7	40.0
快手	24.4	32.6	24.4
腾讯视频	20.0	39.1	15.6
其他	0.00	2.2	0.00
合计	271.1	308.7	253.3

　　从特色表演艺术衍生产品类型偏好看，黑龙江消费者喜欢的表演艺术衍生产品依次是生活用品、服装、首饰、画饰以及服饰产品等，吉林消费者喜欢的依次是生活用品、服装、服饰产品、首饰以及画饰等，辽宁消费者喜欢的依次是生活用品、服饰产品、首饰、服装以及画饰，见表5－4－17。

　　从中可以看出，尽管三省在衍生产品潜在需求量方面有所差异，但生活用品在黑龙江、吉林和辽宁的潜在市场需求量均是最大，其次是服装，在三省的潜在需求量中排在前五名；首饰和画饰的潜在市场需求量在吉林和辽宁均排在前五位。

表5－4－17　　　　　　东北地区特色表演艺术衍生产品消费偏好排序

衍生产品类型	黑龙江（N＝45）	吉林（N＝46）	辽宁（N＝46）
生活用品	第1	第1	第1
服装	第2	第2	第4
首饰	第3	第4	第3
画饰	第4	第5	第5
服饰产品	第5	第3	第2
茶具	第6	第6	第6
游戏	第7	第10	第11
书籍	第8	第9	第8
动画	第9	第8	第10
刻录光盘	第10	第11	第12
儿童玩具	第11	第7	第7
香具	第12	第10	第9

　　从特色表演艺术衍生产品价格偏好看，东北地区三个省份消费者最偏爱购买100～299元尤其是100～199元的特色表演艺术衍生产品。其中，分别有48.9%和33.3%的黑龙江被访者偏爱100～199元和200～299元的产品，分别有50.0%和45.7%的吉林被访者偏爱100～199元和200～299元的产品，分别有56.5%和54.3%的辽宁被访者偏爱100～199元和200～299元的产品，见表5－4－18。

表 5 – 4 – 18　　　　　　东北地区地方特色表演艺术衍生产品

消费者价格偏好占比　　　　　　单位：%

价格	黑龙江（N = 45）	吉林（N = 46）	辽宁（N = 46）
0 ~ 99 元	17.8	30.4	23.9
100 ~ 199 元	48.9	50.0	56.5
200 ~ 299 元	33.3	45.7	54.3
300 ~ 499 元	28.9	37.0	30.4
500 ~ 799 元	24.4	23.9	17.4
800 ~ 999 元	15.6	15.2	8.7
1000 ~ 1499 元	13.3	4.3	6.5
1500 ~ 1999 元	6.7	0.00	0.00
2000 元及以上	2.2	0.00	0.00
合计	191.1	206.5	197.8

（四）东北地区特色文化旅游产业需求分析

从消费群体规模看，黑龙江特色文化旅游产业市场消费群体规模最大，调查发现，只有 2.2% 的被访者在过去一年没有去过本地特色文化旅游景区；吉林和辽宁并列，95.7% 的被访者在最近一年去本地特色文化旅游景区游玩过。见表 5 – 4 – 16。从中可以看出，地方特色文化旅游产业存在巨大的消费市场。

从游玩类型看，黑龙江被访者最喜欢特色街区（66.7%）以及特色古镇（60.0%），吉林被访者最喜欢特色街区（80%）和历史遗址/遗迹（71.7%），辽宁被访者最喜欢特色街区（73.9%）和历史遗址/遗迹（63.0%），见表 4 – 4 – 19。

表 5 – 4 – 19　　　　　　地方特色文化旅游类型游玩偏好占比　　　　单位：%

游玩类型	黑龙江（N = 45）	吉林（N = 46）	辽宁（N = 46）
当地博物馆/博物院	55.6	54.3	60.9
历史遗迹/遗址	57.8	71.7	63.0
宗教景点	26.7	19.6	28.3
特色古镇	60.0	69.6	54.3
特色街区	66.7	80.4	73.9
没有去过	2.2	4.3	4.3
合计	268.9	300.0	284.8

　　从特色文化旅游衍生产品类型偏好看，黑龙江和辽宁消费者最喜欢摆件类衍生产品，吉林喜欢生活用品类。除此之外，黑龙江消费者还喜欢服饰产品、藏品仿真件、摆件及首饰等衍生产品；吉林消费还喜欢生活用品、摆件、服饰产品及茶具等衍生产品；辽宁消费者还喜欢摆件、生活用品、藏品仿真件及服饰产品等衍生产品。见表5-4-20。从中可以看出，东北地区被访者特色文化旅游衍生产品偏好较为一致，相对更喜欢生活用品、服饰产品、摆件、首饰、服装等。

表5-4-20　　　　　东北地区特色文化旅游衍生产品消费偏好排序

衍生产品类型	黑龙江（N=45）	吉林（N=46）	辽宁（N=46）
摆件	第1	第2	第1
生活用品	第2	第1	第2
服饰产品	第3	第3	第4
首饰	第4	第7	第5
服装	第5	第5	第6
茶具	第6	第4	第8
藏品仿真件	第6	第6	第3
画饰	第7	第8	第7
书籍	第8	第11	第10
主题儿童娱乐场	第9	第12	第11
儿童玩具	第10	第9	第9
游戏	第10	第11	第12
刻录光盘	第11	第13	第14
动画	第12	第10	第13

　　从特色文化旅游衍生产品价格偏好看，黑龙江更多消费者会选择300~499元（46.7%）和100~199元（40.0%）衍生产品，吉林和辽宁更多消费者会选择100~199元（分别为47.8%和52.2%）以及200~299元（分别为45.7%和50.0%）的衍生产品，见表5-4-21。

表 5 - 4 - 21　　　　　　　特色文化旅游衍生产品价格偏好占比　　　　　单位：%

价格	黑龙江（N=45）	吉林（N=46）	辽宁（N=46）
0~99 元	22.2	34.8	23.9
100~199 元	40.0	47.8	52.2
200~299 元	28.9	45.7	50.0
300~499 元	46.7	41.3	41.3
500~799 元	31.1	21.7	26.1
800~999 元	22.2	13.0	13.0
1000~1499 元	13.3	6.5	6.5
1500~1999 元	2.2	0.00	0.00
2000 元及以上	4.4	0.00	0.00
合计	211.1	210.9	213.0

（五）东北地区特色节庆产业需求分析

从特色节庆消费群体规模看，辽宁特色节庆消费群体规模最大，86.96%的被访者表示最近一年参加过地方特色节庆活动；84.78%吉林被访者和71.11%黑龙江被访者表示参加过地方特色节庆活动。

最近一年没有参加过特色节庆活动的最主要的原因是特色节庆活动与被访者时间有冲突，见表5-4-22。

表 5 - 4 - 22　　　　　　　　未参加特色节庆活动的原因　　　　　　单位：%

项目	黑龙江	吉林	辽宁
没听过	0.00	14.3	16.7
路途远	15.4	42.9	0.00
门票贵	7.7	14.3	0.00
停车不便	15.4	28.6	16.7
住宿	15.4	0.00	0.00
时间冲突	38.5	28.6	66.7
不感兴趣	15.4	0.00	16.7

续表

项目	黑龙江	吉林	辽宁
之前去过，不想再去	7.7	14.3	0.00
没有同伴	23.1	0.00	0.00
其他，请填写	0.00	14.3	33.3
合计	138.5	157.1	150.0

注：各地区样本量未超过30，数值没有统计意义，仅供参考。

第五节　东北地区区域特色文化产业
供给侧结构性改革之思路

除劳动力人口、城市公共设施水平稍高于全国平均水平外，东北地区特色文化产业其他基础条件均比全国平均水平略差；内在制度环境相对较差，且较少针对特色文化产业发展的专项政策。因此，在进一步提升特色文化产业基础条件的同时，需要加大提升其内在制度环境的力度，并制定东北区域层面的特色文化产业专项政策，在此基础上，针对东北地区特色文化产品市场需求结构，结合东北地区产业结构现状，在东北地区特色文化产业结构改革方向上，应优先重点发展文化旅游产业，因为无论从消费者特色文化产品/服务偏好还是从消费者群体规模看，文化旅游产业是这三个省被访者的最爱。进一步，考虑到冰雪文化资源和红色文化资源均是较代表性的特色文化资源。因此，东北地区可以考虑在差异化协同发展冰雪和红色文化旅游产业的基础上，以冰雪文化旅游产业和红色文化旅游产业为双龙头带动其他特色文化旅游产业；并且，黑龙江可考虑依次通过冰雪文化和红色文化旅游产业为双龙头带动特色节庆产业、地方特色工艺品产业和地方特色表演艺术产业有序融合发展，吉林可考虑依次通过冰雪文化和红色文化旅游产业为双龙头带动地方特色工艺品产业、特色节庆产业和地方特色表演艺术产业有序融合发展，辽宁可考虑依次通过冰雪文化和红色文化旅游产业为双龙头带动特色表演艺术产业、地方特色节庆产业和地方特色工艺品产业有序融合发展。具体而言：

差异化协同发展东北地区冰雪和红色文化旅游产业的基础上带动其他文化旅游产业发展。制度方面，制定并实施东北地区冰雪文化旅游产业和红色文化旅游产业五年规划和产业发展专项政策，促进东北地区冰雪文化旅游产业和红色文化旅游产业的差异化协同发展；巩固东北地区文化旅游氛围。产业发展模式方面，可考虑采用以消费者导向型内在制度主导发展模式为主。差异化发展方面，东北地区尽管都是发展冰雪和红色文化旅游产业，但在发展冰雪和红色文化旅游时应考虑东北其他地区这两类产业的发展现状特别是目前具有的优势，充分挖掘本地冰雪文化资源和红色文化资源，并将本地最具地方特色的文化资源融入其中，开发具有本地特有的冰雪和红色文化旅游项目以达到差异化冰雪和红色文化旅游产业发展的目标。协同发展方面，在实施差异化策略的前提下，开发跨三地冰雪文化旅游景点和红色文化景点旅游路线。另外，冬季以冰雪文化旅游产业为引擎带动包括红色文化旅游产业在内的其他文化旅游产业发展，其他季节以红色文化旅游产业为引擎带动其他文化旅游产业的发展。在文化旅游产业衍生产品开发方面，充分挖掘并以本地特色文化资源为源头，重点开发摆件、生活用品、服饰产品等衍生产品。其中，黑龙江侧重开发300～499元以及100～199元的产品，而吉林和辽宁侧重开发100～199元和200～299元的产品。

推动冰雪文化和红色文化旅游产业与特色表演艺术产业融合，从而带动特色表演艺术产业发展。制度层面，制定本地区特色表演艺术产业五年规划和产业专项政策，巩固并进一步提升东北地区尤其是黑龙江特色表演艺术观看氛围。产业发展模式方面，可考虑采用以消费者导向型内在制度主导发展模式为主。融合发展方面，一是，特色表演艺术特别是二人转作品的创作可以考虑融入包括当地冰雪、红色文化资源的特色文化资源，从而一方面丰富特色表演艺术的创作素材，另一方面有助于宣传这些特色文化资源；二是，除商业演出、送戏进校以及非遗文化进社区现场演出，电视、网上视频三管齐下外，特色表演艺术机构可考虑进驻冰雪、红色文化旅游景区，以达到宣传推广的目的；三是，有条件的特色表演艺术机构可考虑开发衍生产品，在开发衍生产品时应充分融入本地特色文化资源以及利用当地特色工艺。其中，黑龙江侧重考虑开发100～299元尤其是100～199元的生活用品、服装和首饰类衍生产品；吉林侧重考虑开发100～499元尤其是100～199元的生活用品、服装和服饰类衍生产品；

辽宁侧重考虑开发 100~299 元尤其是 100~199 元的生活用品、服饰产品和首饰类衍生产品。除通过网络平台销售外，可考虑将特色表演艺术产业衍生产品销售渠道拓展至冰雪和红色文化旅游景区。

推动冰雪文化和红色文化旅游产业与特色工艺品产业融合，从而带动特色工艺品产业发展。制度层面，制定本地区特色工艺品产业五年规划和产业发展专项政策；巩固辽宁特色工艺品消费氛围，进一步提升黑龙江和吉林尤其是黑龙江特色工艺品消费氛围。产业发展模式方面，辽宁可考虑采用以消费者导向型内在制度主导发展模式为主；而黑龙江和吉林可考虑采用以内外制度合作主导发展模式为主。融合发展方面，一是，冰雪、红色文化旅游产业衍生产品开发可考虑融入当地特色传统工艺；二是，特色工艺品开发可考虑融入冰雪、红色文化资源在内的地方特色文化资源，黑龙江、吉林侧重开发 100~199 元的工艺产品，辽宁侧重开发 100~299 元的特色工艺产品；同时将销售渠道拓展至冰雪、红色文化旅游景区。

推动特色节庆与冰雪、红色文化旅游产业融合发展。制度层面，实施东北地区特色节庆评价机制，促进特色节庆活动的品牌培育，进一步提升东北各个地区特别是黑龙江地方特色节庆参与氛围。产业发展模式方面，可考虑采用以内外制度合作主导发展模式为主。融合方面，一是，依托冰雪、红色文化旅游景区宣传推广地方特色节庆；二是，挖掘当地文化资源特别是冰雪、红色文化资源，开发新的特色节庆活动。

第六章

长江三角洲地区区域特色文化产业

本章先研究长江三角洲地区即上海市、江苏省、浙江省及安徽省区域特色文化产业发展基础条件，然后探讨该区域特色文化产业的制度结构和生产要素结构现状，接着讨论其产业供给结构与需求结构，最后提出长江三角洲地区特色文化产业供给侧结构性改革思路。

第一节　长江三角洲地区区域特色文化产业发展的基础条件

一、区域人口状况

长江三角洲地区土地面积共计6375.78万平方公里，地处亚热带季风气候地区，城镇化率为65.83%；除各地区独有的方言外，吴语是本区域内部分地区的共同语言。

2017～2021年，长江三角洲地区人口规模逐年缓慢增长，年末常住人口从2017年的23116万人增加到2021年的23647万人，年均增长率为0.57%。2017～2021年，长江三角洲地区劳动力规模（15～64岁）呈逐渐萎缩的发展趋势，但总体略高于全国平均水平，从2017年的72.92%下降到2021年的69.88%。分地区看，上海历年15～64岁人口占比均高于其他三个省份，但从2017年的75.79%逐年缓慢下降至2021年的72.74%。见表6-1-1。

表6－1－1　　　2017～2021年长江三角洲地区15～64岁人口占比　　　单位：%

地区	2017年	2018年	2019年	2020年	2021年
全国平均	71.82	71.20	70.64	69.47	68.29
长江三角洲	72.92	72.18	71.28	70.58	69.88
上海	75.79	75.21	73.70	73.22	72.74
江苏	72.62	71.97	71.13	69.70	68.27
浙江	75.35	73.32	72.91	72.75	72.58
安徽	67.91	68.21	67.38	66.65	65.91

2017～2021年，长江三角洲地区人口老年化问题越发严峻，64岁以上人口占比从2017年的13.42%上升到2021年的16.03%，各年份64岁以上人口占比高于全国平均水平。分地区看，2017～2021年浙江64岁以上人口比重最低，但人口老龄化问题仍持续恶化，占比从2017年的12.48%上升至2021年的14.17%；其他三省份64岁以上人口比重均缓慢递增发展态势且均高于全国平均水平。见表6－1－2。

表6－1－2　　　2017～2021年长江三角洲地区64岁以上人口占比　　　单位：%

地区	2017年	2018年	2019年	2020年	2021年
全国平均	11.39	11.94	12.57	13.40	14.22
长江三角洲	13.42	13.86	14.84	15.43	16.03
上海	14.26	14.95	16.26	16.86	17.45
江苏	13.93	14.30	15.08	16.06	17.04
浙江	12.48	12.99	14.03	14.10	14.17
安徽	13.00	13.20	13.97	14.70	15.44

二、经济发展水平

2013～2022年，长江三角洲地区生产总值持续增长，从2013年的140472.1亿元增加到2022年的290288.8亿元，年均增长率为8.40%，高于全国增长水平（8.08%）；上海地区生产总值年均增长率最少（7.54%），安徽、浙江和江苏分别为 9.09%、8.49% 和 8.42%。

2013~2021 年,长江三角洲地区居民人均可支配收入从 2013 年的 27969.75 元增加到 2021 年的 53492.5 元,年均增长率为 7.47%。分地区看,四个省份历年居民人均可支配收入均呈递增发展态势,其中,上海历年居民人均可配收入均比其他三个地区高,从 2013 年的 42174 元增长到 2021 年的 78027 元;江苏、浙江和安徽居民人均可支配收入分别从 2013 年的 24776 元、29775 元和 15154 元增加至 2021 年的 47498 元、57541 元和 30904 元;人均可支配收入年均增长率最高地区是安徽(8.24%),浙江、江苏和上海分别为 7.59%、7.50% 和 7.08%。

三、基础设施水平

2015~2021 年,长江三角洲地区文化设施水平呈倒 V 型下降态势,但历年指数仍高于全国平均水平。分地区看,上海历年文化设施水平远高于其他地区和全国平均水平,其指数呈 V 型发展态势;江苏文化设施水平呈倒 V 型增长态势;浙江文化设施水平呈倒 V 型下降态势;安徽历年文化设施水平相对最低但整体呈上升态势。见表 6-1-3。

表 6-1-3　　　2015~2021 年长江三角洲文化设施水平综合指数

地区	2015 年	2016 年	2017 年	2018 年	2019 年	2020 年	2021 年
全国平均	25.12	25.92	27.88	26.93	26.40	26.94	27.59
长江三角洲	43.50	44.01	45.43	42.77	41.12	39.79	39.09
上海	73.11	69.51	69.28	62.10	58.93	59.32	59.91
江苏	34.91	36.69	38.42	36.82	36.41	35.69	35.05
浙江	54.30	57.32	59.69	57.65	54.97	49.14	47.75
安徽	11.68	12.51	14.33	14.50	14.16	15.02	13.65

2015~2021 年,长江三角洲地区城市公共设施建设水平均高于全国平均水平,呈 M 型增长态势,从 2015 年的 38.56 增长至 2021 年的 40.15。分地区看,上海城市公共设施水平最低且是四个地区中唯一低于全国平均水平的地区;江苏城市公共设施水平最高,且远高于其他地区和全国平均水平;浙江城市公共

设施水平呈 M 型下降态势；安徽城市公共设施水平逐年缓慢上升，2021 年为 43.64。见表 6 - 1 - 4。

表 6 - 1 - 4　　　2015~2021 年长江三角洲城市公共设施水平综合指数

地区	2015 年	2016 年	2017 年	2018 年	2019 年	2020 年	2021 年
全国平均	32.17	35.77	35.32	36.58	37.70	38.51	38.85
长江三角洲	38.56	42.65	42.50	43.86	44.56	41.91	40.15
上海	23.37	27.31	30.04	28.27	28.12	24.60	22.52
江苏	53.78	58.90	56.60	57.20	58.24	55.22	54.03
浙江	44.85	49.11	47.08	49.03	49.11	45.02	40.43
安徽	32.23	35.31	36.27	40.93	42.79	42.82	43.63

2015~2021 年，长江三角洲交通设施水平呈波浪式上升态势，从 2015 年的 47.57 上升到 2021 年的 51.79，且历年指数值均显著地高于全国平均水平。分地区看，上海历年交通设施水平要远高于其他三个地区但呈波浪式下降态势，从 2015 年的 79.78 下降至 2021 年的 70.21；江苏和安徽交通设施水平均整体呈增长态势，分别从 2011 年的 40.36 和 39.63 增加至 2021 年的 50.49 和 36.78，浙江交通设施水平呈 N 型上升态势，从 2011 年的 30.50 增加至 2021 年的 39.67。见表 6 - 1 - 5。

表 6 - 1 - 5　　　2015~2021 年长江三角洲交通设施水平综合指数

地区	2015 年	2016 年	2017 年	2018 年	2019 年	2020 年	2021 年
全国平均	34.41	33.89	35.46	34.40	35.34	35.23	34.32
长江三角洲	47.57	46.90	49.05	48.45	52.85	52.07	51.79
上海	79.78	77.99	80.38	65.60	73.93	68.64	70.21
江苏	40.36	41.03	43.35	47.78	51.29	51.82	50.49
浙江	30.50	27.84	29.72	36.02	37.37	40.61	39.67
安徽	39.63	40.74	42.74	44.40	48.80	47.22	46.78

四、开放水平

2011～2017 年，长江三角洲地区历年开放水平均高于全国平均水平。上海开放水平在四个省份中最高，且远高于全国平均水平，在 2014 年达到最高，并一直保持高水平发展至今；江苏和浙江发展趋势大体相同，都是在 2011 年至 2015 年期间持续下降，之后再逐年上升，且它们的开放程度均高于全国水平；安徽历年开放水平低于全国发展水平。见表 6 - 1 - 6。

表 6 - 1 - 6　　　　　2011～2017 年长江三角洲地区开放水平综合指数

地区	2011 年	2012 年	2013 年	2014 年	2015 年	2016 年	2017 年
全国平均	25.88	24.64	23.63	21.84	19.03	20.73	23.14
长江三角洲	55.25	54.20	52.65	50.64	48.65	49.53	51.44
上海	97.49	97.32	96.57	100.00	100.00	100.00	100.00
江苏	62.49	60.42	53.46	47.37	42.76	47.15	50.80
浙江	46.57	44.28	47.32	42.75	40.42	41.28	41.83
安徽	14.44	14.77	13.25	12.43	11.41	9.70	13.11

第二节　长江三角洲区域特色文化产业的制度结构分析

长江三角洲地区的特色文化产业发展受制于该地区长期自然形成的内在制度，但随着经济社会的发展，产业内在制度已发生了变化，内在制度已经不能适应长江三角洲各地区特色文化产业的发展特别是地方特色表演艺术的发展。这时候需要外在制度对内在制度进行补充和完善，弥补内在制度的不足，从而才有可能推动该地区特色文化产业的持续发展。

一、内在制度方面

2015～2021 年，长江三角洲地区文化消费氛围比全国平均水平浓厚很多，且呈 V 型增长态势但 2021 年其指数仍低于 2017 年前水平。分地区看，上海文化消费氛围最浓且远高于全国平均水平，其指数呈波浪式增长态势；江苏历年文化消费氛围指数均高于全国平均水平，且呈 V 型增长趋势但2021年指数值仍低于2018年前水平；浙江历年文化消费氛围指数高于全国平均水平，且呈波浪式增长态势；安徽历年文化消费氛围最淡且低于全国平均水平。见表6-2-1。

表6-2-1　　　　　2015~2021年长江三角洲文化消费氛围综合指数

地区	2015 年	2016 年	2017 年	2018 年	2019 年	2020 年	2021 年
全国平均	21.93	20.55	21.70	20.80	21.57	23.17	23.18
长江三角洲	39.79	39.38	34.72	31.35	32.62	33.69	38.85
上海	54.58	56.50	49.86	47.55	50.30	49.44	66.81
江苏	49.15	40.70	37.21	29.48	29.70	34.22	35.17
浙江	41.03	45.43	36.67	34.20	37.70	37.07	41.82
安徽	14.43	14.90	15.13	14.18	12.80	14.03	11.58

和其他地区一样，长江三角洲地区均成立了各地区戏剧家协会、摄影家协会、电影家协会、书法家协会、音乐家协会、杂技家协会、美术家协会、电视艺术家协会、曲艺家协会、作家协会、舞蹈家协会、演出行业协会、文艺评论家协会、民间文艺家协会等行业协会。这些行业协会的正常运行对推动本地区本领域创作及其品质的提升、宣传推广、人才培养等起重要的推动作用，对形成本领域从业人员"圈"文化、文化创意氛围等内在制度起至关重要的影响。

二、外在制度方面

2010~2022 年，长江三角洲各地区外在制度结构具有以下特点：（1）没有专门针对特色文化产业的知识产权保护制度，但为了落实国家知识产权保护政策，均制定了能够规范文化企业行为的相关措施。（2）除为贯彻落实国家层面政策而制定了本地区文物保护、非物质文化遗产、戏曲及传统工艺等相应政策外，较少制定实施其他特色文化产业促进专项政策，涉及特色文化产业发展的政策主要散落在文化产业发展政策中。2010~2022 年，与特色文化产业相关的政策有89项。（3）目前没有专门的特色文化产业规制制度，有些特色文化产业规制制度散落在文化产业发展政策中。

长江三角洲各地区特色文化产业促进政策涉及特色文化产业价值链各个环节。涉及消费者的政策最少且政策操作性不强。

涉及文化资源的政策内容侧重对诸如传统手工艺技术、地方戏曲、地方特色文化资源等进行挖掘、保护、传承和开发。

涉及内容创意的政策较多，主要是鼓励文化企业在创作过程中运用新材料、新工艺、开发产品时考虑实用性、注重对人才的培养，特别是地方戏曲以及传统手工艺人才的培养和传承。

涉及生产制造的政策相对最多，其主要内容是鼓励文化企业在生产过程中融入科技、大力支持地方戏曲的创作、提倡"工匠精神"等。

涉及市场推广的政策内容集中在本地区的传统工艺、红色文化资源、地方戏曲等的宣传，以及加强与国外的交流、抓住国家"一带一路"政策的机会使本地区的特色文化"走出去"等。

第三节　长江三角洲地区区域特色文化产业的生产要素结构分析

本节侧重探讨长江三角洲各地区特色文化资源、创意阶层及生产技艺/工艺这三种主要的生产要素。

一、特色文化资源

长江三角洲四个地区都有红色文化资源。除此之外，还有一些其他地方特色文化资源。

（一）上海市

上海代表性特色文化资源主要有红色文化资源、海派文化资源及江南文化资源等。

上海有形红色文化资源主要有中国共产党第一次全国代表大会旧址、中国共产党第二次代表大会旧址，以及革命人物（如毛泽东、宋庆龄、周恩来、董必武、陈赓等）；无形红色文化资源主要有中共上海地下组织斗争、上海解放战争等历史事件、革命故事和事迹以及革命精神。

海派文化本质上是对欧美文化的借鉴。上海海派文化资源主要有以石库门为代表的海派建筑，以左翼文学、新感觉派文学、鸳鸯蝴蝶派文学等为代表的海派文学、海派音乐以及商业文化等。

江南文化资源主要有江南园林、帛画以及以沈从文、郭沫若等代表的文人及其作品、事迹和故事等。

（二）江苏省

江苏代表性特色文化资源主要有楚汉文化资源、红色文化资源和江南文化资源以及大运河文化资源。

江苏楚汉文化资源主要分布在徐州、宿迁、淮安等地区。有形楚汉文化资源主要是以刘邦故里（大风歌碑）、狮子山楚王陵、楚汉相争古战场遗址为代表的遗址遗迹以及出土文物，以及刘邦、项羽等楚汉知名人物；无形楚汉文化资源主要有彭城之战，刘邦、项羽等楚汉英雄人物故事、传奇、事迹等。

江苏有形红色文化资源主要有以沙家浜革命历史纪念馆、新四军纪念馆、淮海战役纪念塔（馆）等为代表的红色遗址遗迹，以及以周恩来、常州三杰（瞿秋白、张太雷、恽代英）等代表的革命人物；无形文化资源主要有以淮海战役为代表的革命战争史实，以周恩来、常州三杰为代表的革命人物事迹、故事和传奇以及革命精神等。

江苏江南文化资源丰富。有形江南文化资源主要有以苏州古典园林等为代表的园林建筑，以江南四大才子等为代表的文人墨客及其文学作品、绘画、书法，以周庄为代表的江南古镇等；无形文化资源主要有以江南四大才子相关的人物事迹、故事及传奇等，与桑、蚕有关的民间传说、事迹和隽语等。

江苏境内大运河全长 683 公里，世界遗产名录遗产河段长度占大运河的 1/3，遗产点数量约占 40%。江苏大运河文化资源主要是江苏境内京杭大运河河道、遗址遗迹和历史文化街区，它们主要分布在苏州、无锡、常州、淮安、宿迁，特别是扬州。见表 6 - 3 - 1。

表 6 - 3 - 1　　　　　　　　大运河江苏段文化资源分布

地区	河道	遗址遗迹	文化街区
苏州	山塘河，胥江，平江河，环城河，古运河和江南运河	盘门，宝带桥，吴江古纤道	山塘历史文化街区，平江历史文化街区
无锡	古运河，老运河		清明桥历史文化街区
常州	古运河，江南运河	—	—
淮安	里运河，里运河故道，古黄河，中运河，张福河	双金闸，清江大闸，清口枢纽，洪泽湖大堤，总督漕运公署遗址	
宿迁	中运河宿迁段	龙王庙行宫	—
扬州	古邗沟故道，里运河，邵伯明清大运河故道，古运河，瓜洲运河，瘦西湖	盂城驿，邵伯古堤，邵伯码头，个园，天宁寺行宫，盐业历史遗迹，盐宗庙	

资料来源：陈咏. 中国大运河申遗成功 江苏段遗产达28处 ［N］. 扬子晚报，2014 - 06 - 23.

（三）浙江省

浙江代表性特色文化资源有红色文化资源、吴越文化资源以及江南文化资源等。

浙江红色文化资源比较丰富。有形文化资源主要有周恩来纪念馆、中共浙江省第一次代表大会纪念馆、红军挺进师纪念馆、浙西南革命根据地纪念馆以及新四军苏浙军区旧址群等革命人物故居、革命遗址遗迹以及以方志敏、周恩来、粟裕等为代表的革命人物；无形文化资源主要是在浙江境内曾发生的革命斗争、战斗（如萧山衙前农民运动、浙西革命斗争）以及以方志敏、周恩来、粟裕等为代表的革命人物的革命精神、革命事迹、革命故事等。

浙江吴越文化资源特别丰富。有形文化资源主要有姆渡遗址、良渚遗址及其文物，以吴王阖闾、越王勾践为代表的历史人物以及吴国、越国有关的战争遗址等；无形文化资源主要为吴王阖闾、越王勾践的历史典故、历史人物故事传奇以及和吴国、越国有关的战争和著名史实。

浙江江南文化资源主要分布在杭州、嘉兴、湖州、绍兴、金华、宁波、丽水、舟山、台州、温州、衢州等地区。有形文化资源主要有以西湖、断桥、雷峰塔、乌篷船为代表的自然人文景观，以乌镇、西塘为代表的江南古镇以及以宋之问、孟浩然、白居易、元稹、贾岛为代表的文人墨客及其文学作品；无形文化资源主要包括以《白蛇传》为代表的民间传说、神话故事以及文人墨客的传奇故事等。

（四）安徽省

安徽省代表性特色文化资源主要有红色文化资源、徽州文化资源、淮河文化资源以及皖江文化资源等。

安徽红色文化资源十分丰富。有形红色文化资源主要有以渡江战役遗址、新四军革命旧址为代表的革命遗址遗迹以及以洪学智等开国将军为代表的革命人物及其故居。无形文化资源主要有以渡江战役为代表的革命战争，以大别山精神、铁军精神、小推车精神为代表的革命精神以及以开国将军为代表的革命人物的革命事迹、革命故事。

徽州文化资源主要分布在黄山市、宣城市绩溪县以及江西省婺源县等。有形文化资源主要有以黄山、齐云山、太平湖为代表的自然和人文景观，以潜口民宅、许国石坊、罗东舒祠、宏村、渔梁古坝为代表的徽派建筑、古村落，以程颢、程颐、朱熹、汪机、朱升为代表的历史名人及其著作等。无形文化资源主要包括徽商精神、新安理学以及历史名人等。

淮河文化资源主要分布在亳州、阜阳、淮北和淮南地区，主要有以管鲍祠、涉故台、曹氏墓群、地下运兵道、华祖庙等为代表的历史遗址遗迹，以管子、老子、庄子、淮南子为代表的道家思想代表人物及其著作、历史典故，以垓下之战、大泽乡起义为代表的重大历史事件，以管仲、陈胜、吴广、项羽、刘邦、曹操等为代表的历史政治人物及其典故、重大历史事件等。

皖江文化资源主要分布在安庆地区。主要有以潜山薛家岗遗址、安庆墩头遗址为代表的史前文化遗址遗迹，以方氏学派、桐城宋学、陈独秀五四新文化思想为代表的哲学文化资源，以禅宗二祖、三祖为代表的宗教文化资源，以父子宰相、陈独秀为代表的政治文化资源，以方以智、邓稼先为代表的科技文化资源，以桐城派文学为代表的文学文化资源等[1]。

---

① 孙永玉. 皖江文化基本内涵的划分 [J]. 安庆师范学院学报（社会科学版），2005（3）：62-64.

二、创意阶层

2015～2021 年，长江三角洲地区创意阶层人数呈波浪式增长趋势，年均增长率为 1.85%。分地区看，上海创意阶层人数整体呈 W 型增长态势，年均增长率为 3.74%；浙江、江苏和安徽创意阶层人数呈波浪式增长态势，人均增长率分别为 1.72%、2.81% 和 0.35%。见表 6-3-2。

表 6-3-2　　　　2015～2021 年长江三角洲创意阶层人数变化　　　单位：人，%

地区	2015 年	2016 年	2017 年	2018 年	2019 年	2020 年	2021 年	年均增长率
上海	8141	8019	9191	9347	10048	9334	10150	3.74
江苏	14007	13911	15346	14577	14810	14634	16538	2.81
浙江	17721	17894	19999	18888	20256	18187	19633	1.72
安徽	19242	21788	16926	16915	17561	17497	19652	0.35
合计	59111	61612	61462	59727	62675	59652	65973	1.85

从艺术表演人数看，2015～2021 年，长江三角洲地区艺术表演人数呈波浪式增加态势，年均增长率为 2.63%。分地区看，浙江和安徽艺术表演人数呈波浪式增加趋势，历年均超过 10000 人，年均增长率分别为 1.70% 和 0.64%；上海艺术表演人数呈波浪式增加趋势，年均增长率为 5.63%；江苏艺术表演人数呈 N 型增长态势，年均增长率为 6.11%。见表 6-3-3。

表 6-3-3　　　　2015～2021 年长江三角洲地区艺术表演人数变化　　　单位：人，%

地区	2015 年	2016 年	2017 年	2018 年	2019 年	2020 年	2021 年	年均增长率
上海	3837	3641	4697	4292	5319	4620	5329	5.63
江苏	6121	6644	7353	7338	7171	7022	8739	6.11
浙江	11185	11129	13205	12783	13296	11512	12377	1.70
安徽	13485	16229	10770	11056	12041	11866	14015	0.64
合计	34628	37643	36025	35469	37827	35020	40460	2.63

从非物质文化遗产代表性传承人看，这一地区国家级传承人累计 613 人，其中，浙江人数最多（196 人），上海、江苏和安徽分别是 120 人、178 人和

119 人；省/市级传承人累计 3146 人，其中，浙江人数最多（1194 人），上海、江苏和安徽分别是 539 人、817 人和 596 人。

三、生产技术/工艺

长江三角洲地区国家重点扶持的传统工艺共 72 项，其中浙江 21 项，江苏和安徽各 18 项，上海 15 项；从传统工艺类型看，纺染织绣项目数量最多，为 20 项，占比 27.78%；雕刻塑造和文房制作分别为 12 项和 11 项，分别居第二位和第三位；然后是依次是编织扎制 7 项、金属加工 6 项，陶瓷烧造 5 项，漆器髹饰和器具制作均为 4 项，剪纸和服饰制作分别为 2 项和 1 项。见表 6 - 3 - 4。

表 6 - 3 - 4　　　　　长江三角洲地区国家重点扶持传统工艺分布

地区	编织扎制	雕刻塑造	纺染织绣	服饰制作	金属加工	剪纸刻绘	漆器髹饰	陶瓷烧造	文房制作	器具制作	合计
上海	2	3	3	1	1	1	0	0	3	1	15
江苏	2	1	10	0	2	0	1	2	0	0	18
浙江	0	6	5	0	1	0	2	2	3	2	21
安徽	3	2	2	0	2	1	1	1	5	1	18
合计	7	12	20	1	6	2	4	5	11	4	72

第四节　长江三角洲地区区域特色文化产业供给与需求结构分析

一、产业结构分析

（一）产业结构整体分析

整体而言，和其他地区一样，长江三角洲地区特色文化旅游产业一枝独大。具体而言：

特色文化旅游产业是长江三角洲地区特色文化产业的主导产业和支柱产业，

是拉动地方经济发展的重要力量，引起了地方政府高度关注。长江三角洲地区均制定并实施了本省（市）旅游产业发展规划以及其他系列支持政策。这些政策的实施以及文化旅游氛围的提升推动了各地区特色文化旅游产业市场规模日益扩大。2014～2019 年，江苏旅游总收入和游客人数均位居长江三角洲地区第一，安徽旅游总收入和游客人数年均增速则居长江三角洲地区第一。

为贯彻落实《中国传统工艺振兴计划》（国办发〔2017〕25 号），近年来，除安徽外（安徽 2011 年颁布实施了《安徽省传统工艺美术保护和发展办法》），长江三角洲其他省（市）均制定并实施了促进地方传统工艺品传承、保护和振兴的扶持条例、实施意见或计划等政策。和其他地区相比，长江三角洲地区工艺美术产品产业竞争力较强，主营业务收入占全国同类产业收入的 27.0%，特色工艺品企业以中小型企业特别是小微企业居多，规模以上企业数量极少。

为贯彻落实国务院《关于支持戏曲传承发展的若干政策》（国办发〔2015〕52 号）要求，长江三角洲地区各省（市）均制定和实施了本省（市）相应的政策。随着外在制度强力介入特色表演艺术产业特别是地方传统戏曲，和 2013 年相比，2017 年长江三角洲地区特色表演机构数量、国内演出总场次以及国内演出观众总人数均出现不同程度增长，但特色表演机构演出总收入急剧下降；特色表演机构平均国内演出场次和平均演出收入以及单场国内演出观众人数均出现不同程度的下降。

长江三角洲地区绝大多数特色节庆活动启动于 2000 年前，政府主办的节庆活动占绝大多数，举办时间和地点相对固定，主要内容涉及各类特色表演、产品展销以及商贸洽谈。

（二）特色工艺品产业

我国第三次经济普查统计表明，长江三角洲地区工艺美术产品产业生产大类企业营业收入和主营业务收入分别为 4317.81 亿元和 4289.81 亿元；长江三角洲四个省市工艺美术产品产业产出量相对较高，营业收入占全国的 27%，和全国其他地区相比较，四个地区产出量处于领先水平；分地区看，江苏工艺美术产品产业生产大类企业营业收入和主营业务收入分别为 1407.29 亿元和 1398.16 亿元，均高于其他三个地区，安徽收入最少。见表 6-4-1。

表 6 - 4 - 1　　　　　第三次经济普查长江三角洲工艺美术产品
生产大类企业收入情况　　　　单位：亿元,%

地区	营业收入		主营业务收入	
	绝对值	占全国比重	绝对值	占全国比重
上海	1375.30	8.6	1366.38	8.6
江苏	1407.29	8.8	1398.16	8.8
浙江	1279.35	8.0	1271.06	8.0
安徽	255.87	1.6	254.21	1.6
合计	4317.81	27.0	4289.81	27.0

　　从不同规模企业而言，长江三角洲四个地区工艺美术产品生产大类规模以上企业的营业收入和主营业务收入分别为 3168.12 亿元和 3159.70 亿元，规模以下企业营业收入和主营业务收入分别是 1149.69 亿元和 1130.11 亿元。分地区看，上海规模以上企业产出量均高于其他三个地区，浙江规模以下企业产出量均高于其他三个地区，安徽无论是规模以上还是规模以下的企业产出量均远低于其他三个地区。见表 6 - 4 - 2。

表 6 - 4 - 2　　　　第三次经济普查长江三角洲工艺美术产品
生产大类不同规模企业收入情况　　　　单位：亿元

地区	营业收入		主营业务收入	
	规模以上	规模以下	规模以上	规模以下
上海	1224.33	150.97	1221.08	145.30
江苏	1009.76	397.53	1007.08	391.08
浙江	757.32	522.03	755.31	515.75
安徽	176.71	79.16	176.24	77.97
合计	3168.12	1149.69	3159.70	1130.11

（三）特色表演艺术产业

　　就特色表演机构数量而言，长江三角洲地区特色表演机构数量从 2013 年的 1054 家增加到 2017 年的 1807 家，年均增长率为 14.43%。其中，地方戏曲类占主导，2013 年和 2017 年地方戏曲类机构数量分别为 727 家和 1431 家，占机构总数的 68.98% 和 79.19%；另外，长江三角洲地区各省（市）至少有 1 家京剧院。分剧种看，杂技、魔术、马戏类机构从 2013 年的 231 家减少至 2017 年的 113 家，年均减幅达 16.37%；除此之外其他剧种机构数量均有不同程度的增加，其中曲艺类机构数量的增速最快，从 2013 年的 53 家增加到 2017 年的 204 家，年均增长率为 40.07%。分地区看，和 2013 年相比，2017 年浙江特色表演艺术机构数量增长最快，从 2013 年的 472 家增加到 2017 年的 864 家，年均增长率为 16.32%；江苏其次，机构数量从 2013 年的 137 家增加到 2017 年的 246 家，年均增长率为 15.76%；安徽特色表演机构数量从 2013 年的 402 家增加到 2017 年的 647 家，年均增长率为 12.63%；上海特色表演机构数量从 2013 年的 43 家增加到 2017 年的 50 家，年均增长率为 3.84%。如表 6 - 4 - 3。

表 6 - 4 - 3　　　　2013 年/2017 年长江三角洲地区不同剧种机构数量　　　单位：家,%

地区	京剧、昆曲类		地方戏曲类		杂技、魔术、马戏类		曲艺类		合计		
	2013 年	2017 年	2013 年	2017 年	2013 年	2017 年	2013 年	2017 年	2013 年	2017 年	年均增速
上海	3	5	26	34	9	5	5	6	43	50	3.84
江苏	7	16	94	153	24	52	12	25	137	246	15.76
浙江	29	34	409	718	12	10	22	102	472	864	16.32
安徽	4	4	198	526	186	46	14	71	402	647	12.63
合计	43	59	727	1431	231	113	53	204	1054	1807	14.43
年均增速	8.23		18.45		- 16.37		40.07		14.43		

从特色表演机构国内演出场次看，和 2013 年相比，2017 年长江三角洲地区特色表演机构国内演出场次增长较快，从 2013 年的 24.9 万场次增加到 2017 年的 37.06 万场次，年平均增长率为 10.45%，对比其机构年均增长率（14.43%）可以看出，这一地区特色表演机构平均国内演出场次有所下降。分剧种看，杂技、魔术、马戏类国内演出场次从 4.47 万场次减少至 2017 年的 3.34 万场次，减幅为 7.03%；其他各剧种国内演出场次则出现不同程度的增加，地方戏曲类更是如此，

对比各剧种机构数量年均增长率可以看出，京剧、昆曲类和杂技、魔术、马戏类机构平均国内演出场次均有所增加，其他两剧种机构平均国内演出场次有不同程度的减少。分地区看，除上海特色表演机构国内演出场次减幅较大外，其他地区特色表演机构国内演出场次均有不同程度增加，特别是浙江，其国内演出从10.97万场次增加至2017年的20.07万场次，增幅为16.30%，对比它们的特色表演机构数量年均增长率可以看出，除浙江基本持平外，其他各地区特色表演机构平均国内演出场次有不同程度减少。见表6-4-4。

表6-4-4　　　　　　　　　　2013年/2017年长江三角洲地区各剧种
国内演出场次变化　　　　　　　单位：万场次，%

地区	京剧、昆曲类		地方戏曲类		杂技、魔术、马戏类		曲艺类		合计		
	2013年	2017年	2013年	2017年	2013年	2017年	2013年	2017年	2013年	2017年	年均增速
上海	0.04	0.06	1.68	0.87	0.38	0.11	0.26	0.15	2.36	1.19	-15.73
江苏	0.07	0.16	1.25	2.22	0.57	1.77	2.32	2.42	4.21	6.57	11.77
浙江	0.94	1.25	9.23	17.09	0.17	0.05	0.63	1.68	10.97	20.07	16.30
安徽	0.04	0.04	3.6	7.08	3.35	1.41	0.37	0.7	7.36	9.23	5.82
合计	1.09	1.51	15.76	27.26	4.47	3.34	3.58	4.95	24.9	37.06	10.45
年均增速	8.49		14.68		-7.03		8.44		10.45		

就特色表演机构国内演出观众人数看，和2013年相比，2017年长江三角洲地区特色表演机构国内演出观众人数呈增长趋势，从2013年的13560万人次增加到2017年的18312.98万人次，年平均增长率为7.8%，但低于其国内演出场次年均增长率（10.45%），可见单场国内演出观众人数呈减少趋势。分剧种看，杂技、魔术、马戏类国内演出观众人数从2013年的2568万人次减少至2017年的721.18万人次，减幅达27.20%；除此之外，其他剧种国内演出观众人数则是不同程度增加，其中京剧、昆曲类国内演出场次观众人数增长最快，从2013年的508万人次增加到2017年的1334万人次，年均增长率为27.32%，对比各剧种国内演出场次年均增长率可以看出，除地方戏曲单场国内观众人数

有所减少外，其他剧种单场国内观众人数均呈现不同程度增长，特别是京剧、昆曲。从各地区看，安徽和上海特色表演机构国内演出观众人数呈不同程度减少，尤其是安徽（减幅达34.57%），浙江和江苏两地区特色表演机构国内演出观众人数均呈不同程度增长，对比各地区特色表演机构演出场次年均增长率可以看出，上海和浙江特色表演机构单场观众人数有不同程度的增加，江苏和安徽单场观众人数则不同程度减少。见表6－4－5。

表 6－4－5　　　　　　　2013 年/2017 年长江三角洲地区各剧种
国内演出观众人数变化　　　　　　单位：万人次,%

地区	京剧、昆曲类		地方戏曲类		杂技、魔术、马戏类		曲艺类		合计		
	2013 年	2017 年	2013 年	2017 年	2013 年	2017 年	2013 年	2017 年	2013 年	2017 年	年均增速
上海	23	39.05	247	268.76	202	63.13	39	25.34	511	396.28	－6.16
江苏	65	85.23	1159	1316.96	152	362.24	279	383.9	1655	2148.33	6.74
浙江	371	1193.01	5804	13057.59	75	32.61	105	561.89	6355	14845.1	23.63
安徽	49	17.44	2628	273.49	2139	263.26	223	369.14	5039	923.27	－34.57
合计	508	1334.73	9838	14916.8	2568	721.18	646	1340.27	13560	18312.98	7.80
年均增速	27.32		10.97		－27.20		20.02		7.80		

从特色表演机构演出收入看，和2013年相比，长江三角洲地区特色表演艺术产业机构演出收入急剧下降，从2013年的953607万元下降到2017年的171069万元，年均下降幅度达到34.92%，对比其机构数量年均增长率可以看出，这一地区特色表演艺术机构平均演出收入下降幅度更大。从各剧种看，所有剧种的演出收入均呈迅速减少的趋势，幅度最大的是杂技、魔术、马戏类，为－49.4%，其次是京剧类和京剧、昆曲类类，减幅分别为44.17%和42.25%，曲艺类和地方戏曲类减幅为32.27%和32.55%，对比各剧种机构年均增长率可以看出，各剧种平均演出收入均出现不同程度减少。分地区看，所有地区特色表演机构演出收入均呈不同程度的减少，对比它们的特色表演机构数量年均增长率可以看出，各个地区特色表演机构平均演出收入均呈不同程度的急剧减少。见表6－4－6。

表 6 - 4 - 6　　　　　　　2013 年/2017 年长江三角洲地区各剧种

演出收入变化　　　　　单位：万元,%

地区	京剧、昆曲类		地方戏曲类		杂技、魔术、马戏类		曲艺类		合计		
	2013 年	2017 年	2013 年	2017 年	2013 年	2017 年	2013 年	2017 年	2013 年	2017 年	年均增速
上海	6642	1841	34347	4891	24126	2558	6479	645	71594	9935	-38.97
江苏	3521	1201	56584	7888	15004	2986	13524	1359	88633	13434	-37.60
浙江	71529	6027	496071	110031	7617	645	10421	3768	585638	120471	-32.65
安徽	4012	467	114865	22452	82120	2259	6745	2051	207742	27229	-39.83
合计	85704	9536	701867	145262	128867	8448	37169	7823	953607	171069	-34.92
年均增速	-42.24		-32.55		-49.40		-32.27		-34.92		

（四）特色文化旅游产业

2014～2019 年，安徽旅游总收入、国内收入和入境收入逐年增加，且增幅居长江三角洲地区第一，年均增速分别为 19.88%，20.16% 和 11.58%；上海和江苏旅游总收入、国内收入和入境收入均逐年递增，其中江苏旅游收入年均增速相对较快；浙江旅游总收入和国内收入逐年稳步增加，年均增速分别为11.48% 和 12.52%，入境收入逐年增加至 2017 年的 82.8 亿美元后急剧下降但2019 年有所回升，年均增长率为 -14.22%。见表 6 - 4 - 7。

表 6 - 4 - 7　　　　　　　　2014～2019 年长江三角洲地区

旅游收入情况　　　　　单位：亿元，亿美元,%

地区		2014 年	2015 年	2016 年	2017 年	2018 年	2019 年	年均增速
上海	总收入	3334.08	3405.84	3883.40	4483.44	4973.22	5424.94	10.23
	国内	2950.13	3004.73	3443.93	4025.13	4477.15	4860.96	10.50
	入境	57.05	59.60	65.30	68.10	73.71	83.80	7.99
江苏	总收入	8067.42	9004.87	10208.24	11590.16	13164.25	14221.20	12.01
	国内	7863.50	8767.30	9952.50	11307.50	12851.30	13902.20	12.07
	入境	30.30	35.30	38.00	42.00	46.50	47.40	9.36

续表

地区		2014 年	2015 年	2016 年	2017 年	2018 年	2019 年	年均增速
浙江	总收入	6333.98	7176.97	8100.04	9321.24	10008.98	10906.69	11.48
	国内	5947.00	6720.00	7600.00	8764.00	9834.00	10727.00	12.52
	入境	57.50	67.90	74.30	82.80	26.00	26.70	-14.22
安徽	总收入	3441.61	4132.60	4934.54	6196.22	7244.69	8519.65	19.88
	国内	3309.70	3980.50	4763.60	6002.40	7030.00	8291.50	20.16
	入境	19.60	22.60	25.40	28.80	31.90	33.90	11.58

2014～2019 年，安徽游客总人数、国内游客和入境游客逐年增加，且增速居长江三角洲地区第一，年均增速分别为 16.55%、16.62% 和 10.11%；上海和江苏游客总人数、国内游客和入境游客均逐年递增，其中江苏游客年均增速相对较快；浙江游客总人数和国内游客逐年稳步增加，年均增速分别为 8.28% 和 8.56%，入境游客逐年增加至 2017 年的 1211.7 万人次后急剧下降但 2019 年有所回升，年均增长率为 -12.89%。见表 6 - 4 - 8。

表 6 - 4 - 8　　　　　　　　 **2014～2019 年长江三角洲地区**

游客人数情况　　　　　　　　单位：万人次，%

		2014 年	2015 年	2016 年	2017 年	2018 年	2019 年	年均增速
上海	总人数	27609.41	28369.58	30474.97	32718.28	34870.58	37038.23	6.05
	国内	26818.11	27569.42	29620.60	31845.27	33976.87	36141.00	6.15
	入境	791.30	800.16	854.37	873.01	893.71	897.23	2.54
江苏	总人数	57297.10	62238.70	68109.80	74657.40	81823.70	88011.20	8.96
	国内	57000.00	61933.70	67780.00	74287.30	81422.80	87611.70	8.98
	入境	297.10	305.00	329.80	370.10	400.90	399.50	6.10
浙江	总人数	48806.00	53544.10	58420.30	64079.70	68842.80	72647.10	8.28
	国内	47875.00	52532.00	57300.00	62868.00	68386.00	72180.00	8.56
	入境	931.00	1012.10	1120.30	1211.70	456.80	467.10	-12.89
安徽	总人数	38405.10	44844.60	52685.40	63149.20	72707.00	82610.80	16.55
	国内	38000.00	44400.00	52200.00	62600.00	72100.00	81955.00	16.62
	入境	405.10	444.60	485.40	549.20	607.00	655.80	10.11

（五）特色节庆产业

长江三角洲地区至少有 28 个地方特色节庆。绝大多数特色节庆活动创办于 2000 年前（共有 23 个）。节庆类型较多，多数为区域性品牌；举办时间绝大多数为每年一次；举办地点相对固定，主要吸引举办地群众以及省内观众；绝大多数节庆活动是建立在本地区文化资源基础之上，活动内容主要包括各类文艺演出、各类产品展销以及商贸洽谈等。见表 6-4-9。

表 6-4-9　　　　　　长江三角洲地区代表性特色节庆（部分）

名称	起源/创办时间	举办时间	地点	主办	活动内容
上海旅游节	1990 年	每年 9 月第一周开始，持续 20 多天	上海	上海市原旅游局、市文广局、市商务委	与观光、休闲、娱乐、文体、会展、美食、购物有关的主题活动，每年吸引游客超 800 万人次
上海国际茶文化节	1994 年	每年一次，4 月或 5 月	上海静安区	上海闸北区人民政府等	茶文化论坛、上海茶业博览会、上海少儿茶艺展示交流
上海国际艺术节	1999 年	每年 11 月 1 日至 12 月 1 日	上海	原文化部	美术作品展览、包含地方特色表演艺术在内的各类艺术表演、文艺比赛、艺术相关学术论坛等
秦淮灯会	魏晋南北朝时期	每年正月初一至正月十八	南京夫子庙、新街口	江苏省人民政府、江苏省原文化厅	各年主题不同，主要活动有彩灯展销、各类民俗表演、各类地方特色表演艺术等
南京国际梅花节	1996 年	每年 2 月 20 日至 3 月 31 日	南京市	南京市人民政府	探花赏景、休闲娱乐、歌舞演出、文化展览、商贸交流
南京雨花石文化艺术节	1999 年	每年 9 月底至 10 月初	南京市	南京市原旅游局等	雨花石科普展、雨花石精品展、雨花石工艺品展等
南京妈祖庙会	传统节庆	每年农历三月二十三	南京市	自发形成，后政府介入	祭拜妈祖、妈祖巡游等
浙江文化艺术节		每年一次	浙江各地	浙江省人民政府	美术作品展、书法展、地方戏曲演出、非遗博览会等各类文艺活动

续表

名称	起源/创办时间	举办时间	地点	主办	活动内容
浙江省戏剧节	1983 年	每三年一届，下半年底	浙江省全省各地	浙江省原文化厅、省戏剧家协会	浙江省地方戏曲表演与比赛
湖州·国际湖笔文化节	2001 年	每年 9 月 25 日至 9 月 30 日	浙江省湖州市	中国轻工联合会、浙江省人民政府等	开幕式、文艺晚会、书画展、灯展、艺术周活动、民间艺术踩街活动、民间工艺品展、全国文房四宝博览会、湖州科技经贸洽谈会等
杭州西湖国际博览会	1929 年	每年一次，时间不定	杭州市	浙江省人民政府	西湖国际烟花大会、杭州西博航空特飞表演、杭州西湖花会等
中国铜陵青铜文化节	1992 年	每年 9 月下旬至 10 月下旬	安徽铜陵	安徽省人民政府	文艺演出与活动、青铜文物展、铜珍品拍卖会、商贸洽谈等
管子文化旅游节	2006 年	每年农历四月初八	安徽阜阳颍上	颍上县人民政府等	管子诗会、全国管子学术研讨会、中华祭管大典、民间曲艺展演、商贸洽谈等
中国宣城文房四宝文化旅游节	2004 年	每年一次	安徽宣城	安徽省人民政府、中国文房四宝协会	文化汇演、旅游商品展销、美食节、文房四宝文化传承活动、商贸洽谈等
中国农歌会	2008 年	时间不定	安徽省滁州市	原文化部、原农业部、安徽省人民政府	歌舞比赛、文艺表演、农产品展览、商贸洽谈等
中国宿州灵璧石文化节	2004 年	每两年一次	安徽宿州	安徽省人民政府等	灵璧石展销、书画展、奇石展、商贸洽谈等
中国黄梅戏艺术节	1992 年	每两年一次	安徽安庆	安徽省原文化厅、安庆人民政府	地方戏曲演出、旅游观光、经贸洽谈等
中国黄山国际旅游节	1991 年	每年一次，时间不定	安徽黄山市	国家原旅游局和省政府	各类主题旅游活动
安徽国际文化旅游节	1988 年	每年一届	安徽各地轮办	安徽省原文化厅	戏曲、音乐、歌舞表演与比赛、美术、书法作品展等

二、需求结构分析

我们采用网络问卷调查，在剔除无效问卷后，上海、江苏、浙江和安徽有效问卷分别为 45 份、47 份、46 份和 50 份。各地区样本特征如表 6 - 4 - 10 所示。

表 6 - 4 - 10　　　　　　　长江三角洲各地区样本量及其样本特征　　　　　单位：份

样本量		上海	江苏	浙江	安徽
		45	47	46	50
性别	男	19	29	17	22
	女	26	28	29	28
学历	初中及以下	0	0	0	0
	高中/中专/技校	1	2	2	5
	大专	5	7	10	15
	本科	34	37	30	26
	研究生	5	1	4	4
年龄	18~25 岁	1	7	5	7
	26~30 岁	11	12	22	10
	31~40 岁	28	19	15	26
	41~50 岁	5	5	4	5
	51~60 岁	0	4	0	2
个人平均月收入	2000 元及以下	0	3	3	6
	2001~3000 元	1	0	3	2
	3001~5000 元	4	6	8	13
	5001~8000 元	14	15	15	12
	8001~10000 元	12	17	11	10
	1 万元及以上	14	6	6	7

（一）长江三角洲地区特色文化产业结构消费者偏好

调查发现，长江三角洲地区各省（市）被访者均最喜欢地方特色文化旅游。除此之外，上海和江苏被访者还依次喜欢地方特色工艺品、地方特色节庆和表演艺术，浙江被访者依次喜欢地方特色节庆、地方特色工艺品和地方特色表演艺术，安徽被访者依次喜欢地方特色节庆、地方特色表演艺术和地方特色工艺品，见表6-4-11。

表6-4-11　　　　长江三角洲地区特色文化产品/服务消费偏好排序

地区	样本量	地方特色工艺品	地方特色表演艺术	地方特色文化旅游	地方特色节庆
上海	45	第2（2.83）	第4（2.65）	第1（4.02）	第3（2.67）
江苏	47	第2（3.19）	第4（2.51）	第1（4.11）	第3（2.77）
浙江	46	第3（2.91）	第4（2.66）	第1（3.83）	第2（2.98）
安徽	50	第4（2.70）	第3（2.88）	第1（3.78）	第2（3.22）

注：本表排序规则：根据问卷调查结果，被访者越喜欢的赋值越高，算出各自分值的平均数后再根据值的大小排序。

（二）长江三角洲地区特色工艺品产业需求分析

从消费群体规模看，浙江省特色工艺品消费者群体规模最大，95.65%的被访者表示"最近一年购买过地方特色工艺品"，94%安徽被访者、89.36%江苏被访者和75.56%上海被访者表示最近一年购买过地方特色工艺品。

从消费价格偏好看，极少数长江三角洲地区消费者购买800元以上的特色工艺品。分地区看，上海、江苏和安徽消费者均最喜欢购买100~299元特别是100~199元的特色工艺品；浙江消费者最喜欢购买300~499元的产品，其次是100~199元的产品。见表6-4-12。

表6-4-12　　　　长江三角洲地区特色工艺品消费价格偏好　　　　单位：%

价格	上海（N=45）	江苏（N=47）	浙江（N=46）	安徽（N=50）
0~99元	26.7	27.7	26.1	20.0
100~199元	51.1	55.3	47.8	52.0
200~299元	44.4	40.4	45.7	40.0
300~499元	35.6	23.4	50.0	36.0
500~799元	22.2	12.8	23.9	8.0
800~999元	6.7	6.4	10.9	4.0
1000~1499元	6.7	6.4	0.00	0.00
合计	193.3	172.3	204.3	160.0

从购买动机看，江苏消费者主要是为了送给朋友、自己使用和收藏而购买特色工艺品，44.7%是为了投资而购买特色工艺品；上海、安徽和浙江消费者主要是为了送家人、自己使用或送给朋友而购买特色工艺品。见表6-4-13。

表6-4-13　　　　长江三角洲地区消费者特色工艺品消费群体购买动机　　　　单位：%

购买动机	上海（N=45）	江苏（N=47）	浙江（N=46）	安徽（N=50）
送给朋友	55.6	63.8	56.5	62.0
送给家人	53.3	42.6	43.5	62.0
送给同事	20.0	17.0	26.1	28.0
送给上司/长辈	20.0	17.0	23.9	22.0
送给下属/晚辈	8.9	12.8	15.2	8.0
自己收藏	42.2	46.8	43.5	46.0
自己使用	48.9	55.3	50.0	60.0
投资	4.4	44.7	2.2	2.0
支持传统文化	24.4	0.0	28.3	20.0
合计	277.8	300.0	289.1	310.0

从购买渠道偏好看，旅游景区内商店是长江三角洲地区消费者在购买特色工艺品最偏爱的购买渠道。除此之外，上海消费者还比较喜欢在品牌专卖店、官方实体店以及淘宝/天猫购买特色工艺产品，江苏消费者还比较喜欢在品牌专卖店以及官方实体店购买特色工艺产品，浙江消费者还比较喜欢在官方实体店和品牌专卖店购买特色工艺产品，安徽消费者还比较喜欢在品牌专卖店和官方网站购买特色工艺产品，见表6-4-14。

表6-4-14　　　　长江三角洲地区消费者特色工艺品购买渠道偏好　　　　单位：%

购买渠道	上海（N=45）	江苏（N=47）	浙江（N=46）	安徽（N=50）
淘宝/天猫	35.6	31.9	30.4	32.0
京东	11.1	19.1	6.5	22.0
团购平台	4.4	2.1	6.5	10.0

续表

购买渠道	上海（N=45）	江苏（N=47）	浙江（N=46）	安徽（N=50）
官方网站	13.3	31.9	21.7	18.0
官方实体店	44.4	40.4	37.0	40.0
微商	6.7	4.3	4.3	8.0
超市	11.1	14.9	15.2	14.0
品牌专卖店	46.7	44.7	37.0	42.0
商场专柜	31.1	29.8	32.6	32.0
旅游景区内商店	66.7	74.5	73.9	72.0
合计	271.1	293.6	265.2	290.0

（三）长江三角洲地区特色表演艺术产业需求分析

从消费群体规模看，浙江观看特色表演艺术的观众多于上海、江苏和安徽。调查发现，几乎所有浙江被访者最近一年都看过特色表演艺术，分别有13.3%、8.5%和4.0%的上海、江苏和安徽被访者表示最近一年没有看过特色表演艺术。

看过的观众群中，上海观众看过最多的依次是地方传统戏曲（42.2%）、小品（37.8%）、相声（33.3%）等，江苏观众看过最多的依次是地方传统戏曲（51.1%）、民乐（44.7%）、山水实景演出（34.0%）和特色舞蹈表演（34.0%）等，浙江观众看过最多的依次是特色舞蹈表演（58.7%）、地方传统戏曲（52.2%）、杂技（32.6%）等，安徽观众看过最多的依次是地方传统戏曲（68.0%）、特色舞蹈表演（44.0%）、杂技（34.0%）等。见表6-4-15。

从中可以看出，长江三角洲地区观众对地方特色表演艺术消费偏好不太相似；相对其他特色表演艺术而言，地方传统戏曲和特色舞蹈表演是他们的最爱，但上海对这两项特色表演艺术感兴趣的消费群体规模明显低于其他三个省份，安徽市场规模最高。

表 6 - 4 - 15   长江三角洲地区地方特色表演艺术消费偏好   单位：%

	上海（N=45）	江苏（N=47）	浙江（N=46）	安徽（N=50）
相声	33.3	27.7	21.7	18.0
小品	37.8	25.5	23.9	30.0
杂技	17.8	17.0	32.6	34.0
京剧	8.9	4.3	6.5	10.0
地方传统戏曲	42.2	51.1	52.2	68.0
特色舞蹈表演	22.2	34.0	58.7	44.0
话剧	28.9	19.1	23.9	12.0
民乐	17.8	44.7	30.4	26.0
山水实景演出	17.8	34.0	30.4	30.0
没有看过	13.3	8.5	0.0	4.0
合计	240.0	266.0	280.4	276.0

从观看途径看，长江三角洲地区被访者最主要是在演出现场观看特色表演艺术，除此之外，电视（48.9%）、爱奇艺（37.8%）、腾讯视频（26.7%）、优酷（24.4%）也是上海被访者观看特色表演艺术的重要途径。江苏观众还通过诸如抖音（40.4%）、电视（29.8%）、优酷（25.5%）等观看特色表演艺术，浙江观众还通过爱奇艺（37.0%）、电视（34.8%）、抖音（30.4%）等观看特色表演艺术，安徽观众还通过电视（51.0%）、抖音（36.7%）、爱奇艺（30.6%）等观看特色表演艺术，见表 6 - 4 - 16。

从中可以看出，演出现场是观看特色表演艺术最重要的场所，电视仍然是部分观众观看特色表演艺术的重要途径，而部分观众也通过新媒介如腾讯视频、爱奇艺、抖音等观看特色表演艺术。

表 6 - 4 - 16   长江三角洲地区观众特色表演艺术观看途径偏好   单位：%

	上海（N=45）	江苏（N=47）	浙江（N=46）	安徽（N=50）
演出现场	62.2	80.9	80.4	75.5
电视	48.9	29.8	34.8	51.0
优酷	24.4	25.5	15.2	20.4
爱奇艺	37.8	21.3	37.0	30.6

续表

	上海（N=45）	江苏（N=47）	浙江（N=46）	安徽（N=50）
土豆	6.7	2.1	2.2	6.1
抖音	17.8	40.4	30.4	36.7
快手	11.1	19.1	19.6	14.3
腾讯视频	26.7	25.5	26.1	28.6
其他	2.2	6.4	0.00	0.00
合计	237.8	251.1	245.7	263.3

从特色表演艺术衍生产品类型偏好看，上海消费者喜欢的表演艺术衍生产品依次是生活用品、服装、茶具、服饰产品以及画饰，江苏消费者则普遍更喜欢生活用品、服饰产品、茶具、首饰以及画饰等，浙江消费者喜欢的依次是服饰产品、生活用品、茶具、首饰、服装和画饰等，安徽消费者喜欢的依次是生活用品、服饰产品、服装、茶具以及画饰等，见表6-4-17。

从中可以看，尽管四个地区在衍生产品潜在需求量方面有所差异，但生活用品在上海、江苏和安徽的潜在市场需求量均是最大，其次是服饰产品，在这四个地区的潜在需求量中排在前四位；茶具的潜在市场需求量在上海和江苏均位列前三。

表6-4-17　　长江三角洲地区特色表演艺术衍生产品消费偏好排序

	上海（N=45）	江苏（N=47）	浙江（N=46）	安徽（N=50）
生活用品	第1	第1	第2	第1
服装	第2	第6	第4	第3
茶具	第3	第3	第6	第4
服饰产品	第4	第2	第1	第2
画饰	第5	第5	第5	第5
首饰	第6	第4	第3	第6
儿童玩具	第7	第7	第7	第7
书籍	第8	第8	第9	第8
香具	第9	第9	第8	第9
游戏	第10	第11	第10	第12
刻录光盘	第10	第12	第12	第11
动画	第11	第10	第11	第10

从衍生产品价格偏好看，长江三角洲地区消费者极少购买1000元以上的表演艺术衍生产品。分地区看，上海和安徽受访者更倾向于100~299元特别是200~299元的特色表演艺术衍生品，江苏被访者更喜欢购买100~299元的产品，浙江被访者更喜欢购买200~499元特别是200~299的产品。见表6-4-18。

表6-4-18　　　　　　长江三角洲地区地方特色表演艺术衍生

产品消费者价格偏好　　　　　　　　单位：%

价格	上海（N=45）	江苏（N=47）	浙江（N=46）	安徽（N=50）
0~99元	28.9	31.9	15.2	26.0
100~199元	46.7	48.9	37.0	52.0
200~299元	60.0	48.9	63.0	56.0
300~499元	31.1	27.7	56.5	34.0
500~799元	31.1	12.8	47.8	12.0
800~999元	13.3	8.5	10.9	2.0
1000~1499元	6.7	6.4	2.2	2.0
1500~1999元	2.2	0.0	0.0	0.0
合计	220.0	185.1	232.6	184.0

（四）长江三角洲地区特色文化旅游产业需求分析

从消费群体规模看，浙江特色文化旅游产业市场消费群体规模最大，调查发现，随机调查的受访者在过去一年全都去过本地特色文化旅游景区，98%安徽被访者和94.7%上海被访者在最近一年去过本地特色文化旅游景区，11.1%上海被访者在过去一年没有去过本地特色文化旅游景区，见表6-4-17。从中可以看出，地方特色文化旅游景区存在巨大的消费市场。

从游玩景区类型看，分别有77.8%和57.8%上海被访者在最近一年游玩过特色古镇和历史遗迹/遗址；江苏85.1%被访者在最近一年游玩过特色古镇，60%以上的被访者在最近一年游玩过历史遗迹/遗址以及特色街区；浙江84.8%被访者在最近一年游玩过特色古镇，69.6%和60.9%的被访者游玩过特色街区和历史遗迹/遗址；特色古镇和特色街区在安徽的受欢迎程度较高，78%和62.0%的受访者表示过去一年游玩过。见表6-4-19。

表 6 - 4 - 19　　　长江三角洲地区地方特色文化旅游景区类型游玩偏好　　　单位：%

	上海（N = 45）	江苏（N = 47）	浙江（N = 46）	安徽（N = 50）
当地博物馆/博物院	57.8	57.4	50.0	56.0
历史遗迹/遗址	53.3	66.0	60.9	56.0
宗教景点	20.0	19.1	19.6	18.0
特色古镇	77.8	85.1	84.8	78.0
特色街区	55.6	66.0	69.6	62.0
没有去过	11.1	4.3	0.00	2.0
合计	275.6	297.9	284.8	272.0

　　从特色文化旅游衍生产品类型偏好看，除上海消费者最喜欢生活用品类特色衍生品之外，长江三角洲地区其他三个省份最喜欢摆件类衍生产品。除此之外，上海消费者喜欢的特色文化旅游衍生产品类型依次是摆件、藏品仿真件、服饰产品、茶具、画饰以及首饰类，江苏消费者喜欢的特色文化旅游衍生产品类型依次是摆件、生活用品、茶具、藏品仿真件、服饰产品等，浙江消费者喜欢的特色文化旅游衍生产品类型依次是摆件、服饰产品、生活用品、画饰以及服装类等，安徽消费者喜欢的特色文化旅游衍生产品类型依次是摆件、生活用品、服饰产品、首饰以及画饰，见表 6 - 4 - 20。

　　从中可以看出，市场需求量排在前几位的特色文化旅游衍生产品在这四个地区基本一样，主要是生活用品、服饰产品、摆件等。

表 6 - 4 - 20　　　长江三角洲地区特色文化旅游衍生产品消费偏好排序

	上海（N = 45）	江苏（N = 47）	浙江（N = 46）	安徽（N = 50）
生活用品	第 1	第 2	第 3	第 2
摆件	第 2	第 1	第 1	第 1
藏品仿真件	第 3	第 4	第 7	第 8
服饰产品	第 3	第 5	第 2	第 3
茶具	第 4	第 3	第 8	第 6
画饰	第 4	第 7	第 4	第 5
首饰	第 5	第 9	第 6	第 4

续表

	上海（N = 45）	江苏（N = 47）	浙江（N = 46）	安徽（N = 50）
服装	第6	第6	第5	第7
儿童玩具	第7	第10	第10	第12
书籍	第8	第11	第9	第11
主题儿童娱乐场	第9	第8	第11	第10
游戏	第10	第12	第13	第9
动画	第11	第13	第12	第14
刻录光盘	第12	第14	第12	第13

　　从特色文化旅游衍生产品价格偏好看，上海更多消费者会选择100～299元的衍生产品，江苏超过五成的受访者表示会选择100～199元的衍生产品，浙江被访者一般倾向于购买200～299元和300～499元的衍生品，安徽有一半的消费者选择购买100～299元尤其是200～299元的特色文化旅游衍生品，见表6-4-21。

表6-4-21　　　　长江三角洲地区特色文化旅游衍生产品价格偏好　　　　单位：%

价格	上海（N = 45）	江苏（N = 47）	浙江（N = 46）	安徽（N = 50）
0～99元	28.9	27.7	19.6	38.0
100～199元	51.1	53.2	43.5	46.0
200～299元	51.1	44.7	63.0	50.0
300～499元	42.2	31.9	67.4	40.0
500～799元	24.4	23.4	45.7	24.0
800～999元	17.8	10.6	19.6	4.0
1000～1499元	13.3	4.3	4.3	2.0
1500～1999元	2.2	4.3	0.00	0.00
合计	231.1	200.0	263.0	204.0

（五）长江三角洲地区特色节庆产业需求分析

　　从特色节庆消费群体规模看，安徽特色节庆消费群体规模最大，86%的被访者表示最近一年参加过地方特色节庆活动；浙江特色节庆消费群体规模其次，

82.61%的被访者参加过；80.85%的江苏被访者和73.33%的上海被访者参加过地方特色节庆活动。

对于最近一年没有参加过特色节庆活动的最主要原因比较分散。上海被访者主要是因为没有听过、路途远、时间冲突、不感兴趣以及没有同伴，江苏和浙江受访者都主要认为路途远、时间冲突是主要原因，安徽被访者则表示路途远、住宿是最主要的原因，见表6-4-22。

表6-4-22　　　　　　　未参加特色节庆活动的原因　　　　　　单位：%

	上海	江苏	浙江	安徽
没听过	25.0	11.1	12.5	28.6
路途远	25.0	33.3	50.0	42.9
门票贵	16.7	0.00	12.5	14.3
停车不便	16.7	11.1	12.5	0.00
住宿	8.3	11.1	0.00	42.9
时间冲突	25.0	44.4	50.0	28.6
不感兴趣	25.0	11.1	12.5	0.00
之前去过，不想再去	8.3	11.1	25.0	0.00
没有同伴	25.0	11.1	12.5	0.00
合计	175.0	144.4	187.5	157.1

注：各省样本量未超过30，数值没有统计意义，仅供参考。

第五节　长江三角洲地区区域特色文化产业供给侧结构性改革之思路

和全国其他地区相比，长江三角洲地区区域特色文化产业发展的基础条件相对比较好，具有较浓厚的产业内在制度环境，但地方外在制度有待进一步完善。结合各地区特色文化资源、产业结构供给现状以及消费者需求偏好，在推动地区特色文化产业供给侧结构性改革过程中，长江三角洲地区可考虑走差异化特色文化旅游产业发展的道路，在优化和升级特色文化旅游产业的基础上，以本地区较具代表性、知名度较高的特色文化旅游产业为龙头，带动其他地方特色文化产业融合发展，并促进长江三角洲地区同类特色文化旅游产业协同发展。

一、上海市

上海特色文化产业发展的基础条件整体明显好于其他三个地区，但其内在制度环境比较差，针对特色文化产业的专项政策较少；结合其生产要素现状、产业发展现状特别是上海消费者消费需求偏好，在推动上海特色文化产业供给侧结构性改革过程中，上海有必要制定并实施更多特色文化产业专项政策并培育消费者文化消费氛围，在此基础上，优化和升级海派文化旅游产业，以海派文化旅游产业为龙头带动其他旅游产业尤其是红色文化旅游产业发展，并依次促进海派文化旅游产业与特色工艺品产业、特色节庆产业以及特色表演艺术有序融合发展，同时促进海派文化旅游产业与长江三角洲其他地区特色文化旅游产业协同发展。具体而言：

优化和升级海派文化旅游产业。制度层面，制定海派文化旅游产业发展规划和联动机制，挖掘并保护海派文化资源，引导海派文化旅游产业差异化发展；进一步培育海派文化旅游氛围。产业发展模式方面，可考虑采用以消费者导向型内在制度主导发展模式为主。优化和升级方面，提升以徐家汇为代表的海派文化旅游景区的服务品质，如改善基础设施条件、推出在线导游服务、志愿者服务常态化及景区员工综合素养提升等。推动各个海派文化旅游景区差异化和联动发展。各地区应充分挖掘本景区所在地区海派文化资源并以此开发新的旅游景观，有条件的地区可以开发海派文化博物馆或特色街区，凸显本地海派文化独特性从而形成差异化开发，由此可以考虑推动各海派文化旅游景区联动发展，形成海派文化旅游景区共赢的协同效应。鼓励景区运营机构和文化企业差异化开发海派文化旅游衍生产品，侧重开发价格 100～299 元的生活用品和摆件类海派文化衍生产品等。以海派文化旅游产业为龙头带动上海其他文化旅游产业特别是以嘉兴南湖旅游景区等为代表的红色文化旅游产业发展。

推动海派文化旅游产业与特色工艺品产业融合，从而带动特色工艺品产业发展。制度层面，制定上海特色工艺品产业发展规划，侧重支持以编织扎制、雕刻塑造、纺染织绣、服饰制作、金属加工、剪纸刻绘、文房制作、器具制作等传统技艺为生产手段的特色工艺品发展，引导特色工艺品产业与海派文化旅游产业融合；制定非物质文化遗产传承人考核机制及特色工艺品市场培育扶持政策等；加大培育特色工艺品消费氛围的力度。产业发展模式方面，可考虑采用以内外制度合作主导发展模式为主。融合发展层面，一是，引导海派旅游景区运营机构或文化企业将具有市场潜力的特色工艺融入海派文化衍生产品开发中；二是，特色工艺品企业可考虑将海派文化资源融入特色工艺品开发中，特色工艺品开发应侧重聚焦于 100～299 元尤其是 100～199 元的工艺品；三是，特色工艺品企业在海派文化景区开设体验性销售门店，吸引游客参与产品制作过程，提升游客的产品文化认同感、扩大特色工艺知名度和销售量。

推动海派文化旅游产业与特色节庆产业融合，从而带动特色节庆产业发展。制度层面，制定地方特色节庆品牌培育计划，推动地方特色节庆品牌建设；进一步加大培育特色节庆活动观光氛围的力度。产业发展模式方面，可考虑采用以文化资源导向型外在制度主导发展模式为主。融合发展方面，一是，特色节庆活动和海派文化旅游景区宣传推广的双向融合，从而扩大特色节庆和海派文化旅游景区的知名度；二是，引导特色节庆游客和海派文化旅游景区游客双向观光；三是，特色节庆活动融入海派文化旅游衍生产品展销，从而拓展海派文化旅游衍生产品的销售渠道；四是，鼓励海派文化旅游景区挖掘并举办具有本地鲜明特色的节庆活动。

推动海派文化旅游产业与特色表演艺术产业融合，从而带动特色表演艺术产业发展。制度层面，制定并实施地方特色表演艺术产业发展规划和专项扶持政策，引导特色表演艺术机构开发原创现代剧目；继续支持特色表演艺术团体特别是以沪剧团为代表的上海地方传统剧团开展惠民演出和公益演出；巩固并进一步提升人们的观看特色表演艺术的消费氛围。产业发展模式方面，可考虑采用以消费者导向型内在制度主导发展模式为主。融合发展方面，一是，推动特色表演艺术机构常驻海派文化旅游景区，作为景区一大特色，从而扩大特色表演艺术的知名度和培育人们的观看氛围；二是，特色表演艺术机构应充分挖掘海派文化资源，融入符合大众消费观念的原创现代剧目；三是，有条件的特色表演艺术机构可考虑开发衍生产品，侧重考虑开发 100～299 元尤其是 200～299 元的生活用品、服装及茶具类等衍生产品，并将其衍生产品销售渠道拓展至包括海派文化旅游景区中。

推动海派文化旅游产业和长江三角洲地区其他特色文化旅游产业的协同发展。和海派文化旅游景区形成战略合作以达到双赢目标，侧重实施"海派文化旅游＋X"旅游线路策略，其中X指其他地区文化旅游景区。

二、江苏省

江苏文化设施水平有待进一步提高，其内在制度环境最好，但针对特色文化产业的专项政策较少；结合其生产要素现状、产业发展现状特别是江苏消费者消费需求偏好，在推动江苏特色文化产业供给侧结构性改革过程中，江苏需要进一步完善其文化设施建设；制定并实施更多的特色文化产业专项政策，巩固并提升消费者文化消费氛围，在此基础上，优化和升级大运河文化旅游产业，以大运河文化旅游产业为龙头带动其他旅游产业尤其是楚汉文化旅游产业发展，并依次促进大运河文化旅游产业与特色工艺品产业、特色节庆产业及特色表演艺术有序融合发展，同时推动大运河文化旅游产业跨地区协同发展。具体而言：

优化和升级大运河文化旅游产业。制度层面，加快制定并落实大运河沿线环境保护政策，制定大运河文化旅游产业发展规划和联动机制，挖掘并保护大运河文化资源，引导各地区大运河文化旅游产业差异化发展；巩固大运河文化旅游氛围。产业发展模式方面，可考虑采用以消费者导向型内在制度主导发展模式为主。优化和升级方面，提升以扬州为代表的大运河文化旅游景区的服务品质，如开通景区间免费交通、门票套票、江苏大运河景区官方网站建设及景点员工综合素养提升等。推动大运河文化旅游各个景区差异化和联动发展。各地区应充分挖掘本地区大运河文化资源尤其是无形文化资源并以此开发新的旅游景观，推动大运河沿线特色古镇开发，有条件的地区可以开发大运河文化特色街区，凸显本地大运河文化独特性从而形成差异化开发，由此可以进一步考虑推动大运河各个文化旅游景区联动发展，形成大运河沿线文化旅游景区共赢的协同效应。鼓励大运河景区运营机构或文化企业差异化侧重开发价格100～299元尤其是100～199元的摆件、生活用品及茶具等大运河文化衍生产品。以大运河文化旅游产业为龙头带动江苏其他文化旅游产业特别是楚汉文化旅游产业和江南文化旅游产业的发展。

推动大运河文化旅游产业与特色工艺品产业融合，从而带动特色工艺品产业发展。制度层面，制定江苏特色工艺品产业发展规划，重点支持以编织扎制、雕刻塑造、纺染织绣、金属加工、漆器髹饰、陶瓷烧制等传统工艺为生产手段的特色工艺品的发展，引导特色工艺品产业与大运河文化旅游产业融合；制定非物质文化遗产传承人考核机制以及特色工艺品市场培育扶持政策等；巩固并提高特色工艺品消费氛围。产业发展模式方面，可考虑采用以消费者导向型内在制度主导发展模式为主。融合发展层面，一是，推动大运河旅游景区运营机构或文化企业将具有市场潜力的特色工艺融入大运河文化衍生产品开发中；二是，特色工艺品企业可考虑将大运河文化资源融入特色工艺品开发中，特色工艺品开发应侧重聚焦于 100～299 元尤其是 100～199 元的工艺品；三是，特色工艺品企业在大运河文化景区及沿线城市开设体验性销售门店，吸引游客参与产品制作过程，提升游客的产品文化认同感、扩大特色工艺知名度和销售量。

推动大运河文化旅游产业与特色节庆产业融合，从而带动特色节庆产业发展。制度层面，制定地方特色节庆品牌培育计划，推动地方特色节庆品牌建设；巩固并进一步提升特色节庆活动观光氛围。产业发展模式方面，可考虑采用以内外制度合作主导发展模式为主。融合发展方面，一是，特色节庆活动和大运河文化旅游景区宣传推广的双向融合，从而扩大特色节庆和大运河文化旅游景区的知名度；二是，引导特色节庆游客和大运河文化旅游景区游客双向观光；三是，将大运河文化旅游衍生产品展销融入特色节庆活动环节，从而拓展大运河文化旅游衍生产品的销售渠道；四是，鼓励大运河文化旅游景区挖掘并举办具有本地鲜明特色的节庆活动。

推动大运河文化旅游产业与特色表演艺术产业融合，从而带动特色表演艺术产业发展。制度层面，制定并实施地方特色表演艺术产业发展规划和专项扶持政策，引导特色表演艺术机构开发原创现代剧目；继续支持特色表演艺术团体特别是以昆曲、锡剧等地方传统剧团开展惠民演出和公益演出；进一步巩固人们观看特色表演艺术的消费氛围。产业发展模式方面，可考虑采用以内外制度合作主导发展模式为主。融合发展方面，一是，推动特色表演艺术机构常驻大运河文化旅游景区，从而扩大特色表演艺术的知名度和培育人们的观看氛围；二是，特色表演艺术机构应充分挖掘本地大运河文化资源，融入符合大众消费观念的原创现代剧目；三是，有条件的特色表演艺术机构可考虑开发衍生产品，侧重考虑开发 100～299 元的生活用品、服饰产品以及茶具类等衍生产品，并将其衍生产品销售渠道拓展至包括大运河文化旅游景区中。

推动江苏与浙江、北京、天津、山东大运河文化旅游产业协同发展。成立跨地区大运河文化旅游产业协调机构，以本地特色大运河文化资源为源头，以差异化发展为导向，基于相邻城市游客观光偏好，全面布局大运河文化旅游产业结构，从而形成大运河文化旅游产业一体化发展，充分发挥其协同效应。

三、浙江省

浙江省特色文化产业发展的基础条件好于全国其他地区，其内在制度环境近年来明显改善，但针对特色文化产业的专项政策比较少；结合其生产要素现状、产业发展现状特别是浙江省消费者消费需求偏好，在推动浙江省特色文化产业供给侧结构性改革过程中，浙江省有必要制定并实施更多的特色文化产业专项政策并进一步巩固消费者文化消费氛围，在此基础上，优化和升级江南文化旅游产业尤其是江南古镇，以江南文化旅游产业为龙头带动其他旅游产业尤其是吴越和红色文化旅游产业发展，并依次促进江南文化旅游产业与特色节庆产业、特色工艺品产业及特色表演艺术产业有序融合发展，同时促进和长江三角洲其他地区江南文化旅游产业协同发展。具体而言：

优化和升级江南文化旅游产业。制度层面，制定浙江省江南文化旅游产业发展规划，保护有形江南文化资源，挖掘江南文化资源尤其是无形文化资源，引导各地区江南文化旅游产业差异化发展；巩固江南文化旅游氛围。产业发展模式方面，可考虑采用以消费者导向型内在制度主导发展模式为主。优化和升级方面，提升以乌镇、南浔、西塘等古镇为代表的江南文化旅游景区的服务品质，如景区基础设施完善、景点保护性开发、服务规范及景点员工综合素养提升等。推动江南文化旅游景区（尤其是古镇、特色街区）差异化和联动发展。各地区应充分挖掘本地区江南文化资源尤其是无形文化资源并以此开发新的旅游景观，凸显本地江南文化独特性从而形成差异化开发，由此可以进一步考虑推动江南文化旅游各景区联动发展，形成江南文化旅游景区共赢的协同效应。鼓励江南文化旅游景区运营机构或文化企业差异化侧重开发价格 200~499 元的摆件、服饰产品及生活用品等江南文化衍生产品。以江南文化旅游产业为龙头带动浙江其他文化旅游产业特别是吴越文化旅游产业和红色文化旅游产业的发展。

推动江南文化旅游产业与特色节庆产业融合，从而带动特色节庆产业发展。

制度层面，制定地方特色节庆品牌培育计划，推动地方特色节庆品牌建设；巩固并进一步提升特色节庆活动观光氛围。产业发展模式方面，可考虑采用以内外制度合作主导发展模式为主。融合发展方面，一是，特色节庆活动和江南文化旅游景区尤其是古镇宣传推广的双向融合，从而扩大特色节庆的知名度；二是，引导特色节庆游客和江南文化旅游景区游客双向观光；三是，将江南文化旅游衍生产品展销融入以杭州西湖国际博览会为代表的特色节庆活动中，从而拓展江南文化旅游衍生产品的销售渠道；四是，鼓励江南文化旅游景区挖掘并举办具有本地鲜明特色的节庆活动。

推动江南文化旅游产业与特色工艺品产业融合，从而带动特色工艺品产业发展。制度层面，制定浙江省特色工艺品产业发展规划，重点支持以雕刻塑造、纺染织绣、金属加工、漆器髹饰、陶瓷烧造、文房制作、器具制作等传统工艺为生产手段的特色工艺品的发展，引导特色工艺品产业与江南文化旅游产业融合；制定非物质文化遗产传承人考核机制以及特色工艺品市场培育扶持政策等；巩固特色工艺品消费氛围。产业发展模式方面，可考虑采用以消费者导向型内在制度主导发展模式为主。融合发展层面，一是，推动江南文化旅游景区运营机构或文化企业将具有市场潜力的特色工艺融入江南文化旅游衍生产品开发中；二是，特色工艺品企业可考虑将江南文化资源融入特色工艺品开发中，特色工艺品开发应侧重聚焦于 300~499 元及 100~199 元的工艺品；三是，特色工艺品企业在江南文化旅游景区尤其是乌镇、南浔、西塘等特色古镇开设体验性销售门店，吸引游客参与产品制作过程，提升游客的产品文化认同感，扩大特色工艺知名度和销售量。

推动江南文化旅游产业与特色表演艺术产业融合，从而带动特色表演艺术产业发展。制度层面，制定并实施地方特色表演艺术产业发展规划和专项扶持政策，引导特色表演艺术机构开发原创现代剧目；继续支持特色表演艺术团体特别是以越剧、杭剧等地方传统剧团开展惠民演出和公益演出；巩固人们的观看特色表演艺术的消费氛围。产业发展模式方面，可考虑采用以消费者导向型内在制度主导发展模式为主。融合发展方面，一是，推动特色表演艺术机构常驻乌镇、南浔、西塘等江南古镇，从而扩大特色表演艺术的知名度和提升人们地方传统表演艺术文化认同感；二是，特色表演艺术机构应充分挖掘本地江南无形文化资源，融入符合大众消费观念的原创现代剧目；三是，有条件的特色表演艺术机构可考虑开发衍生产品，侧重考虑开发 200～499 元尤其是 200～299 元的服饰产品、生活用品、首饰等衍生产品，并将其衍生产品销售渠道拓展至以乌镇、南浔、西塘等古镇为代表的江南文化旅游景区。

推动浙江江南文化旅游景区尤其是乌镇、南浔、西塘等江南古镇与长江三角洲其他地区江南文化旅游景区的协同发展。建立长江三角洲江南文化旅游产业协同机制，以各地区知名古镇为点，旅游路线为线，带动其他江南文化旅游景区发展。

四、安徽省

安徽省特色文化产业发展的基础条件是长江三角洲地区最差的地区，内在制度环境情况类似，并且针对特色文化产业的专项政策比较少；结合其生产要素现状、产业发展现状特别是安徽省消费者消费需求偏好，在推动安徽省特色文化产业供给侧结构性改革过程中，安徽省除要全面提升特色文化产业发展基础条件外，有必要制定并实施更多的特色文化产业专项政策并提升消费者文化消费氛围，在此基础上，优化和升级徽州文化旅游产业，以徽州文化旅游产业为龙头带动其他旅游产业发展，并依次促进徽州文化旅游产业与特色节庆产业、特色表演艺术产业及特色工艺品产业有序融合发展。具体而言：

优化和升级徽州文化旅游产业。制度层面，制定安徽省徽州文化旅游产业发展规划，保护有形徽州文化资源，挖掘徽州文化资源尤其是无形文化资源，引导各地区徽州文化旅游产业差异化发展；巩固徽州文化旅游氛围。产业发展模式方面，可考虑采用以消费者导向型内在制度主导发展模式为主。优化和升级方面，提升以宏村、渚口、呈坎、西递、上庄等古镇为代表的徽州文化旅游景区的服务品质，如景区内外基础设施尤其是交通设施完善、景点保护性开发及景点员工综合素养提升等。推动徽州文化旅游景区（尤其是古镇、特色街区）差异化和联动发展。各地区应充分挖掘本地区徽州文化资源尤其是无形文化资源并以此开发新的旅游景观，凸显本地徽州文化独特性从而形成差异化开发，由此可以进一步考虑推动徽州文化旅游各景区联动发展，形成徽州文化旅游景区共赢的协同效应。鼓励徽州文化旅游景区运营机构或文化企业差异化侧重开发价格 100～299 元尤其是 200～299 元的摆件、生活用品及服饰产品等徽州文化衍生产品。以徽州文化旅游产业为龙头带动安徽其他文化旅游产业特别是红色文化、淮河文化及皖江文化旅游产业的发展。

推动徽州文化旅游产业与特色节庆产业融合，从而带动特色节庆产业发展。制度层面，制定地方特色节庆品牌培育计划，推动地方特色节庆品牌建设；巩固并提升特色节庆活动观光氛围。产业发展模式方面，可考虑采用内外制度合作主导发展模式为主。融合发展方面，一是，特色节庆活动和徽州文化旅游景区尤其是十大徽州文化古镇宣传推广的双向融合，从而扩大特色节庆的知名度；二是，引导特色节庆游客和徽州文化旅游景区特别是文化古镇游客双向观光；三是，将徽州文化旅游衍生产品展销融入以中国黄山国际旅游节为代表的特色节庆活动中，从而拓展徽州文化旅游衍生产品的销售渠道；四是，鼓励徽州文化旅游景区尤其是徽州文化古镇挖掘并举办具有本地鲜明特色的节庆活动。

推动徽州文化旅游产业与特色表演艺术产业融合，从而带动特色表演艺术产业发展。制度层面，制定并实施地方特色表演艺术产业发展规划和专项扶持政策，引导特色表演艺术机构开发原创现代剧目；继续支持特色表演艺术团体特别是以徽剧、黄梅戏、花鼓戏等地方传统剧团开展惠民演出和公益演出；巩固人们的观看氛围。产业发展模式方面，可考虑采用以消费者导向型内在制度主导发展模式为主。融合发展方面，一是，推动特色表演艺术机构常驻宏村、渚口、呈坎、西递等徽州文化古镇，从而扩大特色表演艺术的知名度和提升人们对地方传统表演艺术文化认同感；二是，特色表演艺术机构应充分挖掘本地包括徽州文化在内的无形文化资源，融入符合大众消费观念的原创现代剧目；三是，有条件的特色表演艺术机构可考虑开发衍生产品，侧重考虑开发 100～299 元特别是 200～299 元的生活用品、服饰产品、服装等衍生产品，并将其衍生产品销售渠道拓展至以徽州古城、宏村、呈坎、西递等为代表的徽州文化旅游景区。

推动徽州文化旅游产业与特色工艺品产业融合，从而带动特色工艺品产业发展。制度层面，制定安徽省特色工艺品产业发展规划，重点支持以编织扎制、雕刻塑造、纺染织绣、金属加工、剪纸刻绘、漆器髹饰、陶瓷烧造、文房制作、器具制作等传统工艺为生产手段的特色工艺品的发展，引导特色工艺品产业与徽州文化旅游产业融合；制定非物质文化遗产传承人考核机制以及特色工艺品市场培育扶持政策等；巩固特色工艺品消费氛围。产业发展模式方面，可考虑采用以消费者导向型内在制度主导发展模式为主。融合发展层面，一是，推动徽州文化旅游景区运营机构或文化企业将具有市场潜力的特色工艺融入徽州文化旅游衍生产品开发中；二是，特色工艺品企业可考虑将徽州文化资源融入特色工艺品开发中，特色工艺品开发应侧重聚焦于 100 ~ 299 元特别是 100 ~ 199 元的工艺品；三是，除搭建官网站外，特色工艺品企业在徽州文化旅游景区尤其是徽州古城、宏村、呈坎、西递等为代表的徽州文化旅游景区开设体验性销售门店，吸引游客参与产品制作过程，提升游客的产品文化认同感，扩大特色工艺知名度和销售量。

第七章

南部沿海地区区域特色文化产业

本章首先分析南部沿海地区即福建、广东、海南三省区域特色文化产业发展的基础条件，探讨其特色文化产业的制度结构和生产要素结构，然后分析这些地区特色文化产业的供给现状和需求情况，最后在上述分析基础上提出推动南部沿海地区区域特色文化产业供给侧结构性改革的基本思路。

第一节 南部沿海地区区域特色文化产业的基础条件

一、区域人口状况

南部沿海地区土地面积共计33.91万平方公里，大陆海岸线总长为9064.35公里；城镇化率为67.93%。南部沿海地区地方方言较多，如客家话、闽南活、闽东话、赣语、海南话、黎语、临高话、儋州话、粤语、潮汕话及雷州话等。

2017~2021年，南部沿海地区年末人口数量从2017年的17178万人增长到2021年的17891万人，年均增长率为1.02%。南部沿海三地区劳动力规模整体呈倒N型减少态势，从2017年的73.13%下降到2021年的68.74%，但均高于全国平均水平。分地区看，2017~2021年，福建15~64岁人口比重呈倒V型减少态势，从2011年的71.99%下降至2021年的69.57%；广东各年15~64岁人口占比呈倒N型减少趋势，从2017年的75.42%下降至2021年的72.15%；海南15~64岁人口占比逐年下降，从2017年的71.99%下降至2021年的64.49%。见表7-1-1。

表 7 - 1 - 1　　　　　**2017～2021 年南部沿海地区 15～64 岁人口占比**　　　　单位：%

地区	2017 年	2018 年	2019 年	2020 年	2021 年
全国平均	71.82	71.20	70.64	69.47	68.29
南部沿海地区	73.13	72.25	72.20	70.47	68.74
福建	71.99	73.79	73.13	71.35	69.57
广东	75.42	74.83	75.46	73.80	72.15
海南	71.99	68.11	68.00	66.25	64.49

2017～2021 年，从 64 岁以上人口占比看，南部沿海三地区人口老年化问题日益严重，但整体明显低于全国平均水平，从 2017 年的 8.49% 上升至 2021 年的 11.08%（见表 7 - 1 - 2）。分地区看，2017～2021 年，广东各年老年人口比重均最低且远低于全国平均水平，但其比重呈增加趋势，从 2011 年的 7.75% 上升至 2021 年的 9.12%；福建历年 64 岁以上人口占比整体呈上升趋势，从 2017 年的 9.52% 上升至 11.54%；海南 64 岁以上人口占比呈上升态势，从 2017 年的 8.19% 上升到 12.59%。见表 7 - 1 - 2。

表 7 - 1 - 2　　　　　**2017～2021 年南部沿海地区 64 岁以上人口占比**　　　　单位：%

地区	2017 年	2018 年	2019 年	2020 年	2021 年
全国平均	11.39	11.94	12.57	13.40	14.22
南部沿海地区	8.49	9.26	9.58	10.33	11.08
福建	9.52	9.49	10.00	10.77	11.54
广东	7.75	8.26	8.58	8.85	9.12
海南	8.19	10.03	10.17	11.38	12.59

二、经济发展水平

2013～2022 年，南部沿海地区生产总值持续增长，从 2013 年的 88123.1 亿元增加到 2022 年的 189046.7 亿元，年均增长率为 8.85%，高于全国增长水平

（8.08%）。分地区看，广东地区生产总值远高于福建、海南两省；而福建生产总值年均增长率最高（10.01%），广东和海南各为 8.40% 和 9.09%。

2013～2021 年，南部沿海地区居民人均可支配收入从 2013 年的 20124 元增加到 2021 年的 38703 元，年均增长率为 7.54%。分地区看，三省居民人均可支配收入均呈增长态势，其中广东各年居民人均可配收入均比福建和海南高，2021 年广东为 44993 元而福建则突破了 40000 元；广东、福建和海南人均可支配收入年均增长率分别为 7.52%、7.49% 和 7.62%。

三、基础设施水平

2015～2021 年，南部沿海地区文化设施水平呈波浪式增长态势，但其历年指数远低于全国平均水平。分地区看，福建历年文化设施水平最高，但仍低于全国平均水平；广东文化设施水平呈 V 型发展趋势；海南文化设施水平呈倒 N 型增长趋势，从 2015 年的 7.15 上升至 2021 年的 8.04。见表 7-1-3。

表 7-1-3　　　　2015～2021 年南部沿海文化设施水平综合指数

地区	2015 年	2016 年	2017 年	2018 年	2019 年	2020 年	2021 年
全国平均	25.12	25.92	27.88	26.93	26.40	26.94	27.59
南部沿海地区	15.00	14.10	15.27	14.60	14.81	14.76	15.57
福建	20.50	19.95	23.94	22.61	22.51	21.63	22.59
广东	17.35	15.95	13.77	10.98	12.17	13.69	16.07
海南	7.15	6.41	8.09	10.21	9.75	8.96	8.04

2015～2021 年，南部沿海地区城市公共设施水平整体呈缓慢上升态势（2021 年有所回落），且均高于全国平均水平。分地区看，福建城市公共设施水平逐年增长至 2020 年后有所回落，2021 年为 41.51；广东城市公共设施水平呈 M 型增长态势，2021 年为 53.48，远高于其他地区水平；海南城市公共设施水平呈 N 型增长态势，从 2015 年的 25.54 上升至 2021 年的 38.09。见表 7-1-4。

表 7 - 1 - 4　　　　2015～2021 年南部沿海地区城市公共设施水平综合指数

地区	2015 年	2016 年	2017 年	2018 年	2019 年	2020 年	2021 年
全国平均	32.17	35.77	35.32	36.58	37.70	38.51	38.85
南部沿海地区	35.34	39.62	41.39	45.11	44.91	45.29	44.36
福建	32.66	34.37	36.31	42.40	42.89	43.06	41.51
广东	47.82	51.78	54.76	56.72	55.84	58.88	53.48
海南	25.54	32.72	33.11	36.20	36.01	33.92	38.09

　　2015～2021 年，南部沿海地区交通设施水平呈 M 型上升发展态势，从 2015 年的 26.71 上升至 2021 年的 31.27，但各年指数均低于全国平均水平。分地区看，广东历年交通设施水平均高于福建和海南但仍比全国平均水平要低，呈 M 型上升态势，2021 年为 34.33；福建城市交通设施水平呈 N 型增长态势，2021 年为 33.28；海南交通设施水平呈 M 型增长态势，2021 年为 26.20。见表 7 - 1 - 5。

表 7 - 1 - 5　　　　2015～2021 年南部沿海地区交通设施水平综合指数

地区	2015 年	2016 年	2017 年	2018 年	2019 年	2020 年	2021 年
全国平均	34.41	33.89	35.46	34.40	35.34	35.23	34.32
南部沿海地区	26.71	27.24	29.25	27.86	29.76	31.92	31.27
福建	25.69	25.64	27.16	31.32	32.01	34.02	33.28
广东	29.42	30.01	31.98	30.14	32.50	34.74	34.33
海南	25.02	26.09	28.60	22.12	24.77	27.00	26.20

四、开放水平

　　2011～2017 年，南部沿海地区开放水平虽然在经过 5 年持续下降后略有回升，但总体呈下降趋势，从 2011 年的 62.04 下降至 2017 年的 45.29；和全国平均水平比较，这一区域各年开放水平显著地更高。分地区看，南部沿海三个地区历年开放水平均高于全国平均水平，且广东开放水平最高，显著高于位居第二的福建；此外，福建在经过 6 年持续下降后 2017 年有所回升，为 32.81；广东开放水平呈 N 型发展态势，2017 年为 73.64，远低于 2011 年的水平（82.15）。见表 7 - 1 - 6。

表 7 - 1 - 6   2011 ~ 2017 年南部沿海地区开放水平综合指数

地区	2011 年	2012 年	2013 年	2014 年	2015 年	2016 年	2017 年
全国平均	25. 88	24. 64	23. 63	21. 84	19. 03	20. 73	23. 14
南部沿海地区	62. 04	61. 56	55. 22	48. 59	44. 28	44. 44	45. 29
福建	56. 29	48. 41	42. 4	35. 63	32. 58	31. 13	32. 81
广东	82. 15	87. 33	79. 84	72. 2	69. 37	72. 5	73. 64
海南	47. 67	48. 94	43. 43	37. 95	30. 89	29. 68	29. 43

第二节　南部沿海地区区域特色文化产业的制度结构分析

南部沿海各省特色文化产业发展主要依靠长期以来自发形成的内在制度，但随着社会经济的变迁，其内在制度已发生了变化，较难支撑各地区特色文化产业持续发展，需要外在制度介入，和内在制度一起推动当下特色文化产业的发展。

一、内在制度方面

2015 ~ 2021 年，南海沿海地区文化消费氛围呈波浪式发展态势，且历年综合指数低于全国平均水平。从各地区看，海南文化消费氛围最淡但呈 W 型变浓趋势；福建文化消费氛围指数呈 W 型发展态势，但 2021 年数值（19.29）低于 2015年水平（22.80）；广东文化消费氛围指数呈倒 N 型减少趋势。见表 7 - 2 - 1。

表 7 - 2 - 1   2015 ~ 2021 年南部沿海地区文化消费氛围综合指数

地区	2015 年	2016 年	2017 年	2018 年	2019 年	2020 年	2021 年
全国平均	21. 93	20. 55	21. 70	20. 80	21. 57	23. 17	23. 18
南部沿海地区	17. 64	15. 86	16. 37	16. 32	17. 21	16. 79	17. 32
福建	22. 80	20. 33	19. 68	20. 23	23. 29	17. 99	19. 29
广东	18. 69	18. 07	20. 09	19. 74	19. 23	18. 47	17. 83
海南	11. 42	9. 19	9. 34	8. 99	9. 12	13. 90	14. 85

和其他地区一样，南部沿海地区均成立了各地区戏剧家协会、摄影家协会、电影家协会、书法家协会、音乐家协会、杂技家协会、美术家协会、电视艺术家协会、曲艺家协会、作家协会、舞蹈家协会、演出行业协会、文艺评论家协会、民间文艺家协会等行业协会。这些行业协会的正常运行对推动本地区本领域创作及其品质的提升、宣传推广、人才培养等起重要的推动作用；对形成本领域从业人员"圈"文化、文化创意氛围等内在制度起至关重要的影响。

二、外在制度方面

2010～2022年，南部沿海各省特色文化产业外在制度结构主要有三个特点：（1）各省级层面没有颁布实施专门针对特色文化产业的知识产权保护制度，而是针对文化市场执行国家层面的知识产权制度。（2）除为贯彻落实国家层面政策而制定了本地区文物保护、非物质文化遗产、戏曲及传统工艺等相应政策外，较少制定实施其他特色文化产业促进专项政策，有关特色文化产业促进政策绝大多数散落在文化产业发展政策中。2010～2022年，三省共颁布实施的与特色文化产业有关的政策共计50多项。（3）没有专门的特色文化产业规制制度。

南部沿海各省特色文化产业促进政策涉及特色文化产业价值链各个环节。涉及消费者的政策大多数是指导性的措施，可操作性不强。

涉及文化资源的政策内容主要是对本省文化资源特别是历史文物及遗址遗迹等有形文化资源进行调查、挖掘、保护和利用、共享及鼓励开发本省特色文化资源等。

涉及内容创意的政策内容主要是引导和鼓励文化企业在开发特色文化产品时要以本地特色文化资源为创作源头、在创作过程中考虑现代生活需求及注重创意阶层特别是地方戏曲人才的培养以及非物质文化遗产传承人支持等。

涉及生产制造的政策内容聚焦在鼓励文化企业在生产制造过程中融入科技、倡导"工匠精神"、支持地方戏曲生产和演出等。

涉及市场推广的政策主要聚焦在地方传统文化和工艺的宣传和展示，传统工艺品的展览展示与销售，节庆、文化展览的宣传推广，地方戏剧的宣传与普及，特色文化产品的网络营销，开展地方文化国际交流等。

第三节 南部沿海地区特色文化产业的生产要素结构分析

本节侧重探讨南部沿海地区特色文化产业的特色文化资源、创意阶层及生产技艺/工艺这三种生产要素。

一、特色文化资源

除红色文化资源和海洋文化资源外，南部沿海地区还有其他地方特色文化资源。

（一）广东省

广东省特色文化资源主要有岭南文化资源、书院文化资源、茶文化资源、红色文化资源、海洋文化资源等。

广东省岭南文化资源可进一步分为广府文化资源、潮汕文化资源和客家文化资源。其中，广府文化资源主要有以镬耳屋为代表的广府建筑群，以岭南园林为代表的广府园林，以"岭南三大家"和"岭南七子"为代表的广府诗人，以康有为、梁启超为代表的岭南近代历史名人，以粤剧、广府音乐创作为代表的文艺作品等有形文化资源，以及广府人的生产/生活习俗、广府神话故事、手工技艺等无形文化资源。潮汕文化资源主要有潮汕传统建筑、民间文学作品、民歌等有形文化资源，以及潮汕民间故事、生活习俗及创造、开拓和冒险精神等无形文化资源。客家文化资源主要分布在惠州、梅州、河源、韶关、汕尾等，主要有以水车镇茶山村等为代表的客家村落、客家围，以及客家知名人物（如叶剑英）及其纪念馆、旧居等有形文化资源及客家山歌、客家耕读文化、客家精神、客家妇女精神、客家风土习俗等无形文化资源。

广东自宋代开始设立书院，清代达到鼎盛，数量居于全国之首。广东书院文化资源主要有古代著名书院遗址遗迹（如广州禺山书院、玉岩书院等）、与书院有关的历史人物（如三湖书院的康有为、抗清名将袁崇焕等）等有形文化资源及民间传说、书院故事、书院精神等无形文化资源。

茶文化资源主要有广东名茶（如广东韶关保健茶等）、茶叶专著、茶叶期刊、陶瓷茶具等有形文化资源及饮茶习俗、泡茶技艺、与茶叶有关的民间故事、茶艺表演等无形文化资源。

广东红色文化资源分布广泛，约有 4300 处革命遗址。有形文化资源有广州农民运动讲习所、广州公社旧址、中华全国总工会旧址、叶剑英元帅纪念馆、叶挺纪念馆、中共广东区委旧址纪念馆、中共三大会址纪念馆、黄埔军校旧址纪念馆等。无形文化资源主要有省港大罢工、北伐战争、海陆丰农民运动、广州起义等革命历史事件和史实以及叶挺等革命历史人物及其革命斗争精神和革命故事等。

广东海岸线长达 3359.1 千米①，所辖海域面积辽阔，面积较大的岛屿有800 多个。海洋文化资源主要有海洋自然景观、海洋文物遗迹（如"南海一号"古沉船等）、与海洋相关的建筑（如南海神庙、妈祖庙等）、以汕尾渔歌为代表的渔歌、以人龙舞和鱼灯舞为代表的舞蹈②等有形文化资源以及与海洋有关的民风习俗、宗教信仰、海神传说（如妈祖等）、造船和航海技术、航海精神等无形文化资源。

（二）福建省

福建省特色文化资源主要有妈祖文化资源、红色文化资源、海洋文化资源、客家文化资源、闽南文化资源等。

妈祖是我国沿海地区人们特别是以大海为生的人们共同信奉的海神。全世界 45 个国家和地区共有上万座从湄洲岛分灵的妈祖庙，信众多达 3 亿多人。20世纪 80 年代被联合国授予"和平女神"称号，2009 年联合国教科文组织把妈祖信仰列入人类非物质文化遗产。福建妈祖文化资源主要有妈祖人物形象以及以《湄洲祖庙祭典》为代表的妈祖祭祀书籍、妈祖文化书籍、祭典乐舞、妈祖宫庙、妈祖故居、天后祖祠和石碑等有形文化资源以及"立德、行善、大爱"的妈祖精神、妈祖故事传说等无形文化资源。

福建茶文化资源主要有福建名茶（如铁观音等）、茶叶专著、茶叶期刊、

---

① 书中海岸线数据来源于"全球海岸遥感"网站，https：//coastaldata. ecnu. cn/zh－hans/coastaldata/chart－cn，若数据与政府官方统计数据有冲突，以官方数据为准。

② 林红梅. 广东海洋文化资源分析与评价 ［J］. 对外经贸，2014（11）：71－73.

陶瓷茶具等有形文化资源以及饮茶习俗、泡茶技艺、与茶叶有关的故事、茶艺表演等无形文化资源。

福建红色文化史迹众多，红色革命遗址共有 3000 多处，主要分布在龙岩、三明、南平等地区，见表 7-3-1；无形文化资源主要包括以古田会议、漳州战役、松毛岭战役、福州战役等为代表革命战争、革命精神，以及革命人物事迹等。

表 7-3-1　　　　　　　　福建省代表性红色文化遗址遗迹及其分布

地区	代表性红色文化遗址遗迹
龙岩	新罗区：毛泽东故居、朱德故居、红四军司令部旧址、后田暴动纪念馆、闽西革命纪念馆；连城：新泉整训旧址——望云草室、连南区革命委员会旧址——张氏家庙；永定：金砂农民暴动旧址、邹公庙、张鼎丞故居、红四军旧址、毛泽东革命活动旧址；上杭：古田会议旧址、才溪乡调查旧址
三明	清流：毛泽东旧居、红军标语、红军瞭望台及长校将军庙、清流烈士纪念碑；明溪：红军战地医院旧址、铜铁岭战斗遗址、夏坊玉皇楼苏维埃政府楼旧址
南平	上梅暴动旧址、中华苏维埃共和国闽北分区苏维埃政府旧址、王台八角楼红军会址、大洲谈判旧址、赤石暴动遗址、上溪整编旧址

福建海洋文化资源丰富，海岸线长达 2470.4 千米，大小港湾 100 多处，海岛 1000 多个。除妈祖文化资源外，福建海洋文化资源还包括临海的渔村/渔港、海洋遗迹遗址、服装服饰、著名历史航海人物及事件（如郑和下西洋等）、渔歌、与海洋有关的舞蹈等有形文化资源以及与海洋有关的生活/生产习俗、海神传说（如妈祖、龙神等）、造船和航海技术、航海精神等无形文化资源。

福建省客家文化资源主要分布在龙岩地区和漳州部分地区。有形文化资源除南靖土楼外，最具代表性的是永定客家土楼群。此外，还有客家文化博物馆以及馆藏文物、客家民间音乐（如客家十番音乐等）、闽西汉剧、客家知名历史人物及著作、客家服装服饰；无形文化资源主要有以刘亚楼为代表的客家人革命精神及客家精神、客家风俗等。

闽南文化起源于福建泉州、漳州。闽南文化资源主要包括闽南建筑、以《大话铁观音》为代表的闽南舞台表演、闽南德化陶瓷、梨园戏、高甲戏、提线木偶等有形文化资源以及闽南歌曲、闽南民间故事、闽南精神、闽南手工技艺等无形文化资源。

（三）海南省

海南省代表性特色文化资源主要有海洋文化资源和红色文化资源等。

海南海域面积200万平公里，占全国海域面积的2/3，海岸线总长1257.3千米，共有海岛（含礁和沙洲）200多个。海南有形海洋文化资源主要有以三亚亚龙湾等为代表的自然景观，以千年古盐田遗址、昌拱灯塔为代表的海洋遗迹景观，以疍家渔排、船型屋为代表的海洋聚落文化景观，以及以渔场、港口、海水浴场为代表的海洋设施景观等。无形海洋文化资源主要包括赶海习俗、妈祖信仰、龙抬头节习俗以及人物和典故、涉海传说、渔谚渔谣和劳动号子、渔歌等。

海南红色文化资源主要有云龙改编旧址、五指山革命根据地、红军操场司令台遗址、六连岭革命遗址等革命遗址遗迹以及以张云逸大将为代表的革命人物等有形文化资源及红色娘子军、琼崖纵队、解放海南岛、白沙起义、西沙海战、南沙海战等革命史实、革命故事和革命精神等无形文化资源。

二、创意阶层

2015～2021年，南部沿海地区创意阶层人数呈 W 型增长态势，从2015年的30779人增加到2021年的31197人。分地区看，福建创意阶层人数呈 V 型递增态势，年均增长率为1.92%；广东历年创意阶层人数相对最多而海南历年创意阶层人数最少，年均增长率分别为 −0.70% 和1.21%。见表7-3-2。

表7-3-2　　　　2015～2021年南部沿海地区创意阶层人数变化　　　　单位：人，%

地区	2015年	2016年	2017年	2018年	2019年	2020年	2021年	年均增长率
福建	9394	9259	9081	9054	9196	9560	10529	1.92
广东	20005	15223	16821	14986	16447	17030	19185	−0.70
海南	1380	1648	1765	2300	1669	1745	1483	1.21
合计	30779	26130	27667	26340	27312	28335	31197	0.23

从艺术表演人数看，2015～2021年，南部沿海地区艺术表演人数呈V型增长态势，年均增长率为1.62%。分地区看，福建艺术表演人数历年最多，呈V型增长态势，年均增长率为1.76%；广东和海南艺术表演人数分别呈倒N和M型发展态势，年均增长率分别是1.88%和–0.56%。见表7–3–3。

表7–3–3　　2015～2021年南部沿海地区艺术表演人才人数变化　　单位：人，%

地区	2015年	2016年	2017年	2018年	2019年	2020年	2021年	年均增长率
福建	5703	5243	4850	4619	4943	5637	6332	1.76
广东	4908	4841	5398	4921	4714	4529	5487	1.88
海南	1001	1219	1356	1151	1263	1235	968	–0.56
合计	11612	11303	11604	10691	10920	11401	12787	1.62

从非物质文化遗产代表性传承人看，这一地区国家级传承人累计294人，其中，福建人数最多（143人），广东和海南分别是132人和19人；省级传承人累计1703人，其中，福建人数最多（917人），广东和海南分别是636人和150人。

三、生产技术/工艺

南部沿海地区三省入选《第一批国家传统工艺振兴目录》的国家重点扶持传统工艺共有41项。其中，广东17项，福建18项，海南6项。从传统工艺类别看，雕刻塑造工艺最多，共13项；其次是陶瓷烧制工艺，共6项；再次是剪纸刻绘和纺织染绣工艺，均为5项；编织扎制工艺、服饰制作工艺和漆器髹饰各3项，文房制作工艺2项，金属加工工艺1项。见表7–3–4。

表7–3–4　　　　南部沿海地区国家重点扶持的传统工艺分布　　单位：项

地区	编织扎制	雕刻塑造	纺染织绣	服饰制作	金属加工	剪纸刻绘	漆器髹饰	陶瓷烧造	文房制作	合计
广东	1	5	4	0	0	2	1	3	1	17
福建	2	6	0	1	1	3	2	2	1	18
海南	0	2	1	2	0	0	0	1	0	6
合计	3	13	5	3	1	5	3	6	2	41

第四节　南部沿海地区特色文化产业供给与需求结构分析

一、产业结构分析

（一）产业结构整体分析

整体而言，和其他地区一样，南部沿海地区特色文化旅游产业一枝独大。

特色文化旅游产业是南部沿海地区特色文化产业的主导产业和支柱产业，是拉动地方经济发展的重要力量。南部沿海地区均制定并实施了本省旅游产业发展规划以及其他系列支持政策。这些政策的制定以及文化旅游氛围的提升推动了各地区特色文化旅游产业市场规模日益扩大。2014～2019年，广东旅游总收入和游客人数均位居南部沿海地区第一，福建旅游总收入和游客人数年均增速则居南部沿海地区第一。

为贯彻落实《中国传统工艺振兴计划》，近年来，除福建外（厦门翔安区出台了实施方案），广东和海南均制定和实施了促进本省传统工艺振兴计划等。和其他地区相比，南部沿海地区特别是广东工艺美术产品产业竞争力较强，主营业务收入占全国同类产业收入的31.8%（其中广东占23.2%，远远超过全国其他地区），特色工艺品企业以中小型企业特别是小微企业居多，规模以上企业数量极少。

为贯彻落实国务院《关于支持戏曲传承发展的若干政策》要求，南部沿海地区各省均制定了本省相应的方案、规划纲要、实施意见等政策。然而，尽管外在制度强力介入特色表演艺术产业特别是地方传统戏曲，但该地区特色表演机构数量、国内演出总场次、国内演出观众总人数、演出总收入、机构平均国内演出场次和平均演出收入、单场国内演出观众人数均出现不同程度快速下降。

南部沿海地区大多数特色节庆活动启动于20世纪90年代或21世纪初，绝大多数为区域性品牌，每年举办一次，地点相对固定，主要吸引举办地群众以及省内观众；特色节庆活动主要源自本地特色文化资源或民间习俗。

（二）特色工艺品产业

我国第三次经济普查统计表明，南部沿海地区工艺美术产品产业生产大类企业营业收入和主营业务收入相对较高，均占全国的31.8%，分别为5085.42亿元和5052.45亿元；分地区看，广东工艺美术产品产业生产大类企业营业收入和主营业务收入均高于海南和福建，分别为3710.12亿元和3686.06亿元，海南收入最少。见表7-4-1。

表7-4-1　　　第三次经济普查南部沿海三省工艺美术产品

生产大类企业收入情况　　　　单位：亿元，%

地区	营业收入		主营业务收入	
	绝对值	占全国比重	绝对值	占全国比重
海南	15.99	0.1	15.89	0.1
福建	1359.31	8.5	1350.50	8.5
广东	3710.12	23.2	3686.06	23.2
合计	5085.42	31.8	5052.45	31.8

从不同规模企业而言，南部沿海地区工艺美术产品生产大类规模以上企业的营业收入和主营业务收入分别为4244.79亿元和4233.50亿元，规模以下企业营业收入和主营业务收入分别是840.63亿元和818.95亿元；分地区看，广东无论规模以上还是规模以下企业产出量均高于福建和海南，海南最少。见表7-4-2。

表7-4-2　　　第三次经济普查南部沿海三省工艺美术产品

生产大类不同规模企业收入情况　　　　单位：亿元

地区	营业收入		主营业务收入	
	规模以上	规模以下	规模以上	规模以下
海南	3.79	12.2	3.78	12.11
福建	1047.63	311.68	1044.84	305.66
广东	3193.37	516.75	3184.88	501.18
合计	4244.79	840.63	4233.50	818.95

（三）特色表演艺术产业

就特色表演机构数量而言，和 2013 年相比，2017 年南部沿海地区特色表演艺术机构数量有所减少，从 2013 年的 689 家减少到 2017 年的 581 家，年均减幅为 4.17%。但地方戏曲类一枝独大，2013 年和 2017 年地方戏曲类机构数量为 635 家和 501 家，分别占机构总数的 92.16% 和 86.23%。从各剧种看，地方戏曲类和杂技、魔术、马戏类机构数量均有不同程度减少，其中后者年均减幅更大（8.07%）；其他剧种机构数量呈不同程度增加，其中曲艺类的增长速度最快，从 2013 年的 36 家增加到 2017 年的 63 家，年平均增长率为 15.02%。分地区看，除海南特色表演机构数量有所增加（年均增长率 3.76%）外，其他两地区特色表演机构数量均呈不同程度减少。见表 7 – 4 – 3。

表 7 – 4 – 3　　　　　　2013 年/2017 年南部沿海地区不同剧种机构数量变化　　　　单位：家,%

地区	京剧、昆曲类		地方戏曲类		杂技、魔术、马戏类		曲艺类		合计		
	2013 年	2017 年	2013 年	2017 年	2013 年	2017 年	2013 年	2017 年	2013 年	2017 年	年均增速
福建	1	4	423	312	3	4	11	24	438	344	– 5.86
广东	3	3	177	157	10	5	17	21	207	186	– 2.64
海南	0	0	35	32	1	1	8	18	44	51	3.76
合计	4	7	635	501	14	10	36	63	689	581	– 4.17
年均增速	15.02		– 5.75		– 8.07		15.02		– 4.17		

就特色表演机构国内演出场次而言，南部沿海地区特色表演机构国内演出场次从 2013 年的 13.26 万场次减少到 2017 年的 9.65 万场次，年平均增长率为 – 7.64%，比较其机构年均增长率（– 4.17%）可以看出，这一地区特色表演机构平均国内演出场次有所减少。从不同剧种看，地方戏曲类和杂技、魔术、马戏类国内演出场次呈不同程度减少；其他两剧种国内演出场次呈不同程度增长，尤其是京剧、昆曲类，对比各剧种机构数量年均增长率可以看出，京剧、昆曲类和杂技、魔术、马戏类平均国内演出场次呈不同程度增加，其他剧种平

均国内演出场次呈不同程度减少。分地区看，三省特色表演机构国内演出场次均呈不同程度减少，对比它们的特色表演机构数量年均增长率可以看出，除广东机构平均国内演出场次有所增加外，其他两地区机构平均国内演出场次均呈不同程度减少。见表7－4－4。

表7－4－4　　　　　　　2013年/2017年南部沿海地区各剧种国内
演出场次变化　　　　　单位：万场次，%

地区	京剧、昆曲类		地方戏曲类		杂技、魔术、马戏类		曲艺类		合计		
	2013年	2017年	2013年	2017年	2013年	2017年	2013年	2017年	2013年	2017年	年均增速
福建	0.01	0.02	9.77	6.28	0.09	0.1	0.23	0.3	10.1	6.7	-9.75
广东	0	0.01	2.4	2.24	0.08	0.04	0.1	0.19	2.58	2.48	-0.98
海南	0	0	0.5	0.33	0	0	0.08	0.14	0.58	0.47	-5.12
合计	0.01	0.03	12.67	8.85	0.17	0.14	0.41	0.63	13.26	9.65	-7.64
年均增速	31.61		-8.58		-4.74		11.34		-7.64		

　　就特色表演机构国内演出观众人数而言，和2013年相比，2017年南部沿海地区特色表演机构国内演出观众人数减少较多，从2013年的7579万人次减少至2017年的4173.74万人次，年均减幅达13.86%，远远低于其国内演出场次年均增长率（-7.64%），可见单场演出观众人数急剧下降。分剧种看，曲艺类和京剧、昆曲类国内演出观众人数呈不同程度增长，对比各自国内演出场次年均增长率可以看出，这两类剧种单场演出观众人数呈不同程度下降；地方戏曲类以及杂技、魔术类国内演出场次观众人数分别从2013年的7231万人次和150万人次下降至2017年的3798.42万人次和79.88万人次，年平均增长率分别为-14.87%和-14.58%，但高于它们的国内演出场次年平均增长率（分别为-8.58%和-4.74%），说明地方戏曲类及杂技、魔术、马戏类单场演出观众人数有所增加。分地区看，三省特色表演机构国内演出观众人数均急剧减少，对比各自国内演出场次年均增长率可以看出，它们的单场演出国内观众人数均呈不同程度减少，特别是广东。见表7－4－5。

表 7 - 4 - 5　　　　　　2013 年/2017 年南部沿海地区各剧种国内

演出观众人数变化　　　　单位：万人次,%

地区	京剧、昆曲类		地方戏曲类		杂技、魔术、马戏类		曲艺类		合计		
	2013 年	2017 年	2013 年	2017 年	2013 年	2017 年	2013 年	2017 年	2013 年	2017 年	年均增速
福建	14	10.25	3678	2116.98	72	26.98	63	144.22	3827	2298.43	-11.97
广东	0	7.25	2928	1425.72	73	51.2	75	78.94	3076	1563.11	-15.57
海南	0	0	625	255.72	5	1.7	46	54.78	676	312.2	-17.56
合计	14	17.5	7231	3798.42	150	79.88	184	277.94	7579	4173.74	-13.86
年均增速	5.74		-14.87		-14.57		10.86		-13.86		

就特色表演机构演出收入而言，和 2013 年相比，2017 年南部沿海地区特色表演艺术产业机构演出收入急剧下降，从 2013 年的 535688 万元下降到 2017 年的 55818 万元，年均下降幅度达到 43.18%，对比其特色表演机构数量年均增长率（-4.17%）可以看出，这一地区特色表演机构平均演出收入下降幅度较大。分剧种看，所有剧种的演出收入均下降幅度较大，对比各剧种机构数量年均增长率可以看出，所有剧种平均演出收入均出现大幅度减少。分地区看，各个地区特色表演机构演出收入均出现较大幅度减少，对比各自机构数量年均增长率可以看出，各个地区特色表演机构平均收入均出现较大幅度减少，见表 7 - 4 - 6。

表 7 - 4 - 6　　　　2013 年/2017 年南部沿海地区各剧种演出收入变化　　　单位：万元,%

地区	京剧、昆曲类		地方戏曲类		杂技、魔术、马戏类		曲艺类		合计		
	2013 年	2017 年	2013 年	2017 年	2013 年	2017 年	2013 年	2017 年	2013 年	2017 年	年均增速
福建	1371	128	319771	32839	2937	440	3093	671	327172	34078	-43.19
广东	0	199	163378	15661	5596	1224	12107	1364	181081	18448	-43.50
海南	0	0	25045	2511	200	18	2190	763	27435	3292	-41.14
合计	1371	327	508194	51011	8733	1682	17390	2798	535688	55818	-43.18
年均增速	-30.12		-43.71		-33.75		-36.67		-43.18		

（四）特色文化旅游产业

整体来说，南部沿海地区旅游产业发展快速，越来越成为拉动地区经济增长的主要力量，其中广东旅游总收入早在 2015 年便突破了 10000 亿元大关，到 2018 年旅游总收入已增长到 16066.6 亿元。

2014～2019 年，福建旅游总收入和国内旅游收入逐年增加且增速居南部沿海地区第一，年均增长率分别达 24.19% 和 25.17%，入境旅游收入也逐年增加且 2019 年突破 100 亿美元；广东和海南旅游总收入、国内收入和入境收入均逐年增加，其中海南旅游收入增长较快，且其入境收入年均增速（29.59%）居南部沿海地区首位。见表 7-4-7。

表 7-4-7　　　　　　　　2014～2019 年南部沿海地区
旅游收入情况　　　单位：亿元，亿美元，%

地区		2014 年	2015 年	2016 年	2017 年	2018 年	2019 年	年均增速
广东	总收入	9369.21	10454.71	11576.28	11989.47	14533.90	16066.65	11.39
	国内	8220.00	9251.05	10326.05	10667.02	12253.30	13740.02	10.82
	入境	170.76	178.85	185.77	196.50	338.87	345.71	15.15
福建	总收入	2736.42	3172.42	3941.14	5081.44	6644.84	8082.35	24.19
	国内	2405.84	2798.16	3495.21	4570.77	6032.95	7393.00	25.17
	入境	49.12	55.61	66.26	75.88	90.92	102.43	15.83
海南	总收入	508.10	544.77	633.83	812.60	950.03	1057.23	15.78
	国内	490.20	528.08	610.27	766.77	898.14	991.81	15.14
	入境	2.66	2.48	3.50	6.81	7.71	9.72	29.59

2014～2018 年，广东游客总人数和国内游客呈 N 型发展态势，入境游客逐年递增至 2018 年的 862.37 万人次后有所回落（2019 年的 857 万人次）；2014～2019 年，福建和海南游客总人数、国内游客和入境游客均逐年增加，福建国内游客数年均增速较快（18.15%）而海南入境游客数年均增速较快（15.27%）。见表 7-4-8。实地调查发现，南部沿海地区旅游客源地域结构以"本省游本省"占主导，其次是邻省及经济发达地区游客；在游客年龄结构方面，年轻游客占据主导地位；中等消费群体为主，高端消费游客呈增长趋势，游客对旅游品质的要求越来越高。

表 7 – 4 – 8　　　　　　　　　2014～2019 年南部沿海地区

游客人数情况　　　　　　　单位：万人次，%

地区		2014 年	2015 年	2016 年	2017 年	2018 年	2019 年	年均增速
广东	总人数	66575.19	75081.83	36306.54	41561.54	46162.37	857.00	—
	国内	65800.00	74300.00	35481.61	40700.00	45300.00	—	—
	入境	775.19	781.83	824.93	861.54	862.37	857.00	2.03
福建	总人数	23432.68	26720.04	31545.09	38309.47	46040.17	53655.28	18.02
	国内	22887.70	26128.59	30864.30	37534.06	45138.93	52697.00	18.15
	入境	544.98	591.45	680.79	775.41	901.24	958.28	11.95
海南	总人数	4789.13	5336.52	6023.60	6745.01	7627.40	8302.20	11.63
	国内	4722.99	5275.68	5948.70	6633.07	7501.04	8167.61	11.58
	入境	66.14	60.84	74.90	111.94	126.36	134.59	15.27

注：广东省 2019 年国内游客人数缺失，官网只公布了国内过夜游客人数。

（五）特色节庆产业

南部沿海地区至少有 17 个地方特色节庆，大多数特色节庆活动创办于 20 世纪 90 年代或 21 世纪初，节庆类型较多，绝大多数为区域性品牌；绝大多数每年举办一次，举办地点相对固定，主要吸引举办地群众以及省内观众。特色节庆活动主要源自本地特色文化资源或民间习俗，活动内容主要包括与节庆宗旨有关的产品/文化展览、地方特色表演等。见表 7 – 4 – 9。

表 7 – 4 – 9　　　　　　南部沿海地区代表性特色节庆（部分）

名称	起源/创办时间	举办时间	地点	主办	活动内容
妈祖节	1994 年	每年农历三月二十三和九月初九	蒲田市湄州岛	福建省委省政府、莆田市政府	拜妈祖、妈祖文化研讨、工艺品展销、民间歌舞，品尝闽菜等。2011 年共吸引游客 100 万人次
莆田南少林禅武文化旅游节	2001 年	每年 2 月	莆田	莆田市政府	武术表演、禅宗文化展览、当地特色产品展销等。2019 年共吸引游客 13 万人次

续表

名称	起源/创办时间	举办时间	地点	主办	活动内容
凤凰花旅游节	2004 年	每两年举办一次，5 月 1 日	厦门	厦门市原旅游局、集美区人民政府等	凤凰花诗会、异国风情时装秀、海上踩街等。2004 年共吸引游客 13 万人次
南国书香节	1993 年	每年 8 月第三个星期五	广州市	中共广东省委宣传部等	图书展销、名家讲座、岭南优秀文化展览。2019 年全省共吸引游客 300 万人次
小榄菊花会	1990 年	每年 11 月	中山市	广东省中山市政府	赏菊、赛菊、吟菊、画菊、尝菊、水上飘色、菊花戏等。2019 年共吸引游客 60 万人次
广州乞巧文化节	1998 年	每年农历七月初七开始持续 7 天	广州市天河	中共广州市委宣传部等	摆七娘、拜七娘、七夕游园等
阳江风筝节	1992 年	每年农历九月初九	阳江市	自发形成	夜光风筝表演、综合性专场晚会和特色漆画展等活动。2018 年共吸引游客 10 万人次
广府庙会	传统节日	每年元宵节期间	广州市	广东省广州市越秀区政府	地方特色表演艺术、彩灯展、美食、灯谜、民俗文化巡游等。2019 年共吸引游客 500 万人次
连南瑶族开耕节	2013 年	每年 4 月	广东省连南瑶族自治县	连南瑶族自治县人民政府	瑶族歌舞表演、瑶族服饰展演、瑶族原始农耕活化石展示等
花都盘古王民俗文化节	2012 年	每年 9 月	广州市花都区	花都区盘古王民俗文化节组委会	粤剧粤曲展演、客家山歌展演、非物质文化遗产产品展销等
南海（阳江）开渔节	2003 年	每年一次，时间不定	阳江市	广东省阳江市人民政府、省海洋与渔业局	威水歌会、渔家大巡游、渔家书画展、渔家拔河比赛、渔舟竞渡、渔家姑娘结网赛等

续表

名称	起源/ 创办时间	举办时间	地点	主办	活动内容
黎族苗族 传统节日 "三月三"	传统节日	每年4月 6~9日	海南省 政府	自发形成，后官方 介入	赛歌会、篝火晚会、彩车比 赛、花灯展览、民族传统体 育比赛、男女青年对歌、民 族歌舞表演及经贸活动等
海南 欢乐节	2000年	每年11月	海南	海南省政府和国 家原旅游局	歌舞表演、泼水狂欢、各类 展览等
儋州民间 歌节	2003年	每年中秋节	海南 儋州市	自发形成	儋州山歌、调声对歌比赛、 赏月等
潭门 赶海节	2015年	每年8月	海南 琼海市	琼海市委宣传部等	祭海仪式、织网捕鱼竞赛等

二、需求结构分析

2019年11月通过网上调查的方式，共收回有效问卷111份。其中，福建省37份、广东33份、海南41份。本次调查的被访者主要特征如表7-4-10所示。

表7-4-10　　　　　南部沿海地区三地区样本量及其样本特征

样本量		福建	广东	海南
		37	33	41
性别	男	12	16	16
	女	25	17	25
学历	初中及以下	3	0	1
	高中/中专/技校	3	2	2
	大专	13	8	13
	本科	13	20	24
	研究生	5	3	1

续表

样本量		福建	广东	海南
		37	33	41
年龄	18 岁以下	0	0	0
	18~25 岁	8	15	6
	26~30 岁	4	6	13
	31~40 岁	19	7	18
	41~50 岁	5	4	3
	51~60 岁	1	1	1
	60 岁以上	0	0	0
个人平均月收入	2000 元以下	6	10	5
	2001~3000 元	4	4	1
	3001~5000 元	13	5	9
	5001~8000 元	2	6	16
	8001~10000 元	3	2	7
	10001 元及以上	9	6	3

（一）南部沿海地区特色文化产业结构消费者偏好

调查发现，福建、广东和海南的消费者均最喜欢地方特色文化旅游，其次是地方特色节庆，见表 7-4-11。

表 7-4-11　　　　南部沿海地区特色文化产品/服务消费偏好排序

地区	地方特色工艺品	地方特色表演艺术	地方特色文化旅游	地方特色节庆
福建（N=37）	第 4（2.2）	第 3（3.1）	第 1（3.8）	第 2（3.4）
广东（N=33）	第 3（2.2）	第 4（2.0）	第 1（3.9）	第 2（2.6）
海南（N=41）	第 3（2.8）	第 4（2.5）	第 1（3.8）	第 2（3.0）

注：本表排序规则：根据问卷调查结果，被访者越喜欢的赋值越高，算出各自分值的平均数后再根据值的大小排序。

（二）南部沿海地区特色工艺品产业需求分析

从消费群体规模看，海南特色工艺品消费者群体规模最大，82.93%的被访者表示"最近一年购买过地方特色工艺品"，72.73%广东被访者和32.43%的福建被访者最近一年购买过地方特色工艺品。

从价格偏好看，南部沿海地区三省最多消费者购买100~199元的地方特色工艺品；极少消费者会购买1000元以上的特色工艺品。除此之外，48.6%福建被访者购买过0~99元的特色工艺品，27.3%广东被访者购买过200~299元的特色工艺品，36.6%海南被访者购买过300~399元的特色工艺品，见表7-4-12。

表7-4-12　　　　南部沿海地区特色工艺品消费价格偏好占比　　　　单位：%

价格	福建（N=37）	广东（N=33）	海南（N=41）
0~99元	48.6	21.2	24.4
100~199元	56.8	42.4	43.9
200~299元	18.9	27.3	34.1
300~499元	13.5	9.1	36.6
500~799元	2.7	12.1	12.2
800~999元	2.7	6.1	12.2
1000~1499元	2.7	12.1	7.3
1500~1999元	0.00	0.00	2.4
2000元及以上	2.7	3.0	4.9
合计	148.6	133.3	178.0

从购买动机看，福建消费者主要是为了送给朋友（73.0%）、家人（56.8%）或者自己收藏（59.5%）而购买特色工艺品，广东消费者购买特色工艺品主要是送给朋友或自己收藏（均为51.5%）以及自己使用（48.5%），海南消费者主要是送朋友或自己使用（均为58.5%）及送给家人（48.8%）而购买特色工艺品，见表7-4-13。

表 7 - 4 - 13　　　南部沿海地区消费者特色工艺品消费群体购买动机占比　　　单位：%

购买动机	福建（N = 37）	广东（N = 33）	海南（N = 41）
送给朋友	73.0	51.5	58.5
送给家人	56.8	39.4	48.8
送给同事	13.5	15.2	26.8
送给上司/长辈	18.9	15.2	19.5
送给下属/晚辈	8.1	9.1	12.2
自己收藏	59.5	51.5	46.3
自己使用	54.1	48.5	58.5
投资	0	9.1	7.3
支持传统文化	21.6	18.2	39.0
其他	2.7	3.0	2.4
合计	308.1	260.6	319.5

从购买渠道偏好看，旅游景区内商店是南部沿海地区三省消费者在购买特色工艺品最偏爱的购买渠道。除此之外，福建消费者还比较喜欢在官方实体店、淘宝/天猫及商场专柜购买特色工艺产品，广东消费者还比较喜欢在官方实体店及淘宝/天猫购买特色工艺产品，海南消费者则还比较喜欢在官方实体店购买特色工艺产品，见表 7 - 4 - 14。

表 7 - 4 - 14　　　南部沿海地区消费者特色工艺品购买渠道偏好占比　　　单位：%

购买渠道	福建（N = 37）	广东（N = 33）	海南（N = 41）
淘宝/天猫	32.4	24.2	31.7
京东	10.8	18.2	19.5
团购平台	0.00	15.2	9.8
官方网站	8.1	9.1	19.5
官方实体店	40.5	30.3	51.2
微商	8.1	9.1	4.9
超市	10.8	15.2	24.4
品牌专卖店	18.9	6.1	36.6
商场专柜	24.3	9.1	34.1
旅游景区内商店	64.9	57.6	58.5
合计	218.9	193.9	290.2

(三) 南部沿海地区特色表演艺术产业需求分析

从消费群体规模看，海南观看特色表演艺术的观众明显多于福建和广东。调查数据表明，只有7.3%的海南被访者表示最近一年没有看过特色表演艺术，而分别有12.1%和35.1%的广东和福建被访者表示最近一年没有看过特色表演艺术。见表7-4-12。

看过的观众群中，福建观众看过最多的依次是地方传统戏曲（40.5%）、特色舞蹈表演（27.0%）和山水实景演出（13.5%）等，广东观众看过最多的依次是特色舞蹈表演（45.5%）、山水实景演出（36.4%）和地方传统戏曲（24.2%）等，海南观众看过最多的依次是特色舞蹈表演（58.5%）、地方传统戏曲（48.8%）和山水实景演出（39.0%）等，见表7-4-15。

从中可以看出，南部沿海地区观众对地方特色表演艺术消费偏好高度相似，相对其他特色表演艺术而言，特色舞蹈表演、地方传统戏曲和山水实景演出是他们的最爱；并且，对特色舞蹈表演和山水实景演出感兴趣的福建消费群体规模明显低于广东和海南，海南市场规模最大。

表7-4-15　　　　南部沿海地区地方特色表演艺术消费偏好占比　　　　单位：%

艺术类型	福建（N=37）	广东（N=33）	海南（N=41）
相声	10.8	21.2	19.5
小品	13.5	18.2	36.6
杂技	10.8	21.2	24.4
京剧	5.4	9.1	12.2
地方传统戏曲	40.5	24.2	48.8
特色舞蹈表演	27.0	45.5	58.5
话剧	0.00	15.2	26.8
民乐	2.7	21.2	36.6
山水实景演出	13.5	36.4	39.0
没有看过	35.1	12.1	7.3
合计	159.5	224.2	309.8

从观看途径看，观众最主要是在演出现场观看特色表演艺术。其中福建70.8%的被访者在现场观看过特色表演艺术，65.5%的广东被访者和74.4%的海南被访者在现场观看过特色表演艺术。见表7-4-16。除此之外，抖音（54.2%）、腾讯视频（33.3%）、爱奇艺（33.3%）、电视（29.2%）也是福建观众观看特色表演艺术的重要途径，广东观众还通过腾讯视频（44.8%）、抖音（34.5%）、电视（34.5%）等观看特色表演艺术，海南观众还通过电视（38.5%）、腾讯视频（35.9%）、抖音（30.8%）等观看特色表演艺术，见表7-4-13。从中可以看出，演出现场是观看特色表演艺术最重要的场所，而部分观众也通过新媒介如腾讯视频、爱奇艺、抖音等观看特色表演艺术。

表7-4-16　　　　南部沿海地区观众特色表演艺术观看途径偏好占比　　　单位：%

观看途径	福建（N=37）	广东（N=33）	海南（N=41）
演出现场	70.8	65.5	74.4
电视	29.2	34.5	38.5
优酷	16.7	10.3	20.5
爱奇艺	33.3	24.1	25.6
土豆	8.3	17.2	5.1
抖音	54.2	34.5	30.8
快手	8.3	10.3	15.4
腾讯视频	33.3	44.8	35.9
其他	4.2	0.00	0.00
合计	258.3	241.4	246.2

从特色表演艺术衍生产品类型偏好看，福建消费者喜欢的表演艺术衍生产品依次是生活用品、茶具、服饰产品、服装及首饰等，广东消费者喜欢的依次是茶具、首饰、画饰、生活用品及服饰产品，海南消费者喜欢的依次是生活用品、服装、服饰产品及首饰，见表7-4-17。从中可以看出，尽管三省在衍生产品潜在需求量方面有所差异，但生活用品在福建和海南的潜在市场需求量均是最大。

表 7 - 4 - 17　　　　南部沿海地区特色表演艺术衍生产品消费偏好排序

衍生产品类型	福建（N = 37）	广东（N = 33）	海南（N = 41）
生活用品	第1	第3	第1
茶具	第2	第1	第5
服饰产品	第3	第4	第3
服装	第3	第6	第2
首饰	第4	第2	第4
画饰	第5	第2	第7
游戏	第6	第9	第6
动画	第7	第10	第11
香具	第8	第8	第12
刻录光盘	第9	第11	第10
书籍	第10	第7	第8
儿童玩具	第11	第5	第9

　　从衍生产品价格偏好看，南部沿海地区三省消费者偏爱购买 499 元以下的表演艺术衍生产品。其中，福建消费者更偏爱低价格的表演艺术衍生产品，调查发现，分别有 32.4% 和 59.5% 的被访者偏爱 0～99 元和 100～199 元的产品，有 37.8% 的被访者偏爱 200～299 元的产品；海南消费者对价格的承受稍高些，调查发现，36.6% 的被访者偏爱 100～199 元的产品，其次是 200～299 元和 300～499 元的产品，分别有 48.8% 和 48.8% 的被访者可承受这两个价格区间的产品；广东更多消费者偏爱价格 200～499 元的产品。见表 7 - 4 - 18。

表 7 - 4 - 18　南部沿海地区地方特色表演艺术衍生产品消费者价格偏好占比　单位：%

价格	福建（N = 37）	广东（N = 33）	海南（N = 41）
0～99 元	32.4	36.4	24.4
100～199 元	59.5	48.5	36.6
200－299 元	37.8	21.2	48.8
300～499 元	27.0	15.2	48.8
500～799 元	5.4	9.1	26.8

续表

价格	福建（N＝37）	广东（N＝33）	海南（N＝41）
800～999 元	8.1	6.1	12.2
1000～1499 元	5.4	6.1	2.4
1500～1999 元	2.7	0.00	7.3
2000 元及以上	2.7	3.0	2.4
合计	181.1	145.5	209.8

（四）南部沿海地区特色文化旅游产业需求分析

从消费群体规模看，广东特色文化旅游产业市场消费群体规模最大，调查发现，仅有 3.0% 的被访者在过去一年没有去本地特色文化旅游景区；其次是海南，95.1% 的被访者在最近一年去过本地特色文化旅游景区游玩过；89.2% 的福建被访者在最近一年游玩过本地特色文化旅游景区。见表 7－4－19。从中可以看出，地方特色文化旅游景区存在巨大的消费市场。

从游玩类型看，60% 以上的福建被访者在最近一年游玩过特色古镇/特色街区；广东 63.6% 的被访者在最近一年游玩过特色街区，60.6% 的被访者在最近一年游玩过当地博物馆/博物院；海南 80.5% 的被访者在最近一年游玩过特色古镇，另外有六成多的被访者游玩过特色街区。

表 7－4－19　　　　　地方特色文化旅游类型游玩偏好占比　　　　单位：%

游玩类型	福建（N＝37）	广东（N＝33）	海南（N＝41）
当地博物馆/博物院	51.4	60.6	53.7
历史遗迹/遗址	59.5	48.5	58.5
宗教景点	32.4	15.2	29.3
特色古镇	64.9	57.6	80.5
特色街区	70.3	63.6	65.9
没有去过	10.8	3.0	4.9
合计	289.2	248.5	292.7

从特色文化旅游衍生产品类型偏好看，福建、广东消费者最喜欢摆件，而海南则相对更喜欢生活用品。除此之外，福建消费者还依次喜欢生活用品、首饰、茶具及书籍等，广东消费者还依次喜欢生活用品、服饰产品、茶具及服装等，海南消费者还依次喜欢首饰和服装、服饰产品、摆件和书籍等，见表 7 - 4 - 20。

表 7 - 4 - 20　　　　　南部地区特色文化旅游衍生产品消费偏好排序

衍生产品类型	福建（N = 37）	广东（N = 33）	海南（N = 41）
摆件	第1	第1	第4
生活用品	第2	第2	第1
首饰	第3	第9	第2
茶具	第4	第4	第8
书籍	第5	第9	第5
服饰产品	第6	第3	第3
藏品仿真件	第6	第8	第7
服装	第7	第5	第2
儿童玩具	第8	第6	第10
画饰	第9	第7	第9
游戏	第10	第13	第11
动画	第11	第11	第13
主题儿童娱乐场	第12	第10	第6
刻录光盘	第13	第12	第12

从特色文化旅游衍生产品价格偏好看，福建更多消费者会选择 100～299 元特别是 100～199 元的衍生产品；广东消费者更喜欢 100～199 元的衍生产品，其次是 0～99 元和 200～299 元的产品；海南更多消费者会选择 300～499 元的衍生产品，其次是 200～299 元的产品。见表 7 - 4 - 21。

表 7 - 4 - 21　　　　　　特色文化旅游衍生产品价格偏好占比　　　　　　单位：%

价格	福建（N = 37）	广东（N = 33）	海南（N = 41）
0 ~ 99 元	40.5	36.4	22.0
100 ~ 199 元	48.6	45.5	31.7
200 ~ 299 元	43.2	36.4	39.0
300 ~ 499 元	24.3	9.1	46.3
500 ~ 799 元	10.8	9.1	29.3
800 ~ 999 元	8.1	6.1	19.5
1000 ~ 1499 元	2.7	6.1	12.2
1500 ~ 1999 元	2.7	0.0	4.9
2000 元及以上	2.7	3.0	2.4
合计	183.8	151.5	207.3

（五）南部沿海地区特色节庆产业需求分析

从特色节庆消费群体规模看，海南特色节庆消费群体规模最大，80.49%的被访者表示最近一年参加过地方特色节庆活动；广东和福建分别有 54.55% 和 29.73% 的被访者最近一年参加过地方特色节庆活动。

福建被访者最近一年没有参加特色节庆活动的主要原因是没有同伴、时间冲突或不感兴趣，广东被访者不参加的主要原因是时间冲突，海南被访者不参加的主要原因是路途远和没听过，见表 7 - 4 - 22。

表 7 - 4 - 22　　　　　　未参加特色节庆活动的原因占比　　　　　　单位：%

原因	福建	广东	海南
没听过	30.8	20.0	37.5
路途远	26.9	26.7	50.0
门票贵	34.6	13.3	25.0
停车不便	0.00	0.00	12.5
住宿	7.7	13.3	0.00
时间冲突	38.5	60.0	12.5

续表

原因	福建	广东	海南
不感兴趣	38.5	20.0	12.5
之前去过，不想再去	3.8	0.00	0.00
没有同伴	50.0	6.7	0.00
其他，请填写	3.8	6.7	12.5
合计	234.6	166.7	162.5

注：各地区样本量未超过30，数值没有统计意义，仅供参考。

第五节　南部沿海地区特色文化产业供给侧结构性改革之思路

基于南部沿海地区特色文化资源，结合其特色文化产业现状以及消费者需求偏好。整体来说，南部沿海地区在实施有针对性的特色文化产业发展支持政策的基础上，应优化升级并实施差异化的地方特色文化旅游产业改革路径，并通过地方特色文化旅游产业带动地方特色工艺品、特色表演艺术和特色节庆产业的发展，推动地方特色文化旅游产业的协同发展。

一、福建省

除文化设施水平较高外，福建省特色文化产业发展的其他基础条件均低于南部沿海地区平均水平，内在制度环境情况类似，并且针对特色文化产业的专项政策比较少，福建省需要全面提升特色文化产业发展基础条件，并制定和实施更多的特色文化产业专项政策并加大力度提升消费者文化消费氛围，在此基础上，结合福建省特色文化产业发展现状和消费者消费需求偏好，考虑到福建省沿海地区妈祖文化资源知名度比较高，而闽北、闽西地区红色文化资源知名度比较高，福建省在供给侧结构性改革时应优化和升级妈祖文化和红色文化旅游产业，以妈祖文化和红色文化旅游产业为双龙头带动其他旅游产业发展，并依次促进妈祖文化和红色文化旅游产业与特色节庆产业、特色表演艺术产业及特色工艺品产业有序融合发展。具体而言：

优化升级妈祖文化旅游产业和红色文化旅游产业。制度层面，制定并实施福建妈祖和红色文化旅游产业五年规划，引导各地妈祖和红色文化旅游产业差异化发展及衍生产品的差异化开发，巩固并进一步提升文化旅游氛围。产业发展模式方面，可考虑采用以消费者导向型内在制度主导发展模式为主。在优化升级产业方面，一是，进一步提升妈祖和红色文化资源景区的服务品质，一方面是完善景区基础设施建设如停车场、景区与车站及机场专线交通线路、景区云导游设施等，另一方面持续提升景区员工的综合素养。二是，各地区应基于本地妈祖文化和红色文化资源开发具有独具本地特色的妈祖和红色文化旅游产业，避免趋同化，推动它们联动发展，从而产生协同效应；有条件的地方可考虑开发妈祖文化和红色文化特色街区。三是，妈祖文化和红色文化旅游景区衍生产品的差异化开发，侧重开发 100～299 元特别是 100～199 元的摆件、生活用品和首饰等。带动其他文化旅游产业特别是特色古镇和特色街区的发展，特色古镇和特色街区的开发和发展应结合本地特色文化资源优势和消费者文化资源偏好。

推动妈祖文化和红色文化旅游产业与特色节庆产业融合，从而带动特色节庆产业发展。制度层面，规范地方特色节庆活动市场，着力加大提升地方特色节庆的消费氛围的力度。产业发展模式方面，可考虑采用以文化资源导向型外在制度主导发展模式为主。融合发展方面，一是，以妈祖文化和红色文化资源为源头开发新的特色节庆；二是，借助包括妈祖文化和红色文化旅游景区宣传推广特色节庆活动，并将妈祖和红色文化旅游路线融入现有特色节庆活动中。

推动妈祖文化和红色文化旅游产业与特色表演艺术产业融合，从而带动特色表演艺术产业发展。制度层面，除持续支持地方特色表演艺术惠民演出、社区演出和校园演出，从而提升地方特色表演艺术的消费氛围外，鼓励特色表演机构深入挖掘本地特色文化资源，并融入现代元素，创造出贴近民众的现代特色表演作品。产业发展模式方面，可考虑采用以内外制度合作主导发展模式为主。融合发展方面，一是，除剧院、校园、社区/农村现场演出以及通过电视、网上视频宣传外，地方特色表演艺术演出机构可以进驻妈祖和红色文化旅游景区，成为该景区的一个有机组成部分，一方面丰富了妈祖文化和红色文化旅游景区的项目，另一方面扩大了地方特色表演艺术的知名度；二是，持续提升地方特色表演作品融入妈祖和红色文化资源的水平；三是，开发特色表演艺术衍生产品，将表演艺术文化资源融入价格 100 ~ 299 元的生活用品、首饰、茶具、书籍等衍生产品中，并在包括妈祖/红色文化资源在内的特色文化旅游景区内设置销售网点。

推动妈祖文化和红色文化旅游产业与特色工艺品产业融合，从而带动特色工艺品产业发展。制度层面，制定并实施特色工艺品产业发展政策；筛选并扶持福建省重点振兴的传统工艺；加大力度培育特色工艺品消费氛围。产业发展模式方面，可考虑采用以传统工艺导向型外在制度主导发展模式为主。融合发展方面，一是，在妈祖和红色文化旅游产业衍生产品开发时融入当地特色工艺品生产技艺，通过妈祖/红色文化旅游景区带动当地特色工艺品的宣传推广和销售；二是，特色工艺品开发过程中融入当地特色文化资源特别是妈祖/红色文化资源，侧重开发 100 ~ 199 元的特色工艺品，并重点拓展包括妈祖和红色文化旅游景区内商店、商场专柜、淘宝、天猫、京东等销售渠道。

推动南部沿海地区妈祖文化和红色文化旅游产业的协同发展。在实施南部沿海地区妈祖和红色文化旅游产业协同发展制度的基础上，推动妈祖和红色文化旅游产业跨地区协同发展。

二、广东省

广东省特色文化产业基础条件较好，在制定并实施特色文化发展专项政策的基础上，考虑到广东省主题公园发展最具特色，结合消费者需求偏好，广东省特色文化产业供给侧结构性改革过程中，在升级现有主题公园旅游景区的基础上，应以主题公园旅游产业为龙头，带动海洋文化旅游产业、红色文化旅游产业、岭南文化旅游产业、书院文化旅游产业、茶文化旅游产业的发展，依次推动主题公园与特色节庆产业、特色工艺品产业和特色表演艺术产业有序融合发展以及促进南部沿海地区特色主题公园协同发展。

以各地主题公园旅游景区为点，与海洋文化旅游产业、红色文化旅游产业、岭南文化旅游产业、书院文化旅游产业、茶文化旅游产业串成线，带动这些文化旅游产业尤其是特色街区和特色古镇的发展；引导各地文化企业以本地特色文化资源为源头，差异化开发 100 ~ 199 元的摆件、生活用品等地方特色文化旅游纪念品。

推动主题公园旅游产业与特色节庆产业融合，从而带动特色节庆产业发展。制度层面，规范特色节庆市场活动；鼓励开发以地方特色文化资源为源头的特色节庆，培育地方特色节庆品牌；加大提升人们参与特色节庆活动氛围的力度。产业发展模式方面，可考虑采用以内外制度合作主导型发展模式为主。融合发展方面，借助主题公园平台宣传和推广特色节庆；在节庆期间，新增特色节庆活动和主题公园畅通旅游路线，吸引对方游客的到来。

推动主题公园旅游产业与特色工艺品产业融合，从而带动特色工艺品产业发展。在制度层面，制定地方特色工艺品产业发展五年规划和专项扶持政策，进一步提升特色工艺品消费氛围。产业发展模式方面，可考虑采用以内外制度合作主导型发展模式为主。融合发展方面，和特色主题公园形成战略合作。一是，在升级主题公园过程中，将地方特色工艺品制作作为主题公园的特色之一，进而提升游客在主题公园的体验价值。二是，挖掘特色主题公园元素并融入特色工艺品创作中，重点开发价位在 100～199 元的特色工艺产品；除拓展特色工艺品企业官方实体店及淘宝、天猫等销售渠道外，将销售网点拓展至主题公园内。三是，借助主题公园宣传推广特色工艺品。

推动主题公园旅游产业与特色表演艺术产业融合，从而带动特色表演艺术产业发展。制度层面，持续支持特色表演艺术进校园、社区、农村进行免费演出和剧院惠民演出，巩固并进一步提升观看特色表演艺术的氛围。产业发展模式方面，可考虑采用以内外制度合作主导型发展模式为主。融合发展方面，一是，除剧院演出、公益演出和惠民演出外，特色表演艺术入驻主题公园，作为主题公园的一大特色项目，同时也可以作为宣传推广特色表演艺术的平台之一；二是，充分挖掘特色表演艺术文化资源，差异化开发 100～499 元特别是 100～299 元的茶具、首饰、摆件等特色表演艺术衍生产品，并将销售点拓展到主题公园景区。

推动南部沿海地区主题公园协同发展。南部沿海地区不同特色的主题公园形成战略合作，推动跨地区和跨省域的主题公园门票套票；和汽车、铁路集团形成战略合作，新增园对园间游客免费换乘服务。

三、海南省

海南特色文化产业的基础条件较差，有必要提升特色文化产业发展的基础条件，考虑到海南省海洋文化资源知名度较高，结合其消费者特色文化产业需求偏好，在推动海南特色文化产业供给侧结构性改革过程中，海南省应制定并实施海南省特色文化产业专项政策，培育特色文化产业的消费氛围，在优化和升级海洋文化旅游产业的基础上，以海洋文化旅游产业为龙头，带动其他文化旅游产业特别是红色文化旅游产业的发展，依次促进特色工艺品产业、特色表演艺术产业、特色节庆产业与海洋文化旅游产业有序融合发展；推动南部沿海地区海洋文化旅游产业的协同发展。具体而言：

优化和升级海洋文化旅游产业。制度层面，制定并实施海洋文化旅游产业五年规划，制定海洋文化旅游产业专项支持政策，完善海洋文化旅游景点之间的交通设施；巩固文化旅游消费氛围。产业发展模式方面，可考虑采用以消费者导向型内在制度主导发展模式为主。优化和升级方面，一是，持续提升海洋文化旅游景区服务品质，除完善景区硬件设施外，着重提升景区员工综合素养。二是，海南有丰富的海洋文化资源，在优化和升级海洋文化旅游产业尤其是三亚、海口地区海洋文化旅游产业时，应充分挖掘本地海洋文化资源的独特性元素，差异化发展海洋文化旅游产业尤其是海洋主题的特色古镇和街区，从而使各地区海洋文化旅游产业进行联动而非竞争性发展。三是，鼓励各地景区充分挖掘本地海洋文化资源，开发具有地方特色的文化旅游衍生产品尤其是 300 ~ 499 元的生活用品、首饰、服饰产品等。以海洋文化旅游产业为龙头，带动海南其他文化旅游产业尤其是红色文化旅游产业发展。

推动海洋文化旅游产业与特色节庆产业融合，从而带动特色节庆产业发展。制度层面，支持特色节庆的品牌建设和培育，支持传统特色节庆的有序发展，进一步提升特色节庆的参与氛围。产业发展模式方面，可考虑采用以内外制度合作主导型发展模式为主。融合发展方面，借助海洋文化旅游景点宣传推广特色节庆活动；将特色节庆活动纳入海洋文化旅游中的一个环节，吸引更多的游客参加本地节庆活动，从而提高海南本省民众特色节庆的参与率。

推动海洋文化旅游产业与特色工艺品产业融合，从而带动特色工艺品产业发展。制度层面，制定海南省特色工艺品产业发展五年规划和产业发展专项政策，巩固并进一步提升特色工艺品消费氛围。产业发展模式方面，可考虑采用以内外制度合作主导型发展模式为主。融合发展方面，一是，海洋文化旅游产业衍生产品开发可以融入当地特色工艺品技艺。二是引导特色工艺品企业开发具有当地海洋文化特色元素的工艺品，侧重开发 100 ~ 499 元尤其是 100 ~ 199

元的特色工艺品；海南省特色工艺品市场规模偏小，可以考虑将其产品销售渠道拓展至广东省和福建省；在销售渠道上，重点打造如三亚国际免税店、博鳌免税店、海口美兰机场免税店等省内免税店，提升特色工艺产品的购买率。三是，推动旅游景区的当地特色工艺品体验园区建设，从而扩大地方特色工艺品知名度。

推动海洋文化旅游产业与特色表演艺术产业融合，从而带动特色表演艺术产业发展。制度层面，继续支持地方传统戏曲社团进校园、社区和农村的免费公益演出及剧院惠民演出，巩固消费者特色表演艺术消费氛围。产业发展模式方面，可考虑采用以消费者导向型内在制度主导发展模式为主。融合发展方面，一是，除剧院、校园、社区和农村现场演出外，推动地方戏团入驻海洋文化旅游景区现场演出；二是，引导琼剧类等地方戏团在复排、改编传统经典地方传统剧目的同时，充分挖掘地方特色文化资源特别是当地海洋无形文化资源创作现代剧目；三是，除通过腾讯视频、爱奇艺等网络平台外，可借助海洋文化旅游景区宣传地方特色表演艺术；四是，有条件的地方表演艺术机构可考虑开发200~499元的特色表演艺术衍生产品特别是生活用品、首饰、服饰产品、服装等。

推动南部沿海地区海洋文化旅游产业协同发展。实施南海部沿海地区海洋文化旅游产业跨地区协同发展政策，着重推动南部沿海地区海洋文化旅游景区旅游交通专线的开通，大力开发南部沿海三地区海洋文化旅游景区旅游路线产品。

第八章

黄河金三角地区区域特色文化产业

本章首先分析黄河金三角地区即山西、河南及陕西三省区域特色文化产业发展基础条件，探讨黄河金三角特色文化产业的制度结构、生产要素结构，接着讨论其产业结构与需求结构，最后提出黄河金三角地区特色文化产业供给侧结构性改革思路。

第一节　黄河金三角地区特色文化产业的基础条件

一、区域人口状况

地处温带季风气候的黄河金三角地区土地面积共计 52.93 万平方公里，城镇化率为 52.92%；除各地区独有的方言外，中原官话是这三个区域内某些地区的共同语言。

黄河金三角地区人口规模逐年缓慢增长，年末常住人口从 2017 年的 17243 万人增长到 2021 年的 17317 万人，年均增长率为 0.11%。2017～2021 年，黄河金三角地区劳动力规模呈逐年递减的发展趋势，从 2017 年的 72.33% 下降到 2017 年的 67.70%。见表 8－1－1。分地区看，河南省 15～64 岁人口占比低于其他两个省份，并且低于全国水平和黄河金三角地区水平；陕西 15～64 岁人口比下降幅度更大，从 2017 年的 73.27% 下降至 2021 年的 68.86%，而山西 15～64 岁人口占比虽然呈逐年下降态势但 2021 年仍在 70% 以上。见表 8－1－1。

表 8 - 1 - 1 　　　　2017～2021 年黄河金三角地区 15～64 岁人口占比 　　　　单位：%

地区	2017 年	2018 年	2019 年	2020 年	2021 年
全国平均	71.82	71.20	70.64	69.47	68.29
黄河金三角地区	72.33	72.06	71.46	69.58	67.70
山西	75.41	74.08	73.64	72.03	70.42
河南	68.30	67.64	67.34	65.58	63.81
陕西	73.27	74.46	73.40	71.13	68.86

2017～2021 年，黄河金三角地区人口老年化问题日趋严重但略比全国平均水平好些，64 岁以上人口占比从 2017 年的 10.31% 上升到 2017 年的 13.89%。见表 8 - 1 - 2。分地区看，山西 64 岁以上人口占比历年最少且低于全国平均水平但总体趋势上升，从 2017 年的 8.99% 上升至 2021 年的 13.68%；河南和陕西 64 岁以上人口占比也是呈上升趋势但低于全国平均水平，分别从 2017 年的 10.84% 和 11.10% 上升至 2021 年的 13.99% 和 14.00%。见表 8 - 1 - 2。

表 8 - 1 - 2 　　　　2017～2021 年黄河金三角地区 64 岁以上人口占比 　　　　单位：%

地区	2017 年	2018 年	2019 年	2020 年	2021 年
全国平均	11.39	11.94	12.57	13.40	14.22
黄河金三角地区	10.31	10.85	11.55	12.72	13.89
山西	8.99	10.32	11.00	12.34	13.68
河南	10.84	11.06	11.60	12.80	13.99
陕西	11.10	11.16	12.05	13.02	14.00

二、经济发展水平

2013～2022 年，黄河金三角地区生产总值持续增长，从 2013 年的 59525.1 亿元增加到 119760.4 亿元，年均增长率为 8.08%；地区生产总值年均增长率最高为山西（8.82%），河南和陕西分别为 7.64% 和 8.36%。

2013～2021 年，黄河金三角地区居民人均可支配收入从 2013 年的 14864 元增加到 2021 年的 28868 元，年均增长率为 7.65%，河南 2021 年人均可支配收入突破 30000 元，河南、陕西和山西人均可支配收入年均增长率分别是 8.17%、7.93% 和 6.84%。

三、基础设施水平

2015～2021 年，黄河金三角地区文化设施水平呈 M 型上升趋势，且从 2016 年开始其指数高于全国平均水平。分地区看，山西文化设施水平呈波浪式上升趋势；河南文化设施水平最低且其指数保持在 11 左右；陕西文化设施水平呈倒 V 型增长态势，从 2015 年的 27.53 上升至 44.46。见表 8-1-3。

表 8-1-3　　　　2015～2021 年黄河金三角地区文化设施水平综合指数

地区	2015 年	2016 年	2017 年	2018 年	2019 年	2020 年	2021 年
全国平均	25.12	25.92	27.88	26.93	26.40	26.94	27.59
黄河金三角地区	23.89	27.05	30.33	31.88	31.34	32.30	31.12
山西	33.94	33.90	35.79	35.93	35.52	38.04	37.40
河南	10.20	10.39	12.06	11.39	11.38	11.81	11.48
陕西	27.53	36.87	43.15	48.33	47.13	47.04	44.46

2015～2021 年，黄河金三角地区城市公共设施水平呈 N 型增长态势，但历年指数均低于全国平均水平。分地区看，河南城市公共设施水平逐年缓慢增长，从 2015 年的 27.29 上升至 2021 年的 40.00；山西城市公共设施水平呈 N 型增长趋势，从 2015 年的 25.01 上升至 2021 年的 36.72；陕西城市公共设施水平呈 N 型下降趋势，从 2015 年的 40.95 下降至 2021 年的 38.91。见表 8-1-4。

表 8-1-4　　　　2015～2021 年黄河金三角地区城市公共设施水平综合指数

地区	2015 年	2016 年	2017 年	2018 年	2019 年	2020 年	2021 年
全国平均	32.17	35.77	35.32	36.58	37.70	38.51	38.85
黄河金三角地区	31.08	34.93	31.27	33.78	35.80	36.63	38.54
山西	25.01	29.37	22.50	27.57	30.30	31.30	36.72
河南	27.29	32.57	33.09	37.53	38.53	39.61	40.00
陕西	40.95	42.86	38.22	36.25	38.57	38.99	38.91

2015～2021年，黄河金三角地区交通设施水平呈波浪式上升态势，且历年交通建设水平均高于全国平均水平。分地区看，陕西历年交通设施水平显著低于山西和河南水平且呈波浪式下降趋势，其指数从2015年的29.85下降至2021年的19.14；山西交通设施水平指数从2018年开始处于60以上水平，2021年为61.96；河南历年交通设施水平指数在41上下波动。见表8-1-5。

表8-1-5　　　2015～2021年黄河金三角地区交通设施水平综合指数

地区	2015年	2016年	2017年	2018年	2019年	2020年	2021年
全国平均	34.41	33.89	35.46	34.40	35.34	35.23	34.32
黄河金三角地区	39.12	38.10	40.28	41.67	40.84	41.64	40.51
山西	42.08	41.05	46.01	63.29	62.68	63.54	61.96
河南	45.41	43.41	44.41	39.37	41.99	41.78	40.44
陕西	29.85	29.84	30.41	22.35	17.86	19.58	19.14

四、开放水平

2010～2017年，黄河金三角地区历年开放水平均远低于全国平均水平。其中，山西开放水平最低；陕西开放水平最高，2017年为10.83。见表8-1-6。

表8-1-6　　　2010～2017年黄河金三角地区开放水平综合指数

地区	2010年	2011年	2012年	2013年	2014年	2015年	2016年	2017年
全国平均	26.63	25.88	24.64	23.63	21.84	19.03	20.73	23.14
黄河金三角地区	6.99	7.15	6.41	7.51	7.09	6.44	8.81	9.92
山西	6.25	6.04	5.41	4.45	5.03	4.80	7.51	9.53
河南	7.03	7.81	7.13	7.65	5.37	4.80	8.70	9.39
陕西	7.68	7.60	6.70	10.41	10.86	9.72	10.21	10.83

第二节　黄河金三角地区特色文化产业的制度环境分析

黄河金三角地区的特色文化产业发展依赖于该地区长期自然形成的内在制度，但随着经济社会的发展，这种内在制度已显现出明显的弊端，内在制度已经不能适应黄河金三角各地区特色文化产业的发展，此时需要外在制度对内在制度进行补充和完善，弥补内在制度的不足，促使内在制度与外在制度互补，从而促进各省特色文化产业的繁荣。

一、内在制度方面

2015~2021年，黄河金三角地区文化消费氛围指数呈波浪式减少态势，且最近两年其文化消费氛围指数低于全国平均水平。分地区看，陕西历年文化消费氛围最浓，但其指数呈倒 N 型减少趋势；河南文化消费氛围呈 W 型上升趋势；山西文化消费氛围呈波浪式发展态势。见表 8 - 2 - 1。

表 8 - 2 - 1　　　2015~2021 年黄河金三角地区文化消费氛围综合指数

地区	2015 年	2016 年	2017 年	2018 年	2019 年	2020 年	2021 年
全国平均	21.93	20.55	21.70	20.80	21.57	23.17	23.18
黄河金三角地区	22.81	20.58	22.94	21.49	22.19	21.86	18.87
山西	19.71	15.11	21.92	18.73	18.20	21.61	18.55
河南	15.27	13.19	13.87	12.47	14.82	15.40	16.84
陕西	33.46	33.43	33.02	33.25	33.56	28.56	21.22

和其他地区一样，黄河金三角地区均成立了各地区戏剧家协会、摄影家协会、电影家协会、书法家协会、音乐家协会、杂技家协会、美术家协会、电视艺术家协会、曲艺家协会、作家协会、舞蹈家协会、演出行业协会、文艺评论家协会、民间文艺家协会等行业协会。这些行业协会的正常运行对推动本地区本领域创作及其品质的提升、宣传推广、人才培养等起重要的推动作用，对形成本领域从业人员"圈"文化、文化创意氛围等内在制度起至关重要的影响。

二、外在制度方面

2010～2022 年，黄河金三角地区各省特色文化产业外在制度结构具有以下三个特征：（1）和其他地区一样，没有专门针对特色文化产业的知识产权保护相关政策。（2）除为贯彻落实国家层面政策而制定了本地区文物保护、非物质文化遗产、戏曲及传统工艺等相应政策外，黄河金三角地区较少制定实施特色文化产业促进专项政策，绝大多数政策散落在文化产业发展政策中。2010～2022 年，颁布与特色文化产业相关的政策 50 余项。（3）和其他地区类似，没有专门的特色文化产业规制制度，有些特色文化产业规制制度散落在文化产业发展政策中。

从特色文化产业价值链各环节看，涉及消费者的政策最少，且政策实用性不强。

涉及文化资源政策相对较多，内容主要侧重对本省特色文化资源进行挖掘、保护和开发。

涉及内容创意的政策相对最多，内容主要包括鼓励文化企业在创作过程中突出本地文化特色、注重对创意人才的培养等。

涉及生产制造的政策内容主要是鼓励文化企业在生产过程中在保持传统技艺的基础上注意与科技相结合、大力支持地方戏曲的创作、提倡"工匠精神"等。

涉及市场推广的政策内容主要涉及本省传统工艺、红色文化资源、地方戏曲等的宣传及加强与国外的交流、抓住国家"一带一路"政策的机会使本省的特色文化"走出去"等。

第三节　黄河金三角地区特色文化产业的
生产要素结构分析

本节侧重探讨黄河金三角地区特色文化资源、创意阶层及生产技艺/工艺这三种主要的生产要素。

一、特色文化资源

黄河金三角地区各省均是文化资源大省，有着非常丰富的特色文化资源。

（一）山西省

山西省特色文化资源主要有红色文化资源、晋商文化资源、边塞文化资源、黄河文化资源及佛教文化资源等。

山西作为革命老区，红色文化资源较为丰富，现存不同时期党史重要机构旧址、重要党史人物故居旧居、重大战役遗址和重大纪念设施等 3400 余处[①]。山西红色文化资源主要有陕甘宁晋绥联防军旧址、八路军太行纪念馆、王家峪八路军总部旧址、百团大战砖壁指挥部旧址等旧址，革命历史人物如刘胡兰、马应元等，伟人故居及纪念地如左权将军殉难处等，以及红色文艺作品如《吕梁英雄传》《在太行山上》《黄河大合唱》等[②]有形红色文化资源和平型关战役、晋中战役、太原战役等战役及与之有关的革命历史人物故事、革命精神等无形文化资源。

晋商文化资源主要有与晋商文化有关的古城古镇（如平遥古城、祁县晋商老街等）、著名商号（如大盛魁、日升昌票号等）及名门和名商等有形文化资源，以及晋商传奇故事，晋商开拓进取、不畏艰难、诚实守信的经商精神等无形文化资源。

山西边塞文化资源主要有边塞传统建筑、边塞长城、山阴县汉墓群、著名边塞诗歌等有形文化资源以及边塞人民生活习惯、手工技艺、生产习俗等无形文化资源。其中，朔州市山阴县是山西边塞文化资源的典型代表地区[③]。

山西黄河文化资源主要有以壶口瀑布、偏关老牛湾、乾坤湾、娘娘滩、晋陕大峡谷为代表的黄河自然景观，以西侯度遗址、尧王台遗址、丁村遗址、陶寺遗址、蒲津渡遗址为代表的遗址遗迹，以黄土高原土穴窑居、观河楼、风陵渡、大禹渡、渡口铁牛等为代表的人文景观等有形文化资源，以及以后羿射日、嫦娥奔月、夸父

① 赵中梁. 山西省红色文化的当代价值及其实现探究 [J]. 科协论坛, 2018 (07): 50 - 52.

② 胡果. 山西红色文化资源特征与发展的研究 [J]. 山西经济管理干部学院学报, 2017, 25 (03): 50 - 54.

③ 吴晓瑗, 邱丽氚, 柳涛. 山西省山阴县边塞文化旅游发展研究 [J]. 价值工程, 2016, 35 (21): 37 - 39.

逐日、大禹治水以及尧王让贤为代表的神话传说、黄河歌谣谚语及与农耕文化礼仪相关的生产/生活习俗、农事礼仪、神话传说、农耕精神等无形文化资源。

山西共有157处国家级佛教文物资源，以云冈石窟和五台山最具代表性[1]。佛教文化资源主要有佛教建筑（如五台山、云冈石窟等）、与佛教有关的雕刻（如弟子像、菩萨像、文士像等）、知名佛教高僧（如法显、慧远和昙鸾等）等有形文化资源以及佛教习俗、佛教节日、佛教礼仪、佛教传说、佛教思想等无形文化资源。

（二）河南省

河南省特色文化资源主要有红色文化资源、黄河文化资源、古都文化资源、武术文化资源、戏曲文化资源以及佛教文化资源。

河南省拥有丰富的红色文化资源，主要有革命旧址、名人纪念馆、革命人物故居、纪念地（如刘邓大军强渡黄河纪念地）及革命人物等有形文化资源以及革命精神（如大别山精神等）、革命历史人物故事等无形文化资源。

河南黄河文化资源主要有与黄河文化有关的著名人物（如伏羲、黄帝等）、古圣先贤（如老子、范蠡、程颢等）、文化作品（如第一部字典《说文解字》等）[2]、遗址/遗迹（如仰韶村古文化遗址、商城遗址等），以黄河三峡、黄河碑林等为代表的自然和人文景观等有形文化资源及历代河南人民治河故事及其精神、生产习俗、生活习惯、黄河歌谣谚语等无形文化资源。

河南古都文化资源十分丰富，我国八大古都中有四个在河南（洛阳、开封、郑州、安阳）。河南古都文化资源主要有洛阳二里头遗址、商城遗址、汉魏故城、隋唐故城等，郑州轩辕黄帝故里、裴李岗文化遗址、大河村遗址、商城遗址等古代都城遗迹/遗址，以及知名历史建筑、古代服装服饰、历史知名人物等有形文化资源，古都建城历史故事、古都人民的生产技艺、生产习俗及历史知名人物故事及传奇、古都发生的重大事件等无形文化资源[3]。

---

① 赵彪，王利．山西省佛教资源空间分布结构研究［J］．经济研究导刊，2014（09）：196－199．

② 郭二艳．河南历史文化资源的深度挖掘及旅游开发［J］．长春工业大学学报（社会科学版），2014，26（01）：142－145．

③ 李雪琴．河南古都文化旅游发展战略思考［J］．中小企业管理与科技（上旬刊），2014（06）：144－145．

河南武术文化资源主要与武术有关的拳经拳法（如《苌式武技书》《少林棍法禅宗》等）、与武术有关的影视作品（如《少林寺》《太极宗师》等）及知名武术家（如陈王廷、福居禅师、马学礼等）等有形文化资源以及知名武术家传奇故事、少林寺传奇故事、武术拳法技艺、武术精神以及习武风俗等无形文化资源。

河南被称为"戏曲之乡"，以豫剧、曲剧、越调最具代表性。戏曲文化资源主要有以著名豫剧人物及其故事（如豫剧五大名旦）、经典曲目（如《花木兰》《穆桂英挂帅》）等为代表的豫剧文化资源，以著名曲剧人物及其故事（如张新芳、胡希华、海连池、马琪等）、经典曲目（如《陈三两》《屠夫状元》等）等为代表的曲剧文化资源和越调知名人物及其故事（如申凤梅等）、经典曲目（如《诸葛亮吊孝》《收姜维》等）为代表的越调文化资源[1]。

河南佛教文化资源主要有佛教寺院（如少林寺、白马寺等名寺）、佛经（如《四十二章经》等）、教典（如《阿含部》《般若部》等）、佛教雕塑及壁画、佛教建筑（少林寺、相国寺、白马寺、龙门石窟等）等有形文化资源以及佛教习俗、佛教思想、佛教故事（如佛祖说法、飞天祭月等）等无形文化资源。

（三）陕西省

陕西省代表性特色文化资源主要有红色文化资源、汉唐文化资源及秦文化资源等。

陕西省红色文化资源较为丰富，以延安红色文化资源最为知名。延安红色文化资源主要有延安纪念博物馆、中共中央驻地旧址（如凤凰山革命旧址、枣园革命旧址）、领导人故居旧居（如毛泽东旧居、彭德怀旧居）、会议旧址（如洛川会议旧址、中央工作会议会址）、战争遗址（如瓦窑堡战斗遗址等）、国际友人旧居（如美军驻延安观察组旧址）、陕甘宁边区及西北苏区党政军机关旧址、抗日战争二战区旧址（如中共中央西北局旧址）、工厂及公营企业旧址（如红军兵工厂旧址）、院校旧址（如中共中央延安党校旧址）、新闻出版文化卫生机关旧址（如八路军印刷厂旧址）、其他革命纪念地（如张思德烈士牺牲纪念地）等有形文化资

①　郭二艳．河南历史文化资源的深度挖掘及旅游开发［J］．长春工业大学学报（社会科学版），2014，26（01）：142－145.

源及众多革命人物的英雄事迹及革命精神等无形红色文化资源。

陕西作为汉、唐两朝都城，汉唐文化资源十分丰富。汉唐文化资源主要有以汉唐长安城遗址、大雁塔、小雁塔、大明宫遗址、华清宫遗址、香积寺善导塔、西安碑林等①为代表的汉唐建筑遗址，著名诗人（如王勃、王维、杜甫、李白等）、著名文学家/辞赋家（如贾谊、司马相如、司马迁等）、"药王"孙思邈、汉唐帝王将相及其陵墓及汉唐时期各种创作作品（如《史记》《千金方》等）等有形文化资源以及汉唐时期发生的重大历史事件、故事传说（如张骞出使西域的故事等）、生活习俗、生产技艺等无形文化资源。

秦文化资源主要有与秦文化有关的遗迹/遗址（如秦咸阳宫遗址等）、秦始皇陵（以兵马俑最具代表性）、著名历史人物（如秦始皇等）、戏曲（如秦腔等）、秦长城等有形文化资源以及与秦文化有关的生产习俗、手工技艺、神话传说、秦精神等无形文化资源。

二、创意阶层

2015~2021年，黄河金三角地区创意阶层人数呈波浪式增加态势，年均增长率为5.70%。分地区看，河南历年创意阶层人数均多于其他地区，和陕西一样呈波浪式增加态势，这两地区年均增长率分别为7.90%和4.73%；山西创意阶层人数从2017年开始基本保持不变，年均增长率为3.19%。见表8-3-1。

表8-3-1　　2015~2021年黄河金三角地区创意阶层人数变化　　单位：人，%

地区	2015年	2016年	2017年	2018年	2019年	2020年	2021年	年均增长率
山西	10869	10789	13052	13369	13746	13941	13125	3.19
河南	15328	15141	21873	21182	23914	22452	24184	7.90
陕西	10160	11185	13134	12552	13674	12301	13408	4.73
合计	36357	37115	48059	47103	51334	48694	50717	5.70

以艺术表演人数看，2015~2021年，黄河金三角地区艺术表演人数呈N型增长态势，年均增长率为7.95%。分地区看，河南历年艺术表演人数最多，且

① 汤铭，丁永刚．"丝绸之路经济带"视域下陕西汉唐文化发展路径思考［J］．文化学刊，2019（10）：23-26.

呈波浪式增长态势，年均增长率为 9.95%；山西艺术表演人数历年高于陕西并呈倒 N 型发展态势，年均增长率为 3.87%；陕西艺术表演人才数呈 N 型增长态势，年均增长率为 8.83%。见表 8 - 3 - 2。

表 8 - 3 - 2　　　　　2015～2021 年黄河金三角艺术表演人数变化　　　　单位：人，%

地区	2015 年	2016 年	2017 年	2018 年	2019 年	2020 年	2021 年	年均增长率
山西	7088	7041	8572	9145	9215	9479	8902	3.87
河南	10396	10091	17028	16296	18551	16874	18362	9.95
陕西	5040	5888	7733	8192	8270	7108	8372	8.83
合计	22524	23020	33333	33633	36036	33461	35636	7.95

从非物质文化遗产代表性传承人看，这一地区国家级传承人累计 353 人，其中，山西人数最多（149 人），河南和陕西分别是 126 人和 78 人；省级传承人累计 2658 人，其中，河南人数最多（1136 人），山西和陕西分别是 1076 人和 446 人。

三、生产技术/工艺

从国家传统工艺重点扶持项目看，黄河金三角地区国家重点扶持的传统工艺数量为 40 项。其中河南 15 项，山西 14 项，陕西 11 项。从传统工艺类型看，剪纸刻绘最多，为 10 项；其次是陶瓷烧造，为 9 项；然后依次是雕刻塑造和纺染织绣各 6 项和 5 项，漆器髹饰和文房制作各 3 项，金属加工 2 项，编织扎制和器具制作各 1 项。见表 8 - 3 - 3。

表 8 - 3 - 3　　　　黄河金三角国家重点扶持传统工艺分布　　　　单位：项

地区	编织扎制	雕刻塑造	纺染织绣	金属加工	剪纸刻绘	漆器髹饰	陶瓷烧造	文房制作	器具制作	合计
山西	0	1	2	2	2	3	2	2	0	14
河南	1	3	1	0	4	0	5	0	1	15
陕西	0	2	2	0	4	0	2	1	0	11
合计	1	6	5	2	10	3	9	3	1	40

第四节　黄河金三角地区特色文化产业
供给与需求结构分析

一、产业结构分析

（一）产业结构整体分析

整体而言，和其他地区一样，黄河金三角地区特色文化旅游产业一枝独大。

特色文化旅游产业是黄河金三角地区特色文化产业的主导产业和支柱产业，是拉动地方经济发展的重要力量。黄河金三角地区均制定并实施了本省旅游产业发展规划以及其他系列支持政策。这些政策的实施以及文化旅游氛围的提升推动了各地区特色文化旅游产业市场规模日益扩大。2014～2019 年，河南旅游总收入和游客人数均位居黄河金三角地区第一，陕西旅游总收入和山西游客人数年均增速则居黄河金三角地区第一。

为贯彻落实《中国传统工艺振兴计划》，近年来，黄河金三角地区各省均制定了促进地方传统工艺品振兴的实施意见。和其他地区相比，黄河金三角地区工艺美术产品产业竞争力比较弱，主营业务收入仅占全国同类产业收入的5.4%，特色工艺品企业以中小型企业特别是小微企业居多，规模以上企业数量极少。

为贯彻落实国务院《关于支持戏曲传承发展的若干政策》要求，黄河金三角地区各省均制定了本省相应的政策。随着外在制度强力介入特色表演艺术产业特别是地方传统戏曲，黄河金三角地区特色表演机构数量、国内演出场次以及国内演出观众总人数呈不同程度增加，特色表演机构演出总收入、特色表演机构平均演出收入和平均国内演出场次及单场观众人数均出现较大幅度下降。

黄河金三角地区特色节庆比较活跃，各地区较多特色节庆创办于 20 世纪末和 21 世纪初（传统节庆除外），绝大多数节庆每年举办一次，地点相对固定。

（二）特色工艺品产业

我国第三次经济普查统计表明，黄河金三角地区工艺美术产品产业生产大类企业营业收入和主营业务收入分别为 863.56 亿元和 873.85 亿元；黄河金三角三省工艺美术产品产业收入相对较低，营业收入仅占全国的 5.40%。分地区看，河南工艺美术产品产业生产大类企业营业收入和主营业务收入，分别为 719.64 亿元和 714.97 亿元，均高于山西和陕西，山西营业收入和主营业务收入最少，见表 8 - 4 - 1。

表 8 - 4 - 1　　　　　第三次经济普查黄河金三角地区工艺美术产品
生产大类企业收入情况　　　　　单位：亿元,%

地区	营业收入		主营业务收入	
	绝对值	占全国比重	绝对值	占全国比重
山西	63.97	0.4	63.55	0.4
河南	719.64	4.5	714.97	4.5
陕西	79.96	0.5	79.44	0.5
合计	863.56	5.4	857.96	5.4

从不同规模企业看，黄河金三角工艺美术产品生产大类规模以上企业营业收入和主营业务收入分别为 681.59 亿元和 679.78 亿元，规模以下企业营业收入和主营业务收入分别是 181.97 亿元和 178.19 亿元。分地区看，河南无论规模以上还是规模以下企业收入均高于山西和陕西，山西规模以上企业收入和陕西相等，但陕西规模以下企业收入高于山西，见表 8 - 4 - 2。

表 8 - 4 - 2　　　　　第三次经济普查黄河金三角工艺美术产品生产
大类不同规模企业产出情况　　　　　单位：亿元

地区	营业收入		主营业务收入	
	规模以上	规模以下	规模以上	规模以下
山西	50.49	13.48	50.35	13.20
河南	580.61	139.02	579.07	135.90
陕西	50.49	29.47	50.35	29.09
合计	681.59	181.97	679.78	178.19

（三）特色表演艺术产业

就特色表演机构数量而言，和2013年相比，2017年黄河金三角地区特色表演机构数量增加较多，从2013年的481家增加到2017年的1362家，年平均增长率为29.72%。并且，地方戏曲类一枝独大，2013年和2017年地方戏曲类分别为410家和1070家，占机构总数的85.24%和78.56%。分剧种看，虽然所有剧种数量都呈不同程度增加，但曲艺类机构增长速度最快，从2013年的28家增加到2017年的198家，年均增长率为63.07%。分地区看，河南特色表演艺术机构数量增长最快，从2013年的264家增加到2017年的874家，年平均增长率为34.89%；陕西机构数量从2013年的75家增加到2017年的169家，年平均增长率为22.52%；山西机构数量从2013年的142家增加到2017年的319家，年均增长率为22.43%。见表8-4-3。

表8-4-3　　2013年/2017年黄河金三角地区不同剧种机构数量变化　　单位：家,%

地区	京剧、昆曲类		地方戏曲类		杂技、魔术、马戏类		曲艺类		合计		
	2013年	2017年	2013年	2017年	2013年	2017年	2013年	2017年	2013年	2017年	年均增速
河南	2	3	206	643	37	79	19	149	264	874	34.89
山西	1	1	134	267	1	6	6	45	142	319	22.43
陕西	1	1	70	160	1	4	3	4	75	169	22.52
合计	4	5	410	1070	39	89	28	198	481	1362	29.72
年均增速	5.74		27.10		22.91		63.07		29.72		

就特色表演机构国内演出场次而言，黄河金三角地区特色表演机构国内演出场次从2013年的20.48万场次增加到2017年的37.30万场次，年均增速为16.17%，对比其机构数量年均增长率（29.72%）可以看出，这一地区特色表演机构平均国内演出场次减幅较大。分剧种看，杂技、魔术、马戏类国内演出场次从2013年的4.26万场次减少至2017年的1.42万场次，年均减幅为16.73%；京剧、昆曲类国内演出场次基本维持不变；其他两剧种国内演出场次均增幅较

大。对比各剧种机构数量年均增长率可以看出，各剧种机构平均演出场次均呈不同程度下降，特别是杂技、魔术、马戏类。分地区看，三个地区特色表演机构国内演出场次均呈不同程度增加，达15%以上，对比其特色表演机构数量年均增长率可以看出，这三个地区特色表演机构平均演出场次呈不同程度减少。见表8-4-4。

表8-4-4 　　　　　　2013年/2017年黄河金三角地区各剧种

国内演出场次变化　　　　　单位：万场次，%

地区	京剧、昆曲类		地方戏曲类		杂技、魔术、马戏类		曲艺类		合计		
	2013年	2017年	2013年	2017年	2013年	2017年	2013年	2017年	2013年	2017年	年均增速
河南	0.03	0.02	5.58	18.58	8.73	4.08	1.31	5.99	15.65	28.67	16.34
山西	0.01	0.02	3.01	4.91	0.08	0.1	0.04	0.55	3.14	5.58	15.46
陕西	0.01	0.01	1.56	2.83	0.05	0.08	0.07	0.13	1.69	3.05	15.91
合计	0.05	0.05	10.15	26.32	8.86	4.26	1.42	6.67	20.48	37.30	16.17
年均增速	0.00		26.90		-16.73		47.22		16.17		

就特色表演机构国内演出观众人数而言，黄河金三角地区特色表演机构国内演出观众人数从2013年的13331万人次增加到2017年的17962.62万人次，年平均增长率为7.74%，但低于其国内演出场次增长率（16.17%），可见这一地区特色表演机构单场演出观众人数有所减少。分剧种看，除杂技、魔术、马戏类国内演出观众人数减幅为10.68%外，其他剧种国内演出观众人数均呈不同程度增加，曲艺类更是如此（年均增幅为60.77%）。对比各剧种国内演出场次年均增长率可以看出，除地方戏曲类单场国内演出观众人数减少较多外，其他剧种单场国内演出观众人数呈不同程度增加。分地区看，三省特色表演机构国内演出观众人数均呈不同程度增加，对比其国内演出场次年均增长率可以看出，三省单场国内演出观众人数均呈不同程度减少。见表8-4-5。

表 8 – 4 – 5　　　　　　2013 年/2017 年黄河金三角地区各剧种

国内演出观众人数变化　　　　　单位：万人次,%

地区	京剧、昆曲类		地方戏曲类		杂技、魔术、马戏类		曲艺类		合计		
	2013 年	2017 年	2013 年	2017 年	2013 年	2017 年	2013 年	2017 年	2013 年	2017 年	年均增速
河南	16	13.08	6152	9372.09	1907	1095.42	155	1042.62	8230	11523.21	8.78
山西	2	15.21	3021	3884.6	1	44.35	7	108.03	3031	4052.19	7.53
陕西	5	5	2026	2266.84	25	90.35	14	25.03	2070	2387.22	3.63
合计	23	33.29	11199	15523.53	1933	1230.12	176	1175.68	13331	17962.62	7.74
年均增速	9.68		8.51		−10.68		60.77		7.74		

就特色表演机构演出收入而言，黄河金三角地区特色表演机构演出收入急剧减少，从 2013 年的 346960 万元减少到 2017 年的 72015 万元，年均下降幅度达 32.50%，对比其特色表演机构数量年均增长率可以看出，这一地区特色表演机构平均演出收入急剧下降。分剧种看，所有剧种的演出收入均呈迅速减少的趋势，除曲艺类演出收入年均减幅约为 10% 外，其他剧种演出收入年均减幅均达 30% 以上，对比各剧种机构数量年均增长率可以看出，各剧种机构平均演出收入均急剧减少。分地区看，所有地区特色表演机构演出收入年均下降幅度达 28% 以上，对比其特色表演机构数量年均增长率可以看出，所有地区特色表演机构平均演出收入均呈较大幅度减少，见表 8 – 4 – 6。

表 8 – 4 – 6　　　2013 年/2017 年黄河金三角地区各剧种演出收入变化　　　单位：万元,%

地区	京剧、昆曲类		地方戏曲类		杂技、魔术、马戏类		曲艺类		合计		
	2013 年	2017 年	2013 年	2017 年	2013 年	2017 年	2013 年	2017 年	2013 年	2017 年	年均增速
河南	211	109	101988	28906	41404	6144	5460	3781	149063	38940	−28.51
山西	2773	481	118211	18183	1800	363	1831	1229	124615	20256	−36.50
陕西	762	227	65140	11396	5973	661	1407	535	73282	12819	−35.33
合计	3746	817	285339	58485	49177	7168	8698	5545	346960	72015	−32.50
年均增速	−31.66		−32.71		−38.21		−10.64		−32.50		

（四）特色文化旅游产业

黄河金三角地区旅游产业发展比较快速，越来越成为拉动地区经济增长的
主要力量。2014～2019 年，陕西旅游总收入、国内收入和入境收入均逐年递增
且年均增速居黄河金三角地区第一，年均增速分别为 23.28%、23.44% 和
18.92%；山西和河南旅游总收入、国内收入和入境收入均逐年递增，其中山西
国内旅游收入、河南入境旅游收入的年均增速较快，见表 8 - 4 - 7。

表 8 - 4 - 7　　　　　　　　2014～2019 年黄河金三角地区

旅游收入情况　　　单位：亿元，亿美元，%

地区		2014 年	2015 年	2016 年	2017 年	2018 年	2019 年	年均增速
山西	总收入	2848.20	3448.90	4249.30	5362.17	6724.90	8026.94	23.03
	国内	2829.29	3428.91	4227.97	5338.61	6699.46	7999.35	23.10
	入境	2.81	2.97	3.17	3.50	3.78	4.10	7.85
河南	总收入	4370.79	5039.14	5763.23	6751.09	8121.59	9604.76	17.05
	国内	4322.00	4982.00	5703.00	6685.00	8052.00	9517.00	17.10
	入境	7.25	8.49	8.95	9.82	10.34	13.04	12.46
陕西	总收入	2530.30	3011.68	3816.35	4784.98	5999.38	7205.67	23.28
	国内	2435.00	2904.00	3659.00	4603.00	5789.00	6979.00	23.44
	入境	14.16	16.00	23.38	27.04	31.26	33.68	18.92

2014～2019 年，黄河金三角三个地区游客总人数、国内游客和入境游客均
逐年增长，其中游客总数和国内游客年均增速最快的是山西（分别 22.70% 和
22.73%），入境游客年均增速最快的是陕西（11.83%），见表 8 - 4 - 8。

表 8 - 4 - 8　　　　2014～2019 年黄河金三角地区游客人数情况　　　单位：万人次，%

地区		2014 年	2015 年	2016 年	2017 年	2018 年	2019 年	年均增速
山西	总人数	30007.48	30010.38	36069.98	44397.00	56144.34	83466.23	22.70
	国内	29951.00	36007.00	44330.00	56073.00	70378.00	83390.00	22.73
	入境	56.48	59.38	62.98	67.00	71.34	76.23	6.18

续表

地区		2014 年	2015 年	2016 年	2017 年	2018 年	2019 年	年均增速
河南	总人数	45800.00	51889.29	58306.95	66511.00	78582.95	90154.47	14.50
	国内	45572.80	51621.00	58013.00	66203.68	78261.22	89803.00	14.53
	入境	227.20	268.29	293.95	307.32	321.73	351.47	9.12
陕西	总人数	33219.30	38567.03	44913.20	52284.74	63025.14	70714.72	16.31
	国内	32953.00	38274.00	44575.00	51901.00	62588.00	70249.00	16.35
	入境	266.30	293.03	338.20	383.74	437.14	465.72	11.83

注：山西各年入境游客数为过夜游客数。

（五）特色节庆产业

除传统节庆外，黄河金三角地区绝大多数特色节庆活动启动于 20 世纪末和 21 世纪初，绝大多数为区域性品牌；绝大多数节庆每年举办一次、地点相对固定，主要吸引举办地群众以及省内观众。绝大多数节庆活动是建立在本地区文化资源基础上，举办与此相关的各种活动，内容主要包括特色产品展销、地方特色艺术演出、民俗表演以及商务洽谈等。见表 8 - 4 - 9。

表 8 - 4 - 9 　　　　　黄河金三角地区代表性特色节庆（部分）

名称	起源/创办时间	举办时间	地点	主办	活动内容
云丘山中和文化旅游节	唐代	每年农历二月十五	云丘山	群众自发	祭祀大典仪式、开光法会、庙会、传统小吃展销、祈愿活动等
龙城双塔寺牡丹花艺术节	1982 年	每年 4 月 25 日至 5 月 20 日	太原永祚寺	太原市文物局	牡丹游园活动、经典诵读、书法展、文创产品展示、文艺演出、非物质文化遗产展演等
尧庙正月庙会	2000 年	正月初一至正月十五	尧庙	中共尧都区委、尧都区政府	民间祭祖、尧庙灯会、非物质文化遗产展演、大型灯光秀活动、传统祭祖表演。2019 年共吸引游客 10 万人次

续表

名称	起源/创办时间	举办时间	地点	主办	活动内容
晋商社火节	2001 年	每年春节期间和元宵节期间	山西晋中各县市	山西省原旅游局、晋中市委、市人民政府	民间习俗表演、民间八音会吹奏、锣鼓大赛、晋剧、秧歌、小戏演出等。2015 年共吸引游客 64.5 万人次
牛郎织女文化旅游节	2007 年	每三年一次	山西	山西省文明办、山西省文化和旅游厅	民俗表演、地方戏曲表演、经贸洽谈等
中国古县牡丹文化旅游节	2008 年	每年一届，五一前后	山西三合牡丹景区	古县人民政府	文艺演出、民俗表演、美食大赛、地方传统曲艺表演、摄影大赛、特色产品展销等
平遥梨花旅游节	2011 年	四月上旬或中旬	平遥县襄垣乡	平遥县人民政府	梨花观赏、特色文艺展演、产品宣传推广、商务洽谈等
隰县梨花节	2011 年	每年 4 月	山西隰县	隰县总商会主办	文艺演出、非遗文化展示、篝火晚会、书法摄影展、商贸洽谈等
中国（晋城）太行山国际文化旅游节	2011 年	6 月左右	晋城市文体宫	省委宣传部，晋城市委、市政府	太行山文化艺术节、棋子山国际围棋文化节、晋城文化旅游节、商贸洽谈等
洛阳牡丹文化节	1983 年	每年 4 月 5 日 ~ 5 月 5 日	洛阳	原文化部、河南省人民政府	赏花观灯、牡丹插花花艺展、书画展、民俗庙会、特色产品展销、商贸洽谈等。2014 年游客为 1970.56 万人次
中国开封菊花文化节	1983 年	10 月 18 日 ~ 11 月 18 日	万岁山大宋武侠城、龙亭、铁塔	国家住建部和河南省人民政府	菊花品种展、菊花赛、动漫节、文艺表演、商贸洽谈等

续表

名称	起源/创办时间	举办时间	地点	主办	活动内容
淮阳太昊伏羲祭典	1988年	每年农历二月初二至三月初三	河南省淮阳	群众自发	伏羲祭典仪式、民俗活动、特色产品展销、地方曲艺演出等
中国郑州少林国际武术节	1991年	每年10月21~26日	郑州	国家体育总局、河南省人民政府	武术表演、武术比赛、文体表演、武术学术活动、游少林等
焦作国际太极拳年会	1991年	每两年一届，8月中下旬	焦作	国家体育总局、河南省政府	太极表演、太极比赛、太极学术活动、观光旅游、商品展销、经贸洽谈等
黄帝故里拜祖大典	1992年	每年农历三月三	郑州市新郑市黄帝故里景区	河南省人民政府、政协河南省委员会等	拜祖大典仪式、文化表演等
中国禹州钧瓷文化节	2004年	每两年一次	禹州	中国工艺美术协会、中国陶瓷工业协会等	艺术陶瓷技艺大赛、钧瓷收藏家珍品展、中国钧瓷文化谈、钧瓷文化发展论坛、钧瓷拍卖会、商贸洽谈等
中国商丘国际华商节	2006年	偶数年农历九月初九	商丘	中国侨联、河南省政协	拜商祖仪式、特色产品展销、非遗产品展、商贸洽谈等
中国许昌国际三国文化旅游周	2006年	每年4月至6月	许昌	河南省商务厅、河南省原旅游局等	旅游产品展销、旅游产品设计比赛、三国文化旅游推介会、招商引资等
西安古文化艺术节	1990年	每年一次	西安	陕西省人民政府	民俗表演、地方特色艺术表演、主题歌舞表演、民间工艺品和纪念品展销、商贸洽谈等
宝鸡法门寺国际文化旅游节	2001年	每年一次	宝鸡	宝鸡市市委、宝鸡市人民政府	浴佛祈福法会、游览法门寺、佛教文化产品展销等
紫阳富硒茶文化节	2001年	5月1日~5月10日	陕西省紫阳县	陕西省紫阳县人民政府	紫阳民歌赛、地方戏曲演出、茶艺表演、茶叶展销、民俗观光、商贸洽谈等

二、需求结构分析

在剔除无效问卷后，山西、河南和陕西有效问卷分别为 37 份、34 份和 49 份。各地区样本特征如表 8 – 4 – 10 所示。

表 8 – 4 – 10　　　　　　黄河金三角地区样本量及其样本特征　　　　　单位：份

		山西	河南	陕西
样本量		37	34	49
性别	男	16	14	20
	女	21	20	29
学历	初中及以下	0	4	0
	高中/中专/技校	5	2	2
	大专	16	3	17
	本科	13	12	25
	研究生	3	13	5
年龄	18 岁以下	0	0	0
	18 ~ 25 岁	4	16	5
	26 ~ 30 岁	7	4	11
	31 ~ 40 岁	19	8	24
	41 ~ 50 岁	5	4	7
	51 ~ 60 岁	2	2	2
	60 岁以上	0	0	0
个人平均月收入	2000 元及以下	5	8	3
	2001 ~ 3000 元	1	3	0
	3001 ~ 5000 元	10	8	6
	5001 ~ 8000 元	16	6	32
	8001 ~ 10000 元	4	1	4
	10001 元及以上	1	8	4

（一）黄河金三角地区特色文化产业结构消费者偏好

调查发现，黄金河金三角地区三个省份被访者均最喜欢地方特色文化旅游，除此之外，山西和陕西被访者还喜欢地方特色工艺品，河南被访者还喜欢地方特色表演艺术，见表 8 - 4 - 11。

表 8 - 4 - 11　　　黄河金三角地区特色文化产品/服务消费偏好排序

地区	样本量	特色工艺品	特色表演艺术	特色文化旅游	地方特色节庆
山西	37	第2（3.02）	第4（2.47）	第1（3.61）	第3（3.00）
河南	34	第4（1.68）	第2（2.32）	第1（3.53）	第3（2.06）
陕西	49	第2（3.24）	第4（2.57）	第1（3.47）	第3（2.71）

注：本表排序规则：根据问卷调查结果，被访者越喜欢的赋值越高，算出各自分值的平均数后再根据值的大小排序。

（二）黄河金三角地区特色工艺品产业需求分析

调查发现，山西特色工艺品消费者群体规模最大，97.3% 的被访者表示"最近一年购买过地方特色工艺品"，93.88% 的陕西被访者和 55.88% 的河南被访者最近一年购买过地方特色工艺品。

从消费价格偏好看，黄河金三角不同地区消费者购买地方特色工艺品价格偏好存在差异。其中，山西消费者更喜欢购买100～499元尤其是300～499元的特色工艺品；河南消费者购买特色工艺品的价格分布比较分散，相对而言，更偏爱100～199元；陕西消费者最喜欢购买100～299元的特色工艺品。见表 8 - 4 - 12。

表 8 - 4 - 12　　　黄河金三角地区特色工艺品消费价格偏好占比　　　单位：%

价格	山西（N = 37）	河南（N = 34）	陕西（N = 49）
0～99 元	24.3	32.4	28.6
100～199 元	54.1	35.3	44.9
200～299 元	54.1	26.5	42.9

续表

价格	山西（N＝37）	河南（N＝34）	陕西（N＝49）
300～499 元	59.5	17.6	32.7
500～799 元	32.4	11.8	22.5
800～999 元	21.6	11.8	12.2
1000～1499 元	2.7	2.9	10.2
2000 元及以上	2.7	0	2.0
合计	251.4	138.2	195.9

　　从购买动机看，山西被访者购买特色工艺品主要是为了送给朋友（62.2%）、自己使用（62.2%）或送给家人（45.9%）等；河南被访者购买特色工艺品主要是为了送给朋友或家人，比重均为50%；陕西被访者购买特色工艺品主要是为了自己收藏（67.3%）、自己使用（65.3%）或者送给朋友（65.3%）。见表8－4－13。

表8－4－13　　黄河金三角地区消费者特色工艺品消费群体购买动机　　单位：%

购买动机	山西（N＝37）	河南（N＝34）	陕西（N＝49）
送给朋友	62.2	50.0	65.3
送给家人	45.9	50.0	53.1
送给同事	35.1	32.4	38.8
送给上司/长辈	21.6	32.4	10.2
送给下属/晚辈	24.3	17.6	8.2
自己收藏	43.2	41.2	67.3
自己使用	62.2	44.1	65.3
投资	2.7	2.9	2.0
支持传统文化	43.2	23.5	34.7
其他	0	0	0
合计	340.5	294.1	344.9

从购买特色工艺品渠道偏好看，旅游景区内商店是黄河金三角三省被访者购买特色工艺品最偏爱的购买渠道。除此之外，山西被访者还喜欢在淘宝/天猫或商场专柜等地方购买特色工艺品，河南被访者还喜欢在官方实体店、品牌专卖店等地方购买特色工艺产品，陕西被访者还喜欢在品牌专卖店、淘宝/天猫等地方购买特色工艺产品，见表 8 - 4 - 14。

表 8 - 4 - 14　　　　黄河金三角消费者特色工艺品购买渠道偏好　　　　单位：%

购买渠道	山西（N = 37）	河南（N = 34）	陕西（N = 49）
淘宝/天猫	43.24	20.59	42.86
京东	24.32	8.82	12.24
团购平台	2.70	0.00	8.16
官方网站	27.03	20.59	22.45
官方实体店	35.14	44.12	38.78
微商	5.41	0.00	8.16
超市	18.92	8.82	18.37
品牌专卖店	35.14	26.47	46.94
商场专柜	43.24	11.76	34.69
旅游景区内商店	59.46	64.71	81.63
合计	294.59	205.88	314.29

（三）黄河金三角地区特色表演艺术产业需求分析

从市场规模看，山西观看特色表演艺术的观众明显多于河南和陕西。调查表明，山西被访者最近一年都有看过特色表演艺术，23.5%的河南被访者和8.2%的陕西被访者表示最近一年没有看过特色表演艺术，见表 8 - 4 - 15。

看过的观众群中，山西观众看过最多的依次是地方传统戏曲（62.2%）、特色舞蹈表演（56.8%）、山水实景演出（40.5%）等，河南观众看过最多的依次是特色舞蹈表演（38.2%）、山水实景演出（29.4%）、地方传统戏曲（26.5%）等，陕西观众看过最多的依次是特色舞蹈表演（61.2%）、地方传统戏曲（55.1%）、民乐（49%）等。见表 8 - 4 - 15。从中可以看出，黄河三角地区观众对地方特色表演艺术消费偏好高度相似，其中，特色舞蹈表演、地方传统戏曲是他们的最爱。

表 8 - 4 - 15　　　　　黄河金三角地区地方特色表演艺术消费偏好　　　　单位：%

艺术类型	山西（N=37）	河南（N=34）	陕西（N=49）
相声	27.0	20.6	32.7
小品	37.8	17.6	20.4
杂技	35.1	17.6	42.9
京剧	13.5	5.9	2.0
地方传统戏曲	62.2	26.5	55.1
特色舞蹈表演	56.8	38.2	61.2
话剧	24.3	17.6	18.4
民乐	37.8	11.8	49.0
山水实景演出	40.5	29.4	36.7
没有看过	0.0	23.5	8.2
合计	335.1	208.8	326.5

从观看途径看，黄河金三角地区被访者最主要在演出现场观看特色表演艺术。其中，陕西、河南和山西分别有 85.7%、73.1% 和 70.3% 的被访者在现场观看过特色表演艺术，见表 8 - 4 - 16。此外，电视（51.4%）、优酷（35.1%）、抖音（35.1%）、腾讯视频（27%）、爱奇艺（27%）也是山西被访者观看特色表演艺术的重要途径，河南被访者还通过腾讯视频（42.3%）、抖音（38.5%）、电视（34.6%）、爱奇异（34.6%）等观看特色表演艺术，陕西被访者还通过电视（53.1%）、抖音（36.7%）、爱奇艺（28.6%）等观看特色表演艺术，见表 8 - 4 - 16。从中可以看出，演出现场是黄河三角地区被访者观看特色表演艺术最重要的场所，电视仍然是部分被访者（尤其是山西和陕西被访者）观看特色表演艺术的另一重要途径之一，部分观众还通过腾讯视频、爱奇艺、抖音等视频网站观看特色表演艺术。

表 8 - 4 - 16　　　　　黄河金三角地区观众特色表演艺术观看途径偏好　　　单位：%

观看途径	山西（N = 37）	河南（N = 34）	陕西（N = 49）
演出现场	70.3	73.1	85.7
电视	51.4	34.6	53.1
优酷	35.1	30.8	20.4
爱奇艺	27.0	34.6	28.6
土豆	5.4	7.7	4.1
抖音	35.1	38.5	36.7
快手	18.9	0.0	18.4
腾讯视频	27.0	42.3	22.4
其他	0.0	3.8	0.0
合计	270.3	265.4	269.4

从特色表演艺术衍生产品类型偏好看，山西被访者喜欢的表演艺术衍生产品依次是生活用品、书籍、儿童玩具、服饰产品，以及服装等，河南被访者喜欢的依次是书籍、首饰、儿童玩具、生活用品及画饰等，陕西消费者喜欢的依次是书籍、生活用品、儿童玩具、首饰及服饰产品等，见表 8 - 4 - 17。从中可以看，尽管三个省份在衍生产品潜在需求量方面有所差异，但书籍在山西、河南和陕西的潜在的市场需求量均是较大，儿童玩具在三个地区中均排在第三位；生活用品的潜在市场需求量在山西和陕西均占据前两位。

表 8 - 4 - 17　　　　黄河金三角地区特色表演艺术衍生产品消费偏好排序

消费偏好	山西（N = 37）	河南（N = 34）	陕西（N = 49）
生活用品	第1	第4	第2
书籍	第2	第1	第1
儿童玩具	第3	第3	第3
服饰产品	第4	第8	第5
服装	第5	第7	第6
首饰	第6	第2	第4
画饰	第7	第5	第7

消费偏好	山西（N＝37）	河南（N＝34）	陕西（N＝49）
茶具	第8	第6	第8
动画	第9	第10	第12
刻录光盘	第10	第9	第10
游戏	第11	第11	第9
香具	第12	第12	第11

从表演艺术衍生产品价格偏好看，黄河金三角地区三个省份被访者最偏爱购买499元以下的表演艺术衍生产品。其中，河南被访者更偏爱低价格的表演艺术衍生产品。调查发现，58.82%的被访者偏爱100～199元的产品，35.29%的被访者偏爱0～99元的产品；山西消费者对价格的承受稍高些。调查发现，54.05%的被访者偏爱100～199元的产品，其次是300～499元和200～299元的产品，分别有51.35%和48.65%的被访者偏爱这两个价格区间产品；陕西55.1%的被访者愿意购买300～499元的产品，分别有48.98%和42.86%的被访者愿意购买200～299元和100～199元的产品。见表8－4－18。

表8－4－18　黄河金三角地区地方特色表演艺术衍生产品消费者价格偏好　　单位：%

价格	山西（N＝37）	河南（N＝34）	陕西（N＝49）
0～99元	24.32	35.29	26.53
100～199元	54.05	58.82	42.86
200～299元	48.65	32.35	48.98
300～499元	51.35	5.88	55.10
500～799元	35.14	8.82	24.49
800～999元	27.03	2.94	18.37
1000～1499元	5.41	2.94	12.24
1500～1999元	0.00	2.94	0.00
2000元及以上	0.00	2.94	0.00
合计	245.95	152.94	228.57

（四）黄河金三角地区特色文化旅游产业需求分析

从消费群体规模看，山西特色文化旅游产业市场消费群体规模最大，调查发现，97.3%的被访者在过去一年去本地特色文化旅游景区；93.9%的陕西被访者和85.3%河南被访者最近一年去过本地特色文化旅游景区游玩过。见表8-4-19。从中可以看出，地方特色文化旅游景区在黄河金三角地区的消费市场巨大。

从游玩景区类型看，67.6%的山西被访者最近一年游玩过当地博物馆/博物院、特色古镇或历史遗迹/遗址；50%以上的河南被访者最近一年游玩过特色古镇和历史遗迹/遗址；71.4%的陕西被访者在最近一年游玩过特色古镇，67.3%的被访者游玩过当地博物馆/博物院和特色街区。

表8-4-19　　　　黄河金三角地方特色文化旅游景区类型游玩偏好　　　　单位：%

景区类型	山西（N=37）	河南（N=34）	陕西（N=49）
当地博物馆/博物院	67.6	38.2	67.3
历史遗迹/遗址	67.6	52.9	69.4
宗教景点	32.4	20.6	40.8
特色古镇	78.4	61.8	71.4
特色街区	67.6	44.1	67.3
没有去过	2.7	14.7	6.1
合计	316.2	232.4	322.4

从特色文化旅游衍生产品类型偏好看，三个省份被访者最喜欢生活用品类衍生产品。除此之外，山西被访者还喜欢的特色文化旅游衍生产品类型依次是服饰产品、藏品仿真件、摆件及首饰等，河南被访者还喜欢的特色文化旅游衍生产品类型依次是生活用品、服饰产品、书籍、主题儿童娱乐场、摆件及首饰等，陕西被访者还喜欢的特色文化旅游衍生产品类型依次是服饰产品、生活用品、首饰、书籍、摆件及藏品仿真件等，见表8-4-20。从中可以看出，黄河金三角地区三省市场需求量排在前几位的特色文化旅游衍生产品基本一样，主要是生活用品、服饰产品、摆件、首饰等。

表 8-4-20　　黄河金三角地区特色文化旅游衍生产品消费偏好排序

衍生产品类型	山西（N=37）	河南（N=34）	陕西（N=49）
生活用品	第1	第1	第2
服饰产品	第2	第1	第1
藏品仿真件	第3	第5	第5
摆件	第4	第4	第5
首饰	第5	第8	第3
服装	第6	第9	第8
书籍	第7	第2	第4
茶具	第8	第7	第9
画饰	第9	第8	第7
儿童玩具	第10	第6	第6
动画	第10	第12	第11
主题儿童娱乐场	第11	第3	第10
游戏	第12	第11	第12
刻录光盘	第13	第10	第13

　　从特色文化旅游衍生产品价格偏好看，山西更多被访者倾向选择 300～499 元（59.5%）及 100～199 元（51.4%）的衍生产品，河南更多被访者会选择 0～199 元尤其是 100～199 元的衍生产品，陕西更多被访者会选择 100～499 元尤其是 200～299 元的衍生产品，见表 8-4-21。

表 8-4-21　　　黄河金三角特色文化旅游衍生产品价格偏好　　　单位：%

价格	山西（N=37）	河南（N=34）	陕西（N=49）
0～99 元	27.0	47.1	24.5
100～199 元	51.4	52.9	44.9
200～299 元	48.6	26.5	55.1
300～499 元	59.5	14.7	46.9
500～799 元	35.1	8.8	24.5
800～999 元	24.3	5.9	28.6
1000～1499 元	8.1	2.9	6.1
1500～1999 元	0.0	0.0	2.0
2000 元及以上	0.0	5.9	2.0
合计	254.1	164.7	234.7

（五）黄河金三角地区特色节庆产业需求分析

从特色节庆消费群体规模看，山西特色节庆消费群体规模最大，86.49%的被访者最近一年参加过地方特色节庆活动；83.67%的陕西被访者和52.94%的河南被访者最近一年参加过地方特色节庆活动。

山西被访者最近一年没有参加过特色节庆活动的最主要的原因是"停车不便"或"之前去过，不想再去"，河南被访者最近一年没有参加过特色节庆活动的最主要的原因是路途远和时间冲突，陕西被访者最近一年没有参加过特色节庆活动的最主要的原因是不感兴趣和时间冲突，见表8-4-22。

表8-4-22　　　　　　　　未参加特色节庆活动的原因　　　　　　单位：%

未参加活动原因	山西	河南	陕西
没听过	0.0	18.8	12.5
路途远	0.0	43.8	25.0
门票贵	40.0	12.5	12.5
停车不便	60.0	6.3	12.5
住宿	20.0	12.5	12.5
时间冲突	40.0	43.8	50.0
不感兴趣	40.0	12.5	50.0
之前去过，不想再去	60.0	6.3	25.0
没有同伴	0.0	25.0	37.5
其他	0.0	6.3	0.0
合计	260.0	187.5	237.5

注：各省样本量未超过30，数值没有统计意义，仅供参考。

第五节　黄河金三角地区特色文化产业
供给侧结构性改革之思路

和全国其他地区相比，除交通设施外，黄河金三角地区区域特色文化产业发展的基础条件比较差，其内在制度环境略好于全国平均水平，但地方外在制度有待完善。结合各地区特色文化资源、产业结构供给现状及消费者需求偏好，在推动地区特色文化产业供给侧结构性改革过程中，黄河金三角地区可考虑走差异化特色文化旅游产业发展的道路，在优化和升级特色文化旅游产业的基础上，以各地区特色文化旅游产业为龙头，带动其他地方特色文化产业融合发展，并促进黄河金三角地区特色文化旅游产业协同发展。

一、山西省

除城市公共设施水平和开放水平外，山西省特色文化产业发展的基础条件略好于全国平均水平，其内在制度环境差于河南和陕西，且针对特色文化产业的专项政策较少。结合其生产要素现状、产业发展现状特别是山西省消费者消费需求偏好，在推动特色文化产业供给侧结构性改革过程中，山西省有必要制定并实施更多的特色文化产业专项政策并进一步提升消费者文化消费氛围，在此基础上，优化和升级晋商文化旅游产业尤其是晋商文化古镇，以晋商文化旅游产业为龙头带动其他旅游产业尤其是黄河和红色文化旅游产业发展，并依次促进晋商文化旅游产业与特色工艺品产业，特色节庆产业及特色表演艺术产业有序融合发展。具体而言：

优化和升级晋商文化旅游产业。制度层面，制定山西省晋商文化旅游产业发展规划，保护有形晋商文化资源，挖掘晋商文化资源尤其是无形文化资源，引导各地区晋商文化旅游产业差异化发展；巩固晋商文化旅游氛围。产业发展模式方面，可考虑采用以消费者导向型内在制度主导发展模式为主。优化和升级方面，提升以平遥古镇、青龙古镇、新平堡等古镇为代表的晋商文化旅游景区的服务品质，如景区内外基础设施尤其是交通设施完善、景点保护性开发及景点员工综合素养提升等。推动晋商文化旅游景区（尤其是古镇、特色街区）差异化和联动发展。各地区应充分挖掘本地区晋商文化资源尤其是无形文化资源并以此开发新的旅游景观，凸显本地晋商文化独特性从而形成差异化开发，由此可以进一步考虑推动晋商文化旅游各景区联动发展，形成晋商文化旅游景区共赢的协同效应。鼓励晋商文化旅游景区运营机构或文化企业差异化侧重开发价格 300～499 元和 100～199 元的生活用品、服饰产品、藏品仿真件等晋商文化衍生产品。以晋商文化旅游产业为龙头带动山西其他文化旅游产业特别是红色文化和黄河文化旅游产业的发展。

推动晋商文化旅游产业与特色工艺品产业融合，从而带动特色工艺品产业发展。制度层面，制定山西省特色工艺品产业发展规划，重点支持以雕刻塑造、纺染织绣、金属加工、剪纸刻绘、漆器髹饰、陶瓷烧造、文房制作等传统工艺为生产手段的特色工艺品的发展，引导特色工艺品产业与晋商文化旅游产业融合；制定非物质文化遗产传承人考核机制以及特色工艺品市场培育扶持政策等；巩固特色工艺品消费氛围。产业发展模式方面，可考虑采用以消费者导向型内在制度主导发展模式为主。融合发展层面，一是，推动晋商文化旅游景区运营机构或文化企业将具有市场潜力的特色工艺融入晋商文化旅游衍生产品开发中；二是，特色工艺品企业可考虑将晋商文化资源融入特色工艺品开发中，应侧重开发 100～499 元尤其是 300～499 元的工艺品；三是，除商场专柜、淘宝/天猫外，特色工艺品企业可考虑在晋商文化旅游景区尤其是平遥古镇、青龙古镇、新平堡等晋商文化旅游景区开设体验性销售门店，吸引游客参与产品制作过程，提升游客的产品文化认同感，扩大特色工艺知名度和销售量。

推动晋商文化旅游产业与特色节庆产业融合，从而带动特色节庆产业发展。制度层面，制定地方特色节庆品牌培育计划，推动地方特色节庆品牌建设；巩固并提升特色节庆活动观光氛围。产业发展模式方面，可考虑采用以内外制度合作主导型发展模式为主。融合发展方面，一是，特色节庆活动和晋商文化旅游景区尤其是平遥古镇等景区宣传推广的双向融合，从而扩大特色节庆的知名度；二是，引导特色节庆游客和晋商文化旅游景区特别是文化古镇游客双向观光；三是，将晋商文化旅游衍生产品展销融入以牛郎织女文化旅游节为代表的特色节庆活动中，从而拓展晋商文化旅游衍生产品的销售渠道；四是，鼓励晋商文化旅游景区尤其是平遥古镇等代表性晋商文化景区挖掘并举办具有本地鲜明特色的节庆活动。

推动晋商文化旅游产业与特色表演艺术产业融合，从而带动特色表演艺术产业发展。制度层面，制定并实施地方特色表演艺术产业发展规划和专项扶持政策，引导特色表演艺术机构开发原创现代剧目；继续支持特色表演艺术团体特别是蒲剧、晋剧等地方传统剧团开展惠民演出和公益演出；巩固人们的观看氛围。产业发展模式方面，可考虑采用以消费者导向型内在制度主导发展模式为主。融合发展方面，一是，推动特色表演艺术机构常驻平遥古城等晋商文化古镇，从而扩大特色表演艺术的知名度和提升人们对地方传统表演艺术的文化认同感；二是，特色表演艺术机构应充分挖掘包括晋商文化在内的本地无形文化资源，融入符合大众消费观念的原创现代剧目；三是，有条件的特色表演艺术机构可考虑开发衍生产品，侧重考虑开发 100~499 元的生活用品、书籍、儿童玩具等衍生产品，并将其衍生产品销售渠道拓展至以平遥古镇、青龙古镇、新平堡等晋商文化旅游景区。

二、河南省

除交通设施水平外，河南省特色文化产业其他基础条件均有待提高。其内在制度环境最好，但针对特色文化产业的专项政策比较少。结合其生产要素现状、产业发展现状特别是河南省消费者消费需求偏好，在推动河南省特色文化产业供给侧结构性改革过程中，河南需要进一步完善特色文化产业发展的基础条件；制定并实施更多的特色文化产业专项政策，巩固并提升消费者文化消费氛围，在此基础上优化和升级古都文化旅游产业，以古都文化旅游产业为龙头带动其他旅游产业尤其是红色文化和黄河文化旅游产业发展，并依次促进古都文化旅游产业与特色表演艺术、特色节庆产业及特色工艺品产业有序融合发展，同时推动古都文化旅游产业跨地区协同发展。具体而言：

优化和升级古都文化旅游产业。制度层面，制定河南省古都文化旅游产业发展规划，挖掘并保护有形古都文化资源，开发古都文化资源尤其是无形文化资源，引导各地区古都文化旅游产业差异化发展，提升古都文化旅游氛围。产业发展模式方面，可考虑采用以内外制度合作主导型发展模式为主。优化和升级方面，提升以清明上河园等为代表的古都文化旅游景区的服务品质，如景点保护性开发及景点员工综合素养提升等。推动古都文化旅游景区（尤其是古镇、特色街区）差异化和联动发展。各地区应充分挖掘本地区古都文化资源尤其是无形文化资源并以此开发新的旅游景观，凸显本地古都文化独特性从而形成差异化开发；由此可以进一步考虑推动古都文化旅游各景区联动发展，形成古都文化旅游景区共赢的协同效应。鼓励古都文化旅游景区运营机构或文化企业差异化侧重开发价格 0~199 元尤其是 100~199 元的生活用品、服饰产品、书籍、主题儿童娱乐场、摆件等古都文化衍生产品。以古都文化旅游产业为龙头带动河南省其他文化旅游产业特别是红色文化和黄河文化旅游产业的发展。

推动古都文化旅游产业与特色工艺品产业融合，从而带动特色工艺品产业发展。制度层面，制定河南省特色工艺品产业发展规划，重点支持以编织扎制、雕刻塑造、纺染织绣、剪纸刻绘、陶瓷烧造、器具制作等传统工艺为生产手段的特色工艺品的发展，引导特色工艺品产业与古都文化旅游产业融合；制定非物质文化遗产传承人考核机制以及特色工艺品市场培育扶持政策等；加大提升特色工艺品消费氛围的力度。产业发展模式方面，可考虑采用以内外制度合作主导型发展模式为主。融合发展层面，一是，推动古都文化旅游景区运营机构或文化企业将具有市场潜力的特色工艺融入古都文化旅游衍生产品开发中；二是，特色工艺品企业可考虑将古都文化资源融入特色工艺品开发中，应侧重开发 100～199 元的工艺品；三是，除官方实体店、品牌专卖店外，特色工艺品企业可考虑在古都文化旅游景区尤其是清明上河园等为代表的古都文化旅游景区开设体验性销售门店，吸引游客参与产品制作过程，提升游客的产品文化认同感，扩大特色工艺知名度和销售量。

推动古都文化旅游产业与特色节庆产业融合，从而带动特色节庆产业发展。制度层面，制定地方特色节庆品牌培育计划，推动地方特色节庆品牌建设；大力提升特色节庆活动观光氛围。产业发展模式方面，可考虑采用以内外制度合作主导型发展模式为主。融合发展方面，一是，特色节庆活动和古都文化旅游景区尤其是清明上河园等景区宣传推广的双向融合，从而扩大特色节庆的知名度；二是，引导特色节庆游客和古都文化旅游景区游客双向观光；三是，将古都文化旅游衍生产品展销融入以洛阳牡丹文化节、中国郑州少林国际武术节为代表的特色节庆活动中，从而拓展古都文化旅游衍生产品的销售渠道；四是，鼓励古都文化旅游景区尤其是清明上河园等代表性古都文化景区挖掘并举办具有本地鲜明特色的节庆活动。

推动古都文化旅游产业与特色表演艺术产业融合，从而带动特色表演艺术产业发展。制度层面，制定并实施地方特色表演艺术产业发展规划和专项扶持政策，引导特色表演艺术机构开发原创现代剧目；继续支持特色表演艺术团体特别是豫剧、曲剧等地方传统剧团开展惠民演出和公益演出；着力提升人们的观看氛围。产业发展模式方面，可考虑采用以内外制度合作主导型发展模式为主。融合发展方面，一是，推动特色表演艺术机构常驻如清明上河园等古都文化旅游景区，从而扩大特色表演艺术的知名度和提升人们对地方传统表演艺术的文化认同感；二是，特色表演艺术机构应充分挖掘包括古都文化在内的本地无形文化资源，融入符合大众消费观念的原创现代剧目；三是，有条件的特色表演艺术机构可考虑开发衍生产品，侧重考虑开发 0～199 元尤其是 100～199 元的书籍、首饰、儿童玩具、生活用品等衍生产品，并将其衍生产品销售渠道拓展至以清明上河园等为代表的古都文化旅游景区。

推动河南古都文化旅游景区与黄河金三角其他地区古都文化旅游景区的协同发展。建立黄河金三角古都文化旅游产业协同机制，以各地区知名古都文化景区为点，旅游路线为线，带动黄河金三角其他古都文化旅游景区发展。

三、陕西省

陕西人口老龄化比较严重；除交通设施水平外，陕西省特色文化产业其他基础条件相对较好；其内在制度环境近年来越来越好且高于全国平均水平但比河南省差一些，同样针对特色文化产业的专项政策比较少。结合其生产要素现状、产业发展现状特别是陕西省消费者消费需求偏好，在推动陕西省特色文化产业供给侧结构性改革过程中，陕西需要侧重解决人口老龄化问题，加强交通设施建设，从而为其特色文化产业发展提供更加坚实的基础条件。制定并实施更多的特色文化产业专项政策，巩固并进一步提升消费者文化消费氛围，在此基础上优化和升级红色文化旅游产业，以红色文化和秦文化旅游产业为双龙头带动其他旅游产业尤其是汉唐文化和黄河文化旅游产业发展，并依次促进红色文化和秦文化旅游产业与特色工艺品产业、特色节庆产业及特色表演艺术产业有序融合发展，同时推动黄河金三角红色文化旅游产业跨地区协同发展。具体而言：

优化和升级红色文化和秦文化旅游产业。制度层面，制定陕西省红色文化和秦文化旅游产业发展规划，挖掘并保护有形红色文化和秦文化资源，开发红色文化和秦文化资源尤其是无形文化资源，引导各地区红色文化和秦文化旅游产业差异化发展；巩固并提升红色文化和秦文化旅游氛围。产业发展模式方面，可考虑采用以消费者导向型内在制度主导发展模式为主。优化和升级方面，提升以延安为代表的红色文化旅游景区和以西安兵马俑为代表秦文化旅游景区的服务品质，如景点保护性开发，景区交通设施水平、服务规范化及景点员工综合素养提升等。推动红色文化和秦文化旅游景区差异化和联动发展。各地区应充分挖掘本地区红色文化和秦文化资源尤其是无形文化资源并以此开发新的旅游景观，凸显本地红色文化和秦文化独特性从而形成差异化开发；由此可以进一步考虑推动红色文化旅游景区之间、秦文化旅游景区之间以及红色文化和秦文化旅游景区之间的联动发展，形成红色和秦文化旅游景区共赢的协同效应。鼓励红色文化和秦文化旅游景区运营机构或文化企业差异化侧重开发价格100~499元尤其是200~299元的服饰产品、生活用品、首饰等红色和秦文化衍生产品。以红色文化和秦文化旅游产业为双龙头带动陕西省其他文化旅游产业特别是汉唐文化和黄河文化旅游产业的发展。

推动红色文化和秦文化旅游产业与特色工艺品产业融合，从而带动特色工艺品产业发展。制度层面，制定陕西省特色工艺品产业发展规划，重点支持以雕刻塑造、纺染织绣、剪纸刻绘、陶瓷烧制及文房制作等传统工艺为生产手段的特色工艺品的发展，引导特色工艺品产业与红色和秦文化旅游产业融合；制定非物质文化遗产传承人考核机制以及特色工艺品市场培育扶持政策等；巩固特色工艺品消费氛围。产业发展模式方面，可考虑采用以消费者导向型内在制度主导发展模式为主。融合发展层面，一是，推动红色和秦文化旅游景区运营机构或文化企业将具有市场潜力的特色工艺融入红色和秦文化旅游衍生产品开发中；二是，特色工艺品企业可考虑将红色和秦文化资源融入特色工艺品开发中，应侧重开发100~299元的工艺品；三是，除品牌专卖店、淘宝/天猫外，特色工艺品企业可考虑在红色文化和古都旅游景区尤其是延安等为代表的红色文化旅游景区和秦始皇帝陵博物馆开设体验性销售门店，吸引游客参与产品制作过程，提升游客的产品文化认同感，扩大特色工艺知名度和销售量。

推动红色文化和秦文化旅游产业与特色节庆产业融合，从而带动特色节庆产业发展。制度层面，制定地方特色节庆品牌培育计划，推动地方特色节庆品牌建设；巩固并进一步提升特色节庆活动观光氛围。产业发展模式方面，可考虑采用以内外制度合作主导型发展模式为主。融合发展方面，一是，特色节庆活动和红色文化和秦文化旅游景区尤其是延安、秦始皇帝陵等景区宣传推广的双向融合，从而扩大特色节庆的知名度；二是，引导特色节庆游客和红色文化和秦文化旅游景区游客双向观光；三是，将红色文化和秦文化旅游衍生产品展销融入以西安古文化艺术节、安康龙舟赛为代表的特色节庆活动中，从而拓展红色旅游和秦文化衍生产品的销售渠道；四是，鼓励红色文化和秦文化旅游景区挖掘并举办具有本地鲜明特色的节庆活动。

　　推动红色文化和秦文化旅游产业与特色表演艺术产业融合，从而带动特色表演艺术产业发展。制度层面，制定并实施地方特色表演艺术产业发展规划和专项扶持政策，引导特色表演艺术机构开发原创现代剧目；继续支持特色表演艺术团体特别是秦腔、碗碗腔等地方传统戏曲开展惠民演出和公益演出，巩固并提升人们的观看氛围。产业发展模式方面，可考虑采用以消费者导向型内在制度主导发展模式为主。融合发展方面，一是，推动特色表演艺术机构常驻如延安、秦始皇帝陵等红色和秦文化旅游景区，从而扩大特色表演艺术的知名度和提升人们对地方传统表演艺术的文化认同感；二是，特色表演艺术机构应充分挖掘本地包括红色和秦文化在内的无形文化资源，融入符合大众消费观念的原创现代剧目；三是，有条件的特色表演艺术机构可考虑开发衍生产品，侧重考虑开发 100～499 元尤其是 300～499 元的书籍、生活用品、儿童玩具、首饰等衍生产品，并将其衍生产品销售渠道拓展至红色文化和秦文化旅游景区。

　　推动陕西红色文化旅游景区与黄河金三角其他地区红色文化旅游景区的协同发展。建立黄河金三角红色文化旅游产业协同机制，以各地区知名红色文化景区为点，旅游路线为线，带动其他红色文化旅游景区发展。

第九章

长江中游地区区域特色文化产业

本章首先分析长江中游地区即江西、湖北、湖南三省区域特色文化产业发展基础条件，讨论长江中游地区特色文化产业的制度结构与生产要素结构，接着探讨其特色文化产业的供给和需求结构，最后提出长江中游地区区域特色文化产业供给侧结构性改革基本思路。

第一节　长江中游地区区域特色文化产业的基础条件

一、区域人口状况

地处亚热带季风气候的长江中游地区土地面积共计 56.46 万平方公里，城镇化率为 55.95%；除各地区有其独有的各种方言外，赣语和客家话是这三个区域内部分地区的共同语言。

长江中游三省人口规模在经过 2017 年至 2019 年缓慢增长后有所下降，年末常住人口从 2017 年的 17048 万人降为 2021 年的 16969 万人，年均下降率为 0.12%。2017~2021 年，长江中游三地区劳动力规模逐年萎缩，并且低于全国水平，从 2011 年的 70.00% 下降到 2021 年的 67.02%；湖北 15~64 岁人口占比历年高于江西和湖南。见表 9-1-1。

表 9 - 1 - 1　　　　　2017～2021 年长江中游地区 15～64 岁人口占比　　　单位：%

地区	2017 年	2018 年	2019 年	2020 年	2021 年
全国平均	71.82	71.20	70.64	69.47	68.29
长江中游地区	70.00	70.05	69.29	68.15	67.02
江西	68.64	69.98	69.64	68.17	66.70
湖北	71.95	72.16	71.35	70.02	68.68
湖南	69.42	68.03	66.87	66.27	65.67

2017～2021 年，长江中游三地区人口老年化问题日益严重，64 岁以上人口占比从 2017 年的 11.39% 上升到 2021 年的 14.43%，2021 年略高于全国平均水平；其中，江西老年人口比重更低，2021 年 64 岁以上人口占比为 12.41%，低于全国水平，湖北和湖南则高于全国水平。见表 9 - 1 - 2。

表 9 - 1 - 2　　　　　2017～2021 年长江中游地区 64 岁以上人口占比　　　单位：%

地区	2017 年	2018 年	2019 年	2020 年	2021 年
全国平均	11.39	11.94	12.57	13.40	14.22
长江中游地区	11.39	11.57	12.12	13.28	14.43
江西	9.76	9.73	10.15	11.28	12.41
湖北	12.23	12.49	13.07	14.25	15.42
湖南	12.17	12.49	13.14	14.31	15.47

二、经济发展水平

2013～2022 年，长江中游地区生产总值持续增长，从 2013 年的 63223.4 亿元增加到 2022 年的 13480.0 亿元，年均增长率为 8.75%，高于全国增长水平（8.08%）；相对而言江西略高一些（9.39%），湖北和湖南分别为 8.69% 和 8.40%。

2013～2021 年，长江中游地区居民人均可支配收入从 2013 年的 15859 元增加到 2021 年的 31144 元，年均增长率为 7.79%，高于全国平均水平（7.47%）；2021 年人均可支配收入均超过 30000 元，人均可支配收入年均增长率最高的是江西（8.17%），湖南和湖北分别为8.00%和7.21%。

三、基础设施水平

2015~2021年，长江中游地区文化设施水平指数呈N型增长态势，但其历年指数远低于全国平均水平。分地区看，湖北历年文化设施水平最高，且历年指数在21.00处上下摆动；湖南历年文化设施水平最低但呈波浪式增长态势，从2015年的8.10上升至2021年的10.70；江西文化设施水平呈W型增长态势。见表9-1-3。

表9-1-3　　　2015~2021年长江中游三地区文化设施水平综合指数

地区	2015年	2016年	2017年	2018年	2019年	2020年	2021年
全国平均	25.12	25.92	27.88	26.93	26.40	26.94	27.59
长江中游地区	14.93	15.18	15.82	13.77	13.93	15.65	16.42
江西	15.42	13.66	14.83	12.90	14.12	16.68	17.64
湖北	21.27	23.60	24.73	20.39	20.13	21.72	20.93
湖南	8.10	8.28	7.89	8.03	7.53	8.55	10.70

2015~2021年，除2021年略高外，长江中游地区城市公共设施水平均低于全国平均水平，但其指数呈N型增长态势，2021年为39.87。分地区看，湖北城市公共设施水平历年最低，但呈N型增长态势；江西和湖南城市公共设施水平增长态势也呈N型，2021年分别为45.35和41.02。见表9-1-4。

表9-1-4　　　2015~2021年长江中游城市公共设施水平综合指数

地区	2015年	2016年	2017年	2018年	2019年	2020年	2021年
全国平均	32.17	35.77	35.32	36.58	37.70	38.51	38.85
长江中游地区	28.41	32.08	31.79	34.24	35.10	38.07	39.87
江西	32.15	34.96	40.44	40.36	37.21	39.20	45.35
湖北	26.77	27.95	25.85	26.79	27.91	33.69	33.24
湖南	26.30	33.33	29.08	35.55	40.18	41.33	41.02

2015～2021 年，长江中游地区交通设施水平整体呈缓慢上升态势，从 2015 年的 27.71 上升到 2021 年的 34.86，但其历年指数均低于全国平均水平。分地区看，湖北交通设施水平要高于江西和湖南，且呈逐年增长，2021 年为 44.13；江西交通设施水平整体呈上升态势，从 2015 年的 27.75 上升至 2021 年的 36.72；湖南历年交通设施居三省最低水平且呈波浪式下降态势。见表 9-1-5。

表 9-1-5   2015～2021 年长江中游地区交通设施水平综合指数

地区	2015 年	2016 年	2017 年	2018 年	2019 年	2020 年	2021 年
全国平均	34.41	33.89	35.46	34.40	35.34	35.23	34.32
长江中游地区	27.71	27.55	28.80	30.54	33.92	35.15	34.86
江西	27.75	26.79	29.40	34.01	37.01	36.50	36.72
湖北	30.81	30.85	32.09	37.90	43.84	44.97	44.13
湖南	24.55	25.01	24.91	19.70	20.92	23.99	23.72

四、开放水平

2011～2017 年，长江中游地区历年开放水平均低于全国平均水平，其中，湖南开放水平最低，见表 9-1-6。

表 9-1-6   2011～2017 年长江中游地区开放水平综合指数

地区	2011 年	2012 年	2013 年	2014 年	2015 年	2016 年	2017 年
全国平均	25.88	24.64	23.63	21.84	19.03	20.73	23.14
长江中游地区	14.87	12.38	10.38	9.30	7.74	9.40	11.61
江西	18.96	15.33	13.38	12.09	8.92	13.88	13.90
湖北	16.26	13.45	11.23	9.60	10.01	9.14	13.57
湖南	9.40	8.35	6.54	6.20	4.29	5.19	7.36

第二节　长江中游地区区域特色文化产业的制度结构分析

长江中游各省特色文化产业发展主要依靠长期以来自发形成的内在制度，但这种内在制度日益脆弱，远不足支撑各地区特色文化产业持续发展特别是地方特色表演艺术产业的发展。外在制度特别是与特色文化产业发展有关的政策在一定程度弥补了内在制度环境的恶化，并刺激了内在制度的良性发展。

一、内在制度方面

2015～2021 年，长江中游地区文化消费氛围最近两年比全国平均水平浓厚，且呈 W 型增长态势，2021 年为 32.26。分地区看，湖南历年文化消费氛围最浓并呈 W 型上升态势，且高于全国同期水平；江西文化消费氛围指数呈 V 型增长态势，2020 年已超过全国平均水平；湖北历年文化消费氛围最淡，其指数呈波浪式增长态势。见表 9 – 2 – 1。

表 9 – 2 – 1　　　　　2015～2021 年长江中游文化消费氛围综合指数

地区	2015 年	2016 年	2017 年	2018 年	2019 年	2020 年	2021 年
全国平均	21.93	20.55	21.70	20.80	21.57	23.17	23.18
长江中游地区	21.34	18.53	20.00	19.48	20.32	26.18	32.26
江西	20.27	17.92	17.52	18.18	18.53	30.02	36.21
湖北	15.48	13.84	16.45	15.72	16.33	13.04	19.02
湖南	28.26	23.81	26.04	24.53	26.09	35.46	41.54

和其他地区一样，长江中游地区均成立了各地区戏剧家协会、摄影家协会、电影家协会、书法家协会、音乐家协会、杂技家协会、美术家协会、电视艺术家协会、曲艺家协会、作家协会、舞蹈家协会、演出行业协会、文艺评论家协会、民间文艺家协会等行业协会。这些行业协会的正常运行对推动本地区本领域创作及其品质的提升、宣传推广、人才培养等起重要的推动作用，对形成本

领域从业人员"圈"文化、文化创意氛围等内在制度起至关重要的影响。

二、外在制度方面

2010～2022 年，长江中游各省特色文化产业外在制度结构具有三个特点：（1）没有颁布实施专门针对文化产业特别是特色文化产业的知识产权保护制度，而是针对文化市场执行国家层面的知识产权制度。（2）极少制定实施特色文化产业促进专项政策，有关特色文化产业促进政策绝大多数散落在文化产业发展政策中。2010～2022 年，共颁布实施的与特色文化产业有关的政策共计 50 多项。特色文化产业专项政策主要是各省结合自身特点而制定的本省"传统工艺振兴计划"、各省针对本省戏曲现况制定的扶持地方戏曲发展的各项政策以及针对本省文物及文物开发的各项政策。（3）没有专门的特色文化产业规制制度，有些特色文化产业规制制度散落在文化产业发展政策中。

从特色文化产业价值链各环节看，涉及消费者的政策最少，且多为指导性的措施，可操作性不强。

涉及文化资源的政策较多，内容主要是对本省文化资源特别是历史文物及遗址遗迹等有形文化资源进行挖掘、调查、保护和利用、共享及鼓励开发本省特色文化资源等。

涉及内容创意的政策最多，内容主要是引导和鼓励文化企业在开发特色文化产品时要以本地特色文化资源为创作源头，在创作过程中考虑现代生活需求，以及注重创意阶层特别是地方戏曲人才的培养以及非物质文化遗产传承人支持政策等。

涉及生产制造的政策较多，内容聚焦在鼓励在生产制造过程中将科技作为生产手段之一、倡导"工匠精神"、支持地方戏曲生产和演出等。

涉及市场推广的政策也比较多，主要聚焦在地方传统文化和传统工艺的宣传和展示，传统工艺品的展览展示与销售，节庆、文化展览的宣传推广，地方戏剧的宣传与普及，特色文化产品的网络营销，以及开展地方文化国际交流等。

第三节　长江中游地区区域特色文化
产业的生产要素结构分析

本节侧重探讨特色文化资源、创意阶层及生产技艺/工艺这三种主要的生产要素。

一、特色文化资源

长江中游地区区域特色文化资源异常丰富，为其特色文化产业的持续发展提供了丰厚的创作素材。

（一）江西省

江西省代表性特色文化资源主要有红色文化资源、书院文化资源、诗词戏曲文化资源、陶瓷文化资源、道教文化资源以及客家文化资源等。

红色文化资源是江西省最具代表性的特色文化资源，分布广泛，数量多，有革命旧址、故居及纪念建筑物等有形文化资源[①]，还包括众多革命历史人物故事、工农红军革命战争及革命精神等无形文化资源。有形红色文化资源主要分布在四个地区[②]：（1）南昌。该地区主要有八一起义纪念馆、朱德教育团旧址、方志敏烈士陵园、新四军军部旧址、江西革命烈士纪念堂等。（2）井冈山及附近县市。该区域共有9个国家级、26个省级革命文物保护单位，主要有茨坪革命旧址群、井冈山革命博物馆、黄洋界哨口、茅坪八角楼、三湾改编旧址等。（3）赣州大部分县市。知名的有红色故都瑞金叶坪、沙洲坝、云石山、大柏地等革命旧址群，于都、会昌、安远及大余等红军长征、三年游击战争旧址，于都、宁都、会昌、石城等五次反"围剿"旧址，兴国苏维埃旧址、革命历史纪念馆、中共江西省委及军区旧址、将军旧居等。（4）上饶。上饶有9个全国重点文物保护单位，代表性红色文化资源有上饶集中营旧址、闽浙赣省委机关

---

① 庞振宇. 论江西红色文化资源产业化开发［J］. 红色文化资源研究，2015（1）.
② 钟华. 对新时期江西红色文化资源开发的理论思考［J］. 大众文艺（理论），2008（1）：159-160.

旧址、上饶革命烈士陵园、方志敏纪念地和纪念馆、方志敏旧居、红十军建军旧址等。

江西是书院的起源地，书院众多，两宋时期达到鼎盛。目前，江西保存较完整的书院有 85 所之多。"江西书院甲天下。"江西较知名的书院有名列中国四大书院之首的白鹿洞书院及象山书院、白鹭洲书院、鹅湖书院等，与这些书院有关的历史名人众多，如朱熹、陆九渊、文天祥、辛弃疾等。见表 9 - 3 - 1。江西书院文化资源主要有古代知名书院景点或书院遗址及上述知名历史人物活动场所，知名历史人物纪念馆、在书院讲学、生活或学习过的知名历史人物特别是宋明理学家及其著作等有形文化资源及以宋明理学家为代表的书院历史人物轶事、典故、人物思想、传说等无形文化资源。

表 9 - 3 - 1　　　　　　　　　　江西境内知名书院概况

名称	创办时间	地理位置	与书院有关的代表性历史人物
白鹿洞书院	940 年	庐山五老峰南麓	朱熹、陆九渊等
象山书院	1187 年	遗址位于贵溪应天山	陆九渊、李梦阳等
白鹭洲书院	1241 年	吉安赣江中白鹭洲	文天祥、江万里、欧阳守道、邓光荐、刘辰翁等
鹅湖书院	南宋淳祐年间	铅山县鹅湖山北麓	陆九渊、陆九龄、朱熹、吕祖谦、辛弃疾、陈亮等

江西诗词戏曲文化资源主要是古代著名诗人、词人、戏曲家及其著作、典故等。在江西境内出生或生活过的著名诗词名人有辛弃疾、黄庭坚、王安石（同时是著名政治家、思想家）、陶渊明、晏几道、杨万里及戏曲家汤显祖。

江西陶瓷文化资源主要集中在景德镇，主要有陶瓷历史、陶瓷技艺、陶瓷文物、陶瓷人文景观、陶瓷遗址遗迹（如明代葫芦窑、元代馒头窑、宋代龙窑、清代镇窑）、陶瓷习俗风情、陶瓷知名人物纪念馆、陶瓷人物故事和传说、陶瓷创新精神等。

江西道教文化资源众多。道教知名人物方面，有麻姑仙女传说与沧海桑田典故，乐臣伶伦、张道陵（张天师）修行传说、葛玄、许逊等修道传说和神话故事；人文景观方面，江西有 5 处洞天，12 处福地，位居全国第二，较知名的有龙虎山、三清山、葛仙山、灵山、麻姑山、玉笥山等。

江西客家文化资源主要集中在赣州市。赣州市是客家人重要的聚居地和中转站，有"客家摇篮"之称。客家文化资源主要有赣州古城墙、八镜台、郁孤台、赣南客家围屋、上堡客家梯田等有形文化资源，以及客家精神、客家风俗习惯等无形文化资源。

（二）湖南省

湖南省代表性特色文化资源主要有红色文化资源、书院文化资源、湘楚文化资源、少数民族文化资源及山水文化资源等。

湖南红色文化资源丰富，境内共有革命遗址近2000处。有形红色文化资源主要有革命遗址遗迹、机构旧址、革命人物故居（较知名的如毛泽东故居、彭德怀故居、罗荣桓故居和贺龙故居等）及其活动纪念地等。无形红色文化资源包括革命历史人物特别是毛泽东、彭德怀、罗荣桓、贺龙及其革命故事和革命精神，以及发生在湖南境内的革命史实（如秋收起义）。

书院文化资源主要有书院本身、书院内文物及与书院有关的人物（如宋代范仲淹，理学代表人物周敦颐、程颢以及程颐）及其故事。湖南最著名的书院是岳麓书院，除此之外，还有渌江书院、涞泉书院、东山书院、石鼓书院、澧阳书院、琼湖书院、安陵书院、观澜书院、萍洲书院、恭城书院、三潭书院、濂溪书院等，这些书院都是国家级或省级文物保护单位。

湘楚文化是中原文化和楚蛮文化的糅合物，自强不息、艰苦创业、崇尚科学、无私奉献是其精神内核。湘楚文化资源主要有左宗棠、谭嗣同、黄兴、蔡和森等知名历史人物，彭头山、城头山、走马楼等历史文化遗址遗迹，青铜文明象征四羊方尊，墓葬文化代表马王堆汉墓，以屈原《九歌》为代表的文学作品及著名书法家欧阳询、怀素及其书法作品等有形文化资源，以及炎帝南迁、祝融观天、舜帝南巡、大禹治水、屈原投江等故事传说，左宗棠、谭嗣同、黄兴、蔡和森等知名历史人物典故及当地独特的风俗习惯等无形文化资源。

湖南是一个少数民族众多的省份，多数聚居在湘西、湘南一带，人口较多的有土家族、苗族、侗族、瑶族、回族、白族等。湖南少数民族文化资源主要包括这些少数民族的传统村寨、民族建筑、传统服饰、文化作品、音乐舞蹈等有形文化资源，以及生活生产习俗、节日习俗、人生礼仪、游艺习俗、手工技艺、民族故事等无形文化资源。

湖南省代表性山水文化资源有张家界、凤凰古城等知名文化旅游景区，以及山江苗寨、勾蓝瑶寨、长梯隘村、黄桑坪侗族村寨、黄桑坪、千家峒瑶族刘家庄村、通道芋头村、高椅古村、张家界杨家坪村等众多少数民族传统村落。

（三）湖北省

湖北省代表性特色文化资源主要有红色文化资源、荆楚文化资源及山水文化资源。

湖北红色文化资源比较丰富。有形红色文化资源有革命旧址、革命人物（如中共"一大"代表董必武、陈潭秋、包惠僧及国家主席李先念等）故里以及革命纪念馆和烈士陵园等。据统计，湖北全国重点文物保护单位共有13处，占全国的10%左右，全国重点烈士纪念建筑物保护单位有7处，占6.5%左右，中宣部全国爱国主义教育示范基地共有9处，占5.3%左右。无形红色文化资源有京汉铁路工人大罢工、黄麻起义、荆江两岸年关暴动及革命老区（如鄂豫皖革命根据地、湘鄂西革命根据地、湘鄂赣革命根据地、湘鄂川黔革命根据地）的革命斗争和革命斗争精神、革命人物故事等。

荆楚文化是湖北省最重要的地方特色文化。荆楚文化资源主要有炎帝神农文化资源、楚国历史文化资源、秦汉三国文化资源等。其中炎帝神农文化资源主要分布在随州、谷城和神农架一带，主要有炎帝及其在这一带流传的民间传说如神农尝百草以及与炎帝传说有关的文化遗址遗迹如九井、食人沟、漂水河等。楚国历史文化资源主要有与楚国有关的帝王及其故事、楚国疆域扩张史、楚国政治人物及其故事、楚国历史重大事件、楚国文物、遗址遗迹如"楚王城"遗址等。秦汉三国文化资源主要包括秦汉历史人物（如汉明妃王昭君、汉光武帝刘秀等）及其事件、故事，秦汉时期在湖北发生的历史重大事件，秦汉遗址遗迹如戚城遗址，古隆中、赤壁、乌林、长坂坡等三国文化遗址遗迹以及在这些地方发生过的历史事件和故事等。

湖北省山水文化资源主要有以神农架、武当山、九宫山、大洪山、大别山、屏山大峡谷等著名山川为代表的景区，以洪湖、梁子湖、丹江口水库为代表的湖泊，以及长江三峡沿线山水风光等。

二、创意阶层

2015~2021 年，长江中游地区创意阶层人数呈 N 型增加态势，年均增长率为 3.45%。从各地区看，江西和湖南创意阶层人数呈 N 型增加态势，年均增长率分别为 0.96% 和 6.88%；湖北创意阶层人数呈波浪式增加态势，年均增长率为 1.75%。见表 9 – 3 – 2。

表 9 – 3 – 2　　　2015~2021 年长江中游地区创意阶层人数变化　　　单位：人,%

地区	2015 年	2016 年	2017 年	2018 年	2019 年	2020 年	2021 年	年均增长率
江西	7647	7720	8109	9829	7858	7742	8100	0.96
湖北	11519	11261	11523	11160	11209	11282	12781	1.75
湖南	9879	10794	11343	12264	11031	11967	14727	6.88
合计	29045	29775	30975	33253	30098	30991	35608	3.45

从艺术表演人数看，2015~2021 年，长江中游地区艺术表演人数呈 N 型增长趋势，年均增长率为 7.29%。分地区看，江西和湖南艺术表演人数均呈 N 型增长态势，年均增长率分别为 6.56% 和 12.40%；湖北艺术表演人数呈 W 型增长态势，年均增长率为 2.25%。见表 9 – 3 – 3。

表 9 – 3 – 3　　　2015~2021 年长江中游三省艺术表演人才人数变化　　　单位：人,%

地区	2015 年	2016 年	2017 年	2018 年	2019 年	2020 年	2021 年	年均增长率
江西	2740	3368	3696	3733	3694	3403	4012	6.56
湖北	5182	4940	5564	6132	5299	5175	5921	2.25
湖南	4381	5366	5968	5868	5462	6618	8835	12.40
合计	12303	13674	15228	15733	14455	15196	18768	7.29

从非物质文化遗产代表性传承人看，这一地区国家级传承人累计 292 人，其中，湖南人数最多（121 人），江西和湖北分别是 69 人和 102 人；省级传承人累计 1157 人，其中，湖北人数最多（657 人），江西和湖南分别有 542 人和 378 人。

三、生产技术/工艺

长江中游地区三省入选国家重点扶持的传统工艺共有41项。其中，从省域看，江西15项，湖北和湖南13项。从传统工艺类别看，纺染织绣工艺最多，共13项；其次是剪纸刻绘，共7项；再次是雕刻塑造工艺，共6项；编织扎制工艺和陶瓷烧造各4项，文房制作工艺3项，漆器髹饰2项，服饰制作和金属加工工艺各1项。见表9-3-4。

表9-3-4　　　　长江中游地区国家重点扶持的传统工艺分布　　　　单位：项

地区	编织扎制	雕刻塑造	纺染织绣	服饰制作	金属加工	剪纸刻绘	漆器髹饰	陶瓷烧造	文房制作	合计
江西	2	2	2	0	1	1	1	3	3	15
湖北	1	2	5	0	0	4	1	0	0	13
湖南	1	2	6	1	0	2	0	1	0	13
合计	4	6	13	1	1	7	2	4	3	41

第四节　长江中游地区区域特色文化产业供给与需求结构分析

一、产业结构分析

（一）产业结构整体分析

整体而言，和其他地区一样，长江中游地区特色文化旅游产业一枝独大。具体而言：

特色文化旅游产业是长江中游地区特色文化产业的主导产业和支柱产业，是拉动地方经济发展的重要力量。长江中游地区均颁布并实施了本省旅游产业发展规划及其他系列支持政策。这些政策的实施及文化旅游氛围的提升推动了各地区特色文化旅游产业市场规模日益壮大。江西和湖南旅游总收入在2018年均突破了8000亿元，江西旅游总收入和游客人数在2014～2019年年均增速居长江中游地区第一。

为贯彻落实《中国传统工艺振兴计划》（国办发〔2017〕25 号），近年来，长江中游地区各省均制定了促进地方传统工艺品振兴计划等政策。和其他地区相比，长江中游地区工艺美术产品产业竞争力比较弱，主营业务收入仅占全国同类产业收入的 5.5%，特色工艺品企业以中小型企业特别是小微企业居多，规模以上企业数量极少。

为贯彻落实国务院《关于支持戏曲传承发展的若干政策》（国办发〔2015〕52 号）要求，长江中游地区各省均制定了本省相应的政策。随着外在制度强力介入特色表演艺术产业特别是地方传统戏曲，长江中游地区特色表演机构数量、国内演出总场次以及国内演出观众总人数呈不同程度增长；特色表演机构演出总收入和平均演出收入以及平均演出场次、单场演出观众人数均呈不同程度减少，其中特色表演机构演出总收入和平均演出收入急剧下降。

长江中游地区大多数特色节庆创办于 20 世纪末 21 世纪初，官方主动介入一些传统节庆；多数节庆每年举办一次，举办地点相对固定。

（二）特色工艺品产业

我国第三次经济普查统计表明，长江中游工艺美术产品产业生产大类企业营业收入和主营业务收入分别为 879.55 亿元和 873.85 亿元；长江中游三省工艺美术产品产业收入相对较低，营业收入仅占全国的 5.50%，和全国其他地区相比，三省产出量居中游偏上；分地区看，江西工艺美术产品产业生产大类企业营业收入和主营业务收入，分别为 351.82 亿元和 349.54 亿元，均高于湖北和湖南，湖南收入最少。见表 9 - 4 - 1。

表 9 - 4 - 1　　　　　第三次经济普查长江中游三省工艺美术产品

生产大类企业收入情况　　　　　单位：亿元，%

地区	营业收入		主营业务收入	
	绝对值	占全国比重	绝对值	占全国比重
江西	351.82	2.2	349.54	2.2
湖北	271.86	1.7	270.10	1.7
湖南	255.87	1.6	254.21	1.6
合计	879.55	5.50	873.85	5.50

　　从不同规模企业而言，长江中游三省工艺美术产品生产大类规模以上企业的营业收入和主营业务收入分别为 694.21 亿元和 692.37 亿元；规模以下企业营业收入和主营业务收入分别是 185.34 亿元和 181.49 亿元。分地区看，江西无论规模以上还是规模以下企业收入均高于湖北和湖南，湖北规模以上企业收入高于湖南，但湖南规模以下企业收入高于湖北。见表 9-4-2。

表 9-4-2　　　　　第三次经济普查长江中游三省工艺美术产品
生产大类不同规模企业收入情况　　　　　单位：亿元

地区	营业收入		主营业务收入	
	规模以上	规模以下	规模以上	规模以下
江西	277.68	74.14	276.95	72.59
湖北	227.20	44.67	226.59	43.51
湖南	189.33	66.54	188.83	65.38
合计	694.21	185.34	692.37	181.49

（三）特色表演艺术产业

　　就特色表演机构数量而言，和 2013 年相比，2017 年长江中游地区特色表演机构数量快速增长，从 2013 年的 231 家增加到 2017 年的 427 家，年平均增长率为 16.60%。从不同剧种比重看，地方戏曲类一枝独大，2013 年地方戏曲类为 203 家，占机构总数的 85.65%，2017 年为 367 家，比重达 85.94%；并且长江中游地区三省均至少有 1 家京剧院。从各剧种看，虽然所有剧种数量都有所增加，但曲艺类年均增速最快，从 2013 年的 6 家增加到 2017 年的 34 家，年均增长率为 54.29%。分地区看，各地区特色表演机构数量均呈不同程度增加，年均增速达 16% 以上。见表 9-4-3。

表 9 - 4 - 3　　　　　　2013 年/2017 年长江中游地区不同剧种机构数量变化　　　单位：家,%

地区	京剧、昆曲类		地方戏曲类		杂技、魔术、马戏类		曲艺类		合计		
	2013 年	2017 年	2013 年	2017 年	2013 年	2017 年	2013 年	2017 年	2013 年	2017 年	年均增速
江西	2	2	78	122	7	7	2	6	89	137	11.39
湖北	5	4	52	106	4	5	2	15	63	130	19.85
湖南	2	4	73	139	2	4	2	13	79	160	19.30
合计	9	10	203	367	13	16	6	34	231	427	16.60
年均增速	2.67		15.96		5.33		54.29		16.60		

　　就特色表演机构国内演出场次而言，长江中游地区特色表演机构国内演出场次从 2013 年的 4.95 万场次增加到 2017 年的 7.58 万场次，年平均增长率为 11.24%，对比其机构数量年均增长率（16.60%）可以看出，这一地区特色表演机构平均国内演出场次有所下降。分剧种看，杂技、魔术、马戏类国内演出场次下降幅度较大，为 20.14%；其他剧种国内演出场次均呈不同程度增加，对比各剧种机构数量年均增长率可以看出，除京剧、昆曲类机构平均国内演出场次有所增加外，其他剧种机构平均国内演出场次均呈不同程度减少。分地区看，三省特色表演机构国内演出场次均呈不同程度增加，湖北更是如此（年均增速 25.79%），对比其特色表演机构数量年均增长率可以看出，湖北特色表演机构平均国内演出场次有所增加，江西和湖南均呈不同程度减少。见表 9 - 4 - 4。

表 9 - 4 - 4　　　　　　2013 年/2017 年长江中游地区各剧种国内
演出场次变化　　　单位：万场次,%

地区	京剧、昆曲类		地方戏曲类		杂技、魔术、马戏类		曲艺类		合计		
	2013 年	2017 年	2013 年	2017 年	2013 年	2017 年	2013 年	2017 年	2013 年	2017 年	年均增速
江西	0.03	0.02	1.65	2.14	0.44	0.08	0.07	0.13	2.19	2.37	1.99
湖北	0.08	0.1	1.07	2.82	0.07	0.14	0.05	0.12	1.27	3.18	25.79
湖南	0.03	0.05	1.32	1.84	0.08	0.02	0.06	0.12	1.49	2.03	8.04
合计	0.14	0.17	4.04	6.8	0.59	0.24	0.18	0.37	4.95	7.58	11.24
年均增速	4.97		13.90		− 20.14		19.74		11.24		

　　就特色表演机构国内演出观众人数而言，长江中游地区特色表演机构国内演出观众人数从 2013 年的 3438 万人次增加到 2017 年的 4603.14 万人次，年平均增长率为 7.57%，但低于其国内演出场次年均增长率（11.24%），可见这一地区特色表演机构单场国内演出观众人数有所减少。从不同剧种看，除京剧、昆曲类国内演出观众人数有所减少外，其他剧种国内演出观众人数均呈不同程度增加，特别是曲艺类，从 2013 年的 105 万人次增加到 2017 年的 265.22 万人次，年均增长率为 26.07%，对比各剧种国内演出场次年均增长率可以看出，除曲艺类单场国内演出观众人数有所增加外，其他剧种单场国内演出观众人数均呈不同程度减少。分地区看，这三个地区特色表演机构国内演出场次均呈不同程度增加，但对比其特色表演机构国内演出场次年均增长率可以看出，江西特色表演机构单场国内演出观众人数增加较多，其他地区单场国内演出观众人数呈不同程度减少，特别是湖北。见表 9 – 4 – 5。

表 9 – 4 – 5　　　　　　　　2013 年/2017 年长江中游地区各剧种国内
演出观众人数变化　　　　　　　　单位：万人次,%

地区	京剧、昆曲类		地方戏曲类		杂技、魔术、马戏类		曲艺类		合计		
	2013 年	2017 年	2013 年	2017 年	2013 年	2017 年	2013 年	2017 年	2013 年	2017 年	年均增速
江西	23	8.88	885.00	1388.89	5	18.3	27.00	22.2	940	1438.27	11.22
湖北	81	50.77	1487.00	1854.61	65	97.6	52.00	98.07	1685	2101.05	5.67
湖南	19	28.36	719.00	879.01	49	11.5	26.00	144.95	813	1063.82	6.95
合计	123	88.01	3091.00	4122.51	119	127.4	105.00	265.22	3438	4603.14	7.57
年均增速	– 8.03		7.46		1.72		26.07		7.57		

　　就特色表演机构演出收入而言，和 2013 年相比，2017 年长江中游地区特色表演艺术产业机构演出收入急剧下降，从 2013 年的 147657 万元下降到 2017 年的 23113 万元，年均降幅度达 37.1%，对比其机构数量年均增长率可以看出，该地区特色表演机构平均演出收入下降幅度较大。分剧种看，所有剧种的演出收入均呈迅速减少的趋势，幅度最大的是京剧、昆曲类，为 – 49.14%，对比各

剧种机构数量年均增长率可以看出，各剧种机构平均演出收入均减少很多。分地区看，各省特色表演机构演出收入均呈较大幅度减少，年均减幅达 30% 以上，对比其机构数量年均增长率可以看出，各个地区机构平均演出收入均呈较大幅度下降。见表 9 - 4 - 6。

表 9 - 4 - 6　　　　　2013 年/2017 年长江中游地区各剧种演出收入变化　　单位：万元，%

地区	京剧、昆曲类		地方戏曲类		杂技、魔术、马戏类		曲艺类		合计		
	2013 年	2017 年	2013 年	2017 年	2013 年	2017 年	2013 年	2017 年	2013 年	2017 年	年均增速
江西	1504	20	36834	8339	1212	186	1018	221	40568	8766	-31.82
湖北	3537	217	30087	4505	8564	2396	7880	986	50068	8104	-36.57
湖南	610	141	49396	5170	3955	321	3060	611	57021	6243	-42.48
合计	5651	378	116317	18014	13731	2903	11958	1818	147657	23113	-37.10
年均增速	-49.14		-37.27		-32.19		-37.56		-37.10		

（四）特色文化旅游产业

整体来说，长江中游地区旅游产业发展快速，越来越成为拉动地区经济增长的主要力量，其中江西和湖南旅游总收入在 2018 年突破了 8000 亿元大关。

2014～2019 年，江西旅游总收入和国内旅游收入稳步增长且年均增速最快，年均增长率分别为 29.50% 和 29.69%，入境收入也逐年增长，年均增长率为 11.7%；湖北和湖南旅游总收入、国内收入和入境收入逐年增长，湖南各项收入年均增速更是超过了 20%。见表 9 - 4 - 7。

表 9 - 4 - 7　　　　　　　　2014～2019 年长江中游地区

旅游收入情况　　单位：亿元，亿美元，%

地区		2014 年	2015 年	2016 年	2017 年	2018 年	2019 年	年均增速
江西	总收入	2652.69	3638.86	4993.53	6434.96	8146.28	9661.95	29.50
	国内	2615.20	3600.50	4954.50	6392.56	8095.80	9596.67	29.69
	入境	5.57	5.70	5.80	6.30	7.50	9.70	11.73

续表

地区		2014 年	2015 年	2016 年	2017 年	2018 年	2019 年	年均增速
湖北	总收入	3752.11	4308.76	4879.24	5514.90	6178.00	6927.38	13.05
	国内	3675.98	4206.02	4764.18	5372.79	6021.42	6743.99	12.90
	入境	12.39	16.72	18.72	21.05	23.80	26.54	16.47
湖南	总收入	3050.70	3717.88	4708.67	7172.62	8355.73	9762.32	26.19
	国内	3001.54	3660.00	4640.70	7085.16	8255.12	9613.37	26.21
	入境	8.00	8.60	10.10	12.95	15.20	22.51	22.99

2014~2019 年，长江中游三地区游客总人数和国内游客数均逐年增长，其中江西年均增速最快，分别为 20.42% 和 20.49%；江西入境游客从 2014 年的 171.7 万人次减少至 2015 年的 155.3 万人次后逐年增长，年均增长率为 2.81%；湖北和湖南入境游客人数逐年增加，其中湖南年均增速最快（36.08%）。见表 9-4-8。实地调查发现，长江中游地区旅游客源地域结构以"本省游本省"占主导，其次是邻省及经济发达地区游客；在游客年龄结构方面，年轻游客占据主导地位；中等消费群体为主，高端消费游客呈增长趋势，游客对旅游品质的要求越来越高。

表 9-4-8　　　　　　2014~2019 年长江中游地区游客人数情况　　　　单位：万人次，%

地区		2014 年	2015 年	2016 年	2017 年	2018 年	2019 年	年均增速
江西	总人数	31306.15	38547.46	47078.22	57239.28	68791.80	79275.50	20.42
	国内	31134.47	38392.18	46913.39	57064.59	68600.00	79078.30	20.49
	入境	171.68	155.28	164.83	174.69	191.80	197.20	2.81
湖北	总人数	47177.07	50980.00	57268.39	63868.00	53961.39	60593.72	5.13
	国内	46900.00	50668.24	56930.83	63499.86	53556.28	60143.70	5.10
	入境	277.07	311.76	337.56	368.14	405.11	450.02	10.19
湖南	总人数	41202.53	47330.73	56547.79	7495.30	75300.56	83154.10	15.08
	国内	40982.98	47104.68	56306.98	7172.62	74935.45	82687.15	15.07
	入境	100.07	118.19	127.41	322.68	365.11	466.95	36.08

（五）特色节庆产业

长江中游地区绝大多数特色节庆活动创办于 20 世纪末至本世纪初，节庆类型较多，大多数为区域性品牌；大多数每年举办一次、地点相对固定，主要吸引举办地群众以及省内观众。绝大多数节庆活动是建立在本地区文化资源基础上，内容主要与活动宗旨有关的展销/展演、比赛等。见表 9 - 4 - 9。

表 9 - 4 - 9　　　　　　　长江中游地区代表性特色节庆（部分）

名称	起源/创办时间	举办时间	地点	主办	活动内容
武汉国际杂技艺术节	1992 年	每两年一次，7 天	湖北武汉	原文化部外联局、艺术司等	国内外杂技比赛和表演
屈原故里端午文化节	2016 年	每年一次，端午节前后	湖北秭归	原文化部	端午祭、端午诗会、端午美食节、赛龙舟、端午特色产品博览会等
诸葛亮文化旅游节	1993 年	每年一次，时间不固定	湖北襄阳	湖北省人民政府，襄阳市市委、市人民政府	大型三国文化宣传活动、诸葛亮文化纪念活动
中国武当国际旅游节	1998 年	每年 9 月或 10 月	湖北省十堰	湖北省人民政府	鄂西北旅游精品展、武当民歌民俗表演、武当影视周、篝火晚会等
湖北省黄梅戏艺术节	1989 年	每三年一次，时间不定	湖北省黄梅	黄梅县人民政府	黄梅戏表演、比赛等
武汉国际旅游节	2002 年	每年 9~10 月	湖北武汉	武汉市人民政府	有十多个不同旅游主题活动构成，2018 年共吸引游客565 万人次
湖北艺术节	2012 年	每三年举办一届，9~10 月	湖北省内	湖北省人民政府	舞台艺术演出、群众文化活动、美术作品展览等
中国长江三峡国际旅游节	2000 年	每年一次（2010 年起两地轮流举办）	重庆、湖北宜昌轮流举办	国家原旅游局、湖北宜昌市政府、重庆市政府	不同年份活动内容存在差异性，如 2011 年节庆活动期间，有龙舟拉力赛、屈原故里端午诗会和民俗表演等

续表

名称	起源/ 创办时间	举办时间	地点	主办	活动内容
井冈山 国际 杜鹃花节	2010 年	每年 4 月 中旬至 6 月中旬	江西 井冈山	井冈山管理局、井 冈山市人民政府	赏杜鹃花、文艺演出、山地 自行车骑行乐、其他活动
广昌 莲花节	1992 年	每年 6 月 8 日至 8 月 8 日	江西抚州 广昌县	抚州市市委、市 政府	莲乡民俗文化展示、摄影、 书画、邮品展览等，2017 年 共吸引游客 10 万人次
"庐山之夏" 文化 艺术节	2003 年	每年一次， 时间不定	江西九江	江西省原文化厅等	地方戏曲表演，时装表演等， 2003 年共吸引游客 16 万人次
中国 （赣州） 客家文化节	2003 年	每年一次， 时间不固定	江西赣州	赣州市人民政府	与客家文化有关的各种文化 活动
景德镇 国际 陶瓷节	2004 年	每年一次， 时间不定	江西景 德镇	江西省景镇市委、 市人民政府	景德镇历代瓷器展、瓷技艺现 场表演、参观内瓷古迹等， 2018 年共吸引游客 10 万人次
天香园 旅游文化节	2006 年	每年 9 月 至 10 月	江西南昌	南昌市委、市政府	灯彩、文艺表演、奇石文化 展、美术书法展等，2006 年 共吸引游客 100 万人次
六月六 山歌节	1997 年	每年一次， 农历六月六	湖南城步	自发形成，后官 方介入	前期对歌为主，官方介入后 山歌手比赛
黄岩 杜鹃节	1997 年	每年 4 月底 至 5 月中上旬	湖南怀化	怀化市人民政府	游览杜鹃园、探险鸭利江原 始次生林、侗文化歌舞表 演等
岳阳国际 龙舟节	1991 年	每年 6 月 10～14 日	湖南岳阳	岳阳市人民政府	国内外龙舟队竞技比赛、龙 舟民俗表演等，2014 年共吸 引游客数万人次
瑶族 盘王节	2000 年	每年农历 十月十六日	湖南江华	自发形成，后官方 介入	祭祀盘王大典、瑶族婚嫁展 示、千人长鼓巡游、盘王宴、 瑶族文化学术论坛等，2019 年吸引游客 10 万人次
湖南 艺术节	2003 年	每三年一届	湖南省 范围内	湖南省委宣传部、 湖南省原文化厅	专业舞台艺术活动、群体文化 活动、全省美术书法摄影精品 展、文化创意产品成果展

二、需求结构分析

在剔除无效问卷后，江西、湖北和湖南有效问卷分别为 31 份、54 份和 35 份。各地区样本特征见表 9 - 4 - 10。

表 9 - 4 - 10　　　　　　长江中游地区样本量及其样本特征　　　　　　单位：份

样本量		江西	湖北	湖南
		31	54	35
性别	男	17	29	13
	女	14	25	22
学历	初中及以下	1	2	1
	高中/中专/技校	2	3	2
	大专	4	17	4
	本科	19	26	20
	研究生	5	6	8
年龄	18 岁及以下	0	1	0
	18~25 岁	15	11	14
	26~30 岁	3	15	8
	31~40 岁	6	22	9
	41~50 岁	5	4	2
	51~60 岁	2	0	0
	61 岁及以上	0	1	2
个人平均月收入	2000 元及以下	1	5	5
	2001~3000 元	2	5	6
	3001~5000 元	11	10	5
	5001~8000 元	8	14	9
	8001~10000 元	3	11	5
	10001 元及以上	6	9	5

（一）长江中游地区特色文化产业结构消费者偏好

调查发现，长江中游地区三个省的消费者最喜欢的是地方特色文化旅游；消费者对地方特色工艺品的喜欢程度均排在第三。对江西消费者而言，地方特色节庆和地方特色工艺品的喜欢程度位列第二，特色表演艺术的喜欢程度居第三；对湖北消费者而言，地方特色工艺品的喜欢程度居第二，之后分别是地方特色节庆和地方特色表演艺术；对湖南消费者而言，地方特色节庆的喜欢程度位居第二，然后依次是地方特色工艺品和地方特色表演艺术。见表9-4-11。

表9-4-11　　　长江中游地区地方特色文化产品/服务消费偏好排序

地区	样本量	特色工艺品	特色表演艺术	特色文化旅游	特色节庆
江西	31	第2（2.35）	第3（2.06）	第1（3.39）	第2（2.35）
湖北	54	第2（2.85）	第4（2.24）	第1（3.98）	第3（2.83）
湖南	35	第3（2.49）	第4（1.69）	第1（3.03）	第2（2.74）

注：本表排序规则：根据问卷调查结果，被访者越喜欢的赋值越高，算出各自分值的平均数后再根据值的大小排序。

（二）长江中游地区特色工艺品产业需求分析

从消费群体规模看，湖北特色工艺品消费者群体规模最大，92.59%的被访者表示"最近一年购买过地方特色工艺品"；70.97%的江西被访者和48.57%的湖南被访者最近一年购买过地方特色工艺品。

从消费价格偏好看，长江中游地区三个省份最多消费者购买100～199元地方特色工艺品，其次是购买价格200～299元的特色工艺品。极少江西和湖南消费者会购买800元以上的特色工艺品，湖北极少消费者会购买1000元以上的特色工艺品。见表9-4-12。

表 9 - 4 - 12　　　　　长江中游地区特色工艺品消费价格偏好占比　　　　单位：%

价格	江西（N = 31）	湖北（N = 54）	湖南（N = 35）
0 ~ 99 元	29.0	22.2	34.3
100 ~ 199 元	51.6	50.0	45.7
200 ~ 299 元	35.5	37.0	40.0
300 ~ 499 元	25.8	31.5	17.1
500 ~ 799 元	9.7	22.2	14.3
800 ~ 999 元	3.2	16.7	2.9
1000 ~ 1499 元	6.5	5.6	0.0
2000 元及以上	0.0	1.9	2.9
合计	161.3	187.0	157.1

从购买动机看，江西消费者主要是为了送给朋友、家人或者自己收藏而购买特色工艺品，湖北和湖南消费者主要是为了送家人、自己使用或送给朋友而购买特色工艺品，见表 9 - 4 - 13。

表 9 - 4 - 13　　　　长江中游地区消费者特色工艺品消费群体购买动机　　　　单位：%

购买动机	江西（N = 31）	湖北（N = 54）	湖南（N = 35）
送给朋友	45.2	51.9	54.3
送给家人	45.2	55.6	48.6
送给同事	9.7	27.8	25.7
送给上司/长辈	19.4	25.9	28.6
送给下属/晚辈	12.9	13.0	2.9
自己收藏	45.2	44.4	40.0
自己使用	38.7	53.7	45.7
投资	3.2	9.3	0.0
支持传统文化	6.5	27.8	25.7
其他	3.2	0.0	0.0
合计	229.0	309.3	271.4

从购买渠道偏好看，旅游景区内商店是长江中游三省消费者在购买特色工艺品最偏爱的购买渠道，尤其是湖北被访者更是如此。除此之外，江西消费者还比较喜欢在商场专柜、淘宝/天猫及官方网站购买特色工艺产品，湖北消费者还比较喜欢在商场专柜及品牌专卖店购买特色工艺产品，湖南消费者则还比较喜欢在淘宝/天猫购买特色工艺产品。见表9－4－14。

表9－4－14　　　　长江中游地区消费者特色工艺品购买渠道偏好　　　单位：%

购买渠道	江西（N=31）	湖北（N=54）	湖南（N=35）
淘宝/天猫	32.3	22.2	28.6
京东	9.7	20.4	14.3
团购平台	3.2	13.0	8.6
官方网站	32.3	29.6	17.1
官方实体店	29.0	29.6	20.0
微商	3.2	5.6	5.7
超市	25.8	24.1	17.1
品牌专卖店	25.8	31.5	22.9
商场专柜	32.3	35.2	22.9
旅游景区内商店	48.4	66.7	42.9
合计	241.9	277.8	200.0

（三）长江中游地区特色表演艺术产业需求分析

从消费群体规模看，5.6%的湖北被访者最近一年没有看过特色表演艺术，17.1%的湖南被访者和16.1%的江西被访者表示最近一年没有看过特色表演艺术，见表9－4－15。从中可以看出，湖北观看特色表演艺术的观众明显多于湖南和江西。

江西观众看过最多的依次是特色舞蹈表演（48.4%）、山水实景演出（38.7%）、地方传统戏曲（32.3%）等，湖北观众看过最多的依次是地方传统戏曲（50.0%）、特色舞蹈表演（50.0%）、山水实景演出（44.4%）等，湖南观众看过最多的依次是地方传统戏曲（40.0%）、特色舞蹈表演（37.1%）、民乐（25.7%）、山水实景演出（25.7%）等，见表9－4－15。从中可以看出，长江中游地区观众对地方特色表演艺术消费偏好高度相似，相对其他特色表演艺术而言，特色舞蹈表演、地方传统戏曲和山水实景演出是他们的最爱；并且，湖南对这三项特色表演艺术感兴趣的消费群体规模明显低于湖北和江西，湖北市场规模最高。

表9－4－15　　　　　　　　长江中游地区地方特色表演艺术消费偏好　　　　　　　单位：%

艺术类型	江西（N＝31）	湖北（N＝54）	湖南（N＝35）
相声	3.2	22.2	14.3
小品	9.7	29.6	5.7
杂技	16.1	27.8	11.4
京剧	3.2	13.0	0.0
地方传统戏曲	32.3	50.0	40.0
特色舞蹈表演	48.4	50.0	37.1
话剧	6.5	14.8	17.1
民乐	19.4	25.9	25.7
山水实景演出	38.7	44.4	25.7
没有看过	16.1	5.6	17.1
合计	193.5	283.3	194.3

从观看途径看，观众最主要是在演出现场观看特色表演艺术，其中76.9%的湖北被访者在现场观看特色表演艺术，75.9%的湖南被访者和69.2%的江西被访者现场观看特色表演艺术，见表9－4－13。江西观众还通过电视（34.6%）、腾讯视频（34.6%）、爱奇艺（30.8%）、抖音（30.8%）观看特色表演艺术，湖北观众还通过抖音（44.2%）、电视（42.3%）、腾讯视频（34.6%）等观看特色表演艺术，湖南观众还通过腾讯视频（41.4%）、爱奇艺（31.0%）、电视（31.0%）等观看特色表演艺术，见表9－4－16。

从中可以看出，演出现场是观看特色表演艺术最重要的场所，电视仍然是部分观众选择观看特色表演艺术的重要途径，而部分观众也通过新媒介如腾讯视频、爱奇艺、抖音等观看特色表演艺术。

表9－4－16　　　　　长江中游地区观众特色表演艺术观看途径偏好　　　　单位：%

观看途径	江西（N＝31）	湖北（N＝54）	湖南（N＝35）
演出现场	69.2	76.9	75.9
电视	34.6	42.3	31.0
优酷	7.7	25.0	10.3
爱奇艺	30.8	26.9	31.0
土豆	0.0	5.8	0.0
抖音	30.8	44.2	20.7
快手	15.4	19.2	3.4
腾讯视频	34.6	34.6	41.4
其他	0.0	0.0	10.3
合计	223.1	275.0	224.1

从特色表演艺术衍生产品类型偏好看，江西消费者喜欢的表演艺术衍生产品依次是生活用品、儿童玩具、服装、服饰产品及首饰等，湖北消费者喜欢的依次是生活用品、服饰产品、画饰、服装及茶具等，湖南消费者喜欢的依次是生活用品、书籍、儿童玩具、服饰产品及服装，见表9－4－17。从中可以看出，尽管三个省份在衍生产品潜在需求量方面有所差异，但生活用品在湖北、湖南和江西的潜在市场需求量均是最大；其次是服装，在这三个省份的潜在需求量中排在前五名；儿童玩具和服饰产品的潜在市场需求量在江西和湖南均位列前五位。

表9－4－17　　　长江中游地区特色表演艺术衍生产品消费偏好排序

衍生产品类型	江西（N＝31）	湖北（N＝54）	湖南（N＝35）
生活用品	第1	第1	第1
书籍	第6	第9	第2
儿童玩具	第2	第6	第3
服饰产品	第4	第2	第4
服装	第3	第4	第5
首饰	第5	第7	第6

续表

衍生产品类型	江西（N＝31）	湖北（N＝54）	湖南（N＝35）
画饰	第8	第3	第7
茶具	第7	第5	第8
动画	第10	第10	第9
刻录光盘	第11	第12	第10
游戏	第9	第11	第11
香具	第12	第8	第12

从衍生产品消费者价格偏好看，长江中游地区三个省份消费者最偏爱购买499元以下的表演艺术衍生产品。相对而言，江西消费者更偏爱低价格的表演艺术衍生产品。调查发现，分别有48.4%的被访者偏爱0～99元和100～199元的产品，32.3%的被访者偏爱200～299元的产品；湖北消费者对价格的承受稍高些。调查发现，51.9%的被访者偏爱100～199元的产品，48.1%和44.4%的被访者偏爱200～299元和300～499元的产品；相对而言，湖南消费者更偏爱价格高的产品，54.3%的被访者愿意购买200～299元的产品，分别有51.4%和37.1%的被访者愿意购买100～199元和300～499元的产品。见表9－4－18。

表9－4－18　长江中游地区地方特色表演艺术衍生产品消费者价格偏好　　单位：%

价格	江西（N＝31）	湖北（N＝54）	湖南（N＝35）
0～99元	48.4	25.9	28.6
100～199元	48.4	51.9	51.4
200～299元	32.3	48.1	54.3
300～499元	19.4	44.4	37.1
500～799元	9.7	25.9	14.3
800～999元	3.2	18.5	2.9
1000～1499元	0.0	5.6	0.0
1500～1999元	0.0	3.7	0.0
2000元及以上	0.0	1.9	0.0
合计	161.3	225.9	188.6

（四）长江中游地区特色文化旅游产业需求分析

从消费群体规模看，湖北特色文化旅游产业市场消费群体规模最大。调查发现，只有1.9%的被访者在过去一年没有去本地特色文化旅游景区，87.1%江西被访者和82.9%湖南被访者在最近一年游玩过本地特色文化旅游景区，见表9－4－19。从中可以看出，地方特色文化旅游景区存在巨大的消费市场。

从游玩景区类型看，60%以上的江西被访者在最近一年游玩过当地博物馆/博物院和历史遗迹/遗址及特色古镇；85.2%的湖北被访者在最近一年游玩过特色古镇，60%以上的被访者在最近一年游玩过历史遗迹/遗址及特色街区；71.4%的湖南被访者在最近一年游玩过特色古镇，有六成的被访者游玩过特色街区。

表9－4－19　　　长江中游地区地方特色文化旅游景区类型游玩偏好　　　单位：%

景区类型	江西（N＝31）	湖北（N＝54）	湖南（N＝35）
当地博物馆/博物院	64.5	50.0	40.0
历史遗迹/遗址	61.3	61.1	42.9
宗教景点	38.7	35.2	14.3
特色古镇	61.3	85.2	71.4
特色街区	58.1	61.1	60.0
没有去过	12.9	1.9	17.1
合计	296.8	294.4	245.7

从特色文化旅游衍生产品类型偏好看，三个省份消费者最喜欢生活用品类的特色文化旅游衍生产品。除此之外，江西消费者还依次喜欢服饰产品、藏品仿真件、摆件及首饰等，湖北消费者还依次喜欢服饰产品、首饰、摆件及服装等，湖南消费者还依次喜欢摆件、首饰、服装及服饰产品等，见表9－4－20。从中可以看出，这一地区市场需求量排在前五位的特色文化旅游衍生产品基本一样，主要是生活用品、服饰产品、摆件、首饰、服装等。

表9-4-20　　　　长江中游地区特色文化旅游衍生产品消费偏好排序

消费偏好	江西（N=31）	湖北（N=54）	湖南（N=35）
生活用品	第1	第1	第1
服饰产品	第2	第2	第5
藏品仿真件	第3	第6	第12
摆件	第4	第4	第2
首饰	第5	第3	第3
服装	第6	第5	第4
书籍	第7	第7	第9
茶具	第8	第9	第9
画饰	第9	第8	第7
儿童玩具	第10	第14	第10
动画	第11	第13	第11
主题儿童娱乐场	第12	第12	第6
游戏	第13	第10	第8
刻录光盘	第13	第11	第13

从特色文化旅游衍生产品价格偏好看，江西更多消费者会选择0～99元（51.6%）以及100～199元（48.4%）的衍生产品，湖北和湖南更多消费者会选择100～199元以及200～299元的衍生产品，见表9-4-21。

表9-4-21　　　　长江中游地区特色文化旅游衍生产品价格偏好　　　　单位：%

价格	江西（N=31）	湖北（N=54）	湖南（N=35）
0～99元	51.6	29.6	22.9
100～199元	48.4	53.7	54.3
200～299元	35.5	53.7	45.7
300～499元	16.1	37.0	37.1
500～799元	16.1	27.8	20.0
800～999元	3.2	18.5	0.0
1000～1499元	0.0	1.9	0.0
1500～1999元	0.0	3.7	0.0
2000元及以上	0.0	3.7	0.0
合计	171.0	229.6	180.0

（五）长江中游地区特色节庆产业需求分析

从特色节庆消费群体规模看，湖北特色节庆消费群体规模最大，79.63%的被访者表示最近一年参加过地方特色节庆活动；51.61%的江西被访者和34.29%的湖南被访者参加过地方特色节庆活动。

最近一年没有参加过特色节庆活动的最主要的原因是特色节庆活动与被访者时间有冲突，见表9-4-22。

表9-4-22	未参加特色节庆活动的原因		单位：%
原因	江西	湖北	湖南
没听过	13.3	0	21.7
路途远	6.7	27.3	26.1
门票贵	20.0	27.3	4.3
停车不便	6.7	18.2	8.7
住宿	0.0	9.1	4.3
时间冲突	60.0	45.5	56.5
不感兴趣	13.3	0.0	8.7
之前去过，不想再去	6.7	45.5	13.0
没有同伴	20.0	9.1	8.7
其他	6.7	0.0	13.0
合计	153.3	181.8	165.2

注：各省样本量未超过30，数值没有统计意义，仅供参考。

第五节　长江中游地区区域特色文化产业供给侧结构性改革之思路

长江中游地区区域特色文化产业发展的基础条件略差于全国平均水平，但其产业内在制度环境略好于全国平均水平，而地方外在制度则有待进一步完善。结合各地区特色文化资源、产业结构供给现状及消费者需求偏好，在推动地区特色文化产业供给侧结构性改革过程中，长江中游地区可考虑走差异化特色文化旅游产业发展的道路，在优化和升级特色文化旅游产业的基础上，以各地区特色文化旅游产业为龙头，带动其他地方特色文化产业融合发展，并促进长江中游地区特色文化旅游产业协同发展。

一、江西省

除劳动力人口和文化设施外，江西省特色文化产业发展其他基础条件好于长江中游地区平均水平；近年来内在制度环境逐渐转好不过仍落后于长江中游平均水平，并且针对特色文化产业的专项政策较少；结合其生产要素现状、产业发展现状特别是江西消费者消费需求偏好，在推动江西特色文化产业供给侧结构性改革过程中，江西除要增加劳动力人口比例以及提高文化设施水平外，有必要制定并实施更多的特色文化产业专项政策并进一步培育消费者文化消费氛围，在此基础上，优化和升级红色文化旅游产业，以红色文化旅游产业为龙头带动其他旅游产业尤其是书院文化旅游产业发展，并依次促进红色文化旅游产业与特色工艺品产业／特色节庆产业及特色表演艺术有序融合发展，同时促进红色文化旅游产业与长江中游其他地区红色文化旅游产业协同发展。具体而言：

优化和升级红色文化旅游产业。制度层面，在《江西省旅游产业高质量发展三年行动计划（2019～2021年）》的基础上，制定江西省红色文化旅游产业发展规划，挖掘并保护有形红色文化资源，开发红色文化资源尤其是无形文化资源，引导各地区红色文化旅游产业差异化发展；巩固并进一步提升红色文化旅游氛围。产业发展模式方面，可考虑采用以内外制度合作主导型发展模式为主。优化和升级方面，提升以井冈山、瑞金为代表的红色文化旅游景区的服务品质，如景区环境保护，景区内公共交通设施水平、服务规范化及景点员工综合素养提升等。推动红色文化旅游景区差异化和联动发展。各地区应充分挖掘本地区红色文化资源尤其是无形文化资源并以此开发新的旅游景观，凸显本地红色文化独特性从而建成差异化主题的红色文化旅游景区，由此可以进一步考虑推动红色文化旅游景区之间的联动发展，形成红色文化旅游景区共赢的协同效应。鼓励红色文化旅游景区运营机构或文化企业差异化侧重开发价格0～299元特别是0～199元的服饰产品、藏品仿真件、摆件及首饰等文化衍生产品。以红色文化旅游产业为龙头带动江西其他文化旅游产业特别是书院文化旅游产业的发展。

推动红色文化旅游产业与特色节庆产业融合，从而带动特色节庆产业发展。制度层面，大力开发地方特色节庆活动，并制定地方特色节庆品牌培育计划，推动地方特色节庆品牌建设，着力提升特色节庆活动观光氛围。产业发展模式方面，可考虑采用内外制度合作主导型发展模式。融合发展方面，一是，特色节庆活动和红色文化旅游景区尤其是井冈山等景区宣传推广的双向融合，从而扩大特色节庆的知名度；二是，引导特色节庆游客和红色文化旅游景区游客双向观光；三是，将红色旅游衍生产品展销融入以中国（赣州）客家文化节、井冈山国际杜鹃花节为代表的特色节庆活动中，从而拓展红色文化衍生产品的销售渠道；四是，鼓励红色文化旅游景区挖掘并举办具有本地鲜明特色的节庆活动。

推动红色文化旅游产业与特色工艺品产业融合，从而带动特色工艺品产业发展。制度层面，制定江西特色工艺品产业发展规划，重点支持以编织扎制、雕刻塑造、纺染织绣、金属加工、剪纸刻绘、漆器髹饰、陶瓷烧造、文房制作等传统工艺为生产手段的特色工艺品的发展，引导特色工艺品产业与红色文化旅游产业融合；制定非物质文化遗产传承人考核机制以及特色工艺品市场培育扶持政策等；加大提升特色工艺品消费氛围的力度。产业发展模式方面，可考虑采用内外制度合作主导型发展模式。融合发展方面，一是，推动红色文化旅游景区运营机构或文化企业将具有市场潜力的特色工艺融入红色文化旅游衍生产品开发中；二是，特色工艺品企业可考虑将红色文化资源融入特色工艺品开发中，应侧重开发 100～299 元尤其是 100～199 元的工艺品；三是，除淘宝/天猫、官方网站以及商场专柜外，特色工艺品企业可考虑在井冈山等红色文化旅游景区开设体验性商店，扩大特色工艺知名度和销售量。

推动红色文化旅游产业与特色表演艺术产业融合，从而带动特色表演艺术产业发展。制度层面，制定并实施地方特色表演艺术产业发展规划和专项扶持政策，引导特色表演艺术机构开发原创现代剧目；继续支持特色表演艺术团体特别是赣剧、弋阳腔、采茶戏等地方传统戏曲开展惠民演出和公益演出，进一步提升人们的观看氛围。产业发展模式方面，可考虑采用内外制度合作主导型发展模式。融合发展方面，一是，推动特色表演艺术机构常驻如井冈山等红色文化旅游景区，从而扩大特色表演艺术的知名度和提升人们对地方传统表演艺术的文化认同感；二是，特色表演艺术机构应充分挖掘包括红色文化在内的本地无形文化资源，融入符合大众消费观念的原创现代项目尤其是特色舞蹈表演节目、地方传统戏曲；三是，有条件的特色表演艺术机构可考虑开发衍生产品，侧重考虑开发 0～299 元尤其是 0～199 元的生活用品、儿童玩具、服装、服饰产品及首饰等衍生产品，并将其衍生产品销售渠道拓展至井冈山等红色文化旅游景区。

推动江西红色文化旅游景区与长江中游其他地区红色文化旅游景区的协同发展。建立长江中游地区红色文化旅游产业协同机制，以江西井冈山、湖南韶山、湖北五里坪革命旧址群等红色文化旅游景区为点，旅游路线为线，使长江中游地区红色文化旅游景区及其他类型景区协同发展。

二、湖北省

除湖北省人口老龄化比较严重、城市公共基础设施建设水平低于长江中游平均水平外，湖北省特色文化产业其他基础条件相对好一些；其内在制度环境近年来有所改善但仍低于长江中游地区平均水平，且针对特色文化产业的专项政策比较少；结合其生产要素现状、产业发展现状特别是湖北消费者消费需求偏好，在推动湖北特色文化产业供给侧结构性改革过程中，湖北仍需要进一步改善特色文化产业发展基础条件尤其是人口老龄化、城市公共基础设施建设水平；制定并实施更多的特色文化产业专项政策，进一步提升消费者文化消费氛围，在此基础上优化和升级山水（三峡）文化旅游产业，以山水（三峡）文化旅游产业为龙头带动其他旅游产业尤其是红色和荆楚文化旅游产业发展，并依次促进山水（三峡）文化旅游产业与特色工艺品产业、特色节庆产业及特色表演艺术产业有序融合发展，同时推动长江中游地区山水文化旅游产业跨地区协同发展。具体而言：

优化和升级山水（三峡）文化旅游产业。制度层面，制定湖北省三峡文化旅游产业发展规划，挖掘并保护有形三峡文化资源，开发三峡文化资源尤其是无形文化资源，引导各地区三峡文化旅游产业差异化发展；巩固三峡文化旅游氛围。产业发展模式方面，可考虑采用以消费者导向型内在制度主导发展模式为主。优化和升级方面，提升以三峡大坝旅游区、葛洲坝景区为代表三峡文化旅游景区的服务品质，如景区环境保护，景区交通设施水平、服务规范化及景点员工综合素养提升等。推动三峡文化旅游景区差异化和联动（包括重庆）发展。各地区应充分挖掘本地区三峡文化资源尤其是无形文化资源并以此开发新的旅游景观，凸显本地山水文化独特性从而建成差异化主题的三峡旅游景区，由此可以进一步考虑推动三峡文化旅游景区之间的联动发展，形成三峡文化旅游景区共赢的协同效应。鼓励三峡文化旅游景区运营机构或文化企业差异化侧重开发价格 100~499 元特别是 100~299 元的服饰产品、首饰、摆件及服装等文化衍生产品。以三峡文化旅游产业为龙头带动湖北其他文化旅游产业特别是红色文化和荆楚文化旅游产业的发展。

推动山水（三峡）文化旅游产业与特色工艺品产业融合，从而带动特色工艺品产业发展。制度层面，制定湖北特色工艺品产业发展规划，重点支持以编织扎制、雕刻塑造、纺染织绣、剪纸刻绘，以及漆器髹饰等传统工艺为生产手段的特色工艺品的发展，引导特色工艺品产业与三峡文化旅游产业融合；制定非物质文化遗产传承人考核机制以及特色工艺品市场培育扶持政策等；巩固特色工艺品消费氛围。产业发展模式方面，可考虑采用以消费者导向型内在制度主导发展模式为主。融合发展方面，一是，推动三峡文化旅游景区运营机构或文化企业将具有市场潜力的特色工艺融入三峡文化旅游衍生产品开发中；二是，特色工艺品企业可考虑将三峡文化资源融入特色工艺品开发中，应侧重 100~299 元尤其是 100~199 元工艺品的开发；三是，除品牌专卖店商场专柜、淘宝/天猫以及京东外，特色工艺品企业可考虑在三峡大坝旅游区、葛洲坝景区等三峡旅游景区开设体验性商店，扩大特色工艺知名度和销售量。

推动山水（三峡）文化旅游产业与特色节庆产业融合，从而带动特色节庆产业发展。制度层面，制定地方特色节庆品牌培育计划，推动地方特色节庆品牌建设；加大力度提升特色节庆活动观光氛围。产业发展模式方面，可考虑采用以内外制度合作主导型发展模式为主。融合发展方面，一是，特色节庆活动和三峡文化旅游景区尤其是三峡大坝旅游区、葛洲坝景区等景区宣传推广的双向融合，从而扩大特色节庆的知名度；二是，引导特色节庆游客和三峡文化旅游景区游客双向观光；三是，将三峡旅游衍生产品展销融入以武汉国际杂技艺术节、屈原故里端午文化节、诸葛亮文化旅游节为代表的特色节庆活动中，从而拓展三峡文化衍生产品的销售渠道；四是，鼓励三峡文化旅游景区挖掘并举办具有本地鲜明特色的节庆活动。

推动山水（三峡）文化旅游产业与特色表演艺术产业融合，从而带动特色表演艺术产业发展。制度层面，制定并实施地方特色表演艺术产业发展规划和专项扶持政策，引导特色表演艺术机构开发原创现代剧目；继续支持特色表演艺术团体特别是楚剧、黄梅剧、汉剧等地方传统戏曲开展惠民演出和公益演出，巩固人们的观看氛围。产业发展模式方面，可考虑采用以消费者导向型内在制度主导发展模式为主。融合发展方面，一是，推动特色表演艺术机构常驻如三峡大坝旅游区、葛洲坝景区等三峡文化旅游景区，从而扩大特色表演艺术的知名度和提升人们对地方传统表演艺术的文化认同感；二是，特色表演艺术机构应充分挖掘本地包括三峡文化在内的无形文化资源，融入符合大众消费观念的原创现代作品；三是，有条件的特色表演艺术机构可考虑开发衍生产品，侧重考虑开发 100～499 元尤其是 100～299 元的生活用品、服饰产品、画饰、服装及茶具等衍生产品，并将其衍生产品销售渠道拓展至三峡大坝旅游区、葛洲坝景区等三峡文化旅游景区。

推动湖北山水文化旅游景区与长江中游其他地区山水文化旅游景区的协同发展。建立长江中游地区山水文化旅游产业协同机制，以各地区知名山水文化景区（如湖北三峡大坝旅游区、葛洲坝景区，湖南张家界、凤凰城，以及江西庐山、婺源等）为点，旅游路线为线，使长江中游地区山水文化旅游景区及其他类型景区协同发展。

三、湖南省

湖南省特色文化产业基础条件普遍比长江中游地区要差；其内在制度环境远好于长江中游和全国平均水平，但针对特色文化产业的专项政策较少。结合其生产要素现状、产业发展现状特别是湖南消费者消费需求偏好，在推动湖南特色文化产业供给侧结构性改革过程中，湖南省要加大改善特色文化产业发展基础条件的力度，制定并实施更多的特色文化产业专项政策，提升消费者文化消费氛围，在此基础上优化和升级山水和红色文化旅游产业，以山水和红色文化旅游产业为双龙头带动其他旅游产业尤其是湘楚文化旅游产业发展，并依次促进山水和红色文化旅游产业与特色节庆产业、特色工艺品产业，以及特色表演艺术产业有序融合发展，同时推动长江中游地区山水和红色文化旅游产业跨地区协同发展。具体而言：

优化和升级山水和红色文化旅游产业。制度层面，制定湖南省山水文化和红色文化旅游产业发展规划，挖掘并保护有形山水文化资源和红色文化资源，开发山水和红色文化资源尤其是其无形文化资源，引导各地区山水文化和红色文化旅游产业差异化发展；大力提升山水文化和红色文化旅游氛围。产业发展模式方面，可考虑采用以内外制度合作主导型发展模式为主。优化和升级方面，提升以张家界、凤凰城为代表的山水文化旅游景区以及韶山为代表红色文化旅游景区的服务品质，如景区环境保护，景区交通设施水平、服务规范化及景点员工综合素养提升等。推动山水文化和红色文化旅游景区差异化和联动发展。各地区应充分挖掘本地区山水文化和红色文化资源尤其是无形文化资源并以此开发新的旅游景观，凸显本地山水文化和红色文化独特性从而建成差异化主题的旅游景区，由此可以进一步考虑推动山水文化旅游景区之间、红色文化旅游景区之间、山水和红色文化旅游景区之间的联动发展，形成山水文化和红色文化旅游景区共赢的协同效应。鼓励山水和红色文化旅游景区运营机构或文化企业差异化侧重开发价格 100～499 元特别是 100～199 元的摆件、首饰、服装及服饰产品等文化衍生产品。以山水文化和红色文化旅游产业为双龙头带动湖南其他文化旅游产业特别是湘楚文化旅游产业的发展。

推动山水文化和红色文化旅游产业与特色工艺品产业融合，从而带动特色工艺品产业发展。制度层面，制定湖南特色工艺品产业发展规划，重点支持以编织扎制、雕刻塑造、纺染织绣、服饰制作、剪纸刻绘及陶瓷烧造等传统工艺为生产手段的特色工艺品的发展，引导特色工艺品产业与山水文化和红色文化旅游产业融合；制定非物质文化遗产传承人考核机制以及特色工艺品市场培育扶持政策等；加大提升特色工艺品消费氛围的力度。产业发展模式方面，可考虑采用以传统工艺导向型外在制度发展模式为主。融合发展方面，一是，推动山水文化和红色文化旅游景区运营机构或文化企业将具有市场潜力的特色工艺融入山水文化和红色文化旅游衍生产品开发中；二是，特色工艺品企业可考虑将山水文化尤其红色文化资源融入特色工艺品开发中，应侧重开发 0～299 元尤其是 100～199 元的工艺品；三是，除淘宝/天猫外，特色工艺品企业可考虑在张家界景区、凤凰城、韶山等山水和红色文化旅游景区开设体验性商店，扩大特色工艺知名度和销售量。

推动山水文化和红色文化旅游产业与特色节庆产业融合，从而带动特色节庆产业发展。制度层面，制定地方特色节庆品牌培育计划，推动地方特色节庆品牌建设；加大力度提升特色节庆活动观光氛围。产业发展模式方面，可考虑采用以文化资源导向型外在制度主导发展模式为主。融合发展方面，一是，特色节庆活动与山水文化和红色文化旅游景区尤其是张家界景区、凤凰城、韶山等山水文化和红色文化旅游景区宣传推广的双向融合，从而扩大特色节庆的知名度；二是，引导特色节庆游客与山水文化和红色文化旅游景区游客双向观光；三是，将山水文化和红色文化旅游衍生产品展销融入以六月六山歌节、湖南艺术节为代表的特色节庆活动中，从而拓展山水文化和红色文化衍生产品的销售渠道；四是，鼓励山水文化和红色文化旅游景区挖掘并举办具有本地鲜明特色的节庆活动。

推动山水文化和红色文化旅游产业与特色表演艺术产业融合，从而带动特色表演艺术产业发展。制度层面，制定并实施地方特色表演艺术产业发展规划和专项扶持政策，引导特色表演艺术机构开发原创现代剧目；继续支持特色表演艺术团体特别是湘剧、花鼓戏等地方传统戏曲开展惠民演出和公益演出；进一步提升人们的观看氛围。产业发展模式方面，可考虑采用以内外制度合作主导型发展模式为主。融合发展方面，一是，推动特色表演艺术机构常驻如张家界景区、凤凰城、韶山等山水文化和红色文化旅游景区，从而扩大特色表演艺术的知名度和提升人们对地方传统表演艺术的文化认同感；二是，特色表演艺术机构应充分挖掘本地包括山水文化和红色文化在内的无形文化资源，融入符合大众消费观念的原创现代作品尤其是地方传统戏剧和特色舞蹈表演节目；三是，有条件的特色表演艺术机构可考虑开发衍生产品，侧重考虑开发 100～299 元的生活用品、书籍、儿童玩具、服饰产品及服装等衍生产品，并将其销售渠道拓展至张家界景区、凤凰城、韶山等山水文化和红色文化旅游景区。

推动湖南山水文化和红色文化旅游景区与长江中游其他地区山水文化和红色文化旅游景区的协同发展。建立长江中游地区山水文化和红色文化旅游产业协同机制，以各地区知名山水和红色文化景区（如湖北三峡大坝旅游区、葛洲坝景区，湖南张家界、凤凰城、韶山，以及江西庐山、婺源、井冈山等）为点，旅游路线为线，使长江中游地区山水文化和红色文化旅游景区及其他类型景区获得协同发展。

第十章

西南地区区域特色文化产业

本章首先探讨西南地区即广西、重庆、四川、贵州、云南、西藏区域特色文化产业发展的基础条件，讨论其制度结构与生产要素结构，继而探讨这一地区区域特色文化产业供给结构和需求结构，最后提出西南地区区域特色文化产业供给侧结构性改革基本思路。

第一节　西南地区区域特色文化产业发展的基础条件

一、区域人口状况

西南地区土地面积共计 258.77 万平方公里；地形结构复杂，主要以高原、山地为主；少数民族众多；除少数民族方言外，西南官话是西南地区分布最广的方言。

西南地区人口规模逐年缓慢增长，年末常住人口从 2017 年的 25185 万人增长到 2021 年的 25529 万人，年均增长率为 0.34%。2017 ~ 2021 年，西南地区历年劳动力规模均低于全国水平，且呈逐年下降趋势。分地区看，云南历年 15 ~ 64 岁人口占比高于其他五个地区，在 72% 左右，重庆和贵州历年 15 ~ 64 岁人口占比最低，在 66% ~ 70% 之间。见表 10 - 1 - 1。

表 10 - 1 - 1　　　　　2017～2021 年西南地区 15～64 岁人口占比　　　单位：%

地区	2017 年	2018 年	2019 年	2020 年	2021 年
全国平均	71.82	71.20	70.64	69.47	68.29
西南地区	69.88	69.90	68.85	68.34	67.83
广西	68.00	72.62	71.18	70.39	69.60
重庆	69.33	68.60	67.87	67.42	66.97
四川	70.24	68.65	67.85	67.32	66.78
贵州	68.76	66.42	66.17	65.44	64.71
云南	72.67	72.34	72.08	70.78	69.48
西藏	70.25	70.78	67.92	68.69	69.46

2017～2021 年，西南地区人口老年化问题比较突出但仍低于全国平均水平，64 岁以上人口占比从 2017 年的 10.35% 上升到 2021 年的 12.50%。分地区看，重庆和四川人口老年化问题更加严重，2021 年 64 岁以上人口占比分别为17.76% 和 17.58%，远高于全国水平；而其他四地区特别是西藏 64 岁以上人口占比远低于全国水平。见表 10 - 1 - 2。

表 10 - 1 - 2　　　　　2017～2021 年西南地区 64 岁以上人口占比　　　单位：%

地区	2017 年	2018 年	2019 年	2020 年	2021 年
全国平均	11.39	11.94	12.57	13.40	14.22
西南地区	10.35	10.71	11.31	11.91	12.50
广西	9.75	8.21	9.32	10.07	10.81
重庆	14.28	14.47	15.35	16.55	17.76
四川	13.93	14.99	15.74	16.66	17.58
贵州	9.95	11.34	11.58	11.67	11.76
云南	8.40	9.57	9.88	10.58	11.27
西藏	5.79	5.68	6.02	5.91	5.81

二、经济发展水平

2013～2022 年，西南地区生产总值持续快速增长，从 2013 年的 73620.8 亿元增加到 2022 年的 163431.1 亿元，年均增长率为 9.27%，高于全国平均水平

（8.08%）。分地区看，西藏生产总值年均增长率最高（11.08%），贵州、云南、重庆、四川和广西分别为 10.86%、9.47%、9.35%、8.82% 和 8.67%。

2013~2021 年，西南地区居民人均可支配收入从 2013 年的 13047.17 元增加到 2021 年的 27370.33 元，年均增长率为 8.58%，增速高于全国平均水平约 1 个百分点；分地区看，西南各地区 2023 年人均可支配收入均超过了 20000 元，为地区特色文化产业发展奠定了经济基础。重庆历年居民人均可配收入最高，2021 年为 33803 元；人均可支配收入年均增长率最高的地区是云南（11.02%），广西、重庆、四川、贵州、西藏分别为 8.24%、8.26%、8.96%、8.25% 和 8.58%。

三、基础设施水平

2015~2021 年，西南地区文化设施水平呈 V 型发展态势，且其指数均远低于全国平均水平。分地区看，西藏文化设施水平相对最高，呈 V 型发展态势且其历年指数均高于全国平均水平；广西文化设施水平呈波浪式发展态势；重庆、四川和云南文化设施水平呈 W 型发展态势；贵州文化设施水平相对最低，在 3.00 和 4.50 之间波动。见表 10－1－3。

表 10－1－3　　　　　2015~2021 年西南地区文化设施水平综合指数

地区	2015 年	2016 年	2017 年	2018 年	2019 年	2020 年	2021 年
全国平均	25.12	25.92	27.88	26.93	26.40	26.94	27.59
西南地区	22.16	21.59	19.29	16.03	16.33	17.08	19.04
广西	37.16	39.02	22.06	11.06	18.30	15.79	21.26
重庆	17.42	16.59	17.47	18.23	17.09	16.37	16.98
四川	18.68	18.64	21.76	19.67	17.87	18.42	20.33
贵州	4.14	3.20	3.80	3.46	3.45	3.63	4.33
云南	14.06	12.54	15.09	12.14	13.38	13.62	13.68
西藏	41.52	39.57	35.56	31.60	27.92	34.65	37.67

2015~2021 年，西南地区城市公共设施水平均低于全国平均水平，但其历年指数呈 N 型上升趋势。分地区看，云南历年城市公共设施水平最高（除 2015 年外），比全国平均水平还高些；贵州城市公共设施水平逐年上升；重庆城市公

共设施水平呈波浪式增长态势；广西、四川和西藏城市公共设施水平分别呈 M 型、倒 V 型和 V 型增长态势。见表 10 - 1 - 4。

表 10 - 1 - 4　　　　　2015 ~ 2021 年西南地区城市公共设施水平综合指数

地区	2015 年	2016 年	2017 年	2018 年	2019 年	2020 年	2021 年
全国平均	32.17	35.77	35.32	36.58	37.70	38.51	38.85
西南地区	27.03	29.84	30.93	29.87	32.12	34.25	36.09
广西	25.05	30.86	39.75	30.68	36.06	41.83	40.57
重庆	22.11	24.62	23.83	25.40	26.50	25.65	26.31
四川	22.63	29.46	30.25	32.38	34.52	32.88	31.01
贵州	19.43	25.38	30.10	33.56	33.12	34.77	35.85
云南	34.72	40.62	41.80	39.48	39.76	40.79	43.93
西藏	38.24	28.10	19.83	17.71	22.74	29.61	38.86

2015 ~ 2021 年，西南地区交通设施水平呈波浪式下降态势，其指数从 2015 年的 23.44 下降至 2021 年的 19.12；且其历年交通建设水平均低于全国平均水平。分地区看，重庆历年交通设施水平最高，且除 2018 年外均高于全国平均水平；四川历年交通设施水平最低，且远低西南地区水平。见表 10 - 1 - 5。

表 10 - 1 - 5　　　　　2015 ~ 2021 年西南地区交通设施水平综合指数

地区	2015 年	2016 年	2017 年	2018 年	2019 年	2020 年	2021 年
全国平均	34.41	33.89	35.46	34.40	35.34	35.23	34.32
西南地区	23.44	24.73	26.58	19.86	20.68	20.27	19.12
广西	23.36	23.67	25.54	15.48	15.61	17.31	16.31
重庆	38.62	39.88	43.97	31.99	35.69	35.48	33.77
四川	12.80	13.85	16.35	12.48	14.88	13.73	13.47
贵州	24.66	26.24	25.19	12.70	13.50	14.17	13.52
云南	24.48	24.97	26.64	21.95	21.26	18.42	18.64
西藏	16.74	19.76	21.79	24.59	23.14	22.49	18.98

四、开放水平

2011～2017 年，西南地区历年开放水平远低于全国平均水平。相对而言，西藏开放水平最低，其次是贵州，再次是云南；重庆历年开放水平均高于全国平均水平。见表 10 - 1 - 6。

表 10 - 1 - 6　　　　　2011～2017 年西南地区开放水平综合指数

地区	2011 年	2012 年	2013 年	2014 年	2015 年	2016 年	2017 年
全国平均	25.88	24.64	23.63	21.84	19.03	20.73	23.14
西南地区	13.06	14.54	13.79	12.83	10.78	9.57	11.20
广西	16.52	14.79	12.37	12.02	13.30	14.31	17.30
重庆	25.15	30.57	33.90	34.77	28.73	26.03	25.50
四川	16.50	17.48	15.39	12.15	8.75	9.46	11.74
贵州	8.23	7.89	4.92	4.90	2.20	2.34	4.58
云南	8.38	6.90	8.05	8.67	4.41	4.24	6.57
西藏	3.61	9.62	8.11	4.47	7.31	1.01	1.50

第二节　西南地区区域特色文化产业的制度结构分析

和其他区域一样，西南地区特色文化产业发展也是主要依靠长期以来自发形成的内在制度，由于这一地区大多数相对封闭，内在制度对区域特色文化产业作用更大。

一、内在制度方面

2015～2021 年，西南地区文化消费氛围综合指数远低于全国平均水平，但呈 M 型增长态势，从 2015 年的 13.72 增长至 2021 年的 18.65。分地区看，广西从 2016 年始历年文化消费氛围相对最浓，且文化消费氛围综合指数明显高于全国平均水平；重庆、四川和云南文化消费氛围分别呈 V 型、W 型和 M 型增长态势；贵州文化消费氛围呈波浪式增长态势；西藏是西南地区文化消费氛围最淡的地区。见表 10 – 2 – 1。

表 10 – 2 – 1　　　　　2015～2021 年西南地区文化消费氛围综合指数

地区	2015 年	2016 年	2017 年	2018 年	2019 年	2020 年	2021 年
全国平均	21.93	20.55	21.70	20.80	21.57	23.17	23.18
西南地区	13.72	14.05	16.34	15.51	16.80	19.76	18.65
广西	13.42	21.51	29.82	30.99	32.70	32.86	31.61
重庆	22.40	20.34	22.40	23.59	23.71	27.36	28.62
四川	21.58	18.19	19.66	17.89	17.50	20.09	23.33
贵州	11.19	10.26	11.39	9.60	9.16	17.96	15.20
云南	11.76	12.02	13.99	10.64	11.20	17.12	13.10
西藏	1.99	2.00	0.81	0.35	6.54	3.18	0.04

和其他地区一样，西南地区均成立了各地区戏剧家协会、摄影家协会、电影家协会、书法家协会、音乐家协会、杂技家协会、美术家协会、电视艺术家协会、曲艺家协会、作家协会、舞蹈家协会、演出行业协会、文艺评论家协会、民间文艺家协会等行业协会。这些行业协会的正常运行对推动本地区本领域创作及其品质的提升、宣传推广、人才培养等起重要的推动作用，对形成本领域从业人员"圈"文化、文化创意氛围等内在制度起着至关重要的影响。

二、外在制度方面

2010～2022 年，西南各地区特色文化产业外在制度结构具有以下三个特点：（1）和其他区域一样，没有颁布实施专门针对特色文化产业的知识产权保护制度，而是针对文化市场执行国家层面的知识产权制度。（2）有比较多的与特色文化产业发展有关的政策。2010～2022 年，西南六省份共颁布实施了与特色文化产业有关的政策特别是振兴传统工艺、发展文化旅游产业及文物保护与开发相关的政策共计 90 余项。结合自身特点，重庆、四川、西藏制定了本地区"传统工艺振兴计划"，广西制定了本地区"工作方案"，云南制定了"行动计划"，贵州制定了"传统手工艺助推脱贫培训计划"；各省份至少制定了一项旅游专项政策，比如广西在 2019 年颁布和实施的旅游专项政策就有四项；各地区至少制定了一项针对本省份文物保护及文物开发的政策。（3）和其他区域一样，没有专门的特色文化产业规制制度，有些特色文化产业规制制度散落在文化产业发展政策中。

从特色文化产业价值链看，涉及消费者的政策最少且操作性不强。

涉及文化资源的政策较少，政策内容主要涉及文化资源的调查、保护、开发和利用。

涉及内容创意的政策最多，政策内容主要涉及创意人才、文化产品经营管理人才的培养，创作过程中本地特色文化资源挖掘，特色产品设计、特色文化产品品质的提升等。

涉及生产制造方面的政策次多，政策内容主要涉及工艺的研发与现代技术应用，优秀文艺产品生产，传统戏曲的演出、景区和旅游项目建设、节庆打造等。

涉及市场推广的政策较多，政策内容主要有传统工艺社会普及教育，产品、品牌展览、销售与市场拓展，戏曲的宣传推广（包括国际交流），非物质文化遗产的传播等。

第三节　西南地区区域特色文化产业的生产要素结构分析

本节侧重探讨西南地区区域特色文化产业发展中所需要的特色文化资源、创意阶层及生产技艺/工艺这三种主要的生产要素。

一、特色文化资源

和我国其他地区相比，西南地区的特色文化资源更加丰富。

（一）广西

广西代表性特色文化资源主要有少数民族文化资源、山水文化资源、红色文化资源及海洋文化资源。

广西境内有壮、瑶、苗、侗、仫佬、毛南、回、京、彝、水、仡佬等12个世居少数民族。这些少数民族的习俗、民间故事和传说、山歌等无形文化资源以及少数民族特色村寨（截至2019年，国家民委命名的共有137个）及其传统建筑、景观、服饰等有形文化资源是广西代表性少数民族文化资源。

广西山水文化资源主要有以桂林漓江风景区、柳州百里柳江沿江风景带等为代表的自然景观，以柳州龙潭公园为代表的园林景观，以太平天国金田起义旧址、三江程阳风雨桥、梧州骑楼群、桂海碑林博物馆等为代表的人文景观，以及以刘三姐为代表的民间传说、故事等。

广西红色文化资源数量多、分布广，主要分布在百色、柳州、南宁、桂林、梧州、贵港等地。其中，百色红色文化资源是广西最具代表性的红色文化资源，闻名全国。这一地区的红色文化资源主要有与百色起义、红七军和右江革命根据地有关的革命遗址遗迹（如红七军军部旧址和政治部旧址、右江苏维埃政府旧址、奉议县农讲所旧址、平果红军炮楼、红七军和红八军会师旧址等）等有形资源，以及百色起义、革命人物故事（邓小平、张云逸、韦拔群等）、左右江农民运动和根据地建设过程中发生的革命事件等无形资源。

海洋文化资源主要有海洋自然生态资源和人文历史资源两类①。其中，海洋自然生态资源主要有以涠洲岛、银滩、怪石滩、金滩、三娘湾等为代表的海岸岩礁沙滩类景观资源，以南流江入海处"三河入口"景观、钦江入海口海堤景观、北仑河口中越两国异域景观、北海外沙海堤、防城港西湾海堤等为代表的海口及海滨类景观资源，以北仑河口红树林自然保护区、合浦氿国家自然保护区等为代表的海洋生态景观资源，以及海洋生物类资源。海洋人文历史资源包括：（1）海洋历史人文遗迹类资源，较有代表性的如：以灵山新石器时代遗址、茅岭杯较墩遗址等为代表的古人类文化遗址，以大浪古港、企沙码头、茅岭古渡、龙门港、江东博易场遗址等为代表的古码头，以潭蓬运河遗址、杨二涧、十万山古商道为代表的古运河、古商道，以烽火台和炮台、军营和屯寨等海防海战遗址，以冯子材故居、刘永福故居、东坡井、东坡亭、惠爱桥等为代表的历史人物遗迹；（2）海洋民俗文化类资源，如渔民生产生活习俗、三娘子等民间传说及民间歌曲等；（3）海洋宗教文化类资源，如合浦东山寺、妈祖庙、雷庙、武圣庙、三界庙、普度震宫、关帝庙等宗教庙宇及地方民间信仰人物传说和故事等。

---

① 吴小玲. 广西海洋文化资源的类型、特点及开发利用［J］. 广西师范大学学报（哲学社会科学版），2013（1）：18－23.

（二）重庆

重庆代表性特色文化资源主要有红色文化资源、巴渝文化资源、三峡文化资源、三国蜀汉文化资源等。

红色文化资源主要有以重庆谈判纪念馆、中共西南局纪念馆、渣滓洞、白公馆、红岩村、红岩革命纪念馆、李子坝抗战遗址公园、五云山寨集中营旧址、周公馆等为代表的遗址遗迹以及革命文物等有形文化资源，以及以江姐、毛泽东、周恩来、叶剑英、邓小平、贺龙等为代表的革命人物及其在重庆期间发生的重大事件、故事等无形文化资源。

巴渝文化资源主要有巴渝舞、巴人风情、巴人神话（例如，比翼齐飞、巴蛇吞象、白虎神话、廪君传奇）等。

三峡文化资源主要有以瞿塘峡、巫峡、西陵峡为代表的自然景观，描述三峡的诗词，以川江号子、船工号子、劳动号子等为代表的长江号子，以大禹治水、大禹疏浚三峡、神女峰、花椒姑娘为代表的神话传说。

重庆三国蜀汉文化主要有奉节白帝城永安宫、甘夫人墓、诸葛亮八阵图遗迹、张飞庙、严颜庙等三国人物相关的有形文化资源，以及刘备托孤故事、严颜忠义精神、诸葛亮鱼复八阵图点战阵推演传说等无形文化资源。

（三）四川

四川代表性特色文化资源主要有三国蜀汉文化资源、宗教文化资源、酒文化资源、山水文化资源、大熊猫文化资源、红色文化资源等。

四川是三国蜀汉文化的重要发源地，蜀汉政权兴于涪县（今绵阳市涪城区），最后灭亡也在涪县。据不完全统计，四川境内三国遗址遗迹超过 211 处，它们多集中在诸葛亮南征北伐路线上。三国历史专家梅铮铮（2018）认为，武侯祠、剑门关、翠云廊、明月峡栈道和西山万卷楼（陈寿故居）遗迹是四川境内具有代表性的三国蜀汉文化地标。除此之外，还有蒋琬祠墓、马邈李夫人故里碑、绵阳富乐山、江油关等。除上述三国蜀汉有形文化资源外，还有与三国人物（如刘备、诸葛亮、关羽、张飞、蒋琬、邓艾、姜维等）有关的故事、历史事件和史实等无形文化资源。

四川宗教文化资源主要有道教文化资源和佛教文化资源。四川是我国道教重要发源地之一。四川境内道教文化资源主要有文昌帝君、张天师等道教名人，剑阁鹤鸣山、成都青羊宫、都江堰青城山、三台云台观、梓潼县七曲山文昌宫、绵阳西山观、彭州阳平观与葛仙山、彭山县仙女山、新津老君山等名山宫观，以及道教诸多书籍及传说。四川省境内的佛教文化资源主要包括以峨眉山、照觉寺、甘孜塔公寺、乐山大佛为代表的佛教名山名寺、佛像等。

四川酒文化资源主要有与酒有关礼仪文化，如倒酒礼仪、拒酒礼仪、敬酒礼仪、敬酒歌等，与酒有关的历史人物如司马相、曹操、曹植、孔融、竹林七贤、李白、宋代"三苏"等，与酒有关的诗歌如李白的"举杯邀明月，对影成三人"、苏轼的"明月几时有？把酒问青天"、唐代杜甫有"酒肆人间市，琴台日暮云"的诗句等。

四川山水文化资源比较丰富。有形山水文化资源有以都江堰水利工程、九寨沟、峨眉山、蜀南竹海、黄龙风景区等自然景观以及依附在上面的人文景观；无形山水文化资源有都江堰放水节、放生节、放河灯等节庆日、民间习俗及民间传说、谚语等，如大禹治水、鳖灵治水、夫妻桥、望娘滩、李冰斗江神、李冰显圣、金锣玉棍传说、二郎的故事、金鸡与芙蓉等民间传说；"深淘滩，低作堰""河边不开荒，开荒必遭殃"等与水有关的谚语。[①]

大熊猫文化资源是四川最具特色和知名的文化资源。大熊猫文化资源也可分为有形文化资源和无形文化资源。有形大熊猫文化资源有大熊猫、竹类、人工培育饲养场所等。无形大熊猫文化资源主要是大熊猫的象征意义。由于大熊猫只吃竹子，不伤害其他动物，古人认为它有"化干戈为玉帛"之意，是一种能与友邻和平共处的"义兽"，因此，早在西晋时期就把大熊猫当作和平友好的象征。实事上，"熊猫外交"已有上千年历史，新中国成立后到达顶峰，大熊猫已成为象征中国人民情谊的"友好使者""和平使者"。

红色文化资源主要有以四渡赤水、巧渡金沙江、彝海结盟、强渡大渡河、飞夺泸定桥、懋功会师、激战腊子口、华蓥山武装起义、成都战役等为代表的革命历史史实，以朱德、陈毅、邓小平、罗瑞卿、黄继光、江竹筠、罗南辉、赵一曼等为代表的革命人物及其革命故事，以陈毅故里、邓小平故里、朱德故里、赵一曼故里、江姐故里、红四方面总指挥部旧址纪念馆、飞夺泸定桥旧址、

---

① 张帅. 都江堰水文化与可持续发展 [J]. 四川水利, 2005 (1)：44-46.

磨西镇毛泽东驻地旧址等为代表的遗址遗迹。

（四）贵州

贵州代表性特色文化资源主要是少数民族文化资源、山水文化资源及红色文化资源等。

贵州世居 18 个少数民族，这些少数民族的传统村寨（截至 2019 年，国家民委命名的共有 312 个，贵州官方命名的少数民族特色村寨共有 1008 个）及其民族风格建筑、服饰、婚俗、祭祀、节庆等构成了贵州少数民族文化资源。

贵州岩溶面积约为 10.9 万平方公里，是世界上喀斯特地貌发育最典型的地区之一，这些地区地形演化过程中形成了以黄果树大瀑布、龙宫、织金洞、马岭河、小七孔等为代表的自然景观及嵌入其中的人文景观，构成了贵州独特的山水文化资源。

贵州红色文化资源丰富。有形文化资源主要是由分布在遵义、毕节、贵阳、铜仁、安顺、黔东南、黔南、黔西南等地区[①]的革命遗址构成。其中，会议遗址类资源主要有遵义会议旧址、黎平会议旧址、鸡鸣三省会议旧址等，重大事件、战争发生地类资源主要有娄山战斗遗址、四渡赤水战斗遗址等，名人故居类资源主要有王若飞故居、周达文故居、周逸群故居、李德和博古旧居、毛泽东旧居等，重要机构办公旧址类资源主要有红军总政治部旧址、红九军团旧址、中共贵州省工委旧址等，纪念馆资源类主要有遵义会议纪念馆、四渡赤水纪念馆、息烽集中营革命历史纪念馆等，革命烈士陵园资源类主要有红军烈士陵园、红花岗红军烈士陵园、赤水红军烈士陵园等。无形文化资源是在贵州地区所发生的革命战斗、会议、名人故事及在革命过程中孕育和形成的革命精神等。

（五）云南

云南代表性特色文化资源主要有少数民族文化资源、山水文化资源及历史文化资源。

云南是我国世居少数民族最多的地区。各少数民族传统村寨（截至 2019 年，国家民委命名特色村寨共有 247 个，云南官方命名的共有 352 个）及民族

---

① 王洪叶. 贵州红色文化资源与地域发展研究［M］. 成都：西南交通大学出版社，2015.

服饰等有形文化资源及少数民族风俗、歌舞、民间传说神话、民族节庆（如傣族"泼水节"、白族"三月街"、彝族白族"火把节"、傈僳族"刀杆节"、瑶族"盘王节"、景颇族"目脑纵歌"、独龙族"卡雀哇"、佤族"新米节"等）等无形文化资源构成了云南少数民族文化资源。

山水文化资源主要有以香格里拉、三江并流、石林、大理、西双版纳、腾冲火山热海、洱海等为代表的自然景观，以丽江古城、大理古城等为代表的特色古镇，以及云南地区3万多种植物和数千种动物。

历史文化资源主要有旧石器时代遗址（如元谋人遗址、百石岭遗址、江川甘棠箐遗址、老虎洞遗址、象鼻洞遗址等）和新石器时代遗址（石佛洞遗址、白羊村遗址、海门口遗址等），以及以大理崇圣寺三塔、剑川石宝山石窟、昆明古幢、东西寺塔等为代表的南诏大理文化。

红色文化资源有红军长征遗址遗迹、战役和会议，如扎西会议、会泽扩红、虎头山战斗、皎平渡口渡金沙江、柯渡红军长征纪念馆、祥云指挥部旧址等。

（六）西藏

西藏代表性特色文化资源主要有藏族文化资源、山水文化资源和茶马古道文化资源。

藏族文化资源主要有以藏族服饰、宫殿建筑、庄园建筑、园林建筑、藏传佛教寺院、馆藏文物为代表的有形文化资源，以及藏族习俗、生活方式、习惯、信仰、当地神话故事和传说、宗教知名人物故事为代表的无形文化资源。

山水文化资源主要有以冈仁波齐、药王山、贡布日神山、哈布日神山、乃钦康桑峰等为代表的神山、与神山有关的景物（如寺院）及神话传说，以及以玛旁雍错、纳木措、羊卓雍错为代表的圣湖、与圣湖有关的景物（如寺院）及神话故事和传说。

茶马古道文化资源主要有西藏境内茶马古道沿途的遗址遗迹如卡若遗址、小恩达遗址、千年古盐田等，以及茶马古道上所发生的具有影响的历史事件等。

二、创意阶层

2015~2021年，西南地区创意阶层人数呈N型增加态势，年均增长率为4.32%。分地区看，四川创意阶层人数历年最多，保持在10000~13000人之间；

西藏历年创意阶层人数最少但年均增长率最多，为18.49%；广西和云南创意阶层人数呈波浪式发展态势，年均增长率分别为 −0.50% 和 1.67%；重庆和贵州创意人数呈 N 型增长态势，年均增长率分别为 9.65% 和 3.67%。见表 10−3−1。

表 10−3−1　　　　　2015~2021 年西南地区创意阶层人数变化　　　　　单位：人，%

地区	2015 年	2016 年	2017 年	2018 年	2019 年	2020 年	2021 年	年均增长率
广西	6076	6068	6114	5568	5974	5430	5896	−0.50
重庆	6202	6246	9674	10038	9265	8516	10781	9.65
四川	10950	11166	12446	11722	11542	10987	12995	2.89
贵州	4699	5146	5282	5688	5127	5306	5835	3.67
云南	10763	10104	11032	9803	10863	10380	11885	1.67
西藏	1669	2473	3022	6085	4425	4592	4618	18.49
合计	40359	41203	47570	48904	47196	45211	52010	4.32

从艺术表演人数看，2015~2021 年，西南地区艺术表演人数呈波浪式增长态势，年均增长率为 5.86%。分地区看，广西艺术表演人数 2015~2018 年约为 2000人，然后持续下降至 2020 年的 1152 人后有所回升，年均增长率为 −5.75%；重庆表演艺术人数整体呈增加态势，年均增长率为 14.98%；四川和西藏艺术表演人数呈 N 型增长态势，年均增长率分别为 5.43% 和 4.00%；贵州艺术表演人数呈波浪式增长态势，年均增长率为 6.92%；云南艺术表演人数呈 W 型增长态势，年均增长率为 1.23%。见表 10−3−2。

表 10−3−2　　　　　2015~2021 年西南地区艺术表演人才人数变化　　　　　单位：人，%

地区	2015 年	2016 年	2017 年	2018 年	2019 年	2020 年	2021 年	年均增长率
广西	2071	2073	2097	2158	1716	1152	1452	−5.75
重庆	3389	3555	6692	6370	6240	5378	7832	14.98
四川	4837	4996	6282	6692	5396	4768	6644	5.43
贵州	1619	1864	1820	1768	1784	1680	2419	6.92
云南	4461	3588	4166	3989	3769	3537	4801	1.23
西藏	709	712	778	765	788	882	897	4.00
合计	17086	16788	21835	21742	19693	17397	24045	5.86

从非物质文化遗产代表性传承人看，这一地区国家级传承人累计 528 人，其中，云南人数最多（125 人），广西人数最少（49 人）；省/市/自治区级传承人累计 3609 人。见表 10 – 3 – 3。

表 10 – 3 – 3　　　　西南地区五批次非物质文化遗产传承累计人数　　　　单位：人

级别	广西	重庆	四川	贵州	云南	西藏	合计
国家级	49	59	105	94	125	96	528
省/市/自治区级	553	289	665	612	992	522	3609

注：西藏第五批自治区级非物质文化遗产传承人未公布，故只统计前四批人数。

三、生产技术/工艺

西南地区入选国家重点扶持的传统工艺共有 77 项。其中，四川 22 项，贵州和西藏各 15 项，云南 13 项，重庆和广西分别为 7 项和 5 项。从传统工艺类别看，纺染织绣工艺最多，共 24 项；其次是服饰制作和剪纸刻绘，均为 10 项；再次是编织扎制、金属加工、器具制作和陶瓷烧造，各为 6 项；文房制作和漆器髹饰各 4 项，印刷装裱 1 项。见表 10 – 3 – 4。

表 10 – 3 – 4　　　　西南地区国家重点扶持的传统工艺分布　　　　单位：项

地区	编织扎制	纺染织绣	服饰制作	剪纸刻绘	金属加工	漆器髹饰	器具制作	陶瓷烧造	文房制作	印刷装裱	合计
广西	1	1	2	0	0	0	0	1	0	0	5
重庆	1	2	0	1	0	1	1	1	0	0	7
四川	3	11	1	2	1	2	1	1	1	0	22
贵州	0	6	4	1	0	1	2	0	1	0	15
云南	0	3	1	1	3	0	1	3	0	1	13
西藏	1	1	2	5	2	0	2	0	1	1	15
合计	6	24	10	10	6	4	6	6	4	1	77

第四节 西南地区区域特色文化产业供给与需求结构分析

一、产业结构

(一) 产业结构整体分析

整体而言，和其他地区一样，西南地区特色文化旅游产业一枝独大。特色文化旅游产业和特色节庆产业趋于有机融合，特色工艺品产业能够解决农村剩余劳动力但往往企业规模偏小，绝大多数产业没有形成完整的产业链，特色表演艺术产业市场狭窄，观众人群逐渐萎缩。具体而言：

特色文化旅游产业是西南地区特色文化产业的主导产业和支柱产业，是拉动地方经济发展的重要力量。西南各地区均制定了本地区的旅游产业发展规划以及其他系列支持政策。这些政策的制定与实施以及文化旅游氛围的提升推动了各地区特色文化旅游产业市场规模日益扩大。2014～2019 年，四川旅游总收入居西南地区第一，除四川（旅游总收入年均增速 18.83%）外，西南其他地区旅游总收入年均增长速度均超过 20%；除西藏外，西南其他地区游客总人数2017 年已突破了 50000 万人次，广西、贵州、云南和西藏游客总数年均增速均超过 20%。

为贯彻落实《中国传统工艺振兴计划》，近年来，西南各个地区均制定了促进地方传统工艺品振兴计划等政策。和其他地区相比，西南地区工艺美术产品产业竞争力特别弱，六个省份主营业务总收入仅占全国同类产业收入的5.03%，特色工艺品企业以中小型企业特别是小微企业居多，规模以上企业数量极少。

为贯彻落实国务院《关于支持戏曲传承发展的若干政策》要求，西南地区各省份均制定了本地区相应的政策。随着外在制度强力介入特色表演艺术产业特别是地方传统戏曲，西南地区特色表演机构数量、国内演出总场次、机构平均国内演出场次及国内演出观众总人数均呈不同程度增加，但其特色表演机构演出总收入和平均演出收入、单场观众人数均急剧减少。

西南地区特色节庆以民族传统节庆活动为主，举办时间固定，这些节庆主要涉及地方民俗表演；有少数部分节庆是由政府主办的，这类节庆除进行地方特色表演和特色产品展销外，一般还涉及招商引资推介会。

（二）特色工艺品产业

我国第三次经济普查统计表明，西南地区工艺美术产品产业生产大类企业营业收入和主营业务收入分别为804.39亿元和799.18亿元；西南地区工艺美术产品产业收入较低，营业收入仅占全国的5.03%。分地区看，重庆工艺美术产品产业生产大类企业营业收入和主营业务收入最高，分别为303.85亿元和301.88亿元；西藏工艺美术产品营业收入和主营业务收入最少，分别为4.8亿元和4.77亿元。见表10-4-1。

表10-4-1　　　　西南地区工艺美术产品生产大类企业收入情况　　　单位：亿元,%

地区	营业收入		主营业务收入	
	绝对值	占全国比重	绝对值	占全国比重
广西	95.95	0.60	95.33	0.60
重庆	303.85	1.90	301.88	1.90
四川	239.88	1.50	238.32	1.50
贵州	15.99	0.10	15.89	0.10
云南	143.93	0.90	142.99	0.90
西藏	4.80	0.03	4.77	0.03
合计	804.39	5.03	799.18	5.03

从不同规模企业而言，西南地区工艺美术产品生产大类规模以上企业的营业收入和主营业务收入分别为493.52亿元和492.21亿元，规模以下企业营业收入和主营业务收入分别是310.87亿元和306.97亿元；除重庆外，其他地区规模以上工艺美术品企业营业收入和主营业务收入均高于规模以下企业。分地区看，四川规模以上工艺美术品营业收入和主营业务收入最高，分别为164.09亿元和163.65亿元；重庆规模以下工艺美术品营业收入和主营业务收入最高，分别为177.63亿元和175.99亿元；西藏无论是规模以下还是规模以下工艺美术产品企业的营业收入和主营业务收入均最低。见表10-4-2。

表 10 - 4 - 2　　西南地区工艺美术产品生产大类不同规模企业收入情况　　单位：亿元

地区	营业收入		主营业务收入	
	规模以上	规模以下	规模以上	规模以下
广西	75.73	20.22	75.53	19.80
重庆	126.22	177.63	125.88	175.99
四川	164.09	75.79	163.65	74.67
贵州	12.62	3.37	12.59	3.30
云南	113.60	30.33	113.30	29.70
西藏	1.26	3.54	1.26	3.51
合计	493.52	310.87	492.21	306.97

（三）特色表演艺术产业

就特色表演机构数量而言，西南地区特色表演机构数量从 2013 年的 146 家增加到 2017 年的 223 家，年平均增长率为 11.17%。分剧种看，除乌兰牧骑机构从 2013 年的 41 家下降至 2017 年的 33 家（年均增速为 -19.09%）外，其他剧种机构数量都有所增加，其中曲艺类的增长速度最快，从 2013 年的 9 家增加到 2017 年的 77 家，年平均增长率为 71.03%。分地区看，除西藏特色表演机构数量有所减少外，其他省份特色表演机构数量均呈不同程度增加，其中重庆年均增幅最多（50%）。见表 10 - 4 - 3。

表 10 - 4 - 3　　　　2013 年/2017 年西南地区不同剧种机构数量变化　　单位：家,%

地区	京剧、昆曲类		地方戏曲类		杂技、魔术、马戏类		曲艺类		合计		
	2013 年	2017 年	2013 年	2017 年	2013 年	2017 年	2013 年	2017 年	2013 年	2017 年	年均增速
广西	0	0	3	7	2	2	1	2	6	11	16.36
重庆	2	4	9	11	2	2	3	63	16	81	50.00
四川	0	1	48	47	7	11	5	11	61	70	3.50
贵州	1	1	3	8	4	3	0	0	8	12	10.67
云南	1	1	12	11	2	3	0	1	15	16	1.63
西藏	0	0	0	1	0	0	0	0	40	33	-4.70
合计	4	7	75	85	17	21	9	77	146	223	11.17
年均增速	15.02		3.18		5.42		71.03		11.17		

注：2013 年四川、西藏各有乌兰牧骑 1 家和 40 家，合计 41 家；2017 年重庆、西藏各有 1 家和 32 家，合计 33 家，乌兰牧骑机构数量年均增速为 -19.09%。

　　就特色表演机构国内演出场次而言，西南地区特色表演机构国内演出场次从2013年的1.77万场次增加到2017年的2.77万场次，年平均增长率为11.85%，对比其国内机构数量年均增长率（11.17%）可以看出，这一地区特色表演机构平均国内演出场次有所增加。分剧种看，曲艺类和京剧、昆曲类国内演出场次呈不同幅度增加，特别是曲艺类更是如此（年均增幅83.48%），其他剧种国内演出场次稍有减少，对比各剧种机构数量年均增长率可以看出，曲艺类和京剧、昆曲类机构平均国内演出场次呈不同程度增加，其他剧种机构平均国内演出场次呈不同程度减少。分地区看，四川和云南特色表演艺术机构国内演出场次呈不同程度减少；广西、重庆和贵州特色表演机构国内演出场次均呈不同程度增加，特别是重庆（年均增速79.18%），对比各地区机构数量年均增长率可以看出，广西和重庆机构平均国内演出场次呈不同程度增加外，其他地区机构平均国内演出场次呈不同程度减少。见表10-4-4。

表10-4-4　　　　2013年/2017年西南地区各剧种国内演出场次变化

单位：万场次,%

地区	京剧、昆曲类		地方戏曲类		杂技、魔术、马戏类		曲艺类		合计		
	2013年	2017年	2013年	2017年	2013年	2017年	2013年	2017年	2013年	2017年	年均增速
广西	0	0	0.06	0.11	0.01	0.03	0.02	0.05	0.09	0.19	20.54
重庆	0.02	0.02	0.06	0.12	0.03	0.04	0.02	1.14	0.13	1.34	79.18
四川	0	0.01	0.76	0.61	0.15	0.17	0.08	0.17	1.01	0.96	-1.26
贵州	0.01	0.04	0.05	0.06	0.04	0.01	0	0	0.1	0.11	2.41
云南	0.01	0.01	0.11	0.11	0.15	0.05	0	0	0.27	0.17	-10.92
西藏	0	0	0	—	0	0	0	0	—	—	—
合计	0.04	0.08	1.04	1.01	0.38	0.3	0.12	1.36	1.77	2.77	11.85
年均增速	18.92		-0.73		-5.74		83.48		11.85		

　　注：2013年四川、西藏乌兰牧骑国内演出场次为0.02万场次和0.17万场次，合计0.19万场次；2017年重庆0.02万场次，西藏数据缺失。故西藏和乌兰牧骑国内演出场次不在讨论范围。

　　就特色表演机构演出观众人数而言，和2013年相比，2017年西南地区特色表演机构国内演出观众人数有所增加，从2013年的1111万人次增加到2017年的1166.26万人次，年平均增长率为1.22%，远低于其国内演出场次年均增长率

（11.85%），可见这一地区特色表演机构单场演出观众人数急剧下降。分剧种看，除地方戏曲国内演出观众人数从 2013 年的 752 万人次减少至 2017 年的 567.45 万人次（年均减幅 6.8%）外，其他包括乌兰牧骑在内的其他剧种国内演出观众人数均呈不同程度增加，对比各剧种国内演出场次年均增长率可以看出，除杂技、魔术、马戏类单场国内演出观众人数有所增加外，其他剧种机构单场国内演出观众人数均呈不同程度减少（乌兰牧骑无法测算）。分地区看，除四川和西藏特色表演机构国内演出观众人数有所增加外，其他地区特色表演机构国内演观众人数均呈不同程度减少，对比各地区特色表演机构国内演出场次年均增长率可以看出，四川和云南特色表演机构单场国内演出观众人数有所增加外，其他地区（西藏无法测算）特色表演机构单场国内演出观众人数呈不同程度下降。见表 10 - 4 - 5。

表 10 - 4 - 5　　　2013 年/2017 年西南地区各剧种国内演出观众人数变化

单位：万人次,%

地区	京剧、昆曲类		地方戏曲类		杂技、魔术、马戏类		曲艺类		合计		
	2013 年	2017 年	2013 年	2017 年	2013 年	2017 年	2013 年	2017 年	2013 年	2017 年	年均增速
广西	0	0	75	37.13	4	18.5	10	17.18	89	72.81	-4.90
重庆	11	12.51	123	40.53	20	17.82	16	75.12	170	147.98	-3.41
四川	0	0.8	259	250.47	83	123.7	14	90.72	358	465.69	6.80
贵州	9	21	116	93.63	38	7.3	0	0	163	121.93	-7.00
云南	15	10.86	179	143.69	38	32.23	0	0	232	186.78	-5.28
西藏	0	0	0	2	0	0	0	0	99	171.07	14.65
合 计	35	45.17	752	567.45	183	199.55	40	183.02	1111	1166.26	1.22
年均增速	6.58		-6.80		2.19		46.25		1.22		

注：（1）2013 年四川、西藏各有乌兰牧骑国内演出观众 2 万人次和 99 万人次，合计 101 万人次；2017 年重庆和西藏各为 2 万人次和 169.07 万人次，合计 171.07 万人次，年均增速为 14.08%。（2）乌兰牧骑因西藏 2017 国内演出场次数据缺失，故乌兰牧骑单场国内观众人数和西藏特色表演机构单场国内演出观众人数无法测算。

就特色表演机构演出收入看，和 2013 年相比，2017 年西南地区特色表演机构演出收入急剧减少，从 2013 年的 25517 万元下降到 12910 万元，年平均下降幅度达到43.37%，对比其机构数量年均增长率（11.17%）可以看出，这一地区特色表演机构平均演出收入下降幅度较大。分剧种看，所有剧种的演出收入均呈迅速减少的趋势，其中杂技、魔术、马戏类和乌兰牧骑类国内演出收入下降幅度达40%以上，对比各剧种机构数量年均增长率可以看出，所有剧种机构平均演出收入均急剧下降。分地区看，除云南特色表演机构演出收入年均增幅为15.42%外，其他地区特色表演机构演出收入均大幅减少，对比它们的特色表演机构数量年均增速可以看出，云南特色表演机构平均演出收入增加较多外，其他地区机构平均演出收入均呈较大幅减少。见表10-4-6。

表10-4-6　　　　2013年/2017年西南地区各剧种演出收入变化　　　单位：万元，%

地区	京剧、昆曲类		地方戏曲类		杂技、魔术、马戏类		曲艺类		合计		
	2013年	2017年	2013年	2017年	2013年	2017年	2013年	2017年	2013年	2017年	年均增速
广西	0	0	2712	149	3739	287	1135	191	7586	627	-46.38
重庆	859	466	2360	493	2800	492	133	1062	6152	2543	-19.82
四川	0	38	17272	2287	83084	768	2283	1095	103209	4188	-55.12
贵州	735	536	283	259	2686	123	1486	0	5190	918	-35.15
云南	39	36	2429	141	70	4327	0	0	2538	4504	15.42
西藏	0	0	0	1	0	0	0	0	842	130	-37.32
合计	1633	1076	25056	3330	92379	5997	5037	2348	125517	12910	-43.37
年均增速	-9.90		-39.62		-49.52		-17.37		-43.37		

注：2013年四川、西藏各有乌兰牧骑演出收入570万元和842万元，合计1412万元；2017年重庆、西藏各为30万元和129万元，合计159万元，年均增速为-42.07%。

（四）特色文化旅游产业

西南地区近年来旅游产业蓬勃发展，越来越成为拉动该地区经济增长的主要力量。其中，四川旅游总收入在2018年突破了10000亿元大关，云南和贵州突破了8000亿元。

2014~2019年，广西、贵州和云南旅游总收入和国内旅游收入均逐年增长，并且各项收入增速均超过30%；重庆、西藏和四川旅游总收入和国内旅游收入也逐年增加，其中前两地区年均增速超过20%，四川年均增速分别为

18.83%和17.73%；西南各地区入境旅游收入均逐年增长，其中，四川年均增速最快（18.73%），然后依次是云南（16.29%）、广西（15.23%）、西藏（13.98%）、重庆（13.27%）和贵州（9.92%）。见表10-4-7。

表10-4-7　　　　　　2014~2019年西南地区旅游收入情况　单位：亿元，亿美元，%

地区		2014年	2015年	2016年	2017年	2018年	2019年	年均增速
广西	总收入	2601.20	3254.20	4191.40	5580.40	7619.90	10241.40	31.53
	国内	2495.00	3136.40	4047.70	5418.60	7436.10	9998.80	32.00
	入境	17.28	19.17	21.64	23.96	27.78	35.11	15.23
重庆	总收入	2003.37	2251.31	2645.21	3308.04	4344.15	5734.00	23.41
	国内	1920.12	2161.06	2541.08	3178.09	4196.26	5564.07	23.71
	入境	13.54	14.69	16.87	19.48	21.90	25.25	13.27
四川	总收入	4891.04	6210.50	7705.54	8923.06	10112.80	11590.70	18.83
	国内	4838.34	6137.60	7600.52	8825.39	10012.70	11454.48	18.81
	入境	8.58	11.81	12.46	14.47	15.10	20.24	18.73
贵州	总收入	2895.98	3512.82	5027.54	7116.81	9471.03	12318.86	33.58
	国内	2882.66	3500.46	5011.94	7097.91	9449.58	12296.03	33.66
	入境	2.17	2.01	2.53	2.83	3.18	3.45	9.72
云南	总收入	2665.74	3281.79	4726.25	6922.23	8991.44	11035.20	32.86
	国内	2516.87	3104.37	4536.54	6682.58	8698.97	10679.51	33.52
	入境	24.21	28.76	30.75	35.50	44.18	51.47	16.29
西藏	总收入	204.00	281.92	330.75	379.37	490.14	599.28	24.05
	国内	195.11	271.04	318.75	366.16	473.46	540.44	22.60
	入境	1.45	1.77	1.94	1.98	2.47	2.79	13.98

整体来说，西南地区接待游客的数量呈现增长趋势。除西藏外，2017年其他地区游客总人数和国内游客人数就已经突破了50000万人次，西南地区是名副其实的旅游大区。

2014~2019年，西南各地区游客总人数、国内游客人数和入境游客人数均逐年增加。其中，广西、贵州、云南和西藏游客总数和国内游客人数年均增速均超过20%，四川年均增速最慢但也超过5%；入境游客年均增速超过10%的地区是四川（11.55%）、贵州（13.54%）和西藏（17.26%），其他地区入境游客年均增速则超过6%。见表10-4-8。

表10-4-8　　　　　2014～2019年西南地区游客人数情况　　　单位：万人次,%

地区		2014年	2015年	2016年	2017年	2018年	2019年	年均增速
广西	总人数	28565.00	34143.52	40931.44	52324.44	68329.33	87618.96	25.13
	国内	28565.00	33661.00	40419.00	51812.00	67767.00	86995.00	24.95
	入境	421.18	450.06	482.52	512.44	562.33	623.96	8.18
重庆	总人数	34914.98	39167.63	45086.13	54230.21	59723.71	65700.00	13.48
	国内	34651.23	38885.10	44769.55	53871.86	59335.69	65288.66	13.51
	入境	263.76	282.53	316.58	358.35	388.02	411.34	9.29
四川	总人数	53789.86	58773.83	63333.79	67260.17	70573.08	75496.36	7.02
	国内	53549.69	58500.63	63025.00	66924.00	70203.28	75081.58	6.99
	入境	240.17	273.20	308.79	336.17	369.80	414.78	11.55
贵州	总人数	32134.94	37630.01	53148.42	74417.43	96858.12	113526.60	28.71
	国内	32049.44	37535.92	53038.23	74290.64	96711.57	113365.29	28.75
	入境	85.50	94.09	110.19	126.79	146.55	161.31	13.54
云南	总人数	28647.55	32914.03	43119.71	57339.81	68847.80	80716.79	23.02
	国内	28116.49	32343.95	42519.33	56672.12	68141.72	79977.77	23.25
	入境	531.06	570.08	600.38	667.69	706.08	739.02	6.83
西藏	总人数	1553.14	2017.53	2315.94	2561.43	3368.73	4012.15	20.90
	国内	1528.70	1988.27	2283.75	2527.08	3321.11	3957.96	20.96
	入境	24.44	29.26	32.19	34.25	47.62	54.19	17.26

（五）特色节庆产业

由于西南地区少数民族众多，因而这一区域民族传统节庆活动较多，如火把节、泼水节等，这些民族传统节庆多是群众自发形成的，有固定的举办时间，政府很少介入，节庆内容主要有地方民俗表演以及特色文化产品展销等。除此之外，还有政府主办下的节庆活动，这类活动除了展现地方特色表演和特色产品外，还含有招商引资推介会。较有代表性的部分节庆活动见表10-4-9。

表 10 - 4 - 9　　　　　　　　西南地区代表性特色节庆（部分）

名称	起源/创办时间	举办时间	地点	主办	活动内容
刘三姐文化旅游节	2010 年	每年 9 ~ 11 月，时间不定	广西河池市宜州区	自治区文化和旅游厅、河池市人民政府	历届活动主题不定，主要涉及歌舞、民俗活动、地方特色产品展销、书法类比赛等
宾阳炮龙节	宋朝	每年农历正月十一	广西宾阳县	群众自发	游彩架、吃灯酒、舞炮龙、炸炮龙、钻龙肚等活动
京族哈节	传统节日	农历六月初十、八月初十、正月二十五	广西京族居住地区	群众自发	祭祖、乡饮、社交、娱乐等
跳公节	传统节日	每年农历四月上、中旬	广西那坡县彝族村寨	群众自发	祭奠先祖、土地、山神，演习古代先人战争、生活的场面，跳芦笙舞、铜鼓舞、饮酒聚餐、对歌等
达努节	传统节日	农历五月二十九	广西瑶族居住地	群众自发	铜鼓舞、斗画眉、赛弓箭、赛马等
敢壮山布洛陀文化旅游节	2002 年	每年农历三月初七到初九	百色市田阳县	百色市人民政府、自治区旅游发展委员会、广西壮学学会	唱山歌、纪念布洛陀等
南宁国际民歌艺术节	1993 年	每年 9 月或 10 月或 11 月	南宁	原文化部社会文化图书馆司、国家民委文化宣传司和南宁市人民政府	历届活动主题不定，主要涉及文化晚会、歌曲大赛、展览会、广西民族风情风俗、广西地方美食等
广西壮族三月三歌圩节	传统节日，1980 年	农历三月初三	南宁	自治区文化和旅游厅	主要包括山歌对唱、赛歌、抛绣球、碰彩蛋等民俗活动及其他主题文化活动，招商推介会、房产展销会等商业活动
磁器口庙会	传统节日	春节	重庆沙坪坝区	群众自发	没有特定主题
鬼城庙会	1988 年	每两年一届，农历十月	重庆丰都	丰都县政府和重庆市文化和旅游发展委员会	活动主题不定，主要包括各类主神庙会、民俗表演与展示、美食节、商品展销会、招商引资推介会等

续表

名称	起源/创办时间	举办时间	地点	主办	活动内容
成都花会	1951 年	每年农历三月，历时 1 月或 1 月半	成都文化公园	—	主要包括花卉观赏与展示以及其他与花卉有关的活动
自贡国际恐龙灯会	传统节庆、1964 年新中国首次	春节前后历时 2 个月	中华彩灯大世界	自贡市人民政府	彩灯观赏、地方特色产品展销、经贸洽谈等
凉山彝族火把节	传统节日	农历六月初六至六月二十五的 20 天内移动	主场普格县或布拖县	群众自发	祭祖、祭火、传火和送火、斗牛、摔跤、斗羊、选美、晚会等
绵竹年画节	2002 年	每年农历腊月二十三至正月十五	绵竹市	绵竹市委和市政府	当地美食、大型河灯展、民俗表演（如巡游活动）、赏年画等
蒙顶山茶文化旅游节	2005 年	每年 3 月 27 日	雅安市蒙顶山	中国茶叶流通协会、四川省农业厅、雅安市人民政府	祭茶大典、茶艺表演、招商引资推介会等
安顺油菜花旅游节	—	每年三月	贵州安顺市		文艺演出、篝火晚会，苗族跳花、地戏、对歌等民间艺术表演，民族服饰展示，观赏油菜花等
贵阳白云国际风筝节	1992 年	每年 4 月 30 日至 5 月 7 日	贵州贵阳市白云区	—	主要有风筝比赛、大型综艺晚会、热气球飞行表演、舞龙舞狮竞赛、民间绝技绝活展演、文艺演出、花卉展、地方特色产品展销会和美食节、招商推介会等
德宏傣族德昂族泼水节	传统节日	每年清明节后第七天	云南德宏州部分县市	—	泼水狂欢活动、民俗表演、傣族德昂族文化产品展、民族服饰展、放水灯、文艺汇演等
雪顿节	传统节日	每年藏历七月一日	西藏	群众自发	传统雪顿节以展佛为序幕，演藏戏看藏戏、群众游园、赛牦牛、马术表演等

二、需求结构

在剔除无效问卷后，广西、重庆、四川、贵州、云南和西藏样本量分别为 46 份、39 份、33 份、48 份、47 份和 45 份。各省份样本特征如表 10 - 4 - 10 所示。

表 10 - 4 - 10　　　　　西南各地区样本量及其样本特征　　　　　单位：份

		广西	重庆	四川	贵州	云南	西藏
样本量		46	39	33	48	47	45
性别	男	18	21	15	23	16	27
	女	28	18	18	25	31	18
学历	初中及以下	0	0	0	0	0	0
	高中/中专/技校	1	4	5	4	1	1
	大专	16	7	2	22	15	19
	本科	27	18	15	22	29	23
	研究生	2	10	11	0	2	2
年龄	18 岁及以下	0	0	0	0	0	0
	18～25 岁	6	21	11	9	10	11
	26～30 岁	15	9	5	15	14	5
	31～40 岁	20	8	10	18	17	10
	41～50 岁	5	1	2	5	5	2
	51～60 岁	0	0	5	1	1	5
	61 岁及以上	0	0	0	0	0	0
个人平均月收入	2000 元及以下	3	13	9	5	2	4
	2001～3000 元	2	3	4	1	2	0
	3001～5000 元	8	9	8	9	7	7
	5001～8000 元	18	4	3	22	20	21
	8001～10000 元	9	7	4	10	12	10
	10001 元及以上	6	3	5	1	4	3

（一）西南地区特色文化产业结构消费偏好

调查发现，西南地区当地被访者均最喜欢的是地方特色文化旅游，贵州地区更是如此。分地区看，广西被访者依次喜欢地方特色文化旅游、地方特色节庆，而对地方特色工艺品保持中立态度；重庆被访者喜欢地方特色文化旅游，对其他特色文化产品或服务（平均值均小于3）均不喜欢；四川被访者喜欢地方特色文化旅游，对地方特色工艺品（平均值为2.97，接近3）保持中立态度；贵州被访者喜欢地方特色文化旅游，稍喜欢地方特色工艺品（平均值为3.13），对地方特色表演艺术保持中立态度；云南被访者喜欢地方特色文化旅游，稍喜欢地方特色工艺品和地方特色节庆（平均值均大于3）；西藏被访者喜欢地方特色文化旅游，稍喜欢地方特色节庆（平均值大于3），对地方特色工艺品保护中立态度（平均值为2.93，接近于3）。见表10-4-11。

表10-4-11　　　　　西南地区特色文化产品/服务消费偏好排序

地区	样本量（N）	地方特色工艺品	地方特色表演艺术	地方特色文化旅游	地方特色节庆
广西	46	第3（3.04）	第4（2.43）	第1（3.74）	第2（3.22）
重庆	39	第2（1.87）	第4（1.49）	第1（3.95）	第3（1.59）
四川	33	第2（2.97）	第3（2.70）	第1（3.73）	第4（2.61）
贵州	48	第2（3.13）	第3（3.00）	第1（4.08）	第4（2.52）
云南	47	第2（3.26）	第4（2.36）	第1（3.87）	第3（3.06）
西藏	45	第3（2.93）	第4（2.73）	第1（3.67）	第2（3.07）

注：被访者越喜欢的赋值越高（1表示非常不喜欢，3表示中立，5表示非常喜欢），本表根据问卷调查结果算出各自分值的平均数后再根据值的大小排序。

（二）西南地区特色工艺品产业需求分析

从消费群体规模看，西藏特色工艺品消费群体规模最大，97.78%的被访者表示"最近一年购买过地方特色工艺品"；其次是广西，95.65%的被访者购买过；再次是贵州（87.5%）和云南（89.36%）；四川66.67%和重庆58.97%的被访者最近一年购买过地方特色工艺品。

从消费价格偏好看，西南地区极少消费者会购买1000元以上的特色工艺产品，他们购买特色工艺品的价格大多数在300元以下。其中，广西消费者购买特色产品的价格主要集中在100~499元特别是100~299元的特色工艺品；重庆43.8%的消费者购买100~199元的特色工艺品，其次是0~99元和200~299

元的特色工艺产品；四川最多消费者购买 0～99 元的特色工艺品，其次是 100～199 元的产品；贵州消费者购买的特色工艺品集中在 0～299 元之间；云南 75.8% 消费者喜欢购买 100～199 元的特色工艺品，也有 66.7% 的消费者购买 200～299 元的特色工艺品；西藏 48.7% 的消费者购买 100～199 元的特色工艺品，其次是 200～299 元的特色工艺品。见表 10 - 4 - 12。

表 10 - 4 - 12　　　　　　　西南地区特色工艺品消费价格偏好占比　　　　　　　单位：%

价格	广西 （N = 46）	重庆 （N = 39）	四川 （N = 33）	贵州 （N = 48）	云南 （N = 47）	西藏 （N = 45）
0～99 元	19.6	22.9	40.4	44.4	39.4	25.6
100～199 元	56.5	43.8	36.2	44.4	75.8	48.7
200～299 元	56.5	22.9	12.8	44.4	66.7	41.0
300～499 元	43.5	12.5	12.8	33.3	42.4	30.8
500～799 元	23.9	6.3	6.4	17.8	18.2	28.2
800～999 元	13.0	6.3	8.5	6.7	15.2	15.4
1000～1499 元	6.5	0.0	2.1	4.4	6.1	12.8
2000 元及以上	2.2	2.1	0.0	0.0	0.0	2.6
合计	223.9	116.7	119.1	195.6	263.6	205.1

从购买动机看，西南地区消费者购买特色工艺品主要是送给朋友或者自己收藏，特别是送给朋友，见表 10 - 4 - 13。

表 10 - 4 - 13　　　　西南地区消费者特色工艺品消费群体购买动机占比　　　　单位：%

购买动机	广西 （N = 46）	重庆 （N = 39）	四川 （N = 33）	贵州 （N = 48）	云南 （N = 47）	西藏 （N = 45）
送给朋友	65.2	60.4	42.6	68.9	84.8	74.4
送给家人	45.7	41.7	40.4	60.0	51.5	59.0
送给同事	32.6	20.8	10.6	24.4	18.2	35.9
送给上司/长辈	17.4	25.0	14.9	28.9	30.3	43.6
送给下属/晚辈	10.9	8.3	2.1	24.4	15.2	23.1
自己收藏	50.0	41.7	36.2	68.9	84.8	61.5

续表

购买动机	广西 （N＝46）	重庆 （N＝39）	四川 （N＝33）	贵州 （N＝48）	云南 （N＝47）	西藏 （N＝45）
自己使用	43.5	41.7	31.9	46.7	60.6	53.8
投资	4.3	4.2	2.1	2.2	0.0	5.1
支持传统文化	45.7	10.4	23.4	40.0	36.4	48.7
其他	0	0	0	0	0	0
合计	315.2	254.2	204.3	364.4	381.8	405.1

从购买渠道偏好看，除西藏外，西南其他地区被访者更加喜欢在旅游景区内商店购买当地特色工艺品，贵州（比重为91.67%）更是如此，西藏被访者更偏好品牌专卖店，其次才是旅游景区内商店，比重均超过50%，见表10－4－14。

表10－4－14　　　　西南地区消费者特色工艺品购买渠道偏好占比　　　　单位：%

购买渠道	广西 （N＝46）	重庆 （N＝39）	四川 （N＝33）	贵州 （N＝48）	云南 （N＝47）	西藏 （N＝45）
淘宝/天猫	36.96	41.03	33.33	37.50	23.40	40.00
京东	13.04	33.33	15.15	8.33	14.89	31.11
团购平台	10.87	5.13	0.00	4.17	2.13	2.22
官方网站	34.78	25.64	21.21	18.75	14.89	31.11
官方实体店	39.13	30.77	39.39	35.42	44.68	46.67
微商	2.17	7.69	6.06	2.08	4.26	4.44
超市	19.57	17.95	9.09	16.67	4.26	13.33
品牌专卖店	47.83	17.95	24.24	31.25	29.79	55.56
商场专柜	36.96	28.21	15.15	27.08	31.91	44.44
旅游景区内商店	71.74	61.54	69.70	91.67	70.21	51.11

（三）西南地区特色表演艺术产业需求分析

从消费群体规模看，西南地区更多被访者喜欢看特色舞蹈表演，但和其他地区相比，重庆和四川两地观看特色舞蹈表演的观众比重显著地更少，特别是四川；另外，分别有33.3%和25.6%的四川和重庆被访者表示没有看过任何一种特色表演艺术，而广西和西藏被访者绝大多数至少看过一种特色表演艺术。见表 10-4-15。

广西观众看过最多的依次是特色舞蹈表演（69.6%）、山水实景演出（52.2%）、地方传统戏曲（50.0%）等，重庆观众看过最多的依次是特色舞蹈表演（43.6%）、民乐或山水实景演出（均为28.2%）等，四川观众看过最多的依次是特色舞蹈表演（33.3%）、地方传统戏曲（24.2%）、民乐（21.2%）等，贵州观众看过最多的依次是特色舞蹈表演（64.6%）、民乐（47.9%）、地方传统戏曲（41.7%），云南观众看过最多的依次是特色舞蹈表演（68.1%）、地方传统戏曲（40.4%）、杂技（38.3%），西藏观众看过最多的依次是特色舞蹈表演（68.1%）、民乐（57.8%）、地方传统戏曲（51.1%），见表 10-4-15。

表 10-4-15　　　西南地区地方特色表演艺术消费偏好占比　　　单位：%

艺术类型	广西 （N=46）	重庆 （N=39）	四川 （N=33）	贵州 （N=48）	云南 （N=47）	西藏 （N=45）
相声	13.0	12.8	6.1	16.7	21.3	22.2
小品	26.1	20.5	9.1	14.6	23.4	33.3
杂技	26.1	23.1	9.1	39.6	38.3	20.0
京剧	2.2	7.7	0	2.1	6.4	11.1
地方传统戏曲	50.0	17.9	24.2	41.7	40.4	51.1
特色舞蹈表演	69.6	43.6	33.3	64.6	68.1	64.4
话剧	13.0	12.8	12.1	25.0	17.0	24.4
民乐	37.0	28.2	21.2	47.9	34.0	57.8
山水实景演出	52.2	28.2	15.2	37.5	36.2	42.2
没有看过	6.5	25.6	33.3	12.5	12.8	2.2
合计	295.7	220.5	163.6	302.1	297.9	328.9

从观看途径看，西南地区观众最主要是在演出现场观看特色表演艺术，比重介于59% ~83%；和西南其他地区相比，四川和重庆两地的观众比重明显更少。除此之外，广西观众观看特色表演艺术的主要途径还有电视（46.7%）和腾讯视频（42.2%）等；重庆观众观看的主要途径还有抖音（41.4%）和腾讯

视频（37.9%）等；四川、贵州和云南观众观看的主要途径还有电视和抖音，但比例不尽相同；西藏观众观看的主要途径还有电视（62.2%）和爱奇艺（40.0%）等。见表10-4-16。从中可以看，除演出现场是西南地区观众观看特色表演艺术最主要途径外，电视是另一主要途径之一；腾讯视频、抖音等是西南地区观众在线观看特色表演艺术的重要平台。

表 10-4-16　　　　西南地区观众特色表演艺术观看途径偏好占比　　　　单位：%

观看途径	广西 （N=46）	重庆 （N=39）	四川 （N=33）	贵州 （N=48）	云南 （N=47）	西藏 （N=45）
演出现场	82.2	72.4	59.1	78.3	73.3	64.4
电视	46.7	20.7	40.9	47.8	51.1	62.2
优酷	13.3	6.9	9.1	21.7	22.2	24.4
爱奇艺	35.6	31.0	27.3	37.0	20.0	40.0
土豆	2.2	6.9	4.5	4.3	8.9	11.1
抖音	33.3	41.4	40.9	39.1	55.6	37.8
快手	20.0	10.3	4.5	13.0	20.0	28.9
腾讯视频	42.2	37.9	31.8	28.3	33.3	37.8
其他	4.4	3.4	4.5	2.2	0.0	0.0
合计	280.0	231.0	222.7	271.7	284.4	306.7

相对而言，广西被访者喜欢的特色表演艺术衍生产品排在前三位的依次是服饰产品、生活用品及首饰，重庆被访者喜欢的衍生产品依次是生活用品、服饰产品，四川被访者喜欢的衍生产品依次是生活用品、服饰产品和首饰，贵州被访者喜欢的衍生产品依次是服饰产品、生活用品，云南被访者喜欢的衍生产品依次是生活用品、服饰产品，西藏为服装、生活用品，见表10-4-17。从中可以看出，若要开发特色表演艺术衍生产品，西南地区应优先开发生活用品和服饰产品特别是生活用品，所有地区被访者都相对更喜欢。

表 10 - 4 - 17　　　西南地区特色表演艺术衍生产品消费偏好排序

衍生产品类型	广西 （N = 46）	重庆 （N = 39）	四川 （N = 33）	贵州 （N = 48）	云南 （N = 47）	西藏 （N = 45）
服饰产品	第 1	第 2	第 2	第 1	第 2	第 3
生活用品	第 2	第 1	第 1	第 2	第 1	第 2
首饰	第 3	第 6	第 3	第 3	第 3	第 4
服装	第 4	第 3	第 4	第 4	第 5	第 1
画饰	第 5	第 4	第 8	第 5	第 6	第 6
茶具	第 6	第 5	第 6	第 6	第 4	第 5
香具	第 7	第 12	第 9	第 9	第 8	第 7
儿童玩具	第 8	第 8	第 5	第 7	第 7	第 9
书籍	第 9	第 7	第 7	第 8	第 9	第 8
游戏	第 10	第 9	第 10	第 11	第 12	第 11
动画	第 11	第 10	第 11	第 10	第 11	第 10
刻录光盘	第 12	第 11	第 12	第 12	第 10	第 12

　　从衍生产品价格偏好看，西南地区消费者最偏爱购买 500 元以下的表演艺术衍生产品。相对而言，广西被访者更喜欢 100～499 元的特色表演艺术衍生产品，重庆被访者更喜欢 100～199 元的产品，四川被访者更喜欢 100～299 元特别是 100～199 元的产品，贵州被访者均更喜欢 0～499 元特别是 200～299 元的产品，云南被访者更喜欢 100～299 元特别是 200～299 元的产品，西藏被访者更喜欢 200～499 元的产品，见表 10 - 4 - 18。

表 10 - 4 - 18　　　　　西南地区地方特色表演艺术衍生产品

消费者价格偏好占比　　　　　　　　　单位：%

价格	广西 （N = 46）	重庆 （N = 39）	四川 （N = 33）	贵州 （N = 48）	云南 （N = 47）	西藏 （N = 45）
0～99 元	30. 4	28. 2	27. 3	31. 3	29. 8	20. 0
100～199 元	56. 5	41. 0	45. 5	39. 6	59. 6	35. 6
200～299 元	54. 3	23. 1	39. 4	43. 8	63. 8	42. 2
300～499 元	52. 2	17. 9	12. 1	37. 5	38. 3	46. 7

续表

价格	广西 （N＝46）	重庆 （N＝39）	四川 （N＝33）	贵州 （N＝48）	云南 （N＝47）	西藏 （N＝45）
500～799 元	39.1	10.3	9.1	16.7	23.4	26.7
800～999 元	13.0	5.1	12.1	6.3	10.6	13.3
1000～1499 元	2.2	2.6	3.0	6.3	4.3	4.4
1500～1999 元	2.2	0.0	6.1	4.2	2.1	4.4
2000 元及以上	0.0	2.6	3.0	2.1	0.0	0.0
合计	250.0	130.8	157.6	187.5	231.9	193.3

（四）西南地区特色文化旅游产业需求分析

总体来说，西南地区被访者没有去过地方特色文化旅游景区的比较少，介于 0.0%～15.2%，见表 10-4-19。由此可见，西南地区特色文化旅游有巨大的市场规模，尤其是云南、广西、贵州和西藏。

从游玩景区类型看，除四川、西藏外，西南其他地区被访者均最喜欢特色古镇，比重介于 46.2%～93.6%，四川被访者最喜欢特色街区，西藏被访者最喜欢历史遗迹/遗址。除此之外，广西被访者还喜欢特色街区（76.1%），重庆和云南被访者还喜欢历史遗迹/遗址（43.6%，68.1%），四川被访者还喜欢当地博物馆/博物院，贵州被访者还喜欢历史遗迹/遗址和特色街区，西藏被访者还喜欢特色古镇。见表 10-4-19。

表 10-4-19　　西南地区被访者地方特色文化旅游景区类型

游玩偏好占比　　　　　　　单位：%

游玩类型	广西 （N＝46）	重庆 （N＝39）	四川 （N＝33）	贵州 （N＝48）	云南 （N＝47）	西藏 （N＝45）
当地博物馆/博物院	54.3	41.0	48.5	56.3	44.7	68.9
历史遗迹/遗址	60.9	43.6	45.5	70.8	68.1	84.4
宗教景点	17.4	23.1	18.2	29.2	17.0	44.4
特色古镇	87.0	46.2	45.5	79.2	93.6	75.6
特色街区	76.1	30.8	51.5	70.8	59.6	66.7
没有去过	2.2	10.3	15.2	2.1	0.0	2.2
合计	297.8	194.9	224.2	308.3	283.0	342.2

从特色文化旅游衍生产品类型偏好看，广西和贵州被访者最喜欢的衍生产品依次是摆件、生活用品等，四川和云南被访者最喜欢的衍生产品依次是生活用品和摆件等，重庆被访者最喜欢的衍生产品依次是书籍、摆件等，西藏被访者最喜欢的衍生产品依次是首饰、摆件等，见表 10 - 4 - 20。从中可以看出，西南地区消费者普遍喜欢摆件。

表 10 - 4 - 20　　　　西南地区特色文化旅游衍生产品消费偏好排序

衍生产品类型	广西 （N = 46）	重庆 （N = 39）	四川 （N = 33）	贵州 （N = 48）	云南 （N = 47）	西藏 （N = 45）
摆件	第 1	第 2	第 2	第 1	第 2	第 2
生活用品	第 2	第 3	第 1	第 2	第 1	第 5
服装	第 3	第 5	第 8	第 5	第 6	第 3
服饰产品	第 4	第 4	第 4	第 3	第 4	第 4
首饰	第 5	第 6	第 6	第 6	第 8	第 1
藏品仿真件	第 6	第 8	第 10	第 4	第 3	第 6
茶具	第 7	第 9	第 5	第 7	第 5	第 8
书籍	第 8	第 1	第 3	第 10	第 10	第 10
画饰	第 9	第 7	第 7	第 8	第 7	第 7
主题儿童娱乐场	第 10	第 14	第 11	第 11	第 12	第 12
儿童玩具	第 11	第 10	第 12	第 9	第 9	第 9
刻录光盘	第 12	第 13	第 13	第 13	第 14	第 14
动画	第 13	第 12	第 9	第 14	第 13	第 13
游戏	第 14	第 11	第 14	第 12	第 11	第 11

从特色文化旅游衍生产品价格偏好看，广西、四川和云南被访者相对更喜欢 100 ~ 299 元的衍生产品；重庆被访者更喜欢 0 ~ 199 元特别是 100 ~ 199 元的产品；贵州被访者最喜欢 100 ~ 199 元的产品，其次是 0 ~ 99 元和 200 ~ 499 元的产品；西藏被访者最喜欢 200 ~ 299 元的产品，其次是 300 ~ 499 元的产品。见表 10 - 4 - 21。

表 10 - 4 - 21　　　　西南地区特色文化旅游衍生产品价格偏好占比　　　单位：%

价格	广西 （N = 46）	重庆 （N = 39）	四川 （N = 33）	贵州 （N = 48）	云南 （N = 47）	西藏 （N = 45）
0 ~ 99 元	28.3	28.2	24.2	39.6	27.7	22.2
100 ~ 199 元	52.2	38.5	42.4	52.1	55.3	28.9
200 ~ 299 元	58.7	25.6	39.4	39.6	59.6	53.3
300 ~ 499 元	41.3	10.3	12.1	39.6	40.4	40.0
500 ~ 799 元	30.4	7.7	12.1	18.8	29.8	31.1
800 ~ 999 元	23.9	15.4	12.1	12.5	17.0	28.9
1000 ~ 1499 元	6.5	0.0	3.0	8.3	0.0	11.1
1500 ~ 1999 元	0.0	2.6	6.1	4.2	0.0	2.2
2000 元及以上	0.0	0.0	6.1	0.0	0.0	0.0
合计	241.3	128.2	157.6	214.6	229.8	217.8

（五）西南地区特色节庆产业需求分析

从特色节庆消费群体规模看，贵州和广西特色节庆消费群体规模最大，分别有 86.67% 和 80.43 的被访者表示最近一年参加过地方特色节庆活动；43.59% 的重庆和西藏被访者和 39.39% 的四川和云南被访者最近一年参加过地方特色节庆活动。

最近一年没有参加特色节庆活动的原因不同地区略显不同。广西被访者没有去的原因较分散，主要为没听过、路途远或不想再去；重庆被访者没有去的主要原因为时间冲突和路途远；四川被访者没有去的主要原因是时间冲突、没听过或路途远；贵州和云南被访者没有去的主要原因是时间冲突和路途远；西藏被访者没有去的主要原因是时间冲突和不感兴趣。见表 10 - 4 - 22。

表 10 - 4 - 22　　　　　　未参加特色节庆活动的原因　　　　　单位：%

未参加活动原因	广西	重庆	四川	贵州	云南	西藏
没听过	33.3	31.8	35.0	14.3	20.0	0.0
路途远	33.3	50.0	35.0	35.7	30.0	0.0
门票贵	11.1	9.1	20.0	7.1	0.0	16.7

续表

未参加活动原因	广西	重庆	四川	贵州	云南	西藏
停车不便	11.1	13.6	5.0	7.1	0.0	0.0
住宿	0.0	27.3	5.0	7.1	10.0	0.0
时间冲突	22.2	72.7	35.0	35.7	30.0	50.0
不感兴趣	22.2	40.9	25.0	28.6	0.0	33.3
之前去过，不想再去	33.3	4.5	10.0	14.3	20.0	0.0
没有同伴	11.1	27.3	25.0	42.9	30.0	0.0
其他	0.0	0.0	5.0	0.0	0.0	0.0
合计	177.8	277.3	200.0	192.9	140.0	100.0

注：各地区样本量未超过30，数值没有统计意义，仅供参考。

第五节　西南地区特色文化产业供给侧结构性改革思路

和全国其他地区相比，西南地区特色文化产业发展的基础条件较差，其内在制度环境也差于全国平均水平，并且地方外在制度有待进一步完善。结合各地区特色文化资源、产业结构供给现状及消费者需求偏好，在推动地区特色文化产业供给侧结构性改革过程中，西南地区可考虑走差异化特色文化旅游产业发展的道路，在优化和升级特色文化旅游产业的基础上，以各地区特色文化旅游产业为龙头，带动其他地方特色文化产业融合发展，并促进西南地区同类特色文化旅游产业协同发展。

一、广西

除城市公共基础设施建设水平略好于西南其他地区外，广西特色文化产业其他基础条件比西南地区平均水平要差；其内在制度环境近年来呈恶化态势，且针对特色文化产业的专项政策比较少。结合其生产要素现状、产业发展现状特别是广西消费者消费需求偏好，在推动广西特色文化产业供给侧结构性改革过程中，广西需要进一步改善特色文化产业发展基础条件，制定并实施更多的特色文化产业专项政策，加大提升消费者文化消费氛围的力度，在此基础上优化和升级山水文化旅游产业，以山水文化旅游产业为龙头带动其他旅游产业尤其是红色和海洋文化旅游产业发展，并依次促进山水文化旅游产业与特色节庆产业、特色工艺品产业及特色表演艺术产业有序融合发展，同时推动西南地区山水文化旅游产业跨地区协同发展。具体而言：

优化和升级山水文化旅游产业。制度层面，制定广西山水文化旅游产业发展规划，挖掘并保护有形山水文化资源，开发山水文化资源尤其是无形文化资源，引导各地区山水文化旅游产业差异化发展；巩固山水文化旅游氛围。产业发展模式方面，可考虑采用以消费者导向型内在制度主导发展模式为主。优化和升级方面，提升以阳朔为代表山水文化旅游景区的服务品质，如景区环境保护、景区交通设施水平和服务规范化及景点员工综合素养提升等。推动山水文化旅游景区差异化和联动发展。各地区应充分挖掘本地区山水文化资源尤其是无形文化资源并以此开发新的旅游景观，凸显本地山水文化独特性从而建成差异化主题的山水旅游景区，推动山水文化旅游景区之间的联动发展，形成山水文化旅游景区共赢的协同效应。鼓励山水文化旅游景区运营机构或文化企业差异化侧重开发价格 100～299 元的摆件、生活用品、服装等文化衍生产品。以山水文化旅游产业为龙头带动广西其他文化旅游产业特别是红色文化和海洋文化旅游产业的发展。

推动山水文化旅游产业与特色节庆产业融合，从而带动特色节庆产业发展。制度层面，制定地方特色节庆品牌培育计划，推动地方特色节庆品牌建设；巩固并进一步提升特色节庆活动观光氛围。产业发展模式方面，可考虑采用以内外制度合作主导型发展模式为主。融合发展方面，一是，特色节庆活动和山水文化旅游景区尤其是漓江阳朔等景区宣传推广的双向融合，从而扩大特色节庆的知名度；二是，引导特色节庆游客和山水文化旅游景区游客双向观光；三是，将山水旅游衍生产品展销融入以南宁国际民歌艺术节为代表的特色节庆活动中，从而拓展山水文化衍生产品的销售渠道；四是，鼓励山水文化旅游景区挖掘并举办具有本地鲜明特色的节庆活动。

推动山水文化旅游产业与特色工艺品产业融合，从而带动特色工艺品产业发展。制度层面，制定广西特色工艺品产业发展规划，重点支持以编织扎制、纺染织绣、服饰制作及陶瓷烧制等传统工艺为生产手段的特色工艺品的发展，引导特色工艺品产业与山水文化旅游产业融合；制定非物质文化遗产传承人考核机制以及特色工艺品市场培育扶持政策等；巩固特色工艺品消费氛围。产业发展模式方面，可考虑采用以消费者导向型内在制度主导发展模式为主。融合发展层面，一是，推动山水文化旅游景区运营机构或文化企业将具有市场潜力的特色工艺融入山水文化旅游衍生产品开发中；二是，特色工艺品企业可考虑将山水文化资源融入特色工艺品开发中，侧重开发 100～499 元特别是 100～299 元的工艺品；三是，除品牌专卖店、淘宝/天猫外，特色工艺品企业可考虑在山水旅游景区开设体验性品牌专卖店，扩大特色工艺知名度和销售量。

推动山水文化旅游产业与特色表演艺术产业融合，从而带动特色表演艺术产业发展。制度层面，制定并实施地方特色表演艺术产业发展规划和专项扶持政策，引导特色表演艺术机构开发原创现代剧目；继续支持特色表演艺术团体特别是桂剧、壮剧等地方传统戏曲开展惠民演出和公益演出；巩固并提升人们的观看氛围。产业发展模式方面，可考虑采用以消费者导向型内在制度主导发展模式为主。融合发展方面，一是，推动特色表演艺术机构常驻如漓江阳朔等山水文化旅游景区，从而扩大特色表演艺术的知名度和提升人们对地方传统表演艺术的文化认同感；二是，特色表演艺术机构应充分挖掘本地包括山水文化在内的无形文化资源，融入符合大众消费观念的原创现代剧目尤其是特色舞蹈表演节目；三是，有条件的特色表演艺术机构可考虑开发衍生产品，侧重开发 100～499 元的服饰产品、生活用品、首饰等衍生产品，并将其衍生产品销售渠道拓展至山水文化旅游景区。

推动广西山水文化旅游景区与西南其他地区山水文化旅游景区的协同发展。建立西南山水文化旅游产业协同机制，以各地区知名山水文化景区（如广西漓江阳朔、重庆瞿塘峡、四川九寨沟、贵州黄果树大瀑布、云南石林、西藏班公湖等）为点，旅游路线为线，使西南地区山水文化旅游景区及其他类型景区获得协同发展。

二、重庆

除人口老龄化比较严重外，重庆特色文化产业基础条件普遍高于西南地区平均水平但有些低于全国平均水平如城市公共设施水平、文化设施水平、开放水平等；其内在制度环境近年来呈恶化态势，且针对特色文化产业的专项政策较少。结合其生产要素现状、产业发展现状特别是重庆消费者消费需求偏好，在推动重庆特色文化产业供给侧结构性改革过程中，重庆需要进一步改善特色文化产业发展基础条件尤其是公共基础设施、文化设施和开放水平等；制定并实施更多的特色文化产业专项政策，大力提升消费者文化消费氛围，在此基础上优化和升级三峡文化旅游产业，以三峡文化旅游产业为龙头带动其他旅游产业尤其是红色和巴渝文化旅游产业发展，并依次促进三峡文化旅游产业与特色工艺品产业、特色节庆产业及特色表演艺术产业有序融合发展，同时推动西南地区山水文化旅游产业跨地区协同发展。具体而言：

优化和升级三峡文化旅游产业。制度层面，制定重庆三峡文化旅游产业发展规划，挖掘并保护有形三峡文化资源，开发三峡文化资源尤其是无形文化资源，引导各地区三峡文化旅游产业差异化发展；巩固并提升三峡文化旅游氛围。产业发展模式方面，可考虑采用以内外制度合作主导型发展模式为主。优化和升级方面，提升以白帝城、瞿塘峡、巫山小三峡为代表山水文化旅游景区的服务品质，如景区环境保护，景区交通设施水平、服务规范化以及景点员工综合素养提升等。推动三峡文化旅游景区差异化和联动发展（包括湖北）。各地区应充分挖掘本地区三峡文化资源尤其是无形文化资源并以此开发新的旅游景观，凸显本地山水文化独特性从而建成差异化主题的三峡旅游景区，由此可以进一步考虑推动三峡文化旅游景区之间的联动发展，形成三峡文化旅游景区共赢的协同效应。鼓励三峡文化旅游景区运营机构或文化企业差异化侧重开发价格0～199元特别是100～199元的书籍、摆件、生活用品等文化衍生产品。以三峡文化旅游产业为龙头带动重庆其他文化旅游产业特别是红色文化和巴渝文化旅游产业的发展。

推动三峡文化旅游产业与特色节庆产业融合，从而带动特色节庆产业发展。制度层面，制定地方特色节庆品牌培育计划，推动地方特色节庆品牌建设；着力加大提升特色节庆活动观光氛围的力度。产业发展模式方面，可考虑采用以文化资源导向型外在制度主导发展模式为主。融合发展方面，一是，特色节庆活动和三峡文化旅游景区尤其是白帝城、瞿塘峡、巫山小三峡等景区宣传推广的双向融合，从而扩大特色节庆的知名度；二是，引导特色节庆游客和三峡文化旅游景区游客双向观光；三是，将三峡旅游衍生产品展销融入以磁器口庙会、中国神曲之乡民俗文化节暨鬼城庙会为代表的特色节庆活动中，从而拓展三峡文化衍生产品的销售渠道；四是，鼓励三峡文化旅游景区挖掘并举办具有本地鲜明特色的节庆活动。

推动三峡文化旅游产业与特色工艺品产业融合，从而带动特色工艺品产业发展。制度层面，制定重庆特色工艺品产业发展规划，重点支持以编织扎制、纺染织绣、剪纸刻绘、漆器髹饰、器具制作及陶瓷烧造等传统工艺为生产手段的特色工艺品的开发，引导特色工艺品产业与三峡文化旅游产业融合；制定非物质文化遗产传承人考核机制以及特色工艺品市场培育扶持政策等；加大提升特色工艺品消费氛围的力度。产业发展模式方面，可考虑采用以传统工艺导向型外在制度主导发展模式为主。融合发展方面，一是，推动三峡文化旅游景区运营机构或文化企业将具有市场潜力的特色工艺融入三峡文化旅游衍生产品开发中；二是，特色工艺品企业可考虑将三陕文化资源融入特色工艺品开发中，侧重开发 100 ~ 199 元的工艺品；三是，除淘宝/天猫、京东外，特色工艺品企业可考虑在三峡旅游景区开设体验性商店，扩大特色工艺知名度和销售量。

推动三峡文化旅游产业与特色表演艺术产业融合，从而带动特色表演艺术产业发展。制度层面，制定并实施地方特色表演艺术产业发展规划和专项扶持政策，引导特色表演艺术机构开发原创现代剧目；继续支持特色表演艺术团体特别是川剧、灯戏等地方传统戏曲开展惠民演出和公益演出，加大提升人们观看氛围的力度。产业发展模式方面，可考虑采用以内外制度合作主导型发展模式为主。融合发展方面，一是，推动特色表演艺术机构常驻如白帝城等三峡文化旅游景区，从而扩大特色表演艺术的知名度和提升人们对地方传统表演艺术的文化认同感；二是，特色表演艺术机构应充分挖掘本地包括三峡文化在内的无形文化资源，融入符合大众消费观念的原创现代项目尤其是特色舞蹈表演节目；三是，有条件的特色表演艺术机构可考虑侧重开发 100 ~ 499 元的生活用品、服饰产品、服装等衍生产品，并将其衍生产品销售渠道拓展至三峡文化旅游景区。

推动重庆三峡文化旅游景区与西南其他地区山水文化旅游景区的协同发展。建立西南山水文化旅游产业协同机制，以各地区知名山水文化景区（如广西漓江阳朔、重庆白帝城、四川九寨沟、贵州黄果树大瀑布、云南石林、西藏班公湖等）为点，旅游路线为线，使西南地区山水文化旅游景区及其他类型景区获得共同发展。

三、四川

除人口老龄化严重及交通设施水平低于西南地区平均水平外，四川特色文化产业其他基础条件略高于西南地区平均水平但低于全国平均水平如城市公共设施水平、文化设施水平、开放水平等；其内在制度环境比较好，远高于西南地区和全国平均水平，但针对特色文化产业的专项政策比较少。结合其生产要素现状、产业发展现状特别是四川消费者消费需求偏好，在推动四川特色文化产业供给侧结构性改革过程中，四川需要进一步改善特色文化产业发展基础条件尤其是人口老龄化严重、城市公共设施水平、文化设施水平以及开放水平等；制定并实施更多的特色文化产业专项政策，巩固并提升消费者文化消费氛围，在此基础上优化和升级三国蜀汉和山水文化旅游产业，以三国蜀汉和山水文化旅游产业为双龙头带动其他旅游产业尤其是红色文化旅游产业发展，并依次促进三国蜀汉文化和山水文化旅游产业与特色工艺品产业、特色表演艺术产业及特色节庆产业有序融合发展，同时推动西南地区三国蜀汉和山水文化旅游产业跨地区协同发展。具体而言：

优化和升级三国蜀汉文化和山水文化旅游产业。制度层面，制定四川三国蜀汉文化和山水文化旅游产业发展规划，挖掘并保护有形三国蜀汉文化和山水文化资源，开发三国蜀汉文化和山水文化资源尤其是无形文化资源，引导各地区三国蜀汉文化和山水文化旅游产业差异化发展；着力提升三国蜀汉文化和山水文化旅游氛围。产业发展模式方面，可考虑采用以内外制度合作主导型发展模式为主。优化和升级方面，进一步提升三国蜀汉文化和山水文化旅游景区特别是特色街区的服务品质。推动三国蜀汉文化和山水文化旅游景区差异化和联动发展。各地区应充分挖掘本地区三国蜀汉文化和山水文化资源尤其是无形文化资源并以此开发新的旅游景观，凸显本地三国蜀汉文化和山水独特性从而建成差异化主题的旅游景区，由此可以进一步考虑推动三国蜀汉文化景区之间、山水文化旅游景区之间及三国蜀汉文化景区与山水文化旅游景区之间的联动发展，形成这些文化旅游景区共赢的协同效应。鼓励三国蜀汉文化和山水文化旅游景区运营机构或文化企业差异化侧重开发价格 0~199 元特别是 100~199 元的生活用品、摆件、书籍等文化衍生产品。以三国蜀汉文化和山水文化旅游产业为双龙头带动四川其他文化旅游产业特别是红色文化旅游产业的发展。

推动三国蜀汉文化和山水文化旅游产业与特色工艺品产业融合，从而带动特色工艺品产业发展。制度层面，制定四川特色工艺品产业发展规划，重点支持以编织扎制、纺染织绣、服饰制作、剪纸刻绘、金属加工、漆器髹饰、陶瓷烧造、文房制作等传统工艺为生产手段的特色工艺品开发，引导特色工艺品产业与三国蜀汉文化和山水文化旅游产业融合；制定非物质文化遗产传承人考核机制以及特色工艺品市场培育扶持政策等；加大提升特色工艺品消费氛围的力度。产业发展模式方面，可考虑采用以传统工艺导向型外在制度主导发展模式为主。融合发展方面，一是，推动三国蜀汉文化和山水文化旅游景区运营机构或文化企业将具有市场潜力的特色工艺融入三国蜀汉文化和山水文化旅游衍生产品开发中；二是，特色工艺品企业可考虑将三国蜀汉文化和山水文化资源融入特色工艺品开发中，特色工艺品开发应侧重聚焦于 0 ~ 199 元的工艺品；三是，除淘宝/天猫、官方实体店外，特色工艺品企业可考虑在三国蜀汉文化和山水文化旅游景区开设体验性官方实体商店，扩大特色工艺知名度和销售量。

推动三国蜀汉文化和山水文化旅游产业与特色表演艺术产业融合，从而带动特色表演艺术产业发展。制度层面，制定并实施地方特色表演艺术产业发展规划和专项扶持政策，引导特色表演艺术机构开发原创现代剧目；继续支持特色表演艺术团体特别是川剧等地方传统戏曲开展惠民演出和公益演出，加大力度提升人们的观看氛围。产业发展模式方面，可考虑采用以文化资源导向型外在制度主导发展模式为主。融合发展方面，一是，推动特色表演艺术机构常驻如武侯祠、锦里、都江堰、青城山、峨眉山等三国蜀汉文化和山水文化旅游景区，从而扩大特色表演艺术的知名度和提升人们对地方传统表演艺术的文化认同感；二是，特色表演艺术机构应充分挖掘本地包括三国蜀汉文化和山水文化在内的无形文化资源，融入符合大众消费观念的原创现代剧目；三是，有条件的特色表演艺术机构可考虑侧重开发 100 ~ 299 元特别是 100 ~ 199 元的生活用品、服饰产品和首饰等衍生产品，并将其衍生产品销售渠道拓展至三国蜀汉文化和山水文化旅游景区。

推动三国蜀汉文化和山水文化旅游产业与特色节庆产业融合，从而带动特色节庆产业发展。制度层面，制定地方特色节庆品牌培育计划，推动地方特色节庆品牌建设；加大力度提升特色节庆活动观光氛围。产业发展模式方面，可考虑采用以文化资源导向型外在制度主导发展模式为主。融合发展方面，一是，特色节庆（如自贡国际恐龙灯会）和三国蜀汉文化和山水文化旅游景区尤其是武侯祠、锦里、都江堰等景区宣传推广的双向融合，从而扩大特色节庆的知名度；二是，引导特色节庆游客和三国蜀汉文化和山水文化旅游景区游客双向观光；三是，将三国蜀汉文化和山水文化旅游衍生产品展销融入以自贡国际恐龙灯会、成都花会为代表的特色节庆活动中，从而拓展三国蜀汉文化和山水文化衍生产品的销售渠道；四是，鼓励三国蜀汉文化和山水文化旅游景区挖掘并举办具有本地鲜明特色的节庆活动。

推动四川三国蜀汉文化和山水文化旅游景区与西南其他地区三国蜀汉文化和山水文化旅游景区的协同发展。建立西南三国蜀汉文化和山水文化旅游产业协同机制，以各地区知名山水文化景区（如都江堰、九寨沟等）和三国蜀汉景区（如武侯祠、锦里等）为点，旅游路线为线，使西南地区三国蜀汉文化和山水文化旅游景区及其他类型景区获得共同发展。

四、贵州

除人口老龄化较轻外，贵州特色文化产业其他基础条件均低于西南地区平均水平；其内在制度环境也相对比较差且特色文化产业的专项政策较少。结合其生产要素现状、产业发展现状特别是贵州消费者消费需求偏好，在推动贵州特色文化产业供给侧结构性改革过程中，贵州需要进一步改善特色文化产业发展的基础条件；制定并实施更多的特色文化产业专项政策，加大提升消费者文化消费氛围的力度，在此基础上优化和升级红色文化旅游产业，以红色文化旅游产业为龙头带动其他旅游产业尤其是山水和少数民族文化旅游产业发展，并依次促进红色文化旅游产业与特色工艺品产业、特色表演艺术产业及特色节庆产业有序融合发展，同时推动西南地区红色文化旅游产业跨地区协同发展。具体而言：

优化和升级红色文化旅游产业。制度层面，制定贵州红色文化旅游产业发展规划，挖掘并保护有形红色文化资源，开发红色文化资源尤其是无形文化资源，引导各地区红色文化旅游产业差异化发展；巩固红色文化旅游氛围。产业发展模式方面，可考虑采用以消费者导向型内在制度主导发展模式为主。优化和升级方面，进一步提升红色文化旅游景区的服务品质。推动各地区红色文化旅游景区差异化和联动发展。各地区应充分挖掘本地区红色文化资源尤其是无形文化资源并以此开发新的旅游景观，凸显本地红色文化景观独特性从而建成差异化主题的红色旅游景区，推动红色文化旅游景区之间的联动发展，形成这些文化旅游景区共赢的协同效应。除开发红色文化特色街区外，鼓励红色文化旅游景区运营机构或文化企业差异化侧重开发价格 0～499 元特别是 100～199 元的摆件、生活用品、服饰产品等文化衍生产品。以红色文化旅游产业为龙头带动贵州其他文化旅游产业特别是少数民族文化和山水旅游产业的发展。

推动红色文化旅游产业与特色工艺品产业融合，从而带动特色工艺品产业发展。制度层面，制定贵州特色工艺品产业发展规划，重点支持以纺染织绣、服饰制作、剪纸刻绘、漆器髹饰、器具制作及文房制作等传统工艺为生产手段的特色工艺品的发展，引导特色工艺品产业与红色文化旅游产业融合；制定非物质文化遗产传承人考核机制以及特色工艺品市场培育扶持政策等；巩固并提升特色工艺品消费氛围。产业发展模式方面，可考虑采用以内外制度合作主导型发展模式为主。融合发展方面，一是，推动以遵义会议为代表的红色文化旅游景区运营机构或文化企业将具有市场潜力的特色工艺融入红色文化旅游衍生产品开发中；二是，特色工艺品企业可考虑将红色文化资源融入特色工艺品开发中，应侧重开发 0～299 元的工艺品；三是，除淘宝/天猫、官方实体店、品牌专卖店外，特色工艺品企业可考虑在以遵义会议为代表的红色旅游景区开设体验性商店，扩大特色工艺知名度和销售量。

推动红色文化旅游产业与特色表演艺术产业融合，从而带动特色表演艺术产业发展。制度层面，制定并实施地方特色表演艺术产业发展规划和专项扶持政策，引导特色表演艺术机构开发原创现代剧目；继续支持特色表演艺术团体特别是傩戏、黔剧及少数民族表演艺术等特色表演艺术开展惠民演出和公益演出，巩固并进一步提升人们的观看氛围。产业发展模式方面，可考虑采用以内外制度合作主导型发展模式为主。融合发展方面，一是，推动特色表演艺术机构常驻如遵义会议等红色文化旅游景区，从而扩大特色表演艺术的知名度和提升人们对地方传统表演艺术的文化认同感；二是，特色表演艺术机构应充分挖掘本地包括红色文化资源在内的无形文化资源，融入符合大众消费观念的原创现代剧目；三是，有条件的特色表演艺术机构可考虑开发衍生产品，侧重考虑开发 0～499 元的服饰产品、生活用品等衍生产品，并将其衍生产品销售渠道拓展至红色文化旅游景区。

推动红色文化旅游产业与特色节庆产业融合，从而带动特色节庆产业发展。制度层面，制定地方特色节庆品牌培育计划，推动地方特色节庆品牌建设；巩固并进一步提升特色节庆活动观光氛围。产业发展模式方面，可考虑采用以内外制度合作主导型发展模式为主。融合发展方面，一是，特色节庆活动和红色文化旅游景区尤其是遵义会议等景区宣传推广的双向融合，从而扩大特色节庆的知名度；二是，引导特色节庆游客和红色文化旅游景区游客双向观光；三是，将红色文化旅游衍生产品展销融入以贵阳白云国际风筝节等为代表的特色节庆活动中，从而拓展红色文化衍生产品的销售渠道；四是，鼓励红色文化旅游景区挖掘并举办具有本地鲜明特色的节庆活动。

推动以遵义会议为代表的贵州红色旅游景区与西南其他地区红色文化旅游景区的协同发展。建立西南红色文化旅游产业协同机制，以各地区知名红色景区（如遵义会议、泸定桥等）为点，旅游路线为线，使西南地区红色文化旅游景区及其他类型景区获得共同发展。

五、云南

除文化设施水平、交通设施水平外，云南特色文化产业其他基础条件均高于西南地区平均水平；其内在制度环境较好但特色文化产业的专项政策较少。结合其生产要素现状、产业发展现状特别是云南消费者消费需求偏好，在推动云南特色文化产业供给侧结构性改革过程中，云南需要特别改善文化设施、交通设施等特色文化产业基础条件；制定并实施更多的特色文化产业专项政策，提升消费者文化消费氛围，在此基础上优化和升级少数民族文化旅游产业，以少数民族文化旅游产业为龙头带动其他旅游产业尤其是红色文化和历史文化旅游产业发展，并依次促进少数民族文化旅游产业与特色工艺品产业、特色节庆产业及特色表演艺术产业有序融合发展，同时推动西南地区少数民族文化旅游产业跨地区协同发展。具体而言：

优化和升级少数民族文化旅游产业。制度层面，制定云南少数民族文化资源保护措施以及少数民族文化旅游产业发展规划，挖掘并保护有形少数民族文化资源特别是传统村寨，开发少数民族文化资源尤其是无形文化资源，引导各地区少数民族文化旅游产业差异化发展；巩固少数民族文化旅游氛围。产业发展模式方面，以消费者导向型内在制度主导发展模式为主。优化和升级方面，提升少数民族文化旅游景区尤其是特色村寨的服务品质，如村寨间交通设施及规范化服务等。推动少数民族文化旅游景区特别是村寨联动发展。各地区应充分挖掘本地区少数民族文化资源尤其是无形文化资源并以此开发新的旅游景观，凸显本地少数民族文化景观独特性从而建成差异化主题的旅游景区，进一步推动少数民族文化旅游景区（特色村寨）之间的联动发展，形成这些文化旅游景区（特色村寨）共赢的协同效应。鼓励少数民族文化旅游景区运营机构或文化企业差异化侧重开发价格 0 ~ 499 元特别是 100 ~ 299 元的生活用品、摆件、藏品仿真件等文化衍生产品。以少数民族文化旅游产业为龙头带动云南其他文化旅游产业特别是红色文化和山水文化旅游产业的发展。

推动少数民族文化旅游产业与特色工艺品产业融合，从而带动特色工艺品产业发展。制度层面，制定云南特色工艺品产业发展规划，重点支持以纺染织绣、服饰制作、剪纸刻绘、金属加工、器具制作、陶瓷烧造及文房制作等传统工艺为生产手段的特色工艺品的开发，引导特色工艺品产业与少数民族文化旅游产业融合；制定非物质文化遗产传承人考核机制以及特色工艺品市场培育扶持政策等；巩固并提升特色工艺品消费氛围的力度。产业发展模式方面，以内外制度合作主导型发展模式为主。融合发展方面，一是，推动以云南民族村为代表的少数民族文化旅游景区运营机构将具有市场潜力的特色工艺融入少数民族文化旅游衍生产品开发中；二是，特色工艺品企业可考虑将少数民族文化资源融入特色工艺品开发中，应侧重开发 100 ~ 299 元特别是 100 ~ 199 元的工艺品；三是，除官方实体店、商场专柜、淘宝/天猫外，特色工艺品企业可考虑在云南民族村等少数民族旅游景区开设体验性商店，扩大特色工艺知名度和销售量。

推动少数民族文化旅游产业与特色节庆产业融合，从而带动特色节庆产业发展。制度层面，制定地方特色节庆品牌培育计划，推动地方特色节庆品牌建设；加大提升特色节庆活动观光氛围的力度。产业发展模式方面，以文化资源导向型外在制度主导发展模式为主。融合发展方面，一是，特色节庆活动和少数民族文化旅游景区如云南民族村等景区宣传推广的双向融合，从而扩大特色节庆的知名度；二是，引导特色节庆游客和少数民族文化旅游景区游客双向观光；三是，将少数民族文化旅游衍生产品展销融入以德宏傣族德昂族泼水节等为代表的特色节庆活动中，从而拓展少数民族文化衍生产品的销售渠道；四是，鼓励少数民族文化旅游景区挖掘并举办具有本地鲜明特色的节庆活动。

推动少数民族文化旅游产业与特色表演艺术产业融合，从而带动特色表演艺术产业发展。制度层面，制定并实施地方特色表演艺术产业发展规划和专项扶持政策，引导特色表演艺术机构开发原创现代剧目；继续支持滇剧、少数民族歌舞剧团等特色表演艺术团体开展惠民演出和公益演出，巩固并进一步提升人们的观看氛围。产业发展模式方面，以内外制度合作主导型发展模式为主。融合发展方面，一是，推动特色表演艺术机构常驻如云南民族村等少数民族文化旅游景区，从而扩大特色表演艺术的知名度和提升人们对地方传统表演艺术的文化认同感；二是，特色表演艺术机构应充分挖掘本地少数民族文化资源特别是无形文化资源，融入符合大众消费观念的原创现代剧目；三是，有条件的特色表演艺术机构可考虑开发衍生产品，侧重考虑开发 100～299 元特别是 200～299 元的生活用品、服饰产品、首饰等衍生产品，并将其衍生产品销售渠道拓展至少数民族文化旅游景区。

推动以云南民族村、特色村寨等云南少数民族旅游景区与西南其他地区少数民族旅游景区（特色村寨）的协同发展。建立西南少数民族文化旅游产业协同机制，以各地区知名特色村寨为点，旅游路线为线，使西南地区少数民族文化旅游景区及其他类型景区获得共同发展。

六、西藏

西藏特色文化产业基础条件远低于西南地区平均水平；其内在制度环境也是最差的，并且特色文化产业的专项政策较少。结合其生产要素现状、产业发展现状特别是西藏消费者消费需求偏好，在推动西藏特色文化产业供给侧结构性改革过程中，西藏需要全面提升特色文化产业基础条件尤其是交通设施水平；制定并实施更多的特色文化产业专项政策，着重加大消费者文化消费氛围提升力度，在此基础上优化和升级藏族文化旅游产业，以藏族文化旅游产业为龙头带动其他文化旅游产业特别是山水文化和茶马古道文化旅游产业发展，并依次促进藏族民族文化旅游产业与特色节庆产业、特色工艺品产业及特色表演艺术产业有序融合发展。具体而言：

优化和升级藏族文化旅游产业。制度层面，制定西藏藏族文化资源保护措施以及藏族文化旅游产业发展规划，保护有形藏族文化资源特别是寺院，开发藏族文化资源尤其是无形文化资源，引导各地区藏族文化旅游产业差异化发展；巩固藏族文化旅游氛围。产业发展模式方面，以消费者导向型内在制度主导发展模式为主。优化和升级方面，提升藏族文化旅游景区服务品质，推动藏族文化旅游景区差异化和联动发展。各地区应充分挖掘本地区藏族文化资源尤其是无形文化资源并以此开发新的旅游景观，凸显本地藏族文化景观独特性从而建成差异化主题的旅游景区，推动藏族文化旅游景区之间的联动发展，形成这些文化旅游景区共赢的协同效应。鼓励藏族文化旅游景区运营机构或文化企业差异化侧重开发价格 200～799 元特别是 200～299 元的首饰、摆件、服装等文化衍生产品。以藏族文化旅游产业为龙头带动西藏其他文化旅游产业特别是山水文化和茶马古道文化旅游产业的发展。

推动藏族文化旅游产业与特色节庆产业融合，从而带动特色节庆产业发展。制度层面，制定地方特色节庆品牌培育计划，推动地方特色节庆品牌建设；加大提升特色节庆活动观光氛围的力度。产业发展模式方面，以文化资源导向型外在制度主导发展模式为主。融合发展方面，一是，特色节庆活动和藏族文化旅游景区宣传推广的双向融合，从而扩大特色节庆的知名度；二是，引导特色节庆游客和藏族文化旅游景区游客双向观光；三是，将藏族文化旅游衍生产品展销融入以雪顿节等为代表的特色节庆活动中，从而拓展藏族文化衍生产品的销售渠道；四是，鼓励藏族文化旅游景区挖掘并举办具有本地鲜明特色的节庆活动。

推动藏族文化旅游产业与特色工艺品产业融合，从而带动特色工艺品产业发展。制度层面，制定西藏特色工艺品产业发展规划，重点支持以编织扎制、纺染织绣、服饰制作、剪纸刻绘、金属加工、器具制作、文房制作、印刷装裱等传统工艺为生产手段的特色工艺品的开发，引导特色工艺品产业与藏族文化旅游产业融合；制定非物质文化遗产传承人考核机制以及特色工艺品市场培育扶持政策等；巩固特色工艺品消费氛围的力度。产业发展模式方面，以消费者导向型内在制度主导发展模式为主。融合发展方面，一是，推动藏族文化旅游景区运营机构或文化企业将具有市场潜力的特色工艺融入藏族文化旅游衍生产品开发中；二是，特色工艺品企业可考虑将藏族文化资源融入特色工艺品开发中，侧重开发 100～299 元特别是 100～199 元的工艺品；三是，除官方实体店、淘宝/天猫、京东外，特色工艺品企业可考虑在藏族旅游景区开设体验性商店，扩大特色工艺知名度和销售量。

推动藏族文化旅游产业与特色表演艺术产业融合，从而带动特色表演艺术产业发展。制度层面，制定并实施地方特色表演艺术产业发展规划和专项扶持政策，引导特色表演艺术机构开发原创现代剧目；继续支持藏戏、小品等特色表演艺术团体开展惠民演出和公益演出，巩固人们的观看氛围。产业发展模式方面，可考虑采用以消费者导向型内在制度主导发展模式为主。融合发展方面，一是，推动特色表演艺术机构常驻藏族文化旅游景区，从而扩大特色表演艺术的知名度和提升人们对地方传统表演艺术的文化认同感；二是，特色表演艺术机构应充分挖掘本地藏族文化资源特别是无形文化资源，融入符合大众消费观念的原创现代剧目；三是，有条件的特色表演艺术机构可考虑开发衍生产品，侧重开发 100~499 元特别是 200~499 元的服装、生活用品等衍生产品，并将其衍生产品销售渠道拓展至藏族民族文化旅游景区。

第十一章

西北地区区域特色文化产业

本章在研究西北地区即甘肃、青海、宁夏、新疆、内蒙古五地区区域特色
文化产业发展基础条件之后，探讨其制度环境结构和生产要素结构的现状，接
着研究其特色文化产业供给与需求结构，在上述分析基础上提出西北地区特色
文化产业供给侧结构性改革路径。

第一节　西北地区特色文化产业发展的基础条件

一、区域人口状况

西北地区土地面积共计 408.41 万平方公里，位于中国西部，城镇化率
为 52.58%。

2017~2021 年，西北地区年末常住人口从 2017 年的 8463 万人增加到 2021 年的
8726 万人，年均增长率为 0.21%。西北地区 2017~2021 年劳动力规模逐年递减，但
仍略高于全国平均水平，内蒙古劳动力规模在五省份中最高，见表 11-1-1。

表 11-1-1　　　　2017~2021 年西北地区 15~64 岁人口占比　　　　单位：%

地区	2017 年	2018 年	2019 年	2020 年	2021 年
全国平均	71.82	71.20	70.64	69.47	68.29
西北地区	72.56	72.40	71.53	70.75	69.98
甘肃	72.13	71.09	71.38	69.59	67.80

续表

地区	2017 年	2018 年	2019 年	2020 年	2021 年
青海	72. 06	72. 86	71. 96	70. 71	69. 45
宁夏	73. 17	70. 95	69. 76	69. 85	69. 93
新疆	69. 84	70. 22	67. 79	69. 03	70. 26
内蒙古	75. 62	76. 88	76. 77	74. 60	72. 43

2017～2021 年，西北地区老年人口呈现增加趋势，但远低于全国平均水平，说明该地区的老龄化问题相对并不突出，64 岁人口占比从 2017 年的 8.96% 上升到 2021 年的 10.98%。分地区看，宁夏、新疆和内蒙古老年人口比重更低，2021 年 64 岁以上人口占比分别为 9.89% 、10.05% 和 8.08%，远低于全国平均水平。见表 11 - 1 - 2。

表 11 - 1 - 2　　　　　2017～2021 年西北地区 64 岁以上人口占比　　　　单位：%

地区	2017 年	2018 年	2019 年	2020 年	2021 年
全国平均	11. 39	11. 94	12. 57	13. 40	14. 22
西北地区	8. 96	8. 98	9. 57	10. 27	10. 98
甘肃	10. 84	9. 85	10. 20	12. 02	13. 84
青海	10. 33	11. 32	11. 52	12. 28	13. 04
宁夏	7. 90	7. 58	8. 54	9. 21	9. 89
新疆	8. 46	8. 99	9. 51	9. 78	10. 05
内蒙古	7. 28	7. 16	8. 07	8. 08	8. 08

二、经济发展水平

2013～2021 年，西北地区生产总值持续增长，从 2013 年的 29840.5 亿元增加到 2021 年的 60781.3 亿元，年均增长率为 8.23%，高于全国增长水平（8.08%）；甘肃生产总值年均增长率最低（7.15%），宁夏、青海、新疆和内蒙古分别为 9.03% 、8.63% 、8.23% 和 8.20%。

2013～2021 年，西北地区居民人均可支配收入从 2013 年的 14166.2 元增加到 2021 年的 27214.8 元，年均增长率为 7.52%，略高于全国平均水平（7.47%）。

分地区看，内蒙古人均可支配收入历年最高，2021年达34108元；人均可配收入年均增长率甘肃最高（8.09%），青海、宁夏、新疆和内蒙古分别为8.02%、7.49%、7.44%和6.91%。

三、基础设施水平

2015～2021年，西北地区文化设施水平呈N型增长态势，且其历年指数均高于全国平均水平。分地区看，青海和内蒙古文化设施水平均呈逐年缓慢上升趋势；甘肃和宁夏文化设施水平呈N型增长态势；新疆文化设施水平呈波浪式发展态势，2021年指数（11.96）低于2015年水平（17.42）。见表11-1-3。

表11-1-3　　　　2015～2021年西北地区文化设施水平综合指数

地区	2015年	2016年	2017年	2018年	2019年	2020年	2021年
全国平均	25.12	25.92	27.88	26.93	26.40	26.94	27.59
西北地区	25.74	28.01	33.97	33.57	33.48	33.33	34.81
甘肃	22.08	27.81	37.43	35.25	34.19	35.30	36.36
青海	33.56	34.11	35.66	36.01	39.29	40.08	41.36
宁夏	28.03	30.75	43.63	46.77	43.97	40.13	44.36
新疆	17.42	17.01	19.08	15.74	15.88	13.55	11.96
内蒙古	27.61	30.35	34.06	34.08	34.07	37.60	40.01

2015～2021年，西北地区城市公共设施水平呈波浪式上升趋势，从2018年开始其指数均高于同年全国平均水平。分地区看，内蒙古城市公共设施水平领先于其他四个地区且整体呈上升趋势，从2015年的38.40上升至2021年的47.07，并且其历年指数均高于全国平均水平；甘肃和宁夏城市公共设施水平呈倒V型上升趋势，2021年分别为36.06和43.72；青海和新疆城市公共设施水平分别呈N型和M型增长态势，2021年分别为40.33和35.74。见表11-1-4。

表 11 - 1 - 4　　　　2015 ~ 2021 年西北地区城市公共设施水平综合指数

地区	2015 年	2016 年	2017 年	2018 年	2019 年	2020 年	2021 年
全国平均	32.17	35.77	35.32	36.58	37.70	38.51	38.85
西北地区	30.78	35.70	34.24	36.91	40.32	40.19	40.58
甘肃	23.70	28.43	29.24	32.34	35.39	37.13	36.06
青海	26.02	32.86	28.67	31.85	32.69	32.70	40.33
宁夏	32.89	36.00	36.87	39.87	48.32	46.81	43.72
新疆	32.88	35.04	32.69	36.96	39.93	38.00	35.74
内蒙古	38.40	46.18	43.73	43.51	45.27	46.33	47.07

2015 ~ 2021 年，西北地区交通设施水平均低于全国平均水平。分地区看，宁夏交通设施水平遥遥领先于其他四个地区，甘肃交通设施水平则刚好相反。见表 11 - 1 - 5。

表 11 - 1 - 5　　　　2015 ~ 2021 年西北地区交通设施水平综合指数

地区	2015 年	2016 年	2017 年	2018 年	2019 年	2020 年	2021 年
全国平均	34.41	33.89	35.46	34.40	35.34	35.23	34.32
西北地区	23.97	20.58	21.37	23.53	25.91	22.48	21.58
甘肃	17.79	19.10	20.68	17.31	18.00	10.12	9.29
青海	19.82	15.61	17.61	18.01	20.40	11.25	10.97
宁夏	36.86	33.04	31.62	26.93	34.62	36.00	36.68
新疆	26.93	17.51	17.52	19.12	19.29	19.16	17.99
内蒙古	18.44	17.65	19.42	36.27	37.24	35.89	32.94

四、开放水平

2011 ~ 2017 年，西北地区开放水平综合指数值普遍较小，且历年显著地低于全国平均水平，呈现 W 型变化趋势。分地区看，甘肃开放水平指数呈逐年下降趋势，2017 年仅为 1.30；青海、宁夏、新疆和内蒙古开放水平指数均呈 W 型发展态势。见表 11 - 1 - 6。

表 11 - 1 - 6　　　　　　2011 ~ 2017 年西北地区开放水平综合指数

地区	2011 年	2012 年	2013 年	2014 年	2015 年	2016 年	2017 年
全国平均	25. 88	24. 64	23. 63	21. 84	19. 03	20. 73	23. 14
西北地区	5. 76	3. 89	3. 83	4. 72	1. 90	4. 06	5. 33
甘肃	3. 87	2. 22	2. 41	2. 27	1. 33	1. 56	1. 30
青海	8. 19	4. 29	3. 61	4. 99	0. 70	2. 19	2. 32
宁夏	5. 01	4. 70	3. 43	5. 04	2. 12	9. 14	12. 57
新疆	9. 21	6. 35	8. 00	8. 62	5. 03	5. 22	6. 47
内蒙古	2. 52	1. 92	1. 68	2. 69	0. 33	2. 20	4. 01

第二节　西北地区特色文化产业的制度结构分析

　　和其他地区一样，西北各地区特色文化产业发展主要依靠长期以来自发形成的内在制度，但这种内在制度日益脆弱，远不足支撑各地区特色文化产业持续发展特别是地方特色表演艺术产业的发展。外在制度特别是与特色文化产业发展有关的政策在一定程度弥补了内在制度环境的恶化，并刺激了内在制度向良性发展。

一、内在制度

　　2015 ~ 2021 年，西北地区文化消费氛围综合指数低于全国平均水平，呈波浪式增长态势。分地区看，甘肃文化消费氛围历年相对最浓；青海和内蒙古文化消费氛围指数呈波浪式增长态势；宁夏文化消费氛围指数呈倒 V 增长态势，2021 年为 19. 18；新疆文化消费氛围指数呈 W 型下降态势，2021 年指数值远低于 2020 年前水平。见表 11 - 2 - 1。

表 11 - 2 - 1   2015 ~ 2021 年西北地区文化消费氛围综合指数

地区	2015 年	2016 年	2017 年	2018 年	2019 年	2020 年	2021 年
全国平均	21.93	20.55	21.70	20.80	21.57	23.17	23.18
西北地区	16.58	14.44	17.27	17.07	16.84	19.13	17.42
甘肃	23.93	21.27	25.15	22.29	23.95	29.45	30.28
青海	14.36	16.55	11.43	14.33	14.31	21.82	15.82
宁夏	8.70	9.07	23.32	25.42	22.80	19.92	19.18
新疆	17.40	8.57	8.93	8.04	7.02	5.58	5.94
内蒙古	18.52	16.76	17.52	15.28	16.13	18.89	15.87

和其他地区一样，西北地区均成立了各地区戏剧家协会、摄影家协会、电影家协会、书法家协会、音乐家协会、杂技家协会、美术家协会、电视艺术家协会、曲艺家协会、作家协会、舞蹈家协会、演出行业协会、文艺评论家协会、民间文艺家协会等行业协会。这些行业协会的正常运行对推动本地区本领域创作及其品质的提升、宣传推广、人才培养等起重要的推动作用，对形成本领域从业人员"圈"文化、文化创意氛围等内在制度起至关重要的影响。

二、外在制度

2010 ~ 2022 年，西北地区特色文化产业外在制度结构有以下三个特点：（1）西北地区各省/自治区级层面没有颁布实施专门针对文化产业特别是特色文化产业的知识产权保护制度，而是针对文化市场执行国家层面的知识产权制度。（2）西北各地区极少实施特色文化产业促进专项政策，有关特色文化产业促进政策绝大多数散落在文化产业发展政策中。2010 ~ 2022 年，西北各地区共制定了 60 多项与特色文化产业发展有关的政策。结合自身特点，各地区制定了本地区"传统工艺振兴计划"，各地区针对本地区戏曲现况制定了扶持地方戏曲发展的各项政策及针对本地区文物保护及文物开发制定了各项政策。（3）西北各地区目前没有专门的特色文化产业规制制度，有些特色文化产业规制制度散落在文化产业发展政策中。

从特色文化产业价值链看，涉及消费者环节的政策最少且可操作性不强。

涉及文化资源的政策相对最多，内容主要是对本地区文化资源特别是历史文物及遗址遗迹等有形文化资源进行挖掘、调查、保护和利用、共享及鼓励开发本地区特色文化资源等。

涉及内容创意的政策相对较少，内容主要是创意人才培养进而提高其内容创意。

涉及生产制造的政策相对较多，内容主要是促进生产制造过程中的现代技术和文化的融合等。

涉及市场推广与文化资源的政策数相当，内容主要聚焦在地方传统文化和工艺的宣传和展示，传统工艺品的展览展示与销售，节庆、文化展览的宣传推广，地方戏剧的宣传与普及，以及特色文化产品的网络营销等。

第三节　西北地区特色文化产业的生产要素结构分析

本节侧重探讨特色文化资源、创意阶层及生产技艺/工艺这三种主要的生产要素。

一、特色文化资源

西北地区特色文化资源特别丰富，为其特色文化产业的持续发展提供了异常丰厚的创作素材。

（一）甘肃

甘肃代表性特色文化资源主要有草原文化资源、沙漠文化资源、少数民族文化资源、山水文化资源、冰雪文化资源、石窟文化资源、古长城文化资源、红色文化资源等。

甘肃草原文化资源主要有众多草原风光（如玛曲草原、当周草原等）、草原风土人情等及草原相关的风俗习惯、民间故事、神话传说等。

甘肃有 4600 多万亩的沙漠，如腾格里沙漠及巴丹吉林沙漠。沙漠文化资源主要有沙漠所特有的地貌特征等有形文化资源以及沙漠相关的神话传说、历史故事与传说（如民勤沙漠之成吉思汗传说）、沙漠精神（改造自然等）等无形文化资源。

甘肃世居回、藏、东乡、土、裕固、蒙古、撒拉、哈萨克、满等 16 个少数民族。少数民族文化资源主要有上述少数民族的特色村寨（甘肃有 37 个国家民委命名的"中国少数民族特色村寨"）、民族建筑、传统服饰、文学作品、音乐舞蹈等有形文化资源，以及生活/生产习俗、节日习俗、人生礼仪、游艺习俗、手工技艺、民族故事等无形文化资源。

甘肃山水文化资源主要有以祁连山、崆峒山等为代表的著名山川，以尕海、鸭鸣湖等为代表的湖泊等有形文化资源，以及与这些名川名湖有关的民间传说（"删丹朝辉"等）、神话故事（祁连山神话）等无形文化资源构成。

除甘南州外，甘肃其他地区都有比较丰富的冰雪资源。冰雪文化资源主要有雪景、滑雪场所（如祁连山、兴隆山、大青山等）、温泉（定西、武威等地区）等自然资源及所在地人文景观、人物及其人物故事、民间传说、民间冰雪习俗、冰雪运动等。

甘肃石窟文化资源主要有境内现存的各类石窟及石窟寺（共 337 座）特别是敦煌莫高窟、麦积山石窟、炳灵寺、北石窟、榆林窟、马蹄寺及其佛教雕像等有形文化资源，以及修建石窟时劳动人民伟大智慧、伟大创造精神、神话传说（龙门石窟传说）、高僧事迹、民间故事（如"九色鹿""萨捶那舍身饲虎""尸毗王割肉救鸽""九色鹿舍己救人""须阇提割肉奉亲""五百强盗成佛"等）等无形文化资源。

甘肃境内古长城文化资源十分丰富，累计长 4400 多公里，是秦、汉、明三代长城的西部终点。甘肃古长城文化资源主要有以玉门关、嘉峪关等为代表性的古迹遗址及以张骞、霍去病等为代表的知名历史人物等有形文化资源，以及知名历史人物（如张骞、霍去病等）典故、历史史实、长城有关的历史故事以及长城所承载的伟大精神（坚韧不屈、自强不息等）等无形文化资源。

甘肃有较多的红色文化资源。有形红色文化资源主要有以会宁县红军会师旧址、迭部县腊子口战役遗址、宕昌县哈达铺红军长征纪念馆、岷县"岷州会议"遗址、通渭县榜罗镇革命遗址、八路军兰州办事处旧址、华池县陕甘边区苏维埃政府旧址为代表的革命历史旧址遗迹，以习仲勋、刘志丹等为代表的革命家；无形红色文化资源主要是在陕甘宁边区甘肃地区所发生的重要历史事件、革命人物事迹（如刘志丹、习仲勋等）及革命精神等。

（二）青海

青海代表性特色文化资源主要有草原文化资源、少数民族文化资源、山水文化资源、冰雪文化资源、沙漠文化资源等。

青海草原文化资源主要有众多草原风光（如祁连山草原等）、草原风土人情、草原上知名人物（霍去病等）、历史遗迹（如祁连山草原的霍去病墓）等有形文化资源，以及与草原有关的神话故事、草原精神等。

青海世居的少数民族主要有藏族、回族、土族、撒拉族和蒙古族等。少数民族文化资源主要包括上述少数民族特色村寨（青海有42个国家民委命名的"中国少数民族特色村寨"）及其传统建筑、民族服饰、历史遗址/遗迹等有形文化资源，以及这些少数民族历史故事、民间传说、民风民俗、手工技艺等无形文化资源。

青海山水文化资源主要有以唐古拉山、祁连山、昆仑山等为代表的著名山川，以青海湖、可可西里湖为代表的湖泊及黄河源等有形文化资源，以及与这些名川名湖有关的传说典故、神话故事（如月宫神女传说、西海传说、咸水由来传说、日月宝镜传说）等无形文化资源。

青海冰雪文化资源主要有西宁奥斯陆滑雪场、岗什卡、大通鹞子沟、乐都瞿坛等雪景及滑雪场所，中县、同仁县、海晏县、贵德县、祁连县等地区的温泉等自然资源，以及所在地人文景观、人物及其人物故事、民间传说、民间冰雪习俗、冰雪运动等。

青海最具代表性的沙漠是柴达木沙漠，是世界海拔最高的沙漠，不仅有独特的风蚀地貌、沙漠泉水（柴达木沙漠的"珍珠"）等有形文化资源，还有退沙还林、植树造林的沙漠精神、神话故事（柴达木沙漠之外星人传说）等无形文化资源。

（三）宁夏

宁夏代表性特色文化资源主要有沙漠文化资源、少数民族文化资源、山水文化资源、冰雪文化资源及红色文化资源等。

宁夏沙漠文化资源主要有以腾格里沙漠、沙坡头景区沙漠为代表的沙漠及其上面的历史建筑物、知名风景，以及与沙漠有关的著名历史人物（王维）、文学作品（如"大漠孤烟直、长河落日圆"等诗句）等有形文化资源和沙漠神话故事传说、沙漠精神等无形文化资源。

宁夏少数民族较多，由满族、蒙古族、壮族、朝鲜族等少数民族组成，但主要以回族为主，是全国最大的回族聚居区。少数民族文化资源有这些少数民族的特色村寨（宁夏有 20 个国家民委命名的"中国少数民族特色村寨"）、民族建筑、传统服饰、文化作品、音乐舞蹈等有形文化资源，以及生活/生产习俗、节日习俗、人生礼仪、游艺习俗、手工技艺、民族故事等无形文化资源。

宁夏山水文化资源有贺兰山、六盘山等著名山川及引黄古灌区、青铜峡等人工治水工程，以及这些地区发生的传说典故（如贺兰口传说）等。

宁夏冰雪文化资源主要有以贺兰山、银川等地为代表的雪景、滑雪场所、温泉等自然资源，以及与冰雪有关的人文景观、人物及其人物故事、民间传说、民间冰雪习俗、冰雪运动等。

宁夏红色文化资源主要分布在西吉、隆德、盐池等地区。其中，西吉红色文化资源主要有将台堡红军三大主力会师重大历史事件、将台堡红军长征会师纪念碑、毛泽东、贺龙、刘伯承、左权、聂荣臻、程子华、陈赓等重要革命人物及其在安吉革命史实和故事（如毛泽东"单家集夜话"的故事、红军三过单家集）；隆德红色文化资源有红二十五军军政机构旧址、六盘山红军长征纪念馆等历史遗址/遗迹等有形文化资源和以红二十五军为代表的长征故事、长征精神、革命精神等无形文化资源；盐池作为宁夏第一个县级红色政权诞生地，红色文化资源有以历史遗迹（盐池革命历史纪念园）、红色景点（盐池县红色文化收藏馆）、革命历史人物等为代表的有形文化资源和红色精神、革命故事等。

（四）新疆

新疆代表性特色文化资源主要有草原文化资源、沙漠文化资源、少数民族文化资源、山水文化资源、冰雪文化资源及红色文化资源等。

新疆草原文化资源十分丰富，主要有巴音布鲁克大草原、那拉提草原、巴音布鲁克草原、巴里坤草原等草原风光、草原风土人情、知名人物（鸠摩罗什等）传说和故事等。

新疆沙漠面积在全国居于首位，达 43.04 万平方公里，约占中国沙漠面积的 60%。新疆沙漠文化资源主要有塔克拉玛干沙漠、古尔班通古特沙漠等十大沙漠为主的地形地貌景观等有形文化资源，以及与这些沙漠有关的手工技艺、神话传说、沙漠精神等无形文化资源。

新疆世居少数民族有维吾尔族、哈萨克族、回族、柯尔克孜族、蒙古族、塔吉克族、锡伯族、满族、乌孜别克族、土克曼族、俄罗斯族、达斡尔族、塔塔尔族 13 个。这些少数民族历史故事、民间传说、民风民俗、民族舞蹈与歌曲等无形文化资源及少数民族特色村寨（55 个国家民委命名的"中国少数民族特色村寨"）及其传统建筑、民族服饰、历史遗址遗迹等有形文化资源构成了新疆少数民族文化资源。

新疆山水文化资源主要有以乌鲁木齐天山大峡谷、昆仑山等为代表的名川及以天山天池、喀纳斯湖等湖泊为代表的名湖，以及和名山名湖有关的传说典故（如西王母与天池传说）等。

冰雪文化资源主要有以乌鲁木齐昌吉州、伊犁州和阿勒泰地区为代表的雪景和滑雪场所，以博格达尔温泉、鄂托克赛尔温泉、阿尔夏提温泉为代表的温泉等自然资源，以及所在地人文景观、人物及其人物故事、民间传说、民间冰雪习俗、冰雪运动等。

新疆红色文化资源除红军西路军总支队旧址、红军西路军进疆纪念园、红军西路军及其革命事迹外，主要是与新疆生产建设兵团有关的文化资源，如"三五九旅"革命历史陈列馆（屯垦纪念馆）、第一师一团团史陈列馆、第二师二十九团团史展览馆、第二师二十二团陈列馆等有形文化资源，以及建设新疆过程中形成的兵团精神、故事、重要历史事件等无形文化资源。

（五）内蒙古

内蒙古代表性特色文化资源主要有草原文化资源、沙漠文化资源、少数民族文化资源、冰雪文化资源、昭君文化资源、辽文化资源等。

内蒙古草原文化资源主要有呼伦贝尔草原、科尔沁草原等草原风光、草原风土人情、草原上知名人物（孝庄文皇后、成吉思汗、多尔衮等）、历史遗迹（如成吉思汗陵）等有形文化资源，以及草原知名人物故事（如孝庄文皇后）、历史事件、草原传说、草原精神等无形文化资源。

内蒙古沙漠文化资源主要有以腾格里沙漠、巴丹吉林沙漠等五大沙漠风光为代表的有形文化资源以及与沙漠有关的神话故事（如库布齐草原的张果老传说）、风俗习惯、沙漠精神等无形文化资源。

内蒙古主要居住蒙古族及满、回、达斡尔、鄂温克等少数民族。少数民族文化资源主要包括上述少数民族的特色村寨（88 个国家民委命名的"中国少数民族特色村寨"）、民族建筑、传统服饰、文化作品、音乐舞蹈等有形文化资源，以及生活生产习俗、节日习俗、人生礼仪、游艺习俗、手工技艺、民族故事等无形文化资源。

内蒙古冰雪文化资源相对较为丰富，主要有雪景、滑雪场所（扎兰屯金龙山滑雪场、呼和浩特大青山太伟滑雪场等六大滑雪场所）、温泉（以阿尔山温泉群、赤峰三大热水温泉较为知名）等自然资源，以及所在地人文景观、民间传说、民间冰雪习俗、冰雪运动等其他资源。

昭君文化资源主要有昭君镇（王昭君的故乡）[1]、有关昭君的作品（如《汉书》中《匈奴传》、焦延寿的《焦氏易林》、王安石的《明妃曲》《王明君辞》等）及话剧（如 1972 年曹禺的《王昭君》等）等有形文化资源以及"昭君出塞"故事、昭君精神、昭君传说等无形文化资源。

辽文化资源主要是位于赤峰市辽代五京中的上京临潢府遗址、中京大定府遗址及契丹字等有形文化资源，以及有关契丹民族故事、契丹民族精神等无形文化资源。

二、创意阶层

2015～2021 年，西北地区创意阶层人数呈波浪式增长态势，年均增长率为4.50%。分地区看，除 2021 年外，内蒙古历年创意阶层人数高于西北其他地区，年均增长率为 1.52%；青海创意阶层人数年均增长率最高，为 17.63%；甘肃创意阶层人数呈 W 型增长态势，年均增长率为 8.94%；宁夏创意阶层人数呈倒 V 型增长，年均增长率为 2.72%；新疆创意阶层人数基本维持在 7000 人左右。见表 11 - 3 - 1。

---

① 陈晓，陈金. 香溪河畔托起昭君文化特色小镇建设［J］. 中华建设，2017（10）：44 - 46.

表 11 - 3 - 1　　　　　　2015～2021 年西北地区创意阶层人数变化　　　　单位：人，%

地区	2015 年	2016 年	2017 年	2018 年	2019 年	2020 年	2021 年	年均增长率
甘肃	6401	6175	7338	6816	8005	8060	10698	8.94
青海	1348	1470	1330	1508	1574	1622	3571	17.63
宁夏	1520	1836	2022	2359	1870	1789	1786	2.72
新疆	6987	7012	7259	6858	7271	6712	6987	0.00
内蒙古	8996	8871	9441	9523	9727	9212	9846	1.52
合计	25252	25364	27390	27064	28447	27395	32888	4.50

2015～2021 年，西北地区艺术表演人数呈 N 型增长态势，年均增长率为 7.27%。分地区看，除 2021 年外，内蒙古历年艺术表演人数居西北地区第一位，呈波浪式增长态势，年均增长率为 2.45%；青海 2015～2020 年间艺术表演人数不到 1000 人，2021 年猛增至 2869 人；甘肃和宁夏艺术表演人数分别呈 N 型和 M 型增长，年均增长率分别为 14.37% 和 8.06%；新疆艺术表演人数呈波浪式发展，年均增长率为 -0.45%。见表 11 - 3 - 2。

表 11 - 3 - 2　　　　　　2015～2021 年西北地区艺术表演人数变化　　　　单位：人，%

地区	2015 年	2016 年	2017 年	2018 年	2019 年	2020 年	2021 年	年均增长率
甘肃	3051	3108	3533	4124	4065	4147	6829	14.37
青海	696	788	655	744	838	883	2869	26.63
宁夏	456	608	704	1106	776	781	726	8.06
新疆	3915	4017	3951	3944	3969	3536	3811	-0.45
内蒙古	5071	4997	5478	5463	5689	5321	5863	2.45
合计	13189	13518	14321	15381	15337	14668	20098	7.27

从非物质文化遗产代表性传承人看，这一地区国家级传承人累计 528 人，其中，新疆人数最多（112 人），宁夏人数最少（22 人）；省/自治区级传承人累计 2403 人。见表 11 - 3 - 3。

表 11 - 3 - 3　　　　西北地区五批次非物质文化遗产传承累计人数　　　单位：人

级别	甘肃	青海	宁夏	新疆	内蒙古	合计
国家级	68	88	22	112	82	372
省/自治区级	608	317	219	529	730	2403

注：青海第五批省级非物质文化遗产传承人未公布，故只统计前四批人数。

三、生产技术/工艺

在首批国家传统工艺振兴目录中，西北地区有56项传统手工艺。其中纺染织绣18项、服饰制作13项、剪纸刻绘8项、雕刻塑造和器具制作各5项、陶瓷烧造和文房制作各2项，其他传统工艺均为1项。分地区看，甘肃传统手工艺12项，其中4项剪纸刻绘；青海9项，其中纺染织绣3项；宁夏4项，其中2项为雕刻塑造类工艺；新疆18项，位居西北地区第一，其中纺染织绣最多，有11项；内蒙古13项，其中器具制作有5项。见表11-3-4。

表 11 - 3 - 4　　　　　西北地区国家重点扶持的传统工艺分布　　　单位：项

地区	编织扎制	雕刻塑造	纺染织绣	服饰制作	金属加工	剪纸刻绘	漆器髹饰	陶瓷烧造	文房制作	器具制作	合计
甘肃	0	2	2	2	0	4	1	0	1	0	12
青海	1	1	3	2	1	1	0	0	0	0	9
宁夏	0	2	0	0	0	1	0	0	1	0	4
新疆	0	0	11	5	0	0	0	2	0	0	18
内蒙古	0	0	2	4	0	2	0	0	0	5	13
合计	1	5	18	13	1	8	1	2	2	5	56

第四节　西北地区特色文化产业供给与需求结构分析

一、产业结构分析

（一）产业结构整体分析

和其他地区一样，西北地区特色文化旅游产业一枝独大。

近年来，西北地区特色文化旅游产业增长速度比较快，特色文化旅游产业已成为西北地区特色文化产业的主导产业和支柱产业，是拉动地方经济发展的重要力量。各地区均制定了本地旅游产业发展规划以及其他系列支持政策。这些政策的制定与实施以及文化旅游氛围的提升推动了各地区特色文化旅游产业市场规模日益扩大。2014～2019 年，内蒙古旅游总收入、甘肃旅游总人数居西北地区第一，新疆旅游总收入和总人数年均增速居西北地区第一。

为贯彻落实《中国传统工艺振兴计划》，近年来，西北地区均制定了促进地方传统工艺品振兴计划、实施方案、振兴目录、实施意见等。和其他地区相比，目前，西北地区工艺美术产品产业竞争力非常弱，五个地区主营业务总收入仅占全国同类产业收入的 0.70%，特色工艺品企业以中小型企业特别是小微企业居多，规模以上企业数量极少。

为贯彻落实国务院《关于支持戏曲传承发展的若干政策》要求，除宁夏、新疆外，西北其他地区均制定了本地区相应的政策。随着外在制度强力介入特色表演艺术产业特别是地方传统戏曲，西北地区特色表演机构数量、演出总场次、机构平均国内演出场次及国内演出观众总人数呈不同程度增加，但特色表演机构演出总收入和平均演出收入、单场国内演出观众人数呈不同程度减少。

西北地区绝大多数特色节庆活动（除民族传统习俗外）始起于 21 世纪初，绝大多数每年举办一次，举办时间和地点相对固定，活动内容主要涉及地方特色表演艺术演出、特色文化产品展销等。

（二）特色工艺品产业

我国第三次经济普查统计表明，西北地区工艺美术产品产业生产大类企业营业收入和主营业务收入分别为 88.61 亿元和 88.37 亿元，分别占全国的 0.7%，和全国其他地区比较，西北地区收入偏下；分地区看，内蒙古工艺美术产品产业生产大类企业营业收和主营业务收入最高，分别为 37.87 亿元和 37.77 亿元；其次是青海，工艺美术产品产业生产大类企业营业收和主营业务收入分别为 25.24 亿元和 25.18 亿元；甘肃和新疆工艺美术产品产业生产大类企业营业收和主营业务收入相同，分别为 12.62 亿元和 12.59 亿元；宁夏 工艺美术产品产业生产大类企业营业收和主营业务收入恰好相等，均仅为 0.25 亿元。见表 11 – 4 – 1。

表 11 – 4 – 1　　　　　第三次经济普查西北地区工艺美术产品

生产大类企业收入情况　　　　　单位：亿元，%

地区	营业收入		主营业务收入	
	绝对值	占全国比重	绝对值	占全国比重
甘肃	12.62	0.10	12.59	0.10
青海	25.24	0.20	25.18	0.20
宁夏	0.25	0.00	0.25	0.00
新疆	12.62	0.10	12.59	0.10
内蒙古	37.87	0.30	37.77	0.30
合计	88.61	0.70	88.37	0.70

从不同规模企业而言，西北各地区工艺美术产品生产大类规模以上企业的营业收入和主营业务收入分别为 88.61 亿元和 88.37 亿元，规模以下企业营业收入和主营业务收入分别是 58.52 亿元和 57.8 亿元。分地区看，无论规模以上还是规模以下企业收入最高的均是内蒙古，然后依次是青海、甘肃和新疆、宁夏。宁夏的营业收入和主营业务收入均明显远低于其他地区，见表 11 – 4 – 2。

表 11 - 4 - 2　　　　第三次经济普查西北地区工艺美术产品
生产大类不同规模企业收入情况　　　　单位：亿元

地区	营业收入		主营业务收入	
	规模以上	规模以下	规模以上	规模以下
甘肃	12.62	19.36	12.59	19.19
青海	25.24	6.74	25.18	6.60
宁夏	0.25	2.95	0.25	2.93
新疆	12.62	3.37	12.59	3.30
内蒙古	37.87	26.10	37.77	25.79
合计	88.61	58.52	88.37	57.80

（三）特色表演艺术产业

就特色表演机构数量而言，和 2013 年相比，2017 年西北地区特色表演艺术机构数量有所增加，从 2013 年的 155 家增加到 2017 年的 223 家，年平均增长率为 9.52%。分剧种看，地方戏曲类和曲艺类机构数量年均增速超过 20%；杂技、魔术、马戏类机构数量保持不变，其他两剧种机构数量有所减少。分地区看，分区特色表演机构数量均呈不同程度增加，青海 2013 年和 2017 年均没有京剧、昆曲类，杂技、魔术、马戏类及曲艺类剧种。见表 11 - 4 - 3。

表 11 - 4 - 3　　　　2013 年/2017 年西北地区不同剧种机构数量变化　　　　单位：家,%

地区	京剧、昆曲类		地方戏曲类		杂技、魔术、马戏类		曲艺类		乌兰牧骑		合计		
	2013年	2017年	2013年	2017年	2013年	2017年	2013年	2017年	2013年	2017年	2013年	2017年	年均增长率
甘肃	1	1	46	98	1	1	2	1	1	1	51	102	18.92
青海	0	0	0	3	0	0	0	0	1	1	1	4	41.42
宁夏	1	1	5	11	1	1	0	1	0	0	7	14	18.92
新疆	2	1	4	4	3	4	0	4	2	2	11	15	8.06
内蒙古	1	0	7	15	1	0	1	2	75	71	85	88	0.87
合计	5	3	62	131	6	6	3	8	79	75	155	223	9.52
年均增长率	-11.99		20.56		0.00		27.79		-1.29		9.52		

　　从特色表演机构演出场次看，和2013年相比，2017年西北地区特色表演机构国内演出场次从2013年的2.55万场次增加到2017年的4.3万场次，年平均增长率为14.12%，对比其机构数量年均增长率（9.52%）可以看出，这一地区特色表演机构平均国内演出场次有所增加。分剧种看，地方戏曲类和曲艺类机构国内演出总次呈不同幅度增加，京剧、昆曲类国内演出场次保持不变，杂技、魔术、马戏类国内演出场次减少较多，对比各剧种机构数量年均增长率可以看出，地方戏曲类、曲艺类及京剧、昆曲类平均国内演出场次呈不同程度增加，杂技、魔术、马戏类平均国内演出场次减少较多（乌兰牧骑因有部分数据缺失难以判断）。分地区看，宁夏和新疆特色表演机构国内演出场次呈不同程度增加，对比其机构数量年均增长率可以看出，这两地区机构平均国内演出场次均呈不同程度增加，其他地区因部分数据缺失难以判断。见表11-4-4。

表11-4-4　　　2013年/2017年西北地区各剧种国内演出场次变化　　单位：万场次,%

地区	京剧、昆曲类		地方戏曲类		杂技、魔术、马戏类		曲艺类		乌兰牧骑		合计		
	2013年	2017年	2013年	2017年	2013年	2017年	2013年	2017年	2013年	2017年	2013年	2017年	年均增长率
甘肃	0.01	0.01	1.05	1.47	0.07	0.01	0.03	0.12	-	-	1.16	1.61	8.54
青海	0	0	0	0.01	0	0	0	0	-	-	-	0.01	-
宁夏	0.02	0.03	0.14	1.34	0.02	0.01	0	-	-	-	0.18	1.38	66.40
新疆	0.01	0.01	0.01	0.01	0.04	0.04	0	0.04	0.03	0.03	0.08	0.13	12.91
内蒙古	0.01	0	0.09	0.22	0.01	0	-	0.05	0.97	0.84	1.08	1.11	0.69
合计	0.05	0.05	1.29	3.05	0.13	0.06	0.03	0.21	1	0.87	2.5	4.24	14.12
年均增速	0.00		24.00		-17.58		62.66		-3.42		14.12		

注："-"表示数据缺失。

　　就特色表演机构国内演出观众人数而言，西北地区特色表演机构国内演出观众人数从2013年的2767万人次增加到2017年的2782.91万人次，年平均增长率为0.14%，远低于国内演出场次增长率（14.12%），这表明，这一地区特色表演机构单场国内演出观众人数大幅度减少。分剧种看，曲艺类和地方戏曲类国内演出场次观众人数呈不同程度增加，其他剧种国内演出场次观众人数减少较多（乌兰牧骑因部分数据缺失难以判断），对比各剧种机构国内演出场次年均增长率可以看出，杂技、魔术、马戏类和曲艺类单场国内演出观众人数有所增加，京剧、昆曲类和地方戏曲类单场国内演出观众人数有所减少。分地区看，甘肃和新疆特色表演机构国内演出场次呈不同程度增加，内蒙古特色表演机构国内演出场次减少较多（其他地区因缺乏部分数据无法判断），对比其特色表演机构国内演出场次可以看出，新疆特色表演机构单场国内演出观众人数有所减少，其他地区因数据缺失难以判断。见表 11 - 4 - 5。

表 11 - 4 - 5   2013 年/2017 年西北地区各剧种国内演出观众人数变化   单位：万场次，%

地区	京剧、昆曲类		地方戏曲类		杂技、魔术、马戏类		曲艺类		乌兰牧骑		合计		
	2013年	2017年	2013年	2017年	2013年	2017年	2013年	2017年	2013年	2017年	2013年	2017年	年均增长率
甘肃	34	4.1	1419	1531.23	41	6.7	21	365.95	1	1	1516	1908.98	5.93
青海	0	0	0	1.82	0	0	0	0	-	4.5	-	6.32	-
宁夏	7	7.03	174	168.6	16	4	0	-	0	0	197	179.63	-2.28
新疆	3	1.88	8	7.2	23	38.85	0	2.56	11	0.4	45	50.89	3.12
内蒙古	5	0	89	51.61	19	0	3	5	893	580.12	1009	636.73	-10.87
合计	49	13.01	1690	1760.46	99	49.55	24	373.51	905	586.02	2767	2782.55	0.14
年均增速	-28.22		1.03		-15.89		98.62		-10.30		0.14		

注：表中 " - " 表示数据缺失。

从特色表演机构演出收入看，西北地区特色表演机构演出收入从 2013 年的 42943 万元下降到 2017 年的 8792 万元，年均下降幅度达到 32.76%，对比其机构数量年均增长率可以看出，这一地区特色表演机构平均演出收入急剧下降。分剧种看，地方戏曲类、曲艺类及杂技、魔术、马戏类演出收入急剧下降，其他剧种因部分数据缺失难以判断，对比各剧种机构数量年均增长率可以看出，地方戏曲类、曲艺类及杂技、魔术、马戏类机构平均演出收入呈大幅度下降。分地区看，宁夏和内蒙古特色表演机构演出收入呈较大幅度减少；其他地区机构演出收入也极有可能呈不同程度下降,对比其特色表演机构数量年均增长率可以看出,宁夏和内蒙古特色表演机构平均演出收入急剧减少,其他地区极有可能同样如此。见表11 - 4 - 6。

表11 - 4 - 6　　　2013年/2017年西北地区各剧种国内演出收入变化　　单位:万元,%

地区	京剧、昆曲类		地方戏曲类		杂技、魔术、马戏类		曲艺类		乌兰牧骑		合计		
	2013年	2017年	2013年	2017年	2013年	2017年	2013年	2017年	2013年	2017年	2013年	2017年	年均增长率
甘肃	111	216	24848	6567	2346	21	510	454	1	–	27816	7258	-28.53
青海	0	0	0	26	0	0	0	0	350	–	350	26	-47.79
宁夏	250	12	3307	357	1560	20	0	0	0	0	5117	389	-47.49
新疆	–	–	215	54	903	74	0	150	23	–	1141	278	-29.74
内蒙古	30	0	1312	620	1686	0	340	40	5151	168	8519	828	-44.16
合计	391	228	29682	7624	6495	115	850	644	5525	168	42943	8779	-32.76
年均增速	-12.61		-28.81		-63.52		-6.70		-58.24		-32.76		

注:表中"–"表示数据缺失。

（四）特色文化旅游产业

整体来说,西北地区旅游产业发展快速,越来越成为拉动地区经济增长的主要力量。2014~2019年,甘肃、青海、新疆和内蒙古旅游总收入和国内收入逐年增加,年均增长率均超过20%。其中新疆增长最快,年均增长率分别达41.08%和42.13%;宁夏旅游总收入和国内收入也逐年增加且年均增长率分别达18.96%和18.85%;甘肃和宁夏入境旅游收入逐年增加,年均增长率分别为42.64%和29.19%;青海和新疆入境旅游收入呈倒V型发展态势而内蒙古入境旅游收入则呈V型增长态势。见表11 - 4 - 7。

表 11 - 4 - 7　　　　　　　　　2014～2019 年西北地区旅游

收入情况　　　　　　单位：亿元，亿美元,%

地区		2014 年	2015 年	2016 年	2017 年	2018 年	2019 年	年均增速
甘肃	总收入	780.81	975.37	1220.46	1580.12	2060.09	2679.97	27.97
	国内	780.20	974.50	1219.20	1578.70	2058.30	2676.00	27.95
	入境	0.10	0.14	0.19	0.21	0.28	0.59	42.64
青海	总收入	201.90	248.03	310.30	381.53	466.30	561.00	22.68
	国内	200.31	245.55	307.24	378.94	463.91	559.00	22.78
	入境	0.26	0.38	0.44	0.38	0.36	0.33	5.11
宁夏	总收入	142.70	161.00	210.00	277.72	295.68	340.03	18.96
	国内	141.56	159.69	207.34	275.09	291.90	335.67	18.85
	入境	0.18	0.21	0.40	0.39	0.56	0.65	29.19
新疆	总收入	650.07	1022.00	1401.00	1821.97	2579.71	3632.58	41.08
	国内	619.53	985.00	1340.00	1751.60	2497.00	3593.50	42.13
	入境	4.97	6.08	9.01	10.54	12.23	5.86	3.35
内蒙古	总收入	1805.30	2257.10	2714.70	3440.10	4011.40	4651.50	20.84
	国内	1745.00	2193.80	2635.60	3358.60	3924.00	4558.50	21.17
	入境	10.00	9.60	11.40	12.50	12.70	13.40	6.03

2014～2019 年，甘肃、宁夏和内蒙古游客总人数、国内游客和入境游客人数均逐年增长，年均增长率均超过 19%，并且甘肃和宁夏入境游客年均增长率更是超过 30%；青海和新疆游客总人数和国内游客人数逐年增加，其中新疆年均增长率超过 30%，青海入境游客逐年上升至 2016 年的 7.01 万人次后基本保持不变，新疆入境游客逐年增加至 2018 年的 262.60 万人次后回落较快但仍高于 2014 年水平。见表 11 - 4 - 8。

表 11 - 4 - 8　　　　　　2014～2019 年西北地区游客人数情况　　　　单位：万人次

地区		2014 年	2015 年	2016 年	2017 年	2018 年	2019 年	年均增速
甘肃	总人数	12665.08	15638.40	19096.15	23905.18	30200.90	37442.82	24.21
	国内	12660.20	15632.90	19089.00	23897.30	30190.90	37423.00	24.21
	入境	4.88	5.50	7.15	7.88	10.00	19.82	32.35

续表

地区		2014 年	2015 年	2016 年	2017 年	2018 年	2019 年	年均增速
青海	总人数	2005.58	2315.40	2876.92	3484.10	4204.38	5080.20	20.43
	国内	2000.43	2308.84	2869.91	3477.08	4197.46	5072.90	20.46
	入境	5.15	6.56	7.01	7.02	6.92	7.30	7.23
宁夏	总人数	1674.99	1840.00	2155.12	3103.16	3344.70	4011.02	19.08
	国内	1671.62	1836.27	2150.00	3090.80	3334.88	3998.45	19.06
	入境	3.37	3.73	5.12	12.36	8.82	12.57	30.11
新疆	总人数	4952.69	6097.00	8102.00	10725.51	15024.89	21329.54	33.91
	国内	4802.52	5929.00	7901.00	10490.69	14762.30	21120.76	34.48
	入境	150.17	168.36	201.00	234.82	262.60	178.78	3.55
内蒙古	总人数	7582.00	8512.60	9805.30	11646.00	13044.20	19512.50	20.81
	国内	7414.90	8351.80	9627.40	11461.20	12856.10	19316.70	21.11
	入境	167.10	160.80	177.90	184.80	188.10	195.80	3.22

（五）特色节庆产业

西北地区代表性特色节庆至少有 12 个。绝大多数特色节庆（民族传统习俗除外）活动起源或创办于 21 世纪初，节庆类型相对丰富；举办时间绝大多数为每年一次，举办地点相对固定，主要吸引举办地群众以及省内观众。绝大多数节庆活动是建立在本地区文化资源基础之上，活动内容主要有各种地方特色表演、特色商品展销，部分特色节庆还有商贸洽谈。见表 11 - 4 - 9。

表 11 - 4 - 9　　　　　　西北地区代表性特色节庆（部分）

名称	起源/创办时间	举办时间	地点	主办	活动内容
庄浪文化艺术节	2000 年	每年农历正月十二至十六	甘肃平凉市庄浪县	庄浪县委县政府	社火表演、戏剧演出、元宵猜灯谜晚会、彩灯展等
中国道情皮影民俗文化节	2002 年	每四年农历七月	甘肃环县	原文化部非遗司、甘肃省原文化厅	皮影戏汇演评比、皮影工艺品展销、皮影艺术研讨会、书画展销、陇剧演出、商贸旅游活动等

续表

名称	起源/创办时间	举办时间	地点	主办	活动内容
天水伏羲文化节	2005 年	农历五月十三	甘肃天水市	天水市人民政府	祭祀伏羲、特色商品展
九色甘南香巴拉旅游艺术节	2005 年	每年 7 月	甘肃甘南藏族自治州	甘南州委、人民政府	锅庄舞表演、民族服饰展示、民族舞蹈表演、篝火晚会、喇嘛乐队表演、藏戏、民族体育比赛、火枪射击、帐篷展示、名家演唱和民间弹唱等
中国盐湖城暨昆仑文化旅游节	2004 年	每年 7~8 月	青海格尔木市	格尔木市政府	商贸洽谈、特色文化产品销售
新疆冰雪风情节	2002 年	每年 12 月	新疆乌鲁木齐	乌鲁木齐人民政府	开展一系列的冰雪观赏娱乐活动，如千人冰雪天山游、雪地自驾游、冰雕作品展、温泉冬泳等。2018 年游客 1591.97 万人次
内蒙古自治区旅游那达慕大会	1990 年	每年一次，7 月 25~31 日	内蒙古乌兰察布市	内蒙古自治区旅游发展委员会和乌兰察布市政府	那达慕大会、赛马会、嘛呢会、元代宫廷宴－诈马宴、鄂尔多斯婚礼、成吉思汗陵祭奠和温泉森林、蒙古族风俗游等
内蒙古自治区乌兰牧骑艺术节	1994 年	每三年一次	内蒙古各地区	自治区原文化厅	文艺汇演、比赛等
乌拉特后旗国际骆驼文化旅游节	2016 年	每年一次	内蒙古乌拉特后旗	乌拉特后旗旗委、人民政府	驼场地赛、越野赛、驼球赛、乘驼射箭、乘驼家庭选美等活动
呼伦贝尔冬季游牧文化旅游节	2013 年	每年 12 月至次年 3 月	内蒙古鄂温克旗	鄂温克旗人民政府	各项赛事、民俗活动、冰雪娱乐、鄂温克部落体验游等

续表

名称	起源/创办时间	举办时间	地点	主办	活动内容
中国蒙古族服装服饰艺术节	2003 年	每年七八月	内蒙古各地	—	蒙古族服饰服装比赛与展演、"内蒙古味道"美食嘉年华、民俗文化展示体验、旅游摄影展、旅游商品展等
中俄蒙国际冰雪节	2002 年	每年 12 月	呼伦贝尔市满洲里市	呼伦贝尔市满洲里市政府	冰雪节举办期间，在满洲里市和赤塔市将同时营造冰雪景观、雕刻精美的冰雪艺术品

二、需求结构分析

在剔除无效问卷后，有效问卷甘肃 32 份，青海 47 份，宁夏 45 份，新疆和内蒙古各 46 份。各地区样本主要特征见表 11 –4 –10。

表 11 –4 –10　　　　　　西北地区样本量及其样本特征　　　　　单位：份

项目		甘肃	青海	宁夏	新疆	内蒙古
样本量		32	47	45	46	46
性别	男	11	19	21	22	24
	女	21	28	24	24	22
学历	初中及以下	1	0	0	0	1
	高中/中专/技校	4	6	3	4	3
	大专	3	21	21	12	13
	本科	18	18	21	25	24
	研究生	6	2	0	5	5
年龄	18 岁及以下	0	0	0	0	0
	18 ~ 25 岁	10	9	6	10	12
	26 ~ 30 岁	6	13	11	10	10
	31 ~ 40 岁	8	21	25	20	15
	41 ~ 50 岁	4	3	3	5	8
	51 ~ 60 岁	4	1	0	1	1
	61 岁及以上	0	0	0	0	0

续表

		甘肃	青海	宁夏	新疆	内蒙古
个人平均月收入	2000 元及以下	10	5	0	3	7
	2001～3000 元	1	2	2	1	2
	3001～5000 元	7	11	10	8	13
	5001～8000 元	6	17	18	20	14
	8001～10000 元	3	11	12	11	8
	10001 元及以上	5	1	3	3	2

（一）西北地区特色文化产业结构消费者偏好

调查发现，西北各地区被访者均最喜欢地方特色文化旅游。此外，甘肃被访者还依次喜欢地方特色表演艺术、地方特色节庆和地方特色工艺品，青海被访者还依次喜欢地方特色节庆、地方特色工艺品和地方特色表演艺术，宁夏被访者还依次喜欢地方特色工艺品、地方特色表演艺术和地方特色节庆，新疆被访者还依次喜欢地方特色表演艺术、地方特色工艺品和地方特色节庆，内蒙古被访者还依次喜欢地方特色表演艺术、地方特色节庆和地方特色工艺品，见表 11-4-11。

表 11-4-11 　　　　西北地区特色文化产品/服务消费偏好排序

地区	样本量（N）	地方特色工艺品	地方特色表演艺术	地方特色文化旅游	地方特色节庆
甘肃	32	第4（1.59）	第2（2.91）	第1（3.69）	第3（1.72）
青海	47	第3（3.04）	第4（2.77）	第1（3.74）	第2（3.25）
宁夏	45	第2（3.15）	第3（2.8）	第1（3.78）	第4（2.46）
新疆	46	第3（3.02）	第2（3.30）	第1（3.58）	第4（2.60）
内蒙古	46	第4（2.89）	第2（3.07）	第1（3.61）	第3（2.93）

注：本表排序规则：根据问卷调查结果，被访者越喜欢的赋值越高，算出各自分值的平均数后再根据值的大小排序。

（二）西北地区特色工艺品产业需求分析

从消费群体规模看，宁夏特色工艺品消费者群体规模最大，100%的被访者表示"最近一年购买过地方特色工艺品"；其次是新疆，97.83%的被访者购买过；青海有95.74%的消费者表示最近一年购买过地方特色工艺品；内蒙古和甘肃分别有78.26%和59.38%的被访者最近一年购买过地方特色工艺品。

从价格偏好看，极少西北地区消费者会购买1000元以上的特色工艺品。甘肃被访者对价格0~999元的特色工艺品偏好比较分散，比重在18%~22%；青海被访者最倾向于购买100~199元和200~299元特色工艺品，比重分别为55.3%和53.2%；宁夏被访者相对更喜欢购买100~799元的产品，尤其是300~499的产品；新疆被访者更喜欢购买100~299元尤其是200~299元的产品；内蒙古消费者比较倾向于购买100~499元的产品。见表11-4-12。

表11-4-12　　　　西北地区消费者特色工艺品价格偏好占比　　　　单位：%

价格	甘肃（N=32）	青海（N=47）	宁夏（N=45）	新疆（N=46）	内蒙古（N=46）
0~99元	18.8	31.9	13.3	19.6	28.3
100~199元	18.8	55.3	31.1	34.8	45.7
200~299元	18.8	53.2	35.6	39.1	43.5
300~499元	18.8	23.4	42.2	23.9	43.5
500~799元	15.6	14.9	33.3	13.0	30.4
800~999元	21.9	8.5	11.1	19.6	19.6
1000~1499元	9.4	6.4	4.4	2.2	13.0
1500~1999元	0.0	2.1	2.2	2.2	4.3
2000元及以上	3.1	2.1	0.0	2.2	2.2
合计	125.0	197.9	173.3	156.5	230.4

从购买动机看，甘肃消费者主要是为了送给朋友、家人或者自己收藏而购买特色工艺品，青海消费者主要是为了自己收藏、自己使用或者送给朋友而购买特色工艺品，宁夏消费者购买特色工艺品主要是为了送给朋友、自己收藏以及送给家人，新疆购买特色工艺品主要是为了送给朋友、送给家人和自己收藏，内蒙古消费者购买的工艺品主要是送给朋友、自己使用和送给家人，见表11-4-13。

表 11 -4 -13　　　　西北地区消费者特色工艺品消费群体购买动机占比　　　　单位：%

购买动机	甘肃（N=32）	青海（N=47）	宁夏（N=45）	新疆（N=46）	内蒙古（N=46）
送给朋友	37.5	51.1	66.7	67.4	63.0
送给家人	31.3	38.3	53.3	56.5	56.5
送给同事	9.4	25.5	28.9	32.6	19.6
送给上司/长辈	18.8	17.0	37.8	26.1	26.1
送给下属/晚辈	6.3	10.6	22.2	19.6	13.0
自己收藏	28.1	68.1	60.0	47.8	52.2
自己使用	25.0	55.3	48.9	37.0	58.7
投资	3.1	2.1	0.00	0.00	2.2
支持传统文化	12.5	40.4	42.2	39.1	32.6
其他	15.6	0.00	0.00	0.00	0.00
合计	187.5	308.5	360.0	326.1	323.9

　　从购买渠道偏好看，除甘肃最多消费者（40.6%）喜欢在商场专柜购买特色工艺品之外，西北其他地区消费者购买特色工艺品最偏爱的购买渠道是旅游景区内商店。除此之外，甘肃消费者还比较喜欢在品牌专柜和品牌专卖店、超市等购买特色工艺产品，青海消费者还比较喜欢在官方实体店、淘宝/天猫以及商场专柜购买特色工艺产品，宁夏消费者还比较喜欢在商场专柜、官方实体店以及品牌专卖店购买特色工艺产品，新疆消费者还比较喜欢在商场专柜、官方实体店和品牌专卖店购买特色工艺产品，内蒙古消费者则比较喜欢在品牌专卖店、商场专柜以及官方实体店购买特色工艺产品，见表 11 -4 -14。

表 11 -4 -14　　　　西北地区消费者特色工艺品购买渠道偏好占比　　　　单位：%

购买渠道	甘肃（N=32）	青海（N=47）	宁夏（N=45）	新疆（N=46）	内蒙古（N=46）
淘宝/天猫	21.9	34.0	28.9	28.3	34.8
京东	12.5	14.9	17.8	8.7	17.4
团购平台	0.0	8.5	8.9	10.9	6.5
官方网站	18.8	14.9	28.9	32.6	26.1
官方实体店	21.9	38.3	44.4	41.3	39.1
微商	3.1	6.4	4.4	2.2	15.2

续表

购买渠道	甘肃（N=32）	青海（N=47）	宁夏（N=45）	新疆（N=46）	内蒙古（N=46）
超市	28.1	19.1	20.0	15.2	32.6
品牌专卖店	31.3	27.7	44.4	23.9	52.2
商场专柜	40.6	29.8	46.7	28.3	41.3
旅游景区内商店	31.3	80.9	64.4	63.0	63.0
合计	209.4	274.5	308.9	254.3	328.3

（三）西北地区特色表演艺术产业需求分析

从消费群体规模看，宁夏、新疆和青海被访者观看特色表演艺术的观众明显多于甘肃和内蒙古。调查表明，仅2.2%的宁夏和新疆被访者最近一年没有看过特色表演艺术，4.3%的青海受访者表示没有观看过，分别有25%和13%的甘肃和内蒙古被访者表示最近一年没有看过特色表演艺术，见表11-4-15。

看过的观众群中，甘肃观众看过最多的依次是特色舞蹈表演（37.5%）、地方传统戏曲（34.4%）、民乐（21.9%）等，青海观众看过最多的依次是地方传统戏曲（59.6%）、特色舞蹈表演（57.4%）、民乐（40.4%）等，宁夏观众看过最多的依次是特色舞蹈表演（62.2%）、地方传统戏曲（53.3%）、杂技（48.9%）等，新疆观众看过最多的依次是特色舞蹈表演（69.6%）、地方传统戏曲（41.3%）、山水实景演出（37%）等，内蒙古观众看过最多的依次是特色舞蹈表演（60.9%）、地方传统戏曲（37%）、杂技（34.8%）等，见表11-4-15。从中可以看出，西北地区观众对地方特色表演艺术消费偏好高度相似，相对其他特色表演艺术而言，他们绝大多数都喜欢特色舞蹈表演和地方传统戏曲。

表11-4-15　　　　　西北地区地方特色表演艺术消费偏好占比　　　　单位：%

项目	甘肃（N=32）	青海（N=47）	宁夏（N=45）	新疆（N=46）	内蒙古（N=46）
相声	0.00	12.8	28.9	17.4	17.4
小品	12.5	17.0	40.0	19.6	21.7
杂技	3.1	29.8	48.9	30.4	34.8

续表

项目	甘肃（N=32）	青海（N=47）	宁夏（N=45）	新疆（N=46）	内蒙古（N=46）
京剧	0.00	8.5	13.3	17.4	8.7
地方传统戏曲	34.4	59.6	53.3	41.3	37.0
特色舞蹈表演	37.5	57.4	62.2	69.6	60.9
话剧	6.3	14.9	20.0	15.2	10.9
民乐	21.9	40.4	44.4	32.6	26.1
山水实景演出	18.8	34.0	37.8	37.0	32.6
没有看过	25.0	4.3	2.2	2.2	13.0
合计	159.4	278.7	351.1	282.6	263.0

　　从观看途径看，观众最主要是在演出现场观看特色表演艺术。调查发现，甘肃83.3%的被访者、青海69.6%的被访者、宁夏71.1%的被访者、新疆76.1%的被访者和内蒙古80.5%的被访者现场观看特色表演艺术。此外，电视（50%）、抖音（45.8%）、爱奇艺（29.2%）、腾讯视频（30.8%）也是甘肃观众观看特色表演艺术的重要途径，青海观众还通过电视（54.3%）、抖音（50%）、爱奇艺（35.6%）等观看特色表演艺术，宁夏观众还通过电视（53.3%）、抖音（37.8%）、爱奇艺（35.6%）等观看特色表演艺术，新疆观众还通过抖音（41.3%）、腾讯视频（39.1%）、爱奇艺（34.8%）等观看特色表演艺术，内蒙古观众还倾向通过电视（48.8%）、抖音（39%）、爱奇艺（39%）等观看特色表演艺术，见表11-4-16。从中可以看出，演出现场是观看特色表演艺术最重要的场所，电视仍然是大部分观众选择观看特色表演艺术的重要途径，也有部分观众也通过新媒介如腾讯视频、爱奇艺、抖音等观看特色表演艺术。

表11-4-16　　　　西北地区观众特色表演艺术观看途径偏好占比　　　　单位：%

观看途径	甘肃（N=32）	青海（N=47）	宁夏（N=45）	新疆（N=46）	内蒙古（N=46）
演出现场	83.3	69.6	71.1	76.1	80.5
电视	50.0	54.3	53.3	17.4	48.8
优酷	8.3	23.9	20.0	19.6	26.8
爱奇艺	29.2	30.4	35.6	34.8	39.0
土豆	8.3	6.5	8.9	8.7	7.3

续表

观看途径	甘肃（N=32）	青海（N=47）	宁夏（N=45）	新疆（N=46）	内蒙古（N=46）
抖音	45.8	50.0	37.8	41.3	39.0
快手	16.7	28.3	31.1	21.7	26.8
腾讯视频	20.8	21.7	33.3	39.1	39.0
合计	262.5	284.8	291.1	258.7	307.3

　　从表演艺术衍生产品类型偏好看，甘肃消费者喜欢的表演艺术衍生产品依次是生活用品、首饰、服装、服饰产品及茶具等，青海消费者喜欢的依次是生活用品、服饰产品、首饰、茶具及服装等，宁夏消费者喜欢的依次是服饰产品、生活用品、服装、首饰及茶具等，新疆消费者喜欢的依次是生活用品、服饰产品、服装、首饰及茶具等，内蒙古消费者喜欢的依次是生活用品、服饰产品、首饰、服装及画饰，见表11-4-17。从中可以看，尽管西北各个地区在特色表演艺术衍生产品潜在需求方面有所差异，但除宁夏被访者最喜欢服饰产品外，其他地区被访者均最喜欢生活用品。

表11-4-17　　西北地区特色表演艺术衍生产品消费偏好排序

衍生产品类型	甘肃（N=32）	青海（N=47）	宁夏（N=45）	新疆（N=46）	内蒙古（N=46）
生活用品	第1	第1	第2	第1	第1
首饰	第2	第3	第4	第4	第3
服装	第3	第5	第3	第3	第4
服饰产品	第4	第2	第1	第2	第2
茶具	第5	第4	第5	第5	第6
儿童玩具	第6	第7	第8	第7	第7
书籍	第7	第8	第9	第8	第8
画饰	第8	第6	第6	第6	第5
动画	第9	第10	第10	第12	第9
刻录光盘	第10	第11	第12	第10	第11
香具	第11	第9	第7	第9	第10
游戏	第12	第12	第11	第11	第11

从产品价格偏好看，西北各地区很少消费者购买 1000 元以上的表演艺术衍生产品。相对而言，甘肃消费者更偏爱 200~299 元（比重为 43.8%）和 100~199 元（28.1%）的产品；青海消费者更偏爱 100~299 元的产品，其次是300~499 元的产品；宁夏被访者聚焦在 100~799 元尤其是 200~499 元的产品；新疆被访者偏好 100~499 元尤其是 100~199 元的产品；内蒙古消费者更偏爱100~499 元尤其是 100~299 元的产品。见表 11-4-18。

表 11-4-18　西北地区地方特色表演艺术衍生产品消费者价格偏好占比　　　单位:%

价格	甘肃（N=32）	青海（N=47）	宁夏（N=45）	新疆（N=46）	内蒙古（N=46）
0~99 元	21.9	27.7	13.3	17.4	23.9
100~199 元	28.1	48.9	33.3	45.7	52.2
200~299 元	43.8	48.9	46.7	39.1	56.5
300~499 元	21.9	31.9	48.9	30.4	45.7
500~799 元	15.6	19.1	35.6	17.4	26.1
800~999 元	0.0	12.8	6.7	17.4	23.9
1000~1499 元	0.00	10.6	8.9	8.7	10.9
1500~1999 元	0.00	2.1	2.2	6.5	0.00
2000 元及以上	0.00	0.00	0.00	4.3	0.00
合计	131.3	202.1	195.6	187.0	239.1

（四）西北地区特色文化旅游产业需求分析

从消费群体规模看，除甘肃 12.5% 的被访者在过去一年没有去过本地特色文化旅游景区外，其他地区只有不到 7% 的被访者在过去一年没有去过本地特色文化旅游景区，见表 11-4-19。从中可以看出，地方特色文化旅游景区在西北地区存在巨大的消费市场。

从游玩景区类型看，50% 的甘肃被访者在最近一年游玩过特色街区；70%以上的青海被访者在最近一年游玩过历史遗迹/遗址、特色古镇，57.4% 的被访者游玩过特色街区；宁夏 60% 以上的被访者在最近一年游玩过历史遗迹/遗址、特色古镇及特色街区；超过六成的新疆被访者在最近一年游玩过特色古镇、历史遗迹/遗址和特色街区；60% 以上的内蒙古被访者游玩过特色古镇、当地博物馆/博物院和历史遗迹/遗址。见表11－4－19。

表 11 – 4 – 19　　　　　地方特色文化旅游景区类型游玩偏好占比　　　　单位：%

景区类型	甘肃（N＝32）	青海（N＝47）	宁夏（N＝45）	新疆（N＝46）	内蒙古（N＝46）
当地博物馆/博物院	43.8	48.9	48.9	47.8	60.9
历史遗迹/遗址	31.3	76.6	77.8	65.2	63.0
宗教景点	12.5	42.6	24.4	32.6	21.7
特色古镇	46.9	78.7	84.4	78.3	69.6
特色街区	50.0	57.4	68.9	65.2	54.3
没有去过	12.5	0.00	0.00	2.2	6.5
合计	196.9	304.3	304.4	291.3	276.1

从特色文化旅游衍生产品类型消费偏好看，西北地区消费者最喜欢摆件产品。除此之外，甘肃消费者喜欢的特色文化旅游衍生产品类型依次是服装、生活用品、书籍及服饰产品等，青海消费者喜欢的特色文化旅游衍生产品类型依次是首饰、服饰产品、画饰及生活用品等，宁夏消费者喜欢的特色文化旅游衍生产品类型依次是画饰、服饰产品、藏品仿真件及生活用品等，新疆消费者喜欢的特色文化旅游衍生产品类型依次是生活用品、首饰、服饰产品及服装等，内蒙古消费者喜欢的特色文化旅游衍生产品类型依次是服饰产品、生活用品、首饰及服装等，见表11－4－20。

表 11 – 4 – 20　　　　西北地区特色文化旅游衍生产品类型消费偏好排序

产品类型	甘肃（N＝32）	青海（N＝47）	宁夏（N＝45）	新疆（N＝46）	内蒙古（N＝46）
摆件	第1	第1	第1	第1	第1
服装	第1	第6	第6	第5	第5
生活用品	第2	第5	第5	第2	第3
书籍	第3	第8	第9	第8	第8
服饰产品	第4	第3	第3	第4	第2
画饰	第5	第4	第2	第7	第6
首饰	第6	第2	第7	第3	第4

续表

产品类型	甘肃（N=32）	青海（N=47）	宁夏（N=45）	新疆（N=46）	内蒙古（N=46）
主题儿童娱乐场	第7	第9	第11	第9	第11
儿童玩具	第7	第11	第10	第6	第10
藏品仿真件	第8	第7	第4	第11	第9
动画	第8	第10	第14	第10	第13
茶具	第9	第9	第8	第9	第7
游戏	第10	第12	第13	第12	第12
刻录光盘	第11	第13	第12	第13	第14

从特色文化旅游衍生产品价格偏好看，甘肃更多消费者会选择100~299元尤其是200~299元的衍生产品，青海消费者更倾向于选择100~499元尤其是200~299元的衍生产品，宁夏消费者更倾向于选择100~799元尤其是200~299元的产品，新疆更多消费者倾向选择100~299元的产品，内蒙古更多消费者会选择100~499元特别是200~299元的产品，见表11-4-21。

表11-4-21 　　　　　　　　特色文化旅游衍生产品价格偏好　　　　　　　单位：%

价格	甘肃（N=32）	青海（N=47）	宁夏（N=45）	新疆（N=46）	内蒙古（N=46）
0~99元	18.8	23.4	22.2	28.3	19.6
100~199元	31.3	38.3	40.0	39.1	47.8
200~299元	37.5	48.9	46.7	39.1	58.7
300~499元	31.3	36.2	40.0	28.3	45.7
500~799元	12.5	25.5	42.2	30.4	30.4
800~999元	9.4	12.8	15.6	15.2	26.1
1000~1499元	0.00	14.9	13.3	8.7	15.2
1500~1999元	0.00	6.4	2.2	8.7	2.2
2000元及以上	0.00	2.1	0.00	2.2	0.00
合计	140.6	208.5	222.2	200.0	245.7

（五）西北地区特色节庆产业需求分析

从特色节庆消费群体规模看，新疆特色节庆消费群体规模最大，89.13%的被访者表示最近一年参加过地方特色节庆活动；青海特色节庆消费群体规模其次，87.23%的被访者参加过；宁夏、内蒙古和甘肃分别有77.78%、67.39%和56.25%的被访者表示最近一年参加过地方特色节庆。

　　甘肃被访者未参加特色节庆的原因较分散，其他地区被访者最近一年没有参加过特色节庆活动的最主要原因是时间冲突，见表11－4－22。

表 11－4－22　　　　　　　**未参加特色节庆活动的原因**　　　　　　单位：%

未参加原因	甘肃	青海	宁夏	新疆	内蒙古
没听过	21.4	0.0	0.0	20.0	13.3
路途远	21.4	16.7	20.0	40.0	33.3
门票贵	21.4	33.3	10.0	0.00	13.3
停车不便	7.1	0.00	20.0	20.0	0.00
住宿	7.1	0.00	0.00	40.0	20.0
时间冲突	28.6	50.0	60.0	60.0	80.0
不感兴趣	14.3	0.00	20.0	20.0	6.7
之前去过，不想再去	14.3	33.3	10.0	0.00	13.3
没有同伴	7.1	16.7	10.0	0.00	33.3
合计	142.9	150.0	150.0	200.0	213.3

注：各省样本量未超过30，数值没有统计意义，仅供参考。

第五节　西北地区特色文化产业供给侧结构性改革之思路

　　结合西北地区特色文化产业发展基础条件、制度结构现状、生产要素现状，以及其特色文化产业发展现状和消费者需求偏好，西北地区在推动特色文化产业供给侧结构性改革过程中，在进一步完善其基础设施水平基础上，应培育特色文化产业发展的内在制度环境，制定专项特色文化产业支持政策，差异化发展不同地区特色文化产业，以当地最具代表性、最具知名的特色文化旅游产业为龙头，促进这一特色文化旅游产业与其他特色文化产业发展，并推动西北地区同类特色文化旅游产业协同发展。

一、甘肃

甘肃产业基础条件中等偏下；产业内在制度薄弱，外在制度没有针对性、实操性；除文化旅游外，其他特色文化产业发展不容乐观。因此，在推动特色文化产业供给侧结构性改革中，尤其要推动外在制度建设并培育内在制度以创造良好的产业发展制度环境；同时，考虑到以莫高窟为代表的石窟文化资源知名度比较高，结合消费需求结构偏好，甘肃应考虑以石窟文化旅游产业为龙头，在优化和升级石窟文化旅游产业的基础上带动其他文化旅游特别是红色文化旅游产业发展；依次促进石窟文化旅游产业与地方特色表演艺术产业、地方特色节庆产业和地方特色工艺品产业有序融合发展；推动西北地区石窟文化旅游产业协同发展。具体而言：

优化和升级石窟文化旅游产业。制度层面，石窟文化旅游产业持续发展离不开石窟本身，因此，在外在制度方面需要持续实施石窟保护利用政策；内在制度方面需要培育游客对石窟爱护的良好习惯以及巩固并进一步提升石窟文化的浓厚兴趣。产业发展模式方面，可考虑采用以内外制度合作主导型发展模式为主。优化和升级方面，进一步提升石窟文化旅游景区服务质量，完善石窟文化旅游景区基础设施条件，尤其有必要将现代科技融入旅游服务中。在衍生产品开发方面，深入挖掘本地区石窟文化资源的独特性并以此作为产品差异化研发的素材，从而形成不同地区石窟文化旅游产业差异化，进而使景区之间相互联动形成合力共同吸引游客。以本地区石窟文化资源为源头差异化重点开发价格100～299元特别是200～299元摆件和服装类衍生产品。在优化和升级石窟文化旅游产业的同时，带动甘肃其他文化旅游产业特别是红色文化旅游产业发展。在当前红色文化旅游浓厚的内在制度环境以及有利的外在制度环境下，甘肃可以侧重考虑吸引西北地区特别是本省游客和红色教育受训者。

推动石窟文化旅游产业与特色表演艺术产业相融合，促进特色表演艺术产业发展。制度层面，支持特色表演艺术公益演出和宣传推广，从而培育观看特色表演艺术的兴趣，评估特色表演艺术公益演出和宣传推广的实施效果；激励特色表演艺术机构挖掘现代生活题材进行创作，支持现代科技融入特色表演；大力提升特色表演艺术的观看氛围。产业发展模式方面，可考虑采用以内外制度合作主导型发展模式为主。融合发展方面，特色表演艺术可以作为景区的另一特色服务，吸引游客现场观看，这有助于扩大特色表演工艺知名度。在衍生产品开发方面，侧重开发 200～299 元特色表演艺术衍生产品特别是生活用品、首饰、服装、服饰产品、茶具，并通过石窟景区拓展特色表演艺术衍生产品销售渠道。

推动石窟文化旅游产业与特色节庆产业融合，促进特色节庆产业的发展。制度层面，规范特色节庆的运营，推动特色节庆品牌建设；加大提升特色节庆活动的参与氛围的力度。产业发展模式方面，可考虑采用以文化资源导向型外在制度主导发展模式为主。融合发展方面，通过特色节庆活动宣传推广石窟文化旅游及其衍生产品，通过石窟文化旅游宣传推广特色节庆活动。

推动石窟文化旅游产业与特色工艺品产业相融合，带动特色工艺品产业发展。制度层面，评估本省特色工艺品特别是传统工艺品的市场潜力和社会效应，实施差异化扶持政策，实施非物质文化遗产传承退出制度，通过特色工艺品公益宣传推广以扩大其知名度；着力提升特色工艺品消费氛围。产业发展模式方面，可考虑采用以传统工艺导向型外在制度主导发展模式为主。融合发展方面，一是，推动特色工艺品技艺特别是国家重点扶持的传统技艺融入石窟文化旅游产业衍生产品开发中；二是，将石窟文化资源融入特色工艺品开发中，结合甘肃消费者特色工艺品消费偏好，可考虑优先研发 800～999 元的特色工艺品；三是，优先考虑以商场专柜、品牌专柜、品牌专卖店以及超市等作为重点销售渠道；景区和特色工艺品形成战略合作，取长补短。

推动西北石窟文化旅游产业融合发展。此外，西北其他地区也均有石窟文化资源，因此甘肃石窟文化旅游有必要和其他地区形成旅游战略合作，推动地区石窟文化旅游产业协同发展。

二、青海

青海产业基础条件偏下；产业内在制度薄弱，极少外在制度具有针对性；除文化旅游外，其他特色文化产业发展不容乐观。因此，在推动特色文化产业供给侧结构性改革过程中，尤其要推动外在制度建设并培育内在制度以创造良好的产业发展制度环境；同时，考虑到以青海湖、祁连山为代表的山水文化资源知名度较高，结合消费需求结构偏好，青海可以考虑以山水文化旅游产业为龙头，优化和升级山水文化旅游产业，以带动其他文化旅游特别是冰雪文化旅游产业发展；依次促进山水文化旅游产业与地方特色节庆产业、地方特色工艺品产业和地方特色表演艺术产业有序融合发展；推动西北地区山水文化旅游产业协同发展。具体而言：

优化和升级山水文化旅游产业。制度层面，实施山水文化旅游景区服务质量预警制度，完善游客投诉制度，广泛宣传推广山水文化旅游景区；巩固文化旅游氛围。产业发展模式方面，可考虑采用以消费者导向型内在制度主导发展模式为主。优化和升级方面，提升山水文化旅游景区服务品质尤其是交通设施建设以及景区内基础设施建设，推动山水文化旅游特别是青海湖文化旅游沿线特色古镇、历史遗址/遗迹景区差异化发展。沿线特色古镇、历史遗址/遗迹的开发应依托当地文化资源，形成地区特色。充分挖掘当地文化资源以及青海传统工艺并将之融入文化旅游衍生产品开发中，侧重开发价位在 200 ~ 299 元的摆件、首饰、服饰产品、画饰及生活用品等文化旅游衍生产品。以山水文化旅游特别是青海湖文化旅游为龙头，带动以草原文化资源、少数民族文化资源、沙漠文化资源特别是冰雪文化资源为源头的地方特色文化旅游产业的发展。

推动山水文化旅游产业与特色节庆产业融合，带动特色节庆产业发展。制度层面，支持青海现有特色节庆活动品牌的培育，并鼓励开发以草原文化资源、少数民族文化资源、冰雪文化资源、沙漠文化资源为源头的特色节庆活动；建立青海特色节庆活动质量评估机制；巩固并进一步提升特色节庆活动参与氛围。产业发展模式方面，可考虑采用以内外制度合作主导型发展模式为主。融合发展层面，一是，推动特色节庆和山水文化旅游产业宣传推广双向融合；二是，引导山水文化外地游客参加特色节庆活动，推动山水文化旅游产业衍生产品在特色节庆期间的展销活动，为吸引当地游客及时调整特色活动举办时间，节庆期间免费开通区内交通。

推动山水文化旅游产业与特色工艺品产业融合，带动特色工艺品产业发展。制度层面，制定并实施特色工艺品产业五年发展规划，实施非物质文化遗产传承人退出制度，实施传统工艺发展扶持政策以及评估机制；巩固特色工艺品消费氛围。产业发展模式方面，可以消费者导向型内在制度主导发展模式为主。融合发展方面，一是，山水文化旅游产业衍生产品开发可考虑融入较市场欢迎的传统工艺技术，并通过在旅游景区窗口销售并宣传本地特色工艺产品；二是，特色工艺品开发中融入地方山水文化资源使之差异化，并侧重开发 100～299 元的工艺产品，除官方实体店以及网购平台（淘宝/天猫等）外，可以考虑通过旅游景区商店进行工艺产品销售。

推动山水文化旅游产业与特色表演艺术产业融合，带动特色表演艺术产业发展。制度层面，重点支持地方传统戏曲、特色舞蹈表演等特色表演艺术及其衍生产品发展，继续支持特色表演艺术公益演出以提升消费者偏好，巩固特色表演艺术特别是青海藏剧的消费氛围。产业发展模式方面，可以消费者导向型内在制度主导发展模式为主。融合发展方面，一是，特色表演艺术演出走进山水文化旅游景区，特色表演艺术衍生产品销售渠道拓展至山水文化旅游景区，应侧重考虑开发 100～299 元尤其是 200～299 元的生活用品、服饰产品、首饰、茶具及服装类产品等特色表演艺术衍生产品，除利用抖音等网络平台外，可借助山水文化旅游景区进行宣传推广提升特色表演艺术知名度；二是，山水文化旅游产业衍生产品特别是山水实景演出可考虑融入当地特色表演艺术。

推动西北其他地区山水文化旅游产业协同发展。在制定并实施西北地区山水文化旅游产业协同发展制度的基础上，以青海湖文化旅游产业为突破口，打造一条西北地区的山水文化旅游环线，从而带动其他地区山水文化旅游产业发展。

三、宁夏

宁夏产业基础条件较差；产业内在制度薄弱，外在制度没有针对性、实操性。除文化旅游外，其他特色文化产业发展不容乐观。因此，在推动特色文化产业供给侧结构性改革过程中，尤其要推动外在制度建设并培育内在制度以创造良好的产业发展制度环境；同时，考虑到其他文化资源相对缺乏特色，结合消费需求结构偏好，可在优化和升级红色文化旅游产业的基础上，以红色文化旅游产业为龙头，带动其他文化旅游产业特别是山水文化和沙漠文化旅游产业发展；依次推动红色文化旅游产业与地方特色工艺品产业、地方特色表演艺术产业和地方特色节庆产业有序融合发展；推动西北地区红色文化旅游产业协同发展。具体而言：

优化和升级红色文化旅游产业。制度层面，加大对宁夏地区红色文化资源（如历史遗址/遗迹等）挖掘、保护与开发；讲好红色故事，广泛宣传推广红色文化旅游景点；巩固红色文化旅游氛围。产业发展模式方面，可考虑采用以消费者导向型内在制度主导发展模式为主。优化和升级方面，提升红色文化旅游景区服务品质尤其是交通设施建设以及景区内基础设施建设。依据本地区消费者需求特点，重点开发价格 100~799 元特别是 200~299 元摆件、生活用品、首饰、服饰产品及服装等文化旅游衍生品。在升级红色文化旅游产业的同时，以红色文化旅游产业为龙头，带动其他文化旅游产业特别是山水文化和沙漠文化旅游产业的发展。

推动红色文化旅游产业与特色工艺品产业相融合，带动特色工艺品产业发展。制度层面，实施非物质文化遗产传承人退出制度，引导特色工艺品企业开发产品时深挖包括红色文化资源在内的本地特色文化资源；巩固特色工艺品消费氛围。产业发展模式方面，可以以消费者导向型内在制度主导发展模式为主。融合发展方面，一是，推动特色工艺品技艺特别是国家重点扶持的传统技艺融入红色文化旅游产业衍生产品开发中；二是，将红色文化资源融入特色工艺品开发中，结合消费者特色工艺品偏好，优先开发 100~799 元特别是 300~499 元的特色工艺品；三是，除商场专柜、品牌专卖店以及官方实体店售卖外，特色工艺品企业可以将销售网点拓展至红色文化旅游景区。

推动红色文化旅游产业与特色表演艺术产业相融合，带动特色表演艺术产业发展。制度层面，积极支持和引导特色表演艺术机构将红色文化嵌入特色舞蹈表演、地方传统戏曲及杂技等特色表演艺术作品创作中，积极宣传推广公益性特色演出走向红色文化旅游景区；巩固特色表演艺术观看氛围。产业发展模式方面，可以以消费者导向型内在制度主导发展模式为主。融合发展方面，一是，特色表演艺术创作融入红色文化资源，特色表演艺术演出现场移师至红色文化旅游景区；二是，优先开发价格 100~799 元的服饰产品、生活用品、服装、首饰、茶具等特色表演艺术衍生产品并将销售渠道拓展至红色文化旅游景区；三是，依托红色文化旅游景区提升特色表演艺术机构的知名度。

推动红色文化旅游产业与特色节庆产业相融合，带动特色节庆产业发展。制度层面，大力扶持宁夏地区特色节庆品牌的培育，完善现有特色节庆活动的评估机制和体系，加大提升特色节庆活动参与氛围。产业发展模式方面，可考虑采用以内外制度合作主导型发展模式为主。融合发展方面，一方面推动特色节庆和红色文化旅游产业宣传推广双向融合；另一方面为吸引当地游客及时调整特色活动举办时间，方便游客出行。

推动西北地区红色文化旅游产业协同发展。在制定并实施西北地区红色文化旅游产业协同发展制度的基础上，以宁夏红色文化旅游产业为突破口，带动其他地区尤其是甘肃和新疆地区红色文化旅游产业发展。

四、新疆

新疆地区产业基础条件较差；产业内在制度薄弱，极少外在制度具有针对性；除文化旅游外，其他特色文化产业发展不容乐观。因此，在推动特色文化产业供给侧结构性改革过程中，尤其要推动外在制度建设并培育内在制度以创造良好的产业发展制度环境；由于新疆沙漠文化资源十分丰富，结合消费需求结构偏好，可在优化和升级沙漠文化旅游产业的基础上，以沙漠文化旅游产业为龙头，带动其他文化旅游特别是草原文化和冰雪文化旅游产业发展；依次推动沙漠文化旅游产业与地方特色表演艺术产业、地方特色工艺品产业和地方特色节庆产业有序融合发展；推动西北地区沙漠文化旅游产业协同发展。具体而言：

优化和升级沙漠文化旅游产业。制度层面，在继续引导防沙治沙的基础上，制定合理开发沙漠文化资源的政策，通过多种途径提升沙漠文化旅游景区知名度，如举办各类沙漠文化节等活动/比赛吸引消费者，拓宽沙漠文化旅游的消费市场；巩固沙漠文化旅游氛围。产业发展模式方面，可以以消费者导向型内在制度主导发展模式为主。优化和升级方面，在优化现有沙漠文化旅游线路的基础上，开发其他沙漠文化旅游路线；完善沙漠旅游途中的基础设施建设；打造各类型沙漠景点，在开发过程中尤其要融入防沙、治沙及其他沙漠知识；以本地沙漠文化资源为源泉，侧重开发价格 100～299 元的摆件、生活用品、首饰、服饰产品及服装类等沙漠文化旅游衍生品。以沙漠文化旅游产业为龙头，带动其他特色文化旅游产业特别是草原文化和冰雪文化旅游产业的发展。

推动沙漠文化旅游产业与特色表演艺术产业融合，带动特色表演艺术产业发展。制度层面，大力支持并推广特色舞蹈表演、地方传统戏剧和山水实景演出等特色表演艺术形式以及特色表演艺术衍生品的开发；巩固特色表演艺术观看氛围。产业发展模式方面，可考虑采用以消费者导向型内在制度主导发展模式为主。融合发展方面，除网络播放平台（如抖音、爱奇艺和腾讯视频）、下乡演出外，当地特色表演艺术可以将演出现场搬到沙漠文化旅游景区；深入挖掘沙漠文化资源并将之融入特色表演艺术作品中；开发价格 100～499 元特别是 100～199 元的生活用品、服饰产品、服装、首饰及茶具类表演艺术衍生产品并将销售渠道拓展至沙漠文化旅游景区。

推动沙漠文化旅游产业与特色工艺品产业融合，带动特色工艺品产业发展。制度层面，制定新疆特色工艺品五年发展规划，对不同类型特色工艺品实施差异化政策，引导特色工艺品产业在产品开发时深挖本地特色文化资源；巩固特色工艺品消费氛围。产业发展模式方面，可以以消费者导向型内在制度主导发展模式为主。融合发展方面，将现代科技融入特色工艺品生产，开发以沙漠文化资源为源头的特色工艺品；结合消费者需求，侧重开发 100～299 元的特色工艺品，并将这些工艺品的销售渠道拓展至除官方实体店、官方网站等外的沙漠文化旅游景区。

推动沙漠文化旅游产业与特色节庆产业融合，带动特色节庆产业发展。制度层面，支持新疆现有特色节庆活动，加大对特色活动节庆的宣传和推广，进一步完善和实施当地特色节庆活动的评估机制，开发沙漠文化资源为源头的特色节庆活动；巩固并提升特色节庆参与氛围。产业发展模式方面，可以以消费者导向型内在制度主导发展模式为主。融合发展层面，一是，将沙漠文化资源融入特色节庆活动；二是，引导沙漠文化旅游游客积极参加特色节庆活动，及时做好宣传推广工作，培养游客兴趣，适当调整好时间，解决好路途远及停车不便的问题。

推动西北地区沙漠文化旅游产业发展，在制定并实施西北地区沙漠文化旅游产业协同发展制度的基础上，以新疆沙漠文化资源为龙头，打造出一条西北地区沙漠文化旅游线路，进而推动西北地区沙漠文化旅游产业差异化协同发展。

五、内蒙古

内蒙古地区产业基础条件中等偏下；产业内在制度薄弱，外在制度没有针对性、实操性；除文化旅游外，其他特色文化产业发展不容乐观。因此，在推动特色文化产业供给侧结构性改革过程中，尤其要推动外在制度建设并培育内在制度以创造良好的产业发展制度环境；同时，考虑到草原文化资源的知名度较高，结合消费需求结构偏好，可以考虑在优化和升级草原文化旅游产业的基础上，以草原文化旅游产业为龙头，优化和升级草原文化旅游产业，以带动其他文化旅游产业特别是沙漠文化和冰雪文化旅游产业的发展；依次推动草原文化旅游产业与特色表演艺术产业、特色节庆产业和特色工艺品产业有序融合发展；推动西北其他地区草原文化旅游产业协同发展。具体而言：

优化和升级草原文化旅游产业。制度层面，合理开发利用草原资源，坚持草原文化旅游开发与保护相结合，统筹管理；建立市场化运作模式，加强对景区旅游开发的宏观管理和长远规划；巩固并进一步提升草原文化旅游氛围。产业发展模式方面，可以以消费者导向型内在制度主导发展模式为主。优化和升级草原文化旅游产业方面，提升草原旅游景点服务质量；加快沿线特色古镇差异化发展；充分挖掘并以当地草原文化资源特别是无形草原文化资源为源头侧重开发 100～799 元的摆件、服饰产品、生活用品、首饰及服装类草原文化旅游衍生产品。以草原文化旅游产业为龙头，带动其他文化旅游产业特别是沙漠文化和冰雪文化旅游产业的发展。

推动草原文化旅游产业与特色表演艺术产业融合，带动特色表演艺术产业发展。制度层面，大力支持特色舞蹈表演、地方传统戏剧和杂技类特色表演艺术形式的公益性演出；进一步提升其内在制度环境。产业发展模式方面，可以以内外制度合作主导型发展模式为主。融合发展方面，除电视、网络播放平台（抖音、爱奇艺、腾讯视频）外，当地特色表演艺术机构可考虑走进草原文化旅游景点进行现场演出；将草原文化资源特别是无形文化资源作为创作素材融入特色表演艺术作品创作中；侧重开发 100～499 元特别是 200～299 元的生活用品、服饰产品、首饰、服装及画饰等特色表演艺术衍生产品，并将销售网点拓展至草原文化旅游景区。

推动草原文化旅游产业与特色节庆产业相融合，带动特色节庆产业发展。制度层面，鼓励整合草原文化资源、沙漠文化资源、少数民族文化资源、冰雪文化资源、昭君文化资源、辽文化资源开发新的特色节庆活动，加大对现有特色节庆活动的支持；大力提升特色节庆参与氛围。产业发展模式方面，可以以文化资源导向型外在制度主导发展模式为主。融合发展方面，推动草原文化旅游和特色节庆活动宣传推广的双向融合，做好推动特色文化旅游产品在特色节庆活动期间的展销；规划合理的草原文化旅游线路以引导游客参与特色节庆活动；开通免费旅游专车解决好特色节庆路途太远的问题。

推动草原文化旅游产业与特色工艺品产业融合，带动特色工艺品产业发展。制度层面，制定并实施内蒙古特色工艺品产业五年发展规划；实施非物质文化遗产传承人退出制度，实施传统工艺发展扶持政策以及评估机制；进一步提升特色工艺品消费氛围。产业发展模式方面，可以以内外制度合作主导型发展模式为主。融合发展方面，将草原文化资源融入当地特色工艺品的研发中，优先开发 100~499 元的工艺产品；将特色工艺融入草原文化旅游衍生产品开发中；除品牌专卖店、商场专柜及官方实体店外，可将特色工艺品销售渠道拓展至草原文化旅游景区，并通过草原文化旅游景区宣传推广地方特色工艺品。

推动西北地区草原文化旅游产业协同发展。在制定并实施西北地区草原文化旅游产业协同发展制度的基础上，以内蒙古草原文化旅游景区为龙头，打造出西北地区草原文化旅游线路，进而推动西北地区草原文化旅游产业差异化发展和协同发展。

附　　录

问卷一　区域特色文化产业生产要素重要性调查

尊敬的女士/先生：

您好，因研究需要，我们正在做一项区域特色文化产业发展过程中生产要素权重的调查。请根据您的经验进行填写，感谢您的支持与参与。

填写规则说明：与要素 A 相比，若您觉得要素 B 同样重要，请填 1；若觉得要素 B 稍微重要，填 3；若觉得要素 B 明显重要，填 5；若觉得要素 B 强烈重要，填 7；若觉得要素 B 极端重要，填 9；若要素 B 的重要性处于上述重要性的中间，则可填 2、4、6 或者 8；反之，若您觉得要素 B 稍微不重要，则填 1/3；若觉得要素 B 明显不重要，填 1/5；若觉得要素 B 强烈不重要，填 1/7；若觉得要素 B 极端不重要，填 1/9；若要素 B 的不重要性处于上述不重要性的中间，则可填 1/2、1/4、1/6 或者 1/8。

Q1 与特色文化资源相比，您认为下列要素的重要性程度是：

创意阶层	文化企业家	资金资本	生产技术/工艺

Q2 与创意阶层相比，您认为下列要素的重要性程度是：

文化企业家	资金资本	生产技术/工艺

Q3 与文化企业家相比，您认为下列要素的重要性程度是：

资金资本	生产技术/工艺

Q4 与资金资本相比，您认为下列要素的重要性程度是：

生产技术/工艺

问卷二　特色文化消费行为调查

尊敬的女士/先生：

您好！我们正在做家乡所在地特色文化产品/服务消费调查，调查结果仅用于学术研究，您的意见对我们的研究特别重要，请根据您的真实情况回答，您的回答将绝对保密，请您放心填写。

本问卷特色文化产品/服务主要是指您家乡所在地的特色工艺品、特色表演艺术、文化旅游景区/景点、特色节庆等。

第一部分　特色文化产品/服务喜好

Q1 您的家乡在哪个地区：[单选题]

○北京

○天津

○河北

○山东

○黑龙江

○吉林

○辽宁

○上海

○江苏

○浙江

○安徽

○福建

○广东

○海南

○山西

○河南

○陕西

○江西

○湖北

○湖南

○广西

○重庆

○四川

○贵州

○云南

○西藏

○甘肃

○青海

○宁夏

○新疆

○内蒙古

Q2 请您对所列的地方特色文化产品或服务的喜欢程度进行排序（越喜欢的排在越前面）：[排序题，请在中括号内依次填入数字]

[ ] 地方特色工艺品

[ ] 地方特色表演艺术

[ ] 地方文化旅游

[ ] 地方特色节庆

第二部分　地方特色工艺品消费

地方特色工艺品指具有当地文化特色的用手工或机械生产尤其是手工制作的工艺产品，如根雕、摆件、挂件、木雕、竹编、草编、刺绣、蓝印花布、蜡染、油纸伞、泥塑、剪纸、服饰、民间玩具、年画等。

Q3 最近一年您是否购买过地方特色工艺品呢？［单选题］

○是

○否

Q4 您购买地方特色工艺品一般是用来做什么［多选题］

□送给朋友

□送给家人

□送给同事

□送给上司/长辈

□送给下属/晚辈

□自己收藏

□自己使用

□投资

□支持传统文化

□其他（请填写＿＿＿＿＿＿＿＿）

Q5 您购买地方特色工艺品时，一般倾向购买以下哪些价格区间的产品呢？［可多选］

□0～99 元

□100～199 元

□200～299 元

□300～499 元

□500～799 元

□800～1000 元

□1000～1499 元

□1500～1999 元

□2000 元及以上

Q6 您一般倾向通过哪些渠道购买地方特色工艺品：[可多选]

□淘宝/天猫

□京东

□团购平台

□官方网站

□官方实体店

□微商

□超市

□品牌专卖店

□商场专柜

□旅游景区内商店

第三部分　地方特色节庆消费

地方特色节庆是指具有鲜明区域文化特色的节日庆典、游园活动等。

Q7 您最近一年是否参加过地方特色节庆活动？[单选题]

○参加过（请跳至第9题）

○没有

Q8 您没有参加地方特色节庆活动的原因是什么？[可多选]

□没听过

□路途远

□门票贵

□停车不便

□住宿

□时间冲突

□不感兴趣

□之前去过，不想再去

□没有同伴

□其他（请填写）_____

第四部分　地方特色表演艺术消费

地方特色表演艺术主要包括当地源远流长的传统戏剧、地方特色音乐表演、地方特色舞蹈表演及山水实景演出等。

Q9 您最近一年观看过以下哪些地方特色表演艺术：[可多选]

□相声

□小品

□杂技

□京剧

□地方传统戏曲

□特色舞蹈表演

□话剧

□民乐

□山水实景演出

□没有看过

Q10 您一般会通过哪些方式观看地方特色表演艺术：[可多选]

□演出现场

□电视

□优酷

□爱奇艺

□土豆

□抖音

□快手

□腾讯视频

□其他（请填写）＿＿＿＿＿＿＿

Q11 假如您是产品研发人员，根据您亲朋好友的喜好，您会优先开发哪些与地方特色表演艺术有关的衍生产品呢？请排序，越优先开发的排在越前[排序题，请在中括号内依次填入数字]

[　]刻录光盘

[　]书籍

［　］服装

［　］服饰产品

［　］画饰

［　］茶具

［　］香具

［　］首饰

［　］游戏

［　］动画

［　］生活用品

［　］儿童玩具

Q12 在购买地方特色表演艺术衍生产品时，您一般会购买以下哪些价格区间的产品：［可多选］

☐0～99 元

☐100～199 元

☐200～299 元

☐300～499 元

☐500～799 元

☐800～1000 元

☐1000～1499 元

☐1500～1999 元

☐2000 元及以上

第五部分　地方文化旅游消费

地方文化旅游主要包括当地博物馆/博物院、历史遗迹/遗址、宗教景点、特色古镇、特色街区等。

Q13 请您对以下地方文化旅游景区的喜欢程度进行排序（越喜欢的排在越前面）：［排序题，请在中括号内依次填入数字］

［　］当地博物馆/博物院

［　］历史遗迹/遗址

［　］宗教景点

［　］特色古镇

［　］特色街区

Q14 最近一年您去过哪些类型的地方文化旅游景区？［可多选］

☐当地博物馆/博物院

☐历史遗迹/遗址

☐宗教景点

☐特色古镇

☐特色街区

☐没有去过

Q15 假如您是产品研发人员，根据您亲朋好友的喜好，您会优先开发哪些与地方文化旅游有关的衍生产品？请排序，越优先开发的排在越前［排序题，请在中括号内依次填入数字］

［　］刻录光盘

［　］书籍

［　］服装

［　］服饰产品

［　］摆件

［　］画饰

［　］茶具

［　］首饰

［　］游戏

［　］动画

［　］生活用品

［　］儿童玩具

［　］主题儿童娱乐场

［　］藏品仿真件

Q16 您购买地方文化旅游衍生产品时，您更倾向购买以下哪些价格区间的产品：［可多选］

☐0～99 元

☐100～199 元

□200～299 元

□300～499 元

□500～799 元

□800～1000 元

□1000～1499 元

□1500～1999 元

□2000 元及以上

第六部分　个人信息

B1 您的性别：[单选题]

○男

○女

B2 您的最高学历是 [单选题]

○初中及以下

○高中/中专/技校

○大专

○本科

○研究生（硕士/博士）

B3 您的年龄段：[单选题]

○18 岁及以下

○18～25

○26～30

○31～40

○41～50

○51～60

○61 岁及以上

B4 您的个人平均月收入是 [单选题]

○2000 元及以下

○2001～3000 元

○3001～5000 元

○5001～8000 元
○8001～10000 元
○10001 元及以上

谢谢您的支持！祝您心想事成！